AL-SÎRA

LE PROPHÈTE DE L'ISLAM
RACONTÉ PAR SES COMPAGNONS

DU MÊME AUTEUR

LA LUTTE DE CLASSES EN EGYPTE, Maspéro, 1969.

LES ARABES AU PRÉSENT, Seuil, 1974.

ARABES ET ISRAÉLIENS, UN PREMIER DIALOGUE *(en collaboration avec Saül Friedländer et Jean Lacouture)*, Seuil, 1974.

VERSANT SUD DE LA LIBERTÉ, *essai sur l'émergence de l'individu dans le Tiers-Monde*, La Découverte, 1989.

SUR L'EXPÉDITION DE BONAPARTE EN EGYPTE. *Textes de Vivant Denon et Abdel Rahman El Gabarti, choisjs, croisés et commentés,* Actes Sud, 1998.

Films documentaires

VERSANT SUD DE LA LIBERTÉ, *basé sur le livre* (2x52min.). Diffusé par France 2 en 1993 et 1996.

L'AIGLE ET LE SPHINX. *Sur l'expédition de Bonaparte en Egypte, basé sur le livre* (52 min.). Diffusé par France 3 en 1998 et 2000.

LORSQUE LE MONDE PARLAIT ARABE, *ou L'Age d'or de l'Islam* (12x26 min.). Diffusé par France 5 en 2000, 2001, 2002 et 2003.

MAHMOUD HUSSEIN

AL-SÎRA

LE PROPHÈTE DE L'ISLAM RACONTÉ PAR SES COMPAGNONS

*

BERNARD GRASSET
PARIS

Le Prophète Muhammad a vécu il y a quatorze siècles, dans une société de tradition orale. Les témoignages de ses contemporains sur sa personne, son action, son enseignement, ont été fixés par écrit plus d'un siècle, voire deux, après sa mort. Ils ont d'abord été transmis de vive voix, d'une génération à l'autre, puis partiellement transcrits sur des supports de fortune, avant d'être recueillis par différents chroniqueurs, qui les ont triés, vérifiés, compilés et rédigés chacun à sa manière.

Les textes qu'ils nous ont laissés forment un volumineux corpus, portant le titre générique *Al-Sîra,* ou Chroniques du Prophète Muhammad.

Ces textes, hétérogènes, touffus, enchevêtrés, ne sont pas d'un accès facile. Nous avons appris à les lire. Nous nous sommes initiés à leur vocabulaire, à leur forme d'écriture, à leur tournure d'esprit. Nous avons peu à peu trouvé des repères, dégagé des lignes directrices. Puis un moment est venu, où le déchiffrement a fait place à la compréhension. Les textes ont commencé à nous parler. Nous avons graduellement vu se dessiner, sous nos yeux, les traits de l'homme dont les chroniqueurs avaient patiemment reconstitué l'histoire.

Le portrait de Muhammad que nous livre la Sîra est celui d'un être supérieur, aux prédispositions spirituelles précoces, enclin à la solitude et à la méditation. Sa vie bascule, à l'âge de quarante ans, quand il entend la voix de l'Ange Gabriel, qui lui révèle que Dieu l'a choisi comme Son Messager. Il va défier les siens, renier ses ancêtres, insulter leurs idoles et assumer l'immense solitude qui en découle. Puis il va se muer en homme d'Etat, en chef de guerre, en bâtisseur d'une Cité nouvelle.

La Parole que lui transmet l'Ange guide son action dans ses grandes lignes, mais, dans la vie de tous les jours, il doit compter sur lui-même. Il réfléchit, il consulte, il écoute, il prend des risques; il lui arrive de se tromper, d'hésiter, de se contredire; il fait preuve, souvent, d'une grande compassion et parfois, d'une implacable sévérité. Mais ceux qui l'approchent sont, les uns après les autres, frappés par le rayonnement qui émane de sa personne, par la foi qui l'habite et qui imprègne chacun de ses gestes.

C'est ainsi qu'en deux brèves décennies, Muhammad va permettre aux Arabes, pour la première fois de leur histoire, d'échapper à leurs obscures querelles tribales, de s'unir et de devenir, tout à la fois, les hérauts de la dernière religion révélée et les fondateurs d'une civilisation majeure.

★

Les Chroniques, qui retracent cette trajectoire, constituent pour les musulmans un réservoir d'exemples à suivre, de gestes à méditer, de vérités à retrouver au quotidien. Mais peu de gens les lisent dans le texte. A la mosquée, à l'école ou à la télévision, ils en reçoivent sans cesse des bribes, le plus souvent extraites de leurs contextes, tronquées, voire carrément réinventées, afin de servir les différents discours du moment. C'est en partant de ce constat, et pour contribuer à rétablir la vérité de ces textes, que nous avons voulu présenter la Sîra sous une forme accessible au lecteur d'aujourd'hui.

Les Chroniques intéressent tous ceux qui désirent aborder l'islam à partir de textes de première main. Elles comportent en effet deux atouts exceptionnels : d'une part, elles sont tissées de récits vivants, de notations concrètes, de repères chronologiques; d'autre part, elles replacent dans leur contexte nombre de versets coraniques et de propos du Prophète. Elles permettent par là une approche globalement intelligible des textes fondateurs de l'islam.

L'objet de ce livre est de donner des Chroniques un condensé substantiel, incluant tous les événements significatifs qui se rapportent à la vie de Muhammad.

Avant de préciser les choix méthodologiques qui nous ont guidés dans sa mise au point, nous croyons utile de proposer quelques repères – sur l'Arabie où va naître Muhammad, sur les grandes dates de sa vie et sur la genèse des textes fondateurs de l'islam.

L'ARABIE AVANT L'ISLAM

L'Arabie où va naître, vers l'An 570, le Prophète Muhammad, est une immense étendue désertique aux ressources naturelles limitées et précaires, où s'efforce de survivre une multitude de tribus et de clans. Il y a des tribus nomades, se déplaçant selon les saisons entre un point d'eau et un autre; des tribus sédentaires, installées dans des agglomérations éparses – hameaux plutôt que villes, où chaque clan occupe un quartier propre –, vivant du commerce, de l'agriculture et de l'élevage; enfin des tribus semi-nomades, au mode de vie indécis, oscillant entre ces deux pôles.

Au sud de la péninsule, le Yémen tient une place à part. Largement sédentarisé et unifié, s'adonnant au grand commerce en même temps qu'à une agriculture reposant sur l'irrigation, le pays a connu des périodes de prospérité dont l'écho retentit jusque dans la Bible et le Coran.

Puis survient une période de déclin qui, selon certains, aurait été consécutive à l'effondrement du célèbre barrage de Ma'rib, vers la fin du Ve siècle. Cette catastrophe aurait provoqué l'émigration vers le nord de nombreuses tribus yéménites, dont la légende voudrait qu'elles aient pris d'assaut les principales villes d'Arabie, avant de conquérir une grande partie des territoires actuels de la Syrie et de l'Irak. Vers le milieu du VIe siècle, cependant, le Yémen réunifié par une caste abyssine se serait senti assez fort pour marcher sur La Mecque...

La plupart des habitants du Yémen sont païens. Mais on trouve des populations chrétiennes, alliées aux monarques chrétiens d'Abyssinie et de Byzance, ainsi que des tribus juives, qui ont souvent bénéficié de l'appui des rois de Perse. La protection offerte à ces populations par des monarques étrangers, au nom de la religion, constituait une forme de tutelle ou de contrôle à distance, que les Arabes du Centre ont toujours repoussée.

Au centre de l'Arabie, règne par excellence le nomadisme, avec tous les traits qui le caractérisent. Les ressources étant trop maigres, les hommes s'y livrent des luttes incessantes : défensives, pour protéger leurs puits ou leurs pâturages; agressives, pour s'emparer d'un troupeau de chameaux, du produit d'une récolte ou des biens d'une caravane qui passe. La solidarité clanique est consubstantielle à ce mode de vie : fondée sur les liens du sang, elle est prolongée par des alliances circonstancielles entre différents clans et tribus.

Un code d'honneur exalte et perpétue cette solidarité, dans le cadre de laquelle chaque homme sait qu'il peut compter sur tous ceux de sa tribu et de ses alliés, pour le venger lorsqu'il est frappé, lésé ou tué par le membre d'un autre clan. Ce qui n'empêche pas d'anciens alliés, ou même les descendants d'un même ancêtre, de se séparer tout à coup et de se livrer une guerre sans merci. Certains des conflits interarabes les plus célèbres – les plus longs et les plus sanglants – ont été des conflits fratricides.

Le code tribal reste en vigueur chez les populations sédentarisées, malgré leur établissement dans les agglomérations existantes. Parmi ces dernières, quatre peuvent prétendre au statut de villes vers la fin du VIe siècle. Elles sont, toutes les quatre, situées au centre-ouest de la Péninsule, non loin des côtes de la mer Rouge – du sud au nord : al Tâ'if, La Mecque, Yathrib et Khaybar. La Mecque et Yathrib, en particulier, vont se trouver au cœur de l'épopée musulmane.

La population du centre de l'Arabie voue, dans son ensemble, un culte superstitieux à une multitude d'idoles. On trouve néanmoins d'importantes tribus juives, établies à Yathrib et à Khaybar, et quelques communautés chrétiennes disséminées dans des agglomérations mineures.

Au nord, l'Arabie est flanquée des deux géants de l'époque : à l'ouest, l'Empire byzantin, où règne le christianisme orthodoxe, avec pour capitale Constantinople; à l'est, l'Empire perse, où domine le zoroastrisme, avec pour capitale Ctésiphon.

Pour consolider ses marches méridionales et se prémunir contre les incursions nomades venant d'Arabie, chacun des deux empires a constitué un Etat-tampon, confié à des vassaux arabes, qui seraient, selon les chroniqueurs, d'origine yéménite : le royaume des Ghassanides, convertis au christianisme orthodoxe, est le client de Byzance et le royaume des Lakhmides, convertis au nestorianisme, est le client de la Perse.

Contrairement au Sud et au Nord, le Centre n'a jamais été occupé par l'un ou l'autre des deux empires. Ce sera sa chance historique. Car les deux empires se livrent une guerre sans fin, qui, au milieu du VIe siècle, commence à les épuiser et finit par ruiner leurs vassaux. Le grand commerce caravanier, qui reliait l'Europe à l'Asie à travers les deux royaumes vassaux, doit alors se chercher de nouvelles routes.

La Mecque, jusque-là centre d'échanges essentiellement limités à la Péninsule, saura devenir un carrefour de ce commerce intercontinental. Grâce aux efforts du grand-père du futur Prophète, elle va nouer à cette fin, avec différentes tribus nomades, des alliances garantissant la sécurité des caravanes reliant le Yémen à la Syrie, à l'Irak et à l'Abyssinie.

La Mecque jouit depuis longtemps d'un statut et d'un prestige particuliers, du fait qu'elle abrite le sanctuaire de la Ka'ba, édifice dans lequel se trouve scellée la Pierre Noire. Nul n'ignore de nos jours l'immense importance de ce Lieu, sacré entre tous, pour les musulmans. Mais ce que l'on sait moins, c'est qu'il aura été vénéré, bien avant l'avènement de l'islam, par diverses tribus polythéistes, qui avaient leurs idoles dans l'enceinte même de la Ka'ba.

L'Arabie possédait en effet, depuis des temps reculés, plusieurs sanctuaires – les plus importants situés à La Mecque et al-Tâ'if – dédiés à différentes idoles. Durant une période de pèlerinage, de nombreuses tribus arabes y observaient entre elles une trêve, se retrouvaient pour échanger des biens, pour négocier de nouvelles alliances. Un grand marché se tenait alors à 'Ukâz, située entre La Mecque et al-Tâ'if, où se rencontraient la plupart des grands commerçants arabes, ainsi que les agents du roi de Perse et des empereurs de Byzance et d'Abyssinie.

Lorsque, à la faveur de l'interminable conflit entre Byzance et la Perse, La Mecque s'impose comme un carrefour important, elle connaît une certaine prospérité. Des fortunes s'édifient, creusant des disparités jusque-là inconnues entre les différents clans comme à l'intérieur de chacun d'eux. En même temps que les solidarités tribales se distendent, les traditions polythéistes apparaissent à certains comme étant dépassées, débordées par l'ouverture de nouveaux horizons intellectuels.

Certains individus pressentent alors la nécessité d'une religion monothéiste, qui apporterait une vision unifiée des choses de ce monde et de l'au-delà. Ils ne parviennent pas à en formuler les principes. Ils ne les trouvent pas non plus dans les deux premiers monothéismes, dont les textes sont tissés de références culturelles trop lointaines et dont l'image, aux yeux des Arabes, est associée à Byzance, pour ce qui est du christianisme, et de la Perse, pour ce qui est du judaïsme, c'est-à-dire aux deux puissances auxquelles les Arabes refusent depuis toujours de se soumettre.

Les chroniqueurs sont plus précisément frappés par l'apparition, à cette époque, de quelques esprits précurseurs, surnommés les Hanîfs, qui rejettent le culte des idoles tel qu'il est pratiqué à La Mecque et se réfèrent ouvertement à un Dieu Unique. On sait peu de choses sur leurs idées ou leur démarche, mais Muhammad aurait rencontré certains d'entre eux, et les aurait tenus en grande estime.

LES GRANDES DATES DE LA VIE DE MUHAMMAD

Muhammad ibn 'Abdallah naît vers 570, à La Mecque. Voici les grandes lignes de sa vie, sur lesquelles s'accordent les chroniqueurs.

Il est issu d'une branche appauvrie de l'une des familles les plus illustres de la ville. On sait très peu de choses sur les quarante premières années de sa vie. Hormis que c'est un esprit supérieur, aux dispositions spirituelles précoces et qu'on a volontiers recours à lui pour arbitrer des conflits, sa droiture et sa franchise étant reconnues de tous. Il est peu lettré, sinon illettré. En tout cas, il n'a rien écrit.

En 610, à l'âge de quarante ans, alors qu'il médite dans une grotte, il a la vision de l'Ange Gabriel, qui lui annonce que Dieu l'a choisi comme Son Messager. C'est le début de la Révélation du Coran – qui est pour tout musulman, la Parole même de Dieu. Tout au long de sa vie, Muhammad retrouvera par intermittences la vision de l'Ange, lui dictant des versets du Coran.

Dans la société orale où il vit, il retient cette Parole par cœur et la récite à ses premiers compagnons, qui la gravent à leur tour dans leur mémoire. Certains d'entre eux en transcrivent des fragments sur des matériaux de fortune, os plats, feuilles séchées, morceaux de cuir, plus rarement sur des feuilles de parchemin.

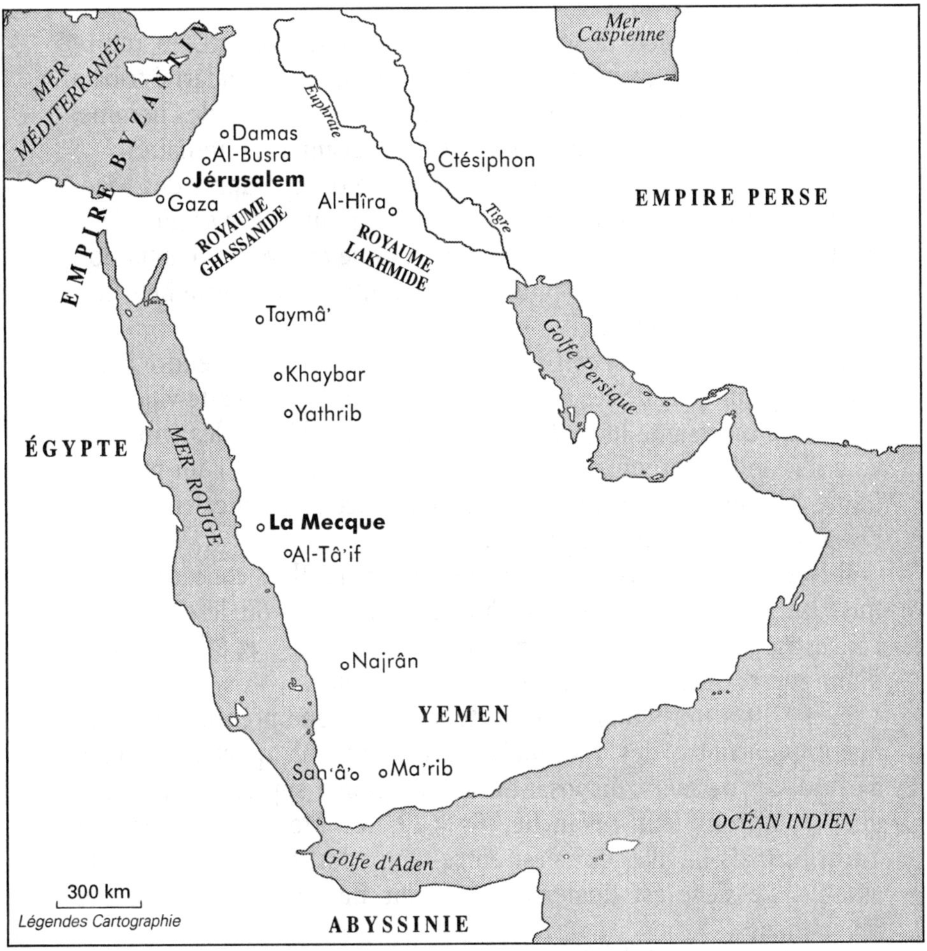

L'Arabie avant l'islam (VIe siècle)

En 613, Muhammad commence à prêcher publiquement certains des thèmes essentiels de cette Parole : l'unicité absolue de Dieu; la certitude d'un Jugement Dernier, lors duquel chacun sera amené à répondre individuellement de ses actes; la nécessité de mettre fin au culte des idoles.

La nouvelle religion, dénommée *Islam*, ou Soumission à Dieu, rompt ainsi radicalement avec l'imaginaire mecquois, où la solidarité tribale l'emporte sur la responsabilité personnelle et où l'horizon de l'homme, lié aux cycles de la vie nomade, se suffit d'un paganisme sommaire.

En 615, confrontés à l'hostilité croissante de la plupart des Mecquois, plusieurs dizaines de musulmans émigrent en Abyssinie, où ils peuvent professer leur foi sans être inquiétés. Mais la situation devient d'année en année plus préoccupante pour le Prophète lui-même dans sa ville natale.

En 622, il quitte en secret La Mecque et parvient à se rendre à Yathrib, où la plupart de ses adeptes l'ont précédé. Dans cette ville, que ruine une incessante lutte de clans, il est accueilli par des tribus en voie d'islamisation, qui s'en remettent à lui pour établir un pouvoir unifié et stable. L'An 622 marque le commencement du calendrier de l'Hégire – de *Hijra*, ou Emigration.

Il reste alors à Muhammad dix années à vivre. Il les consacrera à la mise en place de la première Cité musulmane – où les règles de l'ancestralité tribale cèdent le pas à la Loi de Dieu – et à la conduite d'une guerre devenue inévitable avec La Mecque.

En 624, les musulmans remportent à Badr une première victoire historique contre des Mecquois plus nombreux qu'eux. En 625, à Uhud, ces derniers, disposant d'une écrasante supériorité numérique, prendront leur revanche. En 627, les Mecquois encerclent Yathrib, mais la ville, qui s'est entre-temps fortifiée, résiste à leurs assauts. Le siège est finalement levé sur une victoire morale des musulmans.

Pour Muhammad, la finalité de la guerre n'est pas de détruire ou d'humilier La Mecque, mais d'obtenir l'adhésion de ses habitants à l'islam, tant il est clair à ses yeux que la cause de la nouvelle religion ne sera gagnée qu'avec l'islamisation de la Ka'ba et du rituel du pèlerinage. Tout au long de cette décennie, il tissera contre les seigneurs de sa ville natale un réseau d'alliances qui, peu à peu, fera rayonner le message de l'islam dans l'ensemble de l'Arabie.

En 630, Muhammad entre à La Mecque, à la tête de plusieurs dizaines de milliers d'hommes, appartenant à de nombreuses tribus. La ville n'oppose pas de résistance. Muhammad pardonne à tous ceux qui l'ont combattu et les habitants lui font serment d'allégeance. La plupart des seigneurs de La Mecque finissent par comprendre qu'ils serviront mieux leurs intérêts en se ralliant à sa bannière. Muhammad quitte la ville après avoir fait détruire toutes les idoles.

En 632, Muhammad retourne à La Mecque pour son Pèlerinage de l'Adieu. Puis il rentre à Yathrib, où il meurt le 8 juin. C'est après sa mort, que Yathrib est rebaptisée Médine – *Madinat al Nabi*, la Ville du Prophète.

Portés par l'élan que son Message leur a insufflé, les Arabes vont pouvoir rassembler les énergies et les talents, qu'ils ont jusque-là gaspillés dans d'incessants conflits interclaniques, pour se lancer ensemble, au nom de l'islam, à la conquête des empires de Perse et de Byzance.

Dans le même temps, ils doivent se préoccuper de fixer, et de coucher par écrit, les textes fondateurs de l'islam.

DE LA PAROLE À L'ÉCRIT

Le Prophète avait enseigné la nouvelle religion en récitant à ses fidèles des versets du Coran, en commentant ces versets dans ses prêches du vendredi, en développant sa pensée face aux défis posés par ses ennemis ou aux interrogations de ses proches, en discutant inlassablement avec ses compagnons des finalités de la Cité musulmane.

Chacun de ces derniers avait appris par cœur des fragments, plus ou moins longs, du Coran. Ceux d'entre eux qui savaient écrire en avaient transcrit, sous sa dictée, différents ensembles de versets. Selon les chroniqueurs, cependant, aucun d'entre eux n'avait pu rassembler par lui-même la totalité des versets.

Lorsque Muhammad meurt, en l'An 632, les événements se précipitent. Nombre de tribus, qui avaient embrassé l'islam sans conviction, se rétractent après sa mort et cessent d'obéir au pouvoir de Médine.

Par ailleurs, des illuminés apparaissent, ici ou là, qui prétendent à la relève du Prophète. Abû Bakr, qui prend la tête de la communauté des musulmans – devenant le premier Calife, ou Successeur du Prophète – décide de frapper vite et fort.

Après de rudes combats, la révolte est matée et les tribus dissidentes rentrent dans le rang. Ses troupes ayant été réunifiées, Abû Bakr se dépêche de les lancer à l'assaut des armées byzantines et perses, à qui elles livrent de sanglantes batailles. C'est ainsi que, en l'espace de quelques années, de nombreux compagnons et proches du Prophète meurent au combat. Chacun d'eux emportant avec lui la part qu'il avait mémorisée des versets du Coran et les souvenirs qu'il avait gardés des paroles de Muhammad. La question de la préservation du Coran se pose alors avec une acuité croissante,

'Umar ibn al-Khattâb, un proche compagnon qui deviendra plus tard le deuxième Calife, alerte Abû Bakr sur le danger de voir, dans ces conditions, des parties du Coran se perdre ou s'altérer. Il lui rappelle le propos du Prophète, selon lequel le texte originel de l'Ancien Testament avait subi des modifications qui en avaient corrompu le sens et le Nouveau Testament avait fini par se scinder en plusieurs Evangiles. Afin d'éviter que le Coran ne connaisse le sort de l'un ou l'autre, 'Umar propose, pour commencer, d'en réunir tous les versets en un seul volume.

Abû Bakr hésite à prendre une initiative que le Prophète n'avait pas jugé bon de prendre lui-même, ou d'ordonner à ses proches. 'Umar finit par le convaincre, mais doit ensuite surmonter les réticences du compagnon, Zayd ibn Thâbit, à qui Abû Bakr confie ce travail et qui commence par exprimer à son tour son effarement. Mais 'Umar emportera aussi son adhésion et l'homme procédera à un premier regroupement de l'ensemble des versets.

'Umar mettra l'objet en lieu sûr, chez sa fille Hafsa, l'une des veuves du Prophète. Mais il ne poussera pas plus loin le travail. Ayant pris la tête de la communauté après la mort d'Abû Bakr, il dirige un Etat de plus en plus vaste, dont les armées remportent des victoires décisives sur les fronts byzantin et perse. L'islam conquiert de nouveaux territoires, allant à l'ouest jusqu'au Maroc et à l'est jusqu'en Asie Centrale. Un nouvel empire prend corps, dont 'Umar doit mettre en place les institutions et les méthodes de gouvernement.

Cependant les problèmes qu'il avait entrevus, s'agissant de préserver l'intégralité et l'unité du texte coranique, ne cessent de se préciser.

La plupart des compagnons du Prophète, s'ils ne sont pas morts durant les guerres successives, se sont dispersés dans les vastes territoires conquis, où ils assument des responsabilités à la fois religieuses et politiques.

Chacun d'eux a pris avec lui son recueil de versets coraniques, auquel il est d'autant plus sentimentalement attaché qu'il le tient de la bouche même du Prophète. Mais chacun d'eux a retenu et transcrit ces versets, à partir de sa propre sensibilité, colorée par son dialecte particulier. Et les échos qui, des différentes régions de l'Empire, parviennent à Médine, font état de nuances, de dissonances, voire de contradictions.

'Uthmân, le successeur de 'Umar, craint d'être bientôt confronté à plusieurs versions du Coran, chacune d'elles se prévalant du prestige incontesté de tel ou tel proche du Prophète. Il réunit une commission composée de compagnons particulièrement qualifiés, qui avaient tous été chargés par le Prophète de coucher par écrit, sous sa dictée, certains fragments du Coran. Dirigée par deux hommes, dont l'un n'est autre que Zayd ibn Thâbit, qui a déjà regroupé l'ensemble des versets en un volume, cette commission est chargée de proposer au Calife un texte unifié.

En partant du premier recueil, sa tâche consiste à examiner les autres copies en circulation, de vérifier l'authenticité de chaque verset et, dans les cas où existent plusieurs variantes d'un même verset, de retenir la plus proche du dialecte de la tribu de Quraysh – à laquelle a appartenu le Prophète –, de supprimer les versets qui paraissent contestables et enfin de réunir l'ensemble en un seul Livre – la Vulgate Coranique.

Les travaux de la commission dureront plusieurs années, au cours desquelles les compagnons divergeront sur de nombreux points, laissant en suspens certaines questions, qui feront par la suite l'objet de vastes débats. Ces divergences, et les controverses qu'elles ont suscitées, ont été vécues comme un processus légitime, allant de soi et n'appelant ni condamnation ni anathème.

La commission terminera ses travaux entre les années 650 et 655, la date exacte n'étant pas connue avec certitude. La Vulgate Coranique aura vu le jour quelque vingt ans après la mort du Prophète. Le Calife ordonnera d'en faire des copies, d'en envoyer dans les différentes régions de l'Empire et de détruire toutes les versions non conformes. Mais l'ordre n'est exécuté que partiellement et certaines copies de ces versions continueront de circuler, ici ou là, durant deux ou trois siècles.

La Vulgate, dite Vulgate de 'Uthmân, constitue un pas décisif dans la sauvegarde et la préservation du texte coranique. Mais la compréhension de ce texte posera, durant un certain temps, des problèmes qui tiennent notamment au système d'écriture de l'époque.

Ce système repose alors sur un nombre restreint de caractères, dont chacun équivaut à une consonne ou un groupe de consonnes. Manquent à cet alphabet les signes permettant de distinguer entre plusieurs consonnes représentées par le même caractère. Ainsi existe-t-il un seul caractère pour désigner les sons *b*, *t*, *th* et même *n* ou *y*; un seul caractère pour désigner les sons *h*, *j* ou *kh*. Un même ensemble de caractères peut donc composer différents mots, ayant des significations distinctes.

D'autre part, manquent les voyelles qui permettraient de distinguer entre plusieurs mots composés des mêmes consonnes et sans lesquelles il peut être difficile de distinguer entre différentes fonctions grammaticales possibles pour un même mot.

Pour cette raison, les premières copies de la Vulgate Coranique se révèlent surtout utiles à ceux qui connaissent déjà le texte. Elles restent difficiles à déchiffrer pour la plupart des musulmans.

Or, sur toute l'étendue des territoires conquis, les mosquées essaiment. Dans chacune d'elles, les nouveaux adeptes de l'islam se comptent par centaines, par milliers. Ils ont tout à apprendre. Ils se regroupent autour d'un homme plus ou moins savant, qui a connu ou prétend avoir connu tel ou tel contemporain du Prophète. Ils l'écoutent, émerveillés, raconter des choses plus ou moins précises sur tel moment de la vie du Prophète, sur tel de ses combats contre les infidèles. Ils retiennent tout naturellement la version qu'il donne des versets du Coran, les interprétations personnelles qu'il en tire.

D'une mosquée à l'autre, d'une contrée à l'autre, les variations de sens autour du texte coranique ne cessent dès lors de s'amplifier, tandis que des exégètes, de plus en plus nombreux, s'interrogent sur le sens de certains termes; sur la signification précise à donner à certains versets.

Par la force des choses, pour trancher les dilemmes qu'ils rencontrent dans la compréhension du texte coranique, ces exégètes seront de plus en plus souvent conduits à recourir aux propos que le Prophète a tenus pour éclairer le sens de tel ou tel verset, ainsi qu'aux témoignages de ses compagnons, sur les circonstances dans lesquelles ce verset a été révélé et sur les questions précises qu'il a alors permis de résoudre.

Peu à peu s'imposera l'idée de composer des textes écrits, recensant ces propos et ces témoignages.

*

Cette idée allait à l'encontre des recommandations du Prophète, qui craignait que la fixation par écrit de ses paroles ne conduisît peu à peu les musulmans à leur accorder une valeur comparable à celle de la Parole Divine. Il avait maintes fois insisté, auprès de ses compagnons, sur la différence essentielle entre cette Parole, révélée dans le Coran, et la sienne propre, procédant de sa raison et faillible comme toute parole humaine. C'est pourquoi, dit-on, il s'était opposé à ce que ses propos fussent conservés par écrit, réservant ce traitement aux seuls versets coraniques.

La différence aura été clairement marquée, de son vivant, dans l'esprit de la plupart des musulmans. Ainsi lui posèrent-ils souvent la question, à propos de tel ou tel avis qu'il émettait :

— Cela vient-il de Dieu, ou de toi ?

Lorsqu'il répondait que c'était seulement son avis personnel, certains se permettaient de le discuter, voire de le contester. Il est arrivé à Muhammad, par la suite, de leur donner raison et de reconnaître qu'il avait eu tort.

Peu après l'établissement de la communauté des musulmans à Yathrib, à la veille de la première grande bataille qu'ils allaient livrer aux Mecquois – celle de Badr – le Prophète avait conçu un plan tactique, qu'il avait exposé aux siens. L'un d'entre eux, notable de la ville, lui demanda si le plan lui avait été inspiré par Dieu ou n'était que le fruit de sa propre réflexion. Muhammad lui ayant répondu que c'était le sien, l'homme, qui avait une expérience militaire que le Prophète n'avait pas, lui conseilla un autre plan. Le Prophète suivit son conseil et remporta ainsi une grande victoire.

Un jour, se relevant après avoir conduit la prière, il se vit entouré par certains de ses compagnons, tout étonnés, qui lui demandèrent :

— Dieu a-t-Il décidé de changer le rituel de la prière? Ou as-tu toi-même oublié quelque chose?

Il répondit :

— Pourquoi me posez-vous ces questions?

— Parce que tu n'as fait que deux génuflexions, au lieu de quatre.

Voyant qu'ils étaient tous d'accord, il recommença la prière, comme elle devait être faite.

Un autre jour, passant devant un musulman qui récitait une sourate du Coran, il s'arrêta pour l'écouter, puis il dit :

— Dieu le bénisse. Il m'a rappelé deux versets que j'avais oubliés.

Il arriva par ailleurs au Prophète de trancher certaines questions doctrinales, ou de prendre certaines décisions politiques, qui allaient être contredites et corrigées par des versets coraniques révélés peu après.

Ainsi, au lendemain de la victoire de Badr, la question se posa-t-elle du sort à réserver aux Qurayshites faits prisonniers. Quelques compagnons, emmenés par ʿUmar ibn al-Khattâb, plaidèrent pour une mise à mort, conformément aux traditions de l'époque. Quelques autres, emmenés par Abû Bakr, mirent en avant les liens du sang et demandèrent que ces hommes fussent laissés en vie. Le Prophète opta pour la clémence. La Révélation allait le contredire peu après : « Il n'appartient pas à un prophète de faire des prisonniers avant d'avoir prévalu » (VIII, 67).

Salmân le Perse alla un jour voir le Prophète, pour lui parler de certains prêtres chrétiens, qu'il avait rencontrés au cours de sa vie. Il lui loua leur piété, disant qu'ils priaient et jeûnaient sans cesse et qu'ils croyaient en la venue prochaine de Muhammad, comme Messager de Dieu. Il lui demanda ensuite quel sort leur serait réservé, au Jour du Jugement. Le Prophète répondit :

— O Salmân, ils sont destinés aux flammes de l'Enfer.

Ces paroles troublèrent profondément Salmân. Mais un verset coranique vint peu après les contredire : « Ceux qui croient, ceux qui suivent le judaïsme, les chrétiens et les sabéens, ceux qui croient en Dieu et au Jour Dernier, ceux qui font le bien, ceux-là trouveront leur récompense auprès de leur Seigneur. Qu'ils n'aient ni crainte ni tristesse » (II, 67).

Aussi, Muhammad ne cessa de répéter aux siens :

— Je suis un être humain comme vous, à qui il arrive de se tromper comme vous.

Mais sa parole, ses faits et ses gestes allaient, après sa mort, être pris comme références par l'ensemble des musulmans. Ils allaient constituer la deuxième source de science en islam, après le Coran, et être à leur tour mis par écrit, discutés, érigés en normes, voire sacralisés par certains. Une société nouvelle était née, qui produisait ses propres attentes et affirmait ses propres exigences. Au besoin, à l'encontre des recommandations du Prophète.

★

Le contexte dans lequel se déroulent les travaux de transcription est marqué, durant un premier siècle, par une fiévreuse contestation politique. A partir de 660, le fondateur de la dynastie des Umayyades, Mu'âwiya, est considéré par une partie des musulmans comme un usurpateur, pour avoir trahi le quatrième Calife, 'Ali, qui n'est autre que le cousin du Prophète. Mu'âwiya et ses descendants, obligés de quitter Médine, établissent leur capitale à Damas. Ils ont une légitimité à asseoir, qu'ils veulent tenter d'imposer contre le sentiment des principales autorités religieuses.

Sous leur influence, certains compilateurs iront jusqu'à attribuer au Prophète des propos qu'il n'a pas tenus, pour servir le prestige de la lignée de Mu'âwiya. Leurs adversaires feront de même, en faveur de la lignée de 'Ali, ou de celle d'al-'Abbâs, oncle du Prophète. Les descendants de ce dernier vont finalement détrôner les Umayyades, en 750, pour fonder la dynastie des Abbassides.

Ils instaureront, avec Bagdad pour capitale, un pouvoir bénéficiant d'une légitimité morale et politique beaucoup plus grande que celle de leurs prédécesseurs. Conformément aux enseignements de l'islam, en effet, l'assise ethnique de ce pouvoir, jusque-là exclusivement arabe, s'ouvrira à tous les croyants, notamment aux Perses. Des conditions exceptionnellement favorables seront alors réunies, pour permettre à la recherche religieuse de prendre un nouvel élan.

Linguistes et grammairiens dégagent les principales règles d'une écriture claire et d'une syntaxe cohérente. Des accents et des points viennent distinguer les consonnes, les encadrer de voyelles et permettre l'expression d'une pensée de plus en plus précise. L'arabe, qui n'était encore qu'un ensemble de dialectes à la mort du Prophète, va devenir par excellence la langue savante de l'époque.

Par ailleurs, le secret de la fabrication du papier, que la Chine gardait jusque-là jalousement, est alors percé par les musulmans. L'essor de la copie sur papier, qui s'étend à tout l'Empire, donne un extraordinaire élan à la chose écrite. Les bibliothèques se multiplient, non seulement dans les palais princiers, mais aussi dans les demeures des commerçants aisés. Chose impensable au siècle précédent : des boutiques s'ouvrent, qui vendent des manuscrits au public lettré.

La lecture du Coran – qui constitue le premier devoir religieux de tout musulman – connaît une expansion continue. Elle suscite à son tour la production croissante de textes compilant les Dits du Prophète (*Hadîths*) et les témoignages sur ses Faits et Gestes (*Sîra*), en même temps que de commentaires savants du Coran. L'interpénétration de ces disciplines est grande. Bien souvent, un même auteur signe à la fois des compilations de *Hadîths*, de la *Sîra* et des volumes de commentaires du Coran.

C'est vers la fin du VIIIe siècle que le premier livre de la Sîra est composé par Ibn Ishâq. L'une de ses copies parvient au Caire, plusieurs décennies plus tard, entre les mains d'Ibn Hishâm. Ce dernier la recopie en en supprimant certains fragments. Il s'en explique en disant qu'il a voulu « purifier le livre de certains poèmes cités par Ibn Ishâq, que personne à part lui ne mentionne, de certains faits détestables et d'autres encore [touchant à l'islam] que les gens réprouvent ». C'est la version expurgée par Ibn Hishâm qui, de plus en plus largement recopiée, traversera les siècles jusqu'à nous, tandis que se perdra le texte original d'Ibn Ishâq.

De nombreux passages supprimés ont cependant été sauvés, du fait que certains des grands auteurs du IXe siècle, tels qu'al-Tabarî et al-Bukhârî, qui ont eu accès au texte original avant sa disparition, les citent dans leurs propres compilations, en se référant à Ibn Ishâq.

Fort heureusement, la censure introduite par Ibn Hishâm restera un cas isolé. La recherche en religion est laissée à l'initiative de chacun, sous le regard de tous les autres. Il n'y a pas d'instance cléricale, investie d'une quelconque légitimité pour trancher un débat ou imposer un avis.

Mises à part certaines périodes tendues, personne n'est jeté en prison, ou assassiné, pour son commentaire coranique ou sa version de tel ou tel geste du Prophète. Les chercheurs poursuivent leur recherche, défendent leurs arguments, démontent ceux des autres. Leur autorité ne dépend que du sérieux de leur travail et de leur talent de persuasion.

Les chroniqueurs seront longtemps hantés par les faux témoignages, forgés au cours de la période précédente. Ils déploieront une grande part de leurs efforts pour les débusquer et les supprimer. Chacun des propos, des faits et des gestes du Prophète, fait l'objet d'un long et minutieux travail d'authentification. Il s'agit de reconstituer à rebours les chaînes de la transmission orale, qui, d'une génération à la précédente, remontent jusqu'aux témoignages émanant des compagnons du Prophète. Pour ensuite croiser ces témoignages, valider ceux qui paraissent véridiques et disqualifier ceux qui paraissent douteux.

Pour les chroniqueurs, la notion de compagnon du Prophète s'est peu à peu élargie. Elle désignait au départ le cercle des musulmans de la première heure, devenus ses principaux lieutenants. Elle a ensuite inclus ceux qui avaient côtoyé le Prophète et, à un titre ou un autre, mérité sa confiance. Elle a enfin compris tous ceux, parmi les musulmans, qui avaient eu l'occasion de le voir, de lui parler ou de traiter avec lui – et dont les souvenirs pouvaient enrichir les chroniques. Ceux qui avaient laissé les témoignages les plus détaillés et les plus sûrs n'appartenaient pas au premier cercle. Il s'agissait en particulier d'un cousin du Prophète, Ibn 'Abbâs et d'un affranchi qui l'avait suivi partout, Abû Hurayra.

Ayant effectué leurs recherches sur la validité des chaînes de transmission de ces témoignages, les chroniqueurs procèdent à des compilations distinctes, comportant entre elles nombre de divergences, qui suscitent à leur tour des débats. Toutes les questions sont soumises aux feux croisés de l'exploration linguistique, de la vérification chronologique, de la récapitulation logique. On discute de la date de naissance du Prophète, du moment où il a quitté La Mecque pour Médine, de l'ordre dans lequel il a livré ses principales batailles, du fait de savoir lequel des versets du Coran a été révélé en premier. La diversité des opinions est perçue, non comme un péché, mais comme une richesse. Elle est de règle.

Ce débat restera ouvert à Bagdad, sur tous les aspects de l'historiographie, de la théologie et de la jurisprudence islamiques, jusqu'au milieu du XIe siècle. Tous les thèmes sont abordés, tous les arguments discutés, puis repris, d'une génération à l'autre, pour être indéfiniment réévalués, approfondis, aiguisés. C'est la grande période, dite de l'*Ijtihâd*, ou Recherche persévérante.

Quelques exemples des questions débattues.

'Umar entendit un jour l'un des compagnons de Muhammad réciter un verset du Coran sous une forme différente de celle qu'il avait lui-même mémorisée. Il était sûr de sa propre version, l'ayant reçue de la bouche même du Prophète. Il accusa le compagnon de déformer la Parole de Dieu. Ce dernier répondit qu'il tenait également sa version de la bouche du Prophète. 'Umar ne le crut pas et lui demanda de l'accompagner chez Muhammad.

Ce dernier demanda alors à 'Umar de réciter le verset comme il l'avait mémorisé. Après l'avoir écouté, il dit :

— C'est ainsi qu'il a été révélé.

Puis il se tourna vers le compagnon et lui demanda de réciter le verset comme il l'avait mémorisé. Après l'avoir écouté, il dit :

— C'est ainsi qu'il a été révélé.

'Umar en fut très troublé. Ce fut alors que Muhammad eut ce propos énigmatique, dont l'écho ne cessa de résonner depuis, de siècle en siècle, dans les débats savants de l'ensemble du monde musulman :

— Le Coran a été révélé en sept lettres.

Une question qui n'a cessé d'occuper les esprits concerne les versets du Coran qui ont été abrogés par des révélations ultérieures. Le fait est indiscutable, puisque signalé dans le Coran. Mais le problème est le suivant : entre deux versets contestés, on ne sait pas toujours déterminer lequel est descendu en dernier – et par conséquent lequel des deux doit être considéré comme abrogeant et lequel abrogé.

Certains ont considéré que le problème ne se posait pas, parce que les versets abrogés avaient été supprimés du texte coranique et que Dieu les avait effacés de la mémoire des hommes. Ils en ont conclu que tout ce qui se trouvait dans le texte coranique était valable. D'autres, beaucoup plus nombreux, ont réfuté cette thèse, affirmant que les versets abrogés se trouvaient toujours dans le texte et qu'il était du devoir de chaque musulman de les reconnaître, afin de ne pas laisser s'installer la confusion découlant des différences entre l'abrogé et l'abrogeant.

Or, les nombreux savants qui se sont penchés sur la question ne sont parvenus à s'entendre ni sur le nombre exact des versets concernés, ni sur l'identité d'un certain nombre de versets, qui restent encore controversés.

Selon les chroniqueurs, il est arrivé, une fois, à Muhammad d'ordonner la lapidation d'un couple adultère. Ce couple étant juif, l'affaire avait été soumise à son jugement, à Yathrib, par des notables juifs. Les Arabes avant l'islam n'ayant jamais pratiqué la lapidation, il demanda aux rabbins le châtiment que la Bible imposait dans ce cas. Ils tentèrent d'abord de l'induire en erreur, en lui disant qu'elle n'en prévoyait aucun. Puis l'un d'entre eux lui assura que la Bible prévoyait dans ce cas la lapidation des deux partenaires. Alors le Prophète ordonna que ce châtiment fût appliqué.

La scène a été décrite par un des cousins du Prophète, Ibn 'Abbâs, qui a noté que, lorsque le supplice a commencé, l'homme a recouvert de son corps celui de sa bien-aimée.

Après la mort du Prophète, le problème se reposa sous le califat de 'Umar, à propos d'un couple de musulmans. 'Umar ordonna la lapidation de ce couple, malgré l'opposition de plusieurs compagnons du Prophète encore vivants, lui rappelant que le Coran ne mentionnait nulle part cette punition. Il leur fit une réponse aux conséquences particulièrement graves : il leur dit qu'il se souvenait d'un verset, ordonnant ce châtiment, qui avait été perdu « avec d'autres ».

Par la suite, certains évoquèrent l'existence d'un tel verset, qui aurait été rejeté par la commission chargée d'établir la Vulgate, en raison des doutes qu'elle aurait nourris quant à sa véracité. Mais si, durant des siècles, de nombreux docteurs ont accepté cette thèse, d'autres l'ont repoussée en faisant valoir qu'elle introduisait un doute sur le caractère intangible de la Vulgate, ouvrant ainsi la voie à toutes sortes de remises en cause ultérieures.

Finalement, s'appuyant sur le jugement rendu par le Prophète à Yathrib, une majorité de juristes devait se prononcer en faveur de la lapidation du couple adultère. Mais certains s'y opposèrent, en se prévalant de versets du Coran, dont l'un préconise la flagellation du couple et l'autre dispose qu'un homme adultère ne peut épouser qu'une femme adultère, et réciproquement – ce qui, en tout état de cause, suppose qu'ils continuent de vivre tous les deux.

★

La période de l'*Ijtihâd* aura fortement mis en lumière les nouveaux horizons, spirituels et intellectuels, que l'islam ouvrait aux croyants.

En donnant à l'homme le privilège de comprendre la Parole de

Dieu, ainsi que le pouvoir d'y conformer ses pensées et ses actes, en lui faisant obligation d'en rendre personnellement compte à Dieu, l'islam créait un espace de responsabilité individualisée, où chacun était appelé à se dépasser, pour donner le meilleur de lui-même. La période de l'*Ijtihâd* aura fourni, à tous ceux qui ont voulu s'y employer, une occasion exceptionnellement favorable.

CE LIVRE

Le noyau essentiel de la Sîra s'est constitué au cœur de cette période. Les principaux ouvrages qui le composent, rédigés à la suite du texte d'Ibn Ishâq, sont ceux d'al-Tabarî, d'al-Wâqidî, d'Ibn Sa'd et d'al-Balâdhrî, complétés, pour ce qui concerne plus précisément les Dits du Prophète, par les ouvrages d'al-Bukhârî et de Muslim. D'innombrables livres ont été rédigés par la suite, qui reprennent tout ou partie des faits relatés par les grands devanciers, en y ajoutant certains détails, oubliés, omis ou récusés par ces derniers.

La toile de fond de notre livre est tirée de ce noyau, enrichi de divers éléments empruntés à des ouvrages ultérieurs (voir la bibliographie complète en fin de volume).

Nous ne proposons pas une analyse personnelle, une biographie du Prophète, ou un essai sur l'avènement de l'islam. Nous proposons un condensé de la Sîra, que nous avons voulu aussi proche que possible du contenu essentiel, comme du style d'écriture, du corpus originel.

La Sîra a déjà été présentée en Occident sous deux formes différentes. La première a consisté à choisir un auteur – tel que Ibn Hishâm, ou al-Tabarî – et à traduire sa version de la Sîra. La fidélité à ce texte particulier est préservée, au détriment de la perspective plus vaste qu'on obtient par la mise en commun des différentes versions, comme au détriment de la clarté de lecture, laquelle requiert la suppression des chaînes de témoignage, des multiples digressions, des obscurités propres à chaque auteur.

La seconde manière de faire a consisté à composer un texte personnel, entièrement réécrit, à partir de l'une ou de plusieurs des versions de la Sîra. Ici on gagne en clarté, en continuité, en agrément de lecture, ce qu'on perd en proximité avec le corpus originel. Par ailleurs, on se retrouve avec un texte où l'auteur fait ses propres raccords, apporte ses propres explications, ajoute ses propres hypothèses – où il introduit une dimension subjective inévitable.

Nous avons voulu explorer une autre voie, répondant à une triple exigence : présenter, sous une forme aussi claire que possible, une vision globale de la Sîra, qui conserve le style d'écriture du corpus originel. A cette fin, nous avons opéré un travail de découpage et de montage, n'impliquant de notre part aucun ajout touchant à la substance des textes.

Nous autorisant, en quelque sorte, de la tradition établie par les chroniqueurs eux-mêmes, dont chacun sélectionnait les témoignages selon son propre jugement, nous avons à notre tour fait nos choix. Sur deux points importants, nos critères se séparent nécessairement de ceux de l'ensemble des grands chroniqueurs.

Le premier des critères était, à leurs yeux, l'honorabilité et l'honnêteté reconnues des transmetteurs de témoignages. Ainsi les chroniqueurs pouvaient-ils retenir de nombreux récits, pourtant totalement fantaisistes, ou visiblement impossibles à intégrer dans leur contexte, pour la seule raison qu'ils jugeaient les transmetteurs personnellement dignes de confiance. De même pouvaient-ils rejeter des récits, par ailleurs accordés à un texte du Coran ou à un propos du Prophète, pour la raison que l'un des transmetteurs leur paraissait suspect.

Le deuxième critère concerne l'importance relative accordée à tel ou tel détail, à tel ou tel héros, de la Sîra. Cette importance était commandée par la proximité historique des faits rapportés. Ainsi les chroniqueurs pouvaient-ils exagérer l'intérêt de tel personnage, du seul fait que les gens autour d'eux parlaient encore de lui, ou au contraire omettre de citer des détails aujourd'hui nécessaires à la compréhension de tel événement, en considérant alors qu'ils étaient trop connus pour avoir besoin d'être soulignés.

Par ailleurs, nous nous séparons de nombreux auteurs du XXe siècle, qui, suivant en cela l'exemple d'Ibn Hishâm, ont rédigé des versions apologétiques de la Sîra. Ils les ont expurgées de nombre d'épisodes importants – pourtant confirmés par les premiers chroniqueurs – parce qu'ils considéraient ces épisodes comme attentatoires à l'image qu'ils se faisaient de l'islam. Il ne pouvait être question, pour nous, d'établir une quelconque forme de censure, sur des textes authentifiés par les grands chroniqueurs.

Nous avons commencé par identifier dans ces textes tous les faits, les gestes et les dires du Prophète, permettant de reconstituer une fresque aussi complète que possible. Dans la mesure où les différents auteurs reviennent sur les mêmes événements, pour en donner chacun sa version propre, nous avons retenu de chaque événement la variante, ou les variantes, les plus riches en détails vivants.

Cette méthode, à l'évidence éclectique, s'est imposée à nous pour la raison suivante : chacun des grands chroniqueurs a ses préférences subjectives – en vertu de quoi, l'un privilégiera l'aspect politique d'un événement, un autre mettra en évidence sa dimension surnaturelle, un troisième fera ressortir sa charge spirituelle. Plutôt que suivre la pente personnelle de l'un d'entre eux, nous donnons au lecteur un aperçu de leurs différentes sensibilités, un bouquet où s'entremêlent leurs apports respectifs, permettant une vision d'ensemble de cette aventure, à la fois collective et individuelle, qui fut celle de la Sîra.

Chaque fois que la version de l'un des chroniqueurs nous a semblé assez explicite, nous l'avons reprise telle quelle. Lorsque nous avons trouvé nombre de détails significatifs éparpillés dans différentes versions, plutôt que de les retenir toutes – avec ce que cela supposerait de fastidieuses répétitions – ou de sacrifier des détails riches de sens apparaissant dans des variantes que nous n'aurions pas retenues, nous avons trouvé plus judicieux de réunir les différents détails en un seul texte recomposé.

De quelques rares événements, particulièrement importants, nous avons néanmoins cru devoir donner deux versions différentes.

★

Nous avons effectué l'ensemble de ce travail sans aucun a priori doctrinal, sans ajouter quoi que ce soit de notre cru, sans rejeter aucun fait d'importance, dès lors qu'il était authentifié par l'un, au moins, des grands chroniqueurs. Mais nous avons profité du recul que nous donnait une lecture synthétique, pour supprimer certains épisodes qui nous ont paru manifestement invraisemblables, pour minimiser certains autres, à l'évidence exagérés, enfin pour rétablir un ordre de succession des faits qui nous semblait douteux.

Les séquences que nous avons rejetées, selon un critère dont nous revendiquons à la fois la subjectivité et l'honnêteté, sont toutes celles qui nous ont paru incohérentes avec la personnalité du Prophète, telle qu'elle ressort, dans toute sa complexité, de l'ensemble des textes fondamentaux. Ces rejets concernent, notamment, les pouvoirs miraculeux que certains auteurs reconnaissent à Muhammad, alors qu'il a souvent pris soin, lui-même, de les nier catégoriquement. En quoi il se différencie des grands Prophètes bibliques qui l'ont précédé, et auxquels le Coran attribue de tels pouvoirs.

Le montage final a été fait sur une base chronologique. Il permet, espérons-nous, une lecture continue et aisée. Mais il fait parfois apparaître des « trous », des moments où « on aimerait en savoir plus » – lorsque les textes portant sur des faits importants sont trop lapidaires. Comme nous nous sommes interdit de rédiger des séquences additionnelles, le lecteur sera peut-être, ici ou là, frustré de passer sans transition d'une séquence à une autre, ou de ne lire que quelques lignes sur un événement qui aurait assurément mérité d'être plus longuement développé. C'est le prix à payer de la fidélité aux textes existants. Nous avons néanmoins apporté des éléments d'explication, lorsqu'ils nous semblaient s'imposer, en commentaires ou en notes de bas de page.

*

Le lecteur pourra se demander pourquoi Muhammad n'apparaît pas dès le début du livre. S'il en est ainsi, c'est que les événements de sa vie ne prennent tout leur sens que dans la perspective biblique qui est celle de l'islam et dans le contexte historique qui est celui de l'Arabie, où l'islam a vu le jour.

La Parole est révélée à Muhammad en un moment et en un lieu donnés. Mais elle se situe dans le prolongement de messages qu'ont reçus, avant lui, les Prophètes de la Bible. C'est pourquoi nous consacrons un Prologue à ceux de ces Prophètes qui apparaissent, dans le Coran, comme étant les ancêtres des Arabes.

C'est au sein du peuple arabe que Muhammad va naître et grandir, recevoir la Révélation et mener contre le polythéisme un combat longtemps solitaire, avant de rassembler ce peuple sous la bannière de l'islam. Il nous fallait donner de cet arrière-plan historique une description substantielle C'est pourquoi nous consacrons les deux premières parties à l'Arabie avant la Révélation, puis aux ancêtres de Muhammad.

La troisième partie rassemble tous les faits recensés sur la période de la vie de Muhammad précédant la Révélation. Enfin les quatrième et cinquième parties traitent de la période mecquoise de la prédication, celle où le Prophète tente de gagner à la cause du Dieu Unique les gens de sa ville natale – jusqu'à son échec et son départ pour Médine.

La période médinoise, celle de l'édification de la Cité Musulmane, des guerres contre La Mecque et du triomphe final, fera l'objet du Volume Deuxième (tome II, en préparation).

Les parties de l'ouvrage couvrant la vie du Prophète ne sont pas traitées sur le même mode que les parties portant sur les périodes biblique et antéislamique. Pour les secondes, qui n'ont qu'une valeur introductive, nous nous sommes contentés de résumés. Pour les premières, nous nous efforçons de présenter une somme de tous les événements, un tant soit peu significatifs, que rapporte la Sîra.

★

Pour permettre une lecture facile de l'ouvrage, nous avons systématiquement supprimé la chaîne de transmission orale, qui, dans les textes originaux, accompagne chaque témoignage, pour l'authentifier en remontant d'une génération à l'autre jusqu'au contemporain du Prophète dont ce témoignage émane; nous n'avons jugé utile de citer le nom de ce témoin que lorsqu'il s'agissait d'un proche du Prophète; nous avons omis de répéter les formules de dévotion et de respect, dites formules d'eulogie, qui sont toujours accolées au nom du Prophète ou à celui de ses compagnons dans la littérature musulmane.

Dans le même esprit, nous avons voulu raccourcir le groupe de mots qui, dans la société arabe, sert à désigner une personne – prénom, nom du père, patronyme tribal. Chaque fois que cela nous a paru possible, nous avons réduit ce groupe au seul prénom. Par ailleurs, nous avons gardé la transcription française usuelle de la plupart des noms propres – de personnes ou de lieux – connus en Occident. Ainsi lira-t-on Abraham et non Ibrahîm, Jésus et non 'Issa, Satan et non Iblîs, La Mecque et non Makka.

Par contre, même si une partie du public français est encore habituée à utiliser le prénom déformé, Mahomet, il nous a semblé nécessaire de donner à lire le prénom du Prophète dans sa prononciation exacte, Muhammad, tel qu'il est gravé, depuis quatorze siècles, dans le cœur des musulmans du monde entier.

★

Ce livre a été conçu, composé et rédigé en arabe, à partir du corpus originel de la Sîra. Ensuite seulement, nous avons procédé à la mise en forme de la version française.

Nous avons voulu que cette version, tout en épousant, autant que faire se peut, le ton et la saveur du texte arabe, s'offre au lecteur français dans une prose écrite pour lui. Et non sous la forme d'un document traduit, encombré de tournures renvoyant constamment à la langue d'origine. Nous aurons atteint notre but si cette prose est aussi accessible au lecteur d'aujourd'hui que le fut celle du texte arabe, il y a mille ans, aux lettrés musulmans de Bagdad, de Cordoue ou de Samarkand.

POUR LIRE LES TERMES ARABES

Voyelles particulières :

Le **u** se prononce **ou**.
L'accent circonflexe signale une voyelle longue.

Consonnes particulières :

gh se prononce comme	le **r** grasseyé français
kh	la **jota** espagnole
dh	le **th** anglais dans there
th	le **th** anglais dans three
sh	le **ch** français
w	le **w** anglais
y	le **y** anglais

' correspond à l'attaque glottale des voyelles en début de proposition (exemples : Ayant appris que ; Abraham dit).

' le ayn guttural est proche du son qu'on trouve au plus profond de la gorge.

Au milieu d'un mot, le **s** doit se lire **ss**, et non **z**
En fin de syllabe, **on**, **an**, **in**, doivent se lire **onn**, **ann**, **inn** – en prononçant le **n**.

CONVENTIONS TYPOGRAPHIQUES

Les textes d'accompagnement sont composés en une police de caractère différente de celle utilisée pour les textes de la Sîra.

Dans les textes de la Sîra, les propos du Prophète sont composés en italique et les versets du Coran en italique gras.

Les numéros suivant les citations renvoient aux sources de ces citations (voir en fin d'ouvrage, pages 533 à 535, l'annexe « Citations »).

PLAN DE L'OUVRAGE

TOME I

VOLUME PREMIER : LA RÉVÉLATION FAITE A LA MECQUE

Prologue – Les commencements

Première partie – Les Arabes avant la Révélation

Deuxième partie – Les ancêtres de Muhammad

Troisième partie – Muhammad

Quatrième partie – La Prophétie

Cinquième partie – Le temps des épreuves

TOME II
(en préparation)

VOLUME DEUXIÈME : LA RÉVÉLATION FAITE A MÉDINE

VOLUME PREMIER

LA RÉVÉLATION FAITE À LA MECQUE

PROLOGUE

Les commencements

Avant de concevoir Sa Création, Dieu était dans un nuage, au milieu des airs.
Puis Il créa Son Trône au-dessus de l'eau.
Lorsqu'Il eut achevé Sa Création, Il décréta :
Ma clémence l'emporte sur ma colère.

(Hadîth)

La matière de ce Prologue est tirée de versets du Coran, explicités par des propos du Prophète et complétés par les témoignages de certains de ses Compagnons. Les textes qui le composent ouvrent aux Arabes des horizons nouveaux, débordant les frontières étroitement tribales qui étaient les leurs avant la Révélation.

Jusqu'à l'avènement de l'islam, en effet, à l'exception de quelques rares individualités, les Arabes ne se posaient pas de questions sur l'origine du monde ou de l'homme, sur la vie après la mort, sur la résurrection. Il leur suffisait de connaître la lignée de leurs ancêtres. La Parole révélée à Muhammad vient bouleverser leurs perspectives, leur ouvrir un nouvel espace de conscience. Elle souligne l'immensité des distances et des durées où la Création de Dieu se déploie, par des decriptions qui doivent, au sens propre, sidérer le croyant, afin de l'arracher à ses ancrages locaux, à ses repères étroitement ethniques. Pour lui annoncer, à la fois, son appartenance à l'humanité dans son ensemble et l'insertion de l'humanité elle-même dans un dessein divin qui la transcende.

Les Prophètes sont envoyés par Dieu, de loin en loin, pour rappeler Sa Parole aux hommes, qui ne cessent de l'oublier et de s'égarer. Ces Prophètes, au nombre de cent vingt-quatre mille, ont tous témoigné de la même Vérité, qui s'ordonne autour de l'Unicité de Dieu. Parmi eux, trois cent treize ont été porteurs d'un Message et parmi ces derniers, cent quatre ont été porteurs d'un Livre. Muhammad clôt le cycle des prophéties parce que Dieu lui livre Sa Parole sous une forme définitive. La Torah et les Evangiles trouvent leur achèvement dans le Coran.

L'islam, qui signifie soumission à Dieu, n'est donc pas la religion du seul Muhammad, c'est la religion de tous les Prophètes, tous à ce titre messagers d'islam, c'est-à-dire musulmans. Le Coran utilise le même terme, musulman, pour désigner non seulement ceux qui suivent

Muhammad, mais aussi ceux qui ont suivi les Prophètes antérieurs, puisqu'ils se sont « soumis à Dieu ».

Dans le même esprit, le terme masjid, *ou mosquée, est souvent utilisé pour désigner, non seulement le sanctuaire propre aux musulmans qui ont suivi Muhammad, mais aussi, plus généralement, les sanctuaires juifs ou chrétiens – puique l'on y prie le Dieu Unique. Dans ces cas, mosquée tient pour temple, synagogue, église, basilique ou cathédrale.*

Enfin, la Mosquée de La Mecque, que Dieu a consacrée comme Sa Demeure par excellence, est désignée comme Mosquée même durant l'époque où les Arabes, devenus polythéistes, y ont installé et adoré des idoles.

Parmi les nombreux Prophètes cités dans le Coran, n'apparaissent dans ce Prologue que ceux présentés comme les ancêtres des Arabes.

CHAPITRE PREMIER

Création

Dieu dicte tout ce qui sera, depuis le Commencement des temps jusqu'au Jour du Jugement. Il créé les sept terres et les sept cieux. Le soleil, la lune, les anges. Les parures de la Terre. Le Paradis et l'Enfer.

Au commencement Dieu Tout-Puissant créa le calame *. *Il lui ordonna :*

« Écris. »

Le calame s'exclama :

— Seigneur, quoi écrire?

Dieu dit :

« Écris la destinée. »

Alors le calame se mit à écrire ce qui était et ce qui serait, jusqu'à la fin des temps. (1)

*

Dieu créa la Terre le dimanche et le lundi ; le mardi Il créa les montagnes, avec tout ce qu'elles contiennent de bienfaits ; le mercredi Il créa les arbres, l'eau, les villes, les lieux habités et les

* Calame : le roseau dont les Anciens se servaient pour écrire.

lieux déserts. Quatre jours étaient passés. Le jeudi Il créa le ciel ; le vendredi Il créa les étoiles, le soleil, la lune et les anges. Il restait trois heures. Durant la première de ces trois heures, Il fixa les échéances de qui doit vivre et qui mourir. Durant la deuxième heure, Il mit dans toute chose pouvant profiter aux hommes un facteur de corruption. Durant la troisième heure, Il créa Adam, l'installa au Paradis et ordonna à Satan de se prosterner devant lui. C'est au dernier moment qu'Il chassa Adam du Paradis.

*

Lorsque Dieu voulut créer le Ciel et la Terre, Il commença par créer une gemme verte, puis Il lui jeta un regard de commandement. Elle devint eau. Il continua de la regarder. Elle s'éleva, émit de la mousse, de la fumée, de la vapeur et frémit de la crainte que lui inspirait Dieu. Elle ne cessera plus de frémir jusqu'au Jour du Jugement.

De la fumée Dieu fit le Ciel et de la mousse Il fit la Terre. La première des terres à émerger de l'eau fut La Mecque. Et Dieu fit émerger toutes les autres terres en partant d'elle. C'est pourquoi elle a été appelée la Mère des Cités.

Lors de sa création la Terre ne comportait qu'un seul niveau, que Dieu scinda ensuite en sept niveaux. Depuis Son Trône Il dépêcha un ange, qui descendit jusqu'au-dessous du septième niveau, afin de porter la Terre sur ses épaules. Une main en Orient et l'autre en Occident, les paumes ouvertes de l'ange soutinrent les fondations des sept niveaux superposés et les stabilisèrent. Mais ses pieds n'avaient pas d'appui.

Dieu fit descendre du haut du Paradis un taureau doté de soixante-dix mille cornes et de quarante mille pattes et Il plaça les pieds de l'ange sur la bosse du taureau. Mais les pieds de l'ange n'étaient pas encore stables. Alors, du plus haut du Paradis, Dieu prit une émeraude d'une épaisseur de cinq cents années de marche, qu'Il plaça entre la bosse et les oreilles du taureau et sur laquelle les pieds de l'ange trouvèrent leur stabilité.

Les cornes de ce taureau, transperçant les différentes contrées de la Terre, les surplombaient comme les branches d'un candélabre au-dessous du Trône de Dieu. Ses naseaux étaient dans la mer et chaque va-et-vient de sa respiration durait un jour entier. Lorsqu'il inspirait, la mer montait et, lorsqu'il expirait, elle refluait. Mais ses pattes n'avaient pas d'appui.

Alors Dieu créa un rocher vert d'une épaisseur égale à celle des sept cieux et des sept niveaux de la Terre et sur ce rocher les pattes du taureau trouvèrent leur stabilité. Mais le rocher n'avait pas d'appui. Alors Dieu créa Nûn, la gigantesque baleine, et fit tenir le rocher sur son dos seul, à l'exclusion du reste de son corps. Et la baleine était portée par la mer et la mer était portée par le vent et le vent était porté par la puissance de Dieu.

Le monde, avec tout ce qu'il comporte, tient en deux lettres dans le grand Livre de Dieu. Il a suffi au Très-Haut de dire : « Sois », pour qu'il fût.

★

La distance qui sépare chaque Terre de la suivante est de cinq cents années de marche et il existe sept Terres. La première est celle où vivent les hommes. La deuxième est la demeure du vent, d'où partent tous les vents. Dans la troisième vivent des créatures à visages d'hommes et à museaux de chiens ; elles ont des mains d'hommes et des pattes de vaches, des oreilles de chèvres et des fourrures de moutons. Ces créatures ne désobéissent jamais à Dieu, fût-ce le temps d'un clin d'œil ; elles ne portent aucun vêtement ; et leurs jours sont nos nuits et leurs nuits nos jours.

La quatrième Terre contient les pierres de soufre, destinées aux gens de l'Enfer, afin qu'ils entretiennent ses flammes. La cinquième abrite les scorpions de l'Enfer, chacun de la taille d'un mulet, dont la queue est comme une lance, portant trois cent soixante aiguillons, contenant chacun de quoi emplir trois cent soixante cruches de venin. Une seule d'entre elles, placée au centre de la Terre, suffirait à anéantir toute vie et à corrompre toute chose. Cette Terre abrite aussi les serpents de l'Enfer, longs comme des vallées, dotés chacun de dix-huit mille crochets, semblables à des palmiers, contenant de quoi emplir dix-huit mille cruches de venin. Si Dieu ordonnait à un de ces serpents de planter un de ses crochets dans la plus grande des montagnes de la Terre, elle s'effondrerait et redeviendrait poussière. De même, si un de ces serpents inocule son venin à un infidèle, les articulations de ce dernier se rompent aussitôt.

La sixième Terre contient les livres de comptes des habitants de l'Enfer, où sont consignées leurs actions et désignées leurs âmes malfaisantes. Dieu a fait enfin de la septième Terre la demeure de Satan et de ses soldats. On y trouve son refuge, avec, à l'une de ses extrémités, les poisons et à l'autre, les aquilons. Tout autour se trouvent les troupes de Satan, formées de géants et des démons les plus redoutables. Et ceux qui occupent chez lui le rang le plus élevé sont ceux qui jettent le plus grand trouble dans l'esprit des hommes.

⋆

Dieu créa les Cieux en forme de voûtes, fixées les unes aux autres par leurs bords, le premier Ciel, celui d'ici-bas, étant fixé au deuxième et le deuxième au troisième, ainsi de suite jusqu'au septième, qui est fixé au Trône de Dieu.

Dieu créa le premier Ciel, celui d'ici-bas, d'eau et de fumée. D'une épaisseur de cinq cents années de marche, il est situé à une distance de cinq cents années de marche de la Terre et cinq cents années de marche le séparent du ciel suivant. Sa couleur est celle du fer le plus brillant. S'y trouvent des anges faits d'eau et de vent, commandés par un ange qui est en charge des nuages et de la pluie et va répétant : « Gloire au Maître des Mondes ! »

Dieu a donné au deuxième ciel la couleur du cuivre et une épaisseur de cinq cents années de marche. Il y a créé des anges de toutes couleurs, en rangs si serrés qu'on chercherait en vain l'épaisseur d'un cheveu entre leurs épaules. Ils proclament à haute voix : « Gloire au Tout-Puissant ! » Dans ce Ciel, Dieu a créé un ange fait à moitié de feu et à moitié de glace, les deux moitiés soudées entre elles de telle sorte que ni le feu ne fait fondre la glace ni la glace n'éteint le feu. Cet ange va répétant : « Ô Toi qui unis la glace et le feu, unis les cœurs de tes adorateurs ! »

Cinq cents années de marche séparent le deuxième Ciel du troisième, qui a la couleur de la pierre d'alun. D'une épaisseur de cinq cents années de marche, il est peuplé d'anges qui sont dotés, selon le cas, de deux ailes, de quatre ailes ou de six ailes, qui portent de multiples visages et proclament à haute voix : « Gloire au Vivant qui ne meurt jamais ! » Ils se tiennent en rangs serrés, comme un édifice d'un seul tenant et l'on chercherait en vain l'épaisseur d'un cheveu entre leurs épaules. Et cependant aucun d'entre eux ne connaît la couleur de son voisin, tant est grande la peur que Dieu leur inspire.

Cinq cents années de marche séparent le troisième Ciel du quatrième, qui a une épaisseur de cinq cents années de marche et la couleur de l'argent blanc. Là se trouvent des anges beaucoup plus nombreux que ceux du troisième Ciel, car les anges de chaque Ciel sont toujours plus nombreux que ceux du Ciel inférieur. Ces anges sont en continuelle prière, debout, agenouillés, prosternés. Lorsque Dieu charge l'un d'entre eux d'une mission, il s'élance et s'éloigne sans que son voisin s'en aperçoive, tant est grande la dévotion de tous, qui vont répétant : « Gloire au Très-Saint, le Miséricordieux, il n'y a de Dieu que Lui ! »

Dieu créa le cinquième Ciel de la couleur de l'or. D'une épaisseur de cinq cents années de marche, il est situé à une distance de cinq cents années de marche du sixième. S'y trouvent des anges encore plus nombreux que ceux des quatre premiers Cieux réunis, qui ne cessent de s'agenouiller et de se prosterner, qui jamais ne lèvent les yeux et jamais ne les lèveront jusqu'au Jour du Jugement. Au Jour du Jugement ils diront : « Seigneur, nous ne T'avons pas adoré comme Tu le méritais ! »

Dieu a créé le sixième Ciel d'une épaisseur de cinq cents années de marche, à une distance de cinq cents années de marche du septième. Fait d'un rubis rouge, il est peuplé des soldats de Dieu les plus méritants, dont le Très-Haut seul connaît le nombre. Ce sont eux que Dieu charge de missions auprès des habitants du Monde et qui vont, à voix haute, chantant les louanges du Très-Haut.

Dieu créa le septième Ciel d'une épaisseur de cinq cents années de marche. Là se trouvent les soldats de Dieu dont le nombre égale celui des grains de poussière dans la terre humide et des grains de sable dans les plaines, celui de tous les cailloux et de toutes les feuilles, celui de tout ce qui bouge. Et le Très-Haut crée tous les jours ce qu'Il désire créer. Ce Ciel est fait d'une perle blanche.

A cinq cents années de marche de ce Ciel, vivent les chefs des anges, ceux dont l'âme est la plus pure, qui portent le Trône de Dieu. Chacun d'eux a de multiples visages, de multiples ailes et un corps qui émet de multiples rayons de lumière. Aucun d'eux ne ressemble aux autres. Chantant à haute voix les louanges de Dieu, ils regardent le Trône sans cligner des yeux. Une seule des plumes d'une seule des ailes d'un seul de ces anges suffirait à aplatir le Monde. Seul le Très-Haut connaît leur nombre.

Au-dessus de tout cela se trouve un nuage. D'une épaisseur égale à celle des sept Cieux et des sept Terres, il est séparé du septième Ciel par une distance égale à celle des sept Cieux et des sept Terres. C'est au-dessus de ce nuage que se dresse le Trône de Dieu. Le Très-Haut est seul à savoir jusqu'où il s'élève.

★

Sur le Trône de Dieu sont gravées les images de tout ce qu'Il a créé sur la Terre et dans les mers. Et le Trône se pare chaque jour de soixante-dix mille nuances de lumière qu'aucune créature ne peut regarder. Et cependant toutes ces choses ne sont qu'une infime partie du Trône.

L'ange Ézéquiel le comprit lorsqu'il voulut admirer le Trône. L'ange était doté de dix-huit mille ailes, chacune étant séparée de la suivante par une distance de cinq cents années de marche. Dieu décida de doubler le nombre de ses ailes pour le porter à trente-six mille, puis Il lui ordonna : « Vole. » Ézéquiel vola durant vingt mille années sans pouvoir atteindre un pilier du Trône. Dieu redoubla encore le nombre de ses ailes, ainsi que ses forces et lui ordonna de poursuivre son vol. L'ange vola encore durant trente mille années, sans pouvoir atteindre un pilier du Trône.

Dieu dit : « Même en continuant de voler jusqu'à ce que le cor sonne l'heure du Jugement, de toutes tes ailes et de toutes tes forces, tu ne pourras pas atteindre un pilier de mon Trône. » Alors l'ange s'exclama : « Gloire au Très-Haut ! »

★

Lorsque le Très-Haut fut arrivé au dernier jour de Sa Création, avant de faire Adam, Il créa deux soleils de la lumière de son

Trône. Puis Il voulut, comme Il l'avait prévu dans sa prescience, garder un soleil et voiler l'autre pour en faire la lune, et que la lune fût moins grande que le soleil. Cela dit, elle ne paraît si petite aux yeux des hommes que du fait de la hauteur du Ciel et de son éloignement de la Terre.

Si le Très-Haut avait laissé la lune semblable au soleil, on n'aurait pas pu distinguer la nuit du jour ni le jour de la nuit. Et le travailleur n'aurait pas su quand accomplir sa tâche ni quand percevoir son salaire. Et celui qui observe le jeûne n'aurait pas su quand le pratiquer et quand le rompre. Et la femme n'aurait pas su comment respecter le délai de veuvage. Et les musulmans n'auraient pas su quand faire leurs prières ni leur pèlerinage. Et les débiteurs n'auraient pas connu l'échéance de leurs dettes. Et les gens n'auraient pas su quand cultiver la terre et quand accorder à leur corps le repos mérité. Mais Dieu a plus de considération pour l'humanité et plus de miséricorde.

C'est pourquoi Il envoya l'Ange Gabriel frotter trois fois de son aile la face de la lune. Il ternit ainsi son éclat, ne lui laissant plus qu'une certaine clarté. Les linéaments noirs au creux de la lune sont les traces qu'il a laissées lors de cet obscurcissement.

En créant le soleil, le Très-Haut fit pour lui une roue dotée de trois cent soixante rayons et lui affecta trois cent soixante anges, choisis parmi les hôtes du Ciel d'ici-bas, dont chacun s'attela à l'un des rayons de la roue. Puis Dieu créa des Orients et des Occidents pour les différentes contrées de la Terre. A chaque jour correspond un nouveau lever de soleil et à chaque nuit un nouveau coucher. Entre le premier des levers et le premier des couchers, le jour le plus long se situe en été; entre le dernier des levers et le dernier des couchers, le jour le plus court se situe en hiver.

Le Très-Haut créa ensuite une mer située à une distance de trois lieues au-dessous du Ciel d'ici-bas. C'est une onde suspendue dans les airs par la grâce de Dieu, dont aucune goutte ne tombe jamais sur la Terre. Les étoiles se tiennent immobiles sur cette mer, qui file à la vitesse d'une flèche décrivant une ligne droite, comme une corde tendue entre l'Orient et l'Occident.

Par Celui qui tient entre Ses mains l'âme de Muhammad, si le soleil ne nous apparaissait pas au travers de cette mer, il brûlerait tout ce qui se trouve sur la face de la Terre, même les rochers et les pierres. Et si la lune ne nous apparaissait pas au travers de cette mer, les hôtes de la Terre en seraient à tel point éblouis, qu'ils se mettraient tous à l'adorer à la place de Dieu – tous à l'exception de ceux que le Très-Haut voudrait préserver, parmi ceux qui Lui vouent fidélité et obéissance. (2)

★

Ayant créé la Terre, Dieu la dota de sept parures.

Il la dota des temps, parmi lesquels Il en distingua quatre – les mois sacrés ★, dont trois se suivent et le quatrième se tient seul. Les trois premiers sont Dhû al-Qi'da, Dhû al-Hijja et Muharram. Le dernier est le mois de Rajab.

Et Dieu dota la Terre des lieux, parmi lesquels Il en distingua quatre : La Mecque, Médine, Jérusalem et la Mosquée des Tribus ★★ .

Et Dieu dota la Terre des Prophètes – sur eux la bénédiction et la paix – en distinguant quatre d'entre eux : Abraham l'intime, Moïse l'éloquent, Jésus l'avenant et Muhammad le bien-aimé – bénis soient-ils tous les quatre, dépositaires des Livres, détenteurs des Lois, les plus résolus des hommes.

Et Dieu dota la Terre de la famille de Muhammad, au sein de laquelle Il distingua quatre personnes : 'Ali, Fâtima, al-Hasan et al-Husayn – Dieu les agrée.

★

Lorsque Dieu eut créé le Paradis, Il dit à Gabriel :

« Va voir le Paradis et ce que J'y ai prévu pour ses hôtes. »

Gabriel alla voir et revint dire au Tout-Puissant :

— Seigneur, nul n'entendra parler du Paradis sans vouloir y entrer.

★ Les mois sacrés : ceux où les tribus observaient entre elles une trêve.

★★ La Mosquée des Tribus : la toute première construite par les musulmans après l'arrivée du Prophète à Médine.

Alors Dieu ordonna au Paradis de s'entourer d'obligations et dit à Gabriel :

« Retourne voir le Paradis et ce que J'y ai prévu pour ses hôtes. »

Gabriel retourna au Paradis et revint dire au Tout-Puissant :

— Seigneur, je crains que nul ne veuille y entrer.

Lorsque Dieu eut créé l'Enfer, il dit à Gabriel :

« Va voir l'Enfer. »

Gabriel alla voir l'Enfer et revint dire au Tout-Puissant :

— Seigneur, nul n'entendra parler de l'Enfer et ne voudra y entrer.

Alors Dieu ordonna à l'Enfer de se parer de tentations et dit à Gabriel :

« Retourne voir l'Enfer. »

Gabriel retourna en Enfer et revint dire au Tout-Puissant :

— Seigneur, je crains qu'il ne reste personne qui ne veuille y entrer. (3)

CHAPITRE DEUXIÈME

Adam

Dieu crée Adam puis Eve. Il les place au Paradis – où Il ne leur interdit qu'un seul arbre. Incités par Satan, ils touchent à cet arbre et sont chassés du Paradis. Dieu annonce à Adam qu'Il fait de La Mecque Sa Demeure par excellence sur la Terre.

Lorsque Dieu voulut créer Adam, Il dit aux anges :

« Je vais établir sur Terre un représentant. »

Les anges demandèrent :

— Seigneur, qui donc sera ce représentant ?

Dieu répondit :

« Il aura des descendants qui répandront le mal sur la Terre, qui se jalouseront et s'entre-tueront. »

Les anges s'exclamèrent :

— Seigneur, pourquoi établir sur la Terre ceux qui vont y faire le mal et répandre le sang, alors que nous ne cessons de Te rendre grâce et de T'adorer ?

Dieu dit :

« Je sais ce que vous ne savez pas. »

Puis Il chargea Gabriel d'aller sur la Terre et de Lui en rapporter une poignée.

Lorsque, pour exécuter l'ordre de Dieu, Gabriel descendit sur la Terre, il l'entendit lui dire :

— Je me recommande à Dieu qui t'envoie. Je te prie de ne rien m'ôter qui puisse demain nourrir la flamme de l'Enfer.

Gabriel ne prit rien à la Terre et revint vers Dieu :

— Seigneur, la Terre a invoqué Ton nom. Je n'ai pu me résoudre à l'approcher.

Alors Dieu ordonna à Michel d'aller sur la Terre et de Lui en rapporter une poignée. Michel s'apprêtait à exécuter l'ordre reçu, lorsqu'il entendit la Terre lui demander, en se recommandant à Dieu, de ne rien lui ôter. Michel ne prit rien et revint vers Dieu pour Lui dire, comme avant lui Gabriel :

— Seigneur, la Terre a invoqué Ton nom. Je n'ai pu me résoudre à l'approcher.

Alors Dieu chargea l'Ange de la Mort d'aller sur la Terre et de Lui en rapporter une poignée.

Arrivé sur la Terre, l'Ange de la Mort l'entendit se recommander à Dieu et le prier de ne rien lui ôter. Il lui répondit :

— Moi j'invoque le nom de Dieu pour refuser de Lui désobéir.

L'Ange de la Mort puisa aux quatre coins de la Terre humus, poussière, glaise, argiles rouge, noire et blanche, venant des plaines et des cimes. C'est ainsi que la descendance d'Adam comporta le bénéfique et le maléfique, le vertueux et le vicieux, le beau et le laid.

Puis, avec ce qu'il venait de prendre à la Terre, l'Ange de la Mort s'éleva jusqu'à Dieu, qui lui ordonna d'en faire une pâte et de la mettre à fermenter. Il la pétrit avec de l'eau amère, de l'eau douce et de l'eau salée, jusqu'à en faire une pâte qu'il mit à fermenter. C'est ainsi que les créatures eurent des mœurs différentes.

Dieu ordonna à Gabriel de Lui apporter le cœur blanc de la Terre, qui est splendeur et lumière, afin de créer Muhammad. Gabriel descendit chez les anges du niveau supérieur. Il prit, sur l'emplacement du tombeau du Prophète, une poignée de terre qui était alors d'un blanc pur et qui, pétrie dans l'eau du Tasnîm *, prit l'aspect d'une perle blanche. Elle fut trempée dans tous les fleuves du Paradis. Lorsqu'elle fut sortie des eaux, le Très-Haut regarda cette perle pure, qui frémit de la crainte qu'Il lui inspirait.

* Tasnîm : une source du Paradis.

Il en tira cent vingt-quatre mille gouttes et créa de chacune de ces gouttes un Prophète. Ainsi tous les Prophètes sont-ils issus de la lumière de Muhammad.

Cette perle blanche fut promenée à travers les cieux et la terre. Et les anges connurent Muhammad avant de connaître Adam.

★

— O Messager de Dieu, quand es-tu devenu Prophète?

Le Messager de Dieu répondit :

— Alors qu'Adam était suspendu entre l'Esprit et le Corps. (1)

★

Puis la pâte de Muhammad fut pétrie avec celle d'Adam et reposa durant quarante années jusqu'à devenir collante et souple ; puis elle reposa durant quarante années jusqu'à ressembler à cette terre cuite et durcie, qui, lorsqu'on la frappe de la main, produit un son. Elle démontre ainsi qu'elle provient d'un acte de création, non d'un caprice ou d'une astuce – la pâte durcie ne pouvant plus être travaillée ni façonnée. Dieu fit de cette pâte un corps et l'étendit sur le chemin qu'empruntent les anges lorsqu'ils quittent le Ciel et y reviennent. Il le laissa là durant quarante années.

Dieu créa la tête et le front d'Adam de la terre de la Ka'ba, son dos de la terre de Jérusalem, ses cuisses de la terre du Yémen, ses mollets de la terre d'Égypte, ses pieds de la terre du Hijâz, sa main droite de la terre du Mashriq et sa main gauche de la terre du Maghrib. Puis Dieu étendit Adam à la porte du Paradis. Chaque volée d'anges, passant devant, s'émerveillait de la beauté de son apparence et de la longueur de sa taille. Ils n'avaient jamais vu auparavant de forme semblable. Mais lorsque Satan passa devant, il dit :

— Je me demande pourquoi tu as été créé.

Il frappa Adam de la main et découvrit qu'il était creux. Il entra en lui par la bouche et sortit par l'anus. Il dit alors aux anges qui l'accompagnaient :

— Cette créature est creuse, elle ne peut ni se tenir ni se maintenir par elle-même.

Puis il ajouta :

— Si une telle créature est préférée à vous, que ferez-vous ?

Les anges répondirent :

— Nous obéissons à notre Seigneur.

Alors Satan se dit :

— Je jure par Dieu que si cette créature est préférée à moi, je me révolterai ; et si je suis préféré à elle, je la détruirai.

Il est dit que le corps d'Adam resta étendu à la porte du Paradis quarante années durant, tandis qu'une pluie de tristesse tombait sur lui, puis une pluie de joie tomba durant une seule année. C'est ainsi que ses enfants furent frappés de nombreux malheurs, même s'ils connurent à leur suite la joie et la paix.

Lorsque Dieu voulut insuffler à Adam la vie, Il ordonna à l'âme d'entrer par la bouche. L'âme dit :

— L'entrée est éloignée du fond, qui est sombre.

Dieu répéta son ordre et l'âme répéta ce qu'elle venait de dire. Dieu réitéra son ordre une troisième fois et l'âme redit ce qu'elle avait dit les deux fois précédentes. Alors Dieu dit :

— Entre malgré toi et sors malgré toi.

L'âme s'exécuta et resta dans le crâne d'Adam près de deux cents années, puis elle descendit dans les yeux, puis dans les narines. Lorsqu'elle fut dans les narines, Adam éternua.

Dieu lui dit :

« Dieu t'assure de Sa clémence, Adam. »

Adam leva la main, la posa sur le sommet de sa tête et dit :

— Aïe.

Dieu lui demanda :

« Qu'as-tu ? »

— J'ai commis une faute.

« D'où sais-tu cela ? »

— La clémence n'est-elle pas réservée à ceux qui ont commis des fautes ?

Alors Dieu lui apprit à dire : « Grâce soit rendue au Seigneur des Mondes. »

Puis l'âme se répandit dans le corps d'Adam, qui devint chair, sang, os, vaisseaux et nerfs.

*

Lorsque Dieu eut fini de créer Adam et qu'Il lui eut insufflé la vie, Il lui donna sa taille, rectifia puis arrêta sa forme, régularisa son apparence, le recouvrit du vêtement du Paradis et le para de divers ornements. Adam resplendit comme si un rayon de soleil sortait des plis de son vêtement. La lumière de Muhammad se reflétait sur son front comme par une nuit de pleine lune. Alors Dieu plaça Adam sur un lit qu'Il ordonna aux anges de porter sur leurs épaules, en leur disant :

« Parcourez avec lui Mes Cieux, pour qu'il voie tout ce qu'ils recèlent de merveilles et que sa foi en soit fortifiée. »

Les anges dirent :

— Nous sommes écoute et obéissance à notre Seigneur.

Ils portèrent sur leurs nuques le lit où Adam était étendu et parcoururent les Cieux durant cent ans, le temps pour Adam de contempler tout ce qu'ils recèlent de prodiges et de merveilles.

Dieu créa ensuite un cheval de musc odorant, doté de deux ailes faites de perles et de joyaux. Adam l'enfourcha, Gabriel tenant les rênes, avec Michel à sa droite et Israfel à sa gauche. Ils parcoururent ainsi les cieux, Adam répétant :

— La paix soit sur vous, anges de Dieu.

Et les anges répétant :

— Sur toi la paix et la clémence de Dieu et Ses bénédictions.

Dieu dit :

« C'est ainsi, Adam, que tu salueras, et que salueront après toi tous tes descendants, jusqu'au Jour du Jugement. »

Puis Dieu ordonna aux anges de se prosterner devant Adam et ils se prosternèrent tous. A l'exception de Satan.

⋆

Dieu avait installé les démons sur la Terre aussitôt après l'avoir créée, avant de créer Adam. Il avait fait les démons de braise ardente et Il avait placé Satan au milieu d'eux. Il leur avait interdit de faire couler le sang des bêtes ou de laisser la désobéissance se répandre dans leurs rangs.

Mais les démons avaient répandu le sang et s'étaient dressés les uns contre les autres. Quand Satan les avait vus agir de la sorte, et s'y complaire, il avait demandé à Dieu de le séparer d'eux et de l'élever jusqu'au Ciel. Dieu avait exaucé son vœu et l'avait élevé jusqu'au Ciel. Satan s'était retrouvé au milieu des anges, vouant à Dieu une adoration exemplaire.

Mais Dieu ayant ensuite fait de Satan le gardien du Ciel inférieur, l'orgueil avait fini par s'emparer du cœur de Satan.

Aussi, lorsque Dieu lui ordonna de se prosterner devant Adam, il refusa avec dédain, devenant un insoumis. Il dit à Dieu :

— Seigneur, je suis meilleur qu'Adam. Tu m'as créé de feu et Tu l'as créé de boue. Le feu est plus noble que la boue. C'est moi qui étais Ton représentant sur la Terre, moi le porteur de vent, oint de lumière, auréolé de dignité, moi qui T'ai adoré dans Ton Ciel comme sur Ta Terre.

Dieu dit :

« Quitte le Ciel. Tu es damné. Ma malédiction pèsera sur toi jusqu'au Jour du Jugement. »

Satan dit :

— Seigneur, accorde-moi un sursis jusqu'au Jour du Jugement.

Dieu dit :

« Je t'accorde ce sursis jusqu'au Jour dit. »

Satan dit :

— De l'égarement où Tu m'as plongé, je me servirai sur la Terre pour tromper les autres, pour les égarer à mon tour, tous à l'exception de Tes fidèles adorateurs.

Dieu dit :

« Telle est la voie droite qui est la mienne : tu n'auras aucun pouvoir sur mes fidèles, à l'exception des égarés qui te suivront. Et la Géhenne sera leur destination. » (2)

★

Lorsque Dieu eut installé Adam en Son Paradis, l'homme y erra en proie à la solitude. Il n'était personne pour lui tenir compagnie. Alors Dieu étendit sur lui le sommeil, puis Il prit une des côtes de son flanc gauche et en conçut Eve sans qu'Adam le sente, ni ressente une quelconque douleur. Si Adam avait ressenti la moindre douleur, aucun homme après lui n'aurait pu éprouver de tendresse pour une femme.

Dieu recouvrit Eve du vêtement du Paradis et la para de divers ornements, puis la fit asseoir aux côtés d'Adam. Lorsque ce dernier sortit de son sommeil, il vit Eve assise près de lui. Les anges le questionnèrent :

— Qu'est-ce que cela, Adam ?

Il répondit :

— Une femme.

— Quel est son nom ?

— Eve.

— Tu as raison. Pourquoi a-t-elle été nommée Eve ?

— Parce qu'elle a été créée à partir d'un être vivant.

— Pourquoi Dieu l'a-t-Il créée ?

— Pour que je m'en remette à elle et qu'elle s'en remette à moi.

Puis Adam posa la main sur Eve. Les anges s'étonnèrent :

— Que fais-tu là, Adam ?

— Pourquoi pas ? Dieu ne l'a-t-Il pas créée pour moi ?

— Pas avant que tu n'aies avancé sa dot.

— Qu'est-ce que sa dot ?

— Que tu glorifies trois fois le nom de Muhammad.

— Qui est Muhammad ?

— Le dernier des Prophètes de ta descendance. Si ce n'était pour Muhammad, tu n'aurais pas été créé.

★

Dieu ayant installé Adam et Eve en son Paradis, Il leur autorisa l'accès à tous ses bienfaits à l'exception d'un seul arbre.

Cependant Satan avait appris l'admission d'Adam au Paradis et, envieux, s'était dit :

— Malheur ! A moi, qui adore Dieu depuis des milliers et des milliers d'années, Dieu a refusé l'accès au Paradis, tandis qu'Il l'ouvre à cette créature qu'Il vient à peine de concevoir.

Il résolut de déloger Adam du Paradis. Il se posta à la Porte du Paradis et se consacra à l'adoration de Dieu pendant trois cents années, au point d'être connu par les anges, et reconnu pour son adoration. Il demeura là, attendant la sortie de quiconque pourrait lui permettre de joindre Adam, mais Dieu n'autorisait aucun des hôtes du Paradis à en sortir.

Puis Dieu autorisa le paon à sortir, qui était le roi des oiseaux du Paradis. Le voyant, Satan s'écria :

— Noble créature, qui es-tu et comment te nommes-tu ? Parmi les créatures de Dieu, je n'ai jamais vu de plus belle que toi.

— Je suis l'un des oiseaux du Paradis et je m'appelle paon.

Satan se mit à pleurer. Le paon lui demanda :

— Qui es-tu et pourquoi pleures-tu ?

— Je suis un ange et je pleure de tristesse à la pensée de ce qui va te manquer de ta beauté et de ta prestance.

Le paon s'étonna :

— Comment me manquerait-il ce que j'ai ?

— Mais tu vas périr et disparaître comme disparaissent toutes les créatures, à l'exception de celles qui goûtent à l'Arbre de l'Immortalité.

Le paon demanda :

— Où se trouve cet arbre ?

— Au Paradis.

— Qui peut m'en indiquer le lieu ?

— Je peux te l'indiquer si tu m'introduis au Paradis.

— Comment pourrais-je, alors que l'ange Ridwân en garde la Porte, personne ne pouvant y entrer ou en sortir sans son autorisation ? Par contre, je peux t'indiquer l'une des créatures de Dieu qui est susceptible de t'introduire au Paradis. Elle seule le pourrait, si tant est qu'une créature le puisse. C'est le serviteur du représentant de Dieu, Adam.

— Qui est ce serviteur ?

— Le serpent.

— Va donc le trouver. S'il a ce pouvoir, nous y gagnerons ensemble la béatitude éternelle.

Le paon s'en fut trouver le serpent et lui répéta les paroles de Satan :

— J'ai rencontré un ange qui sait où se trouve l'Arbre de l'Immortalité. Il se tient debout à l'entrée du Paradis. Peux-tu l'y faire entrer, afin qu'il nous indique l'endroit ?

Le serpent se précipita vers la Porte, la franchit et alla trouver Satan. Il lui dit :

— Comment puis-je t'introduire à l'intérieur du Paradis, alors que Ridwân en garde la Porte ? S'il te voit, il t'empêchera d'entrer.

Satan répondit :

— Je me transformerai en vent et tu me prendras entre tes crochets.

Le serpent accepta. Satan se transforma en vent et pénétra dans la bouche du serpent, qui entra avec lui au Paradis.

Satan était arrivé à ses fins. Il se dirigea vers l'endroit où se trouvaient Adam et Eve et poussa des gémissements qui leur causèrent de la peine. Ils fondirent en larmes, car Satan était la première créature à avoir jamais gémi. Ils finirent par lui demander :

— Pourquoi pleures-tu ?

Il répondit :

— Je pleure sur vous qui mourrez, qui quitterez la félicité et la dignité où vous êtes.

Adam et Eve furent fortement peinés par ces paroles. Satan les quitta et resta loin d'eux, le temps que ses paroles produisent leur effet. Puis il revint vers eux et dit à Adam :

— Veux-tu que je t'indique l'Arbre de l'Immortalité et du Pouvoir impérissable ?

Adam répondit :

— Oui.

Satan lui indiqua l'arbre :

— C'est celui-ci. Mange de ses fruits.

— Dieu m'a interdit de goûter aux fruits de cet arbre.

— Dieu ne vous a interdit cet arbre que pour vous empêcher d'être des anges ou de devenir immortels.

Adam ayant refusé de le suivre, Satan jura par Dieu qu'il était de bonne foi. Ni Adam ni Eve ne pouvaient imaginer que l'on pût se recommander à Dieu pour couvrir un méfait. Ils furent abusés par le serment de Satan. Alors Eve s'élança vers l'Arbre et en mangea. Puis elle vanta son geste auprès d'Adam, qui en mangea à son tour. Ce fut lorsqu'ils eurent tous deux commis leur acte, que leur nudité leur fit honte.

Adam fut gagné par la confusion et tenta de fuir hors du Paradis. Il fut intercepté par l'Arbre de la Repentance, qui le prit par la taille. Et Dieu l'interpella :

« Quoi, tu Me fuis, Adam ? »

— Oh non, Seigneur, je me sens honteux devant Toi.

Dieu dit :

« Ne peut demeurer près de Moi celui qui M'a désobéi. Descendez sur la Terre, où vous résiderez et où vous serez ennemis les uns des autres. »

Adam tomba à Sarandîb, en terre indienne. Eve tomba à Jidda, dans le Hijâz. Le lieu de chute de Satan fut al-Ayala, en terre d'Irak. Le serpent tomba à Ispahan. Quant au paon, il tomba à Babylone.

En tombant du Paradis, Adam eut un éternuement et son nez saigna. Lorsqu'il vit le sang couler, ce qu'il n'avait jamais vu auparavant, il fut pris de peur. Et la terre n'absorba pas le sang qui venait de couler de son nez, elle le laissa se répandre à sa surface comme de la lave. Adam en éprouva une grande frayeur. Il se souvint du Paradis et de la quiétude qu'il y avait connue. Il tomba évanoui puis pleura quarante années durant.

Alors Dieu dépêcha vers lui un ange qui passa la main sur son dos et sur son ventre, puis la posa sur son cœur. La tristesse quitta Adam. Il fut soulagé de la mélancolie qui l'avait envahi.

Mais, se retrouvant sur la Terre, Adam fut saisi d'angoisse devant son immensité, et parce qu'il n'y voyait personne d'autre que lui-même. Il s'adressa à Dieu :

— N'y a-t-il donc sur Ta Terre, ici, nul autre que moi pour dire Ta louange et Te sanctifier ?

Dieu dit :

« Je te donnerai sur cette Terre des descendants, qui chanteront Mes louanges et sanctifieront Mon nom. J'y élèverai des demeures où Mon nom sera glorifié, où Mes créatures m'adoreront. Je choisirai l'une de ces demeures pour Moi-même. Elle sera consacrée au service de Ma grandeur et Je la distinguerai parmi toutes les demeures de la Terre en lui accordant Mon nom. Je l'appellerai Ma Maison. Je l'investirai de Ma gloire et l'entourerai de Mes interdits. Je la consacrerai comme la plus noble des demeures de la Terre et la plus digne de célébrer Mon nom. Je la situerai sur l'emplacement que J'ai réservé pour Moi, que J'ai choisi le jour où J'ai créé les cieux et la terre et qui était avant cela dans Mon intention, car c'est Ma demeure par excellence.

Je ne l'habiterai pas, car Je n'ai pas à habiter de demeure particulière et aucune ne doit Me contenir. Mon siège est celui de la Suprême Dignité et de la Toute-Puissance. C'est le seul que Ma gloire puisse habiter, où se situent Ma grandeur et Ma majesté, le seul d'où rayonne Ma volonté. Il serait d'ailleurs bien faible sans Ma puissance. C'est Moi qui suis présent dans toute chose, au-dessus de toute chose, avec toute chose, autour de toute chose, devant toute chose et derrière toute chose. Rien ni personne ne doit savoir ce que Je sais, ne doit pouvoir ce que Je peux, ne doit se comparer à Moi.

Cette demeure sera pour toi et pour tes descendants un sanctuaire et un lieu sûr. Je proclame l'inviolabilité de tout ce qui se trouve au-dessus, au-dessous et autour d'elle. Quiconque respectera son inviolabilité honorera Mes commandements et quiconque s'en dispensera violera Mes commandements. Quiconque y abritera les siens pourra compter sur Ma protection et quiconque les y menacera insultera Ma promesse de sauvegarde. Quiconque magnifiera cette demeure sera magnifié à Mes yeux.

A chaque Roi appartient un territoire. Ainsi le cœur de La Mecque M'appartient-il, et ce qui l'entoure. Tout le voisinage, ses habitants et ses visiteurs sont Mes invités et Mes hôtes ; ils sont sous Ma protection, sur le domaine où s'étend Ma sauvegarde. Cette demeure est la première que J'aie édifiée pour les gens. J'y offrirai l'hospitalité aux hôtes du ciel et de la terre ; ils y viendront par vagues, décoiffés, couverts de poussière, à dos de bêtes, depuis les contrées les plus reculées, exaltant Ma grandeur, implorant Ma miséricorde, pleurant à chaudes larmes.

Celui qui y viendra pour Moi et Moi seul, sera Mon invité, Mon hôte. Il pourra compter sur l'expression de Ma bienveillance. Noble est l'obligation d'honorer ses visiteurs et ses hôtes, de subvenir aux besoins de chacun d'eux. Il te reviendra à toi, Adam, tant que tu vivras, d'exercer en ces lieux l'hospitalité, comme l'exerceront à ta suite les nations, l'une après l'autre et les siècles, l'un après l'autre et les prophètes, l'un après l'autre.

J'attribuerai la postérité de cette demeure, sa gloire et sa dignité, à un prophète de ta descendance du nom d'Abraham. J'élèverai pour lui les fondations de cette demeure et Je lui confierai la charge de l'édifier et d'y accueillir tous ceux qui la visiteront. Je lui montrerai ce qu'il convient de faire et ce qui est interdit, et les étapes à parcourir et les rites et pratiques à accomplir, afin de faire une nation une, soumise à Ma loi, guidée par Ma volonté et prônant Ma voie.

Je chérirai Abraham et lui inspirerai une juste conduite. Je le mettrai à l'épreuve et il gardera patience ; Je le renforcerai et il Me sera reconnaissant ; il prendra envers Moi des engagements et il les remplira ; il me fera des promesses et il les tiendra. J'exaucerai les souhaits qu'il formulera pour ses enfants et ses descendants. Pour lui, Je me montrerai clément envers eux.

Je ferai d'eux les hôtes de cette demeure, ses maîtres, ses protecteurs, ses serviteurs, ses portiers, ses trésoriers, ses gardiens. Jusqu'à ce qu'ils s'égarent et s'écartent de la voie. S'ils font cela, Je suis Dieu, plus puissant que les plus puissants, il Me revient de remplacer qui Je veux par qui Je veux.

Je ferai d'Abraham le guide des hôtes de cette demeure et des fidèles de cette voie. Trouvera refuge quiconque viendra en ces lieux, du royaume des hommes ou du royaume des ombres, quiconque respectera les traditions de la demeure, suivra sa voie et se conformera à ses préceptes. Celui qui agira de la sorte tiendra son engagement et accomplira son ascèse. Celui qui n'agira pas de la sorte trahira son ascèse et manquera à son engagement. Pour celui qui, en ces lieux, se demandera alors où Je suis, Je suis avec ceux qui, hirsutes et couverts de poussière, tiennent leurs engagements et accomplissent leur ascèse, ceux qui s'en remettent à leur Dieu, Lequel sait ce qu'ils laissent paraître et ce qu'ils s'efforcent de cacher.

Ce pan de la création que Je viens de te révéler, Adam, n'ajoute rien à Ma grandeur, à Ma gloire ou à Mon pouvoir, rien à ce que J'ai, si ce n'est ce qu'ajoute une gouttelette d'eau tombant dans sept mers, prolongées par sept autres mers sans limites. Et même la gouttelette ajoute à la mer plus que cette histoire n'ajoute à ce que J'ai. Si Je ne concevais pas cette histoire, il ne manquerait rien à Ma gloire ni à Mon pouvoir, rien à l'éclat ou à l'étendue de ce que J'ai, si ce n'est ce qui manquerait à la Terre si un atome se détachait de l'ensemble de ses vallées, de ses montagnes, de ses champs, de ses déserts et de ses arbres. Et même cet atome manquerait plus à la Terre que cette histoire ne Me manquerait, si

Je ne l'avais conçue pour une raison de Moi seul connue. C'est là un exemple de Ma puissance et de Ma sagesse.

Cette histoire se clôt par un Prophète de ta descendance * et de celle d'Abraham. Il sera le sceau des Prophètes. Il fera prospérer cette demeure, l'habitera, la protégera. Il y commandera et veillera à y accueillir ceux qui la visiteront. Il sera comptable de son destin tant qu'il vivra. Quand il retournera vers Moi, il verra que Je lui ai réservé comme récompense et privilège de pouvoir se rapprocher de Moi, de parvenir jusqu'à Moi, jusqu'à la plus belle Demeure au Dernier Ciel. »

Ayant dit, Dieu caressa de Sa main le dos d'Adam, pour en tirer chacune des âmes voulues par Lui jusqu'au Jugement Dernier.

*

Dieu ayant créé Adam lui caressa le dos pour en tirer tous ses descendants jusqu'au Jour du Jugement. Il lui présenta ces descendants, parmi lesquels Adam vit un homme qui se distinguait de tous les autres. Il demanda :

— Seigneur, qui est celui-ci?

Dieu répondit :

« C'est ton fils David. »

— Quelle durée as-Tu fixée à sa vie?

« Soixante années. »

— Seigneur, prolonge sa vie.

« Non. À moins que Je ne diminue ta vie d'autant. »

La durée de vie d'Adam avait été fixée à mille années. Dieu en préleva quarante pour les donner à David. Il mit cela par écrit et prit les anges à témoin.

Lorsque Adam fut près de sa fin, les anges vinrent l'emmener. Il leur dit :

— Il me reste quarante années à vivre.

Les anges répondirent :

— Tu les as offertes à ton fils David.

---

* Le Prophète Muhammad.

Dieu lui montra l'écrit et prit les anges à témoin.

Adam avait oublié, comme après lui feraient ses descendants. Il s'était renié comme après lui feraient ses descendants. Depuis, Dieu ordonne de coucher ces choses par écrit et devant témoins. (3)

★

Adam demanda :
— Seigneur, ne m'as-Tu pas créé de Tes mains?
Le Tout-Puissant répondit :
« Si. »
— Ne m'as-Tu pas empli de Ton souffle?
« Si. »
— Ta clémence pour moi n'a-t-elle pas prévalu sur Ta colère?
« Si. »
— N'as-tu pas fait se prosterner devant moi les anges et ne m'as-Tu pas accueilli à Tes côtés?
« Si. »
— Seigneur, si je me repens et que j'en redevienne digne, me reprendras-Tu au Paradis?
« Oui. » (4)

★

Dieu fit descendre du Paradis un rubis aux dimensions de la Ka'ba, qu'Il posa sur l'emplacement de la Mosquée. Il y fit deux portes, l'une à l'Orient et l'autre à l'Occident et Il y plaça des lanternes de lumière. Puis Il révéla à Adam :

« Ce lieu pour Moi sacré est aligné sur Mon Trône. Va jusqu'à ce lieu et tourne autour comme si tu tournais autour de Mon Trône, prie devant ce lieu comme si tu priais devant Mon Trône. Et je répondrai à ton appel. »

Adam quitta les Indes pour La Mecque, afin de visiter la Mosquée, Dieu ayant chargé un ange de le guider. Adam était de taille imposante et tous les endroits où il posait les pieds s'animaient et prospéraient, tous ceux que ses pieds ne touchaient pas restaient déserts.

Eve se trouvait à Jidda. Après que Dieu l'eut séparée d'Adam pendant cent années, elle quitta Jidda pour aller à la rencontre d'Adam. Ils se retrouvèrent à al-Muzdalifa et Adam la connut au jour de 'Arafa, en un lieu connu sous le nom de 'Arafât, devenu 'Arafa.

Adam et Eve tournèrent autour de la Ka'ba puis s'en revinrent aux Indes. Là ils choisirent une grotte pour y passer leurs nuits et Dieu leur envoya un ange pour leur apprendre à se vêtir, à se purifier et à s'acquitter de leurs devoirs religieux. Puis Eve fut enceinte de son premier enfant. Lorsque son ventre se fut arrondi, Satan vint la voir pendant son sommeil. Il lui dit :

— Eve, qu'est-ce donc que tu portes dans le ventre ?

Elle répondit :

— Je ne sais pas.

— D'où cela va-t-il sortir ? De ton nez ? De tes yeux ? De tes oreilles ?

— Je ne sais pas.

— Si tu vois cela sortir sain et sauf, obéiras-tu à mes ordres ?

— Oui.

Lorsqu'elle sortit de son sommeil, Eve dit à Adam :

— Quelqu'un est venu dans mon sommeil et m'a dit ceci et cela...

Adam répondit :

— C'est Satan. Prends garde. C'est notre ennemi. C'est lui qui a fait que nous avons été chassés du Paradis.

Lorsque Eve donna naissance à son premier enfant, Adam le nomma 'Abd al-Rahmân, Serviteur du Très-Miséricordieux. Alors Satan – Dieu le maudisse – lui jeta un sort et le tua.

Eve fut enceinte d'un deuxième enfant. Lorsqu'elle le mit au monde, Satan vint la trouver :

— Appelle-le 'Abd al-Hârith, Serviteur du Gardien *, ou je le tuerai.

Adam intervint :

— Je t'ai suivi une fois et tu m'as fait chasser du Paradis.

* Serviteur du Gardien : le Gardien étant Satan.

Il refusa d'appeler son fils 'Abd al-Hârith et le nomma Sâlih, le Digne. Alors Satan revint et tua l'enfant.

Eve fut enceinte d'un troisième enfant. Satan lui dit :

— Tu as vu ce que j'ai déjà fait. Appelle cet enfant 'Abd al-Hârith.

Lorsqu'elle accoucha, elle nomma son fils 'Abd al-Hârith.

*

Abû Dhar al-Ghifârî raconte :

Je demandai au Messager de Dieu :

— O Messager de Dieu, quel est le nombre des Prophètes?

Le Messager de Dieu répondit :

— Leur nombre est de cent vingt-quatre mille.

— Et parmi eux, combien d'Envoyés?

— Trois cent treize. Une auguste communauté.

— O Messager de Dieu, quel fut le premier d'entre eux?

— Adam.

— Adam est-il un Prophète?

— Oui. Dieu l'a créé de Ses propres mains, l'a empli de Son propre souffle et lui a Lui-même donné sa forme. (5)

La version de la Création, selon laquelle l'âme de Muhammad a été conçue par Dieu avant celle d'Adam, n'est pas retenue par tous les chroniqueurs. Nous la reprenons d'après al-Tha'labi, dont la version vient corroborer le Hadîth prophétique cité dans ce chapitre. Pour ce qui est de l'Arbre défendu, contrairement à l'Ancien Testament, qui en fait l'Arbre du « discernement », permettant de connaître « le bien et le mal », le Coran parle de l'Arbre de « l'Immortalité » (XX, 120).

CHAPITRE TROISIÈME

L'argumentaire de Satan

Satan s'interroge sur la sagesse de Dieu. Pourquoi Dieu l'a-t-Il créé tel qu'il est et pourquoi, à travers lui, permet-il au mal de se répandre parmi les hommes, alors qu'Il peut l'anéantir ? A quoi Dieu fait répondre qu'Il ne peut être jugé selon les normes de la raison humaine.

Lorsque Satan eut refusé de se prosterner devant Adam, un débat s'en était suivi avec les anges. Ces derniers avaient interrogé Satan sur son refus. Il leur avait répondu :

— Je reconnais que le Très-Haut est mon Dieu et le Dieu des Mondes. Il est Celui qui sait et qui peut et on ne l'interroge ni sur Sa puissance ni sur Sa volonté. Quand Il veut quelque chose, Il dit : « Sois » et la chose advient. Et Il est sage. Mais on peut se poser des questions sur Sa sagesse

Les anges demandèrent :

— Quelles questions ? Combien y en a-t-il ?

Il répondit :

— Il y en a sept.

La première. Dieu savait, avant de me créer, tout ce qui émanerait de moi et tout ce qui découlerait de mes actions. Pourquoi m'a-t-Il créé et quelle sagesse y a-t-il dans le fait de me créer ?

La deuxième. M'ayant créé, conformément à Sa volonté et selon Son gré, pourquoi m'a-t-Il fait obligation de Le connaître et de Lui obéir ? Quelle sagesse y a-t-il dans cette obligation, sachant qu'Il ne tire nul profit de l'obéissance et ne subit nul tort de la désobéissance ?

La troisième. Après qu'Il m'a créé et m'a fait obligation de Le connaître et de Lui obéir, que je me suis soumis à cette obligation, que je L'ai connu et que je Lui ai obéi, pourquoi m'a-t-Il fait obligation d'obéir à Adam et de me prosterner devant lui ? Quelle sagesse y a-t-il dans cette obligation particulière, alors qu'elle n'ajoute rien à la connaissance que j'ai de Dieu ni à l'obéissance que je Lui dois ?

La quatrième. Après qu'Il m'a créé, qu'Il m'a fait cette obligation absolue, puis cette obligation particulière, lorsque j'ai refusé de me prosterner devant Adam, pourquoi Dieu m'a-t-Il maudit et chassé du Paradis ? Quelle sagesse y a-t-il en cela, alors que je n'ai commis d'autre forfait que de dire : « Je ne me prosternerai que devant Toi » ?

La cinquième. Après qu'il m'a créé, m'a fait cette obligation absolue et particulière, lorsque je Lui ai désobéi, qu'Il m'a maudit et chassé du Paradis, pourquoi m'a-t-Il frayé un chemin jusqu'à Adam, en sorte que j'ai pu rentrer au Paradis, que je l'ai tenté par mes suggestions malveillantes, qu'il a mangé de l'Arbre interdit et que Dieu l'a chassé avec moi du Paradis ? Quelle sagesse y a-t-il en tout cela, sachant que, s'Il m'avait interdit l'accès au Paradis, Adam aurait été préservé de moi et serait resté au Paradis pour l'éternité ?

La sixième. Après que Dieu m'a créé, qu'Il m'a fait obligation absolue et particulière, qu'Il m'a maudit puis ouvert le chemin du Paradis, qu'il y a eu le différend entre Adam et moi, pourquoi Dieu m'a-t-Il donné pouvoir sur ses enfants, me permettant de les voir sans être vu, de les atteindre par ma malveillance sans qu'eux-mêmes eussent la ressource, la force, le pouvoir ou la capacité de m'atteindre ? Quelle sagesse y a-t-il en tout cela, sachant que, s'Il les avait laissés en leur innocence première, sans que personne vienne les en détourner, ils auraient vécu dans la pureté, la soumission et l'obéissance, ce qui aurait été préférable pour eux et plus conforme à la sagesse ?

La septième. Puisque je reconnais tout cela et je dis que Dieu m'a créé et m'a fait obligation sous forme absolue et sous forme restreinte ; que, lorsque je Lui ai désobéi, Il m'a maudit et chassé ; que, lorsque j'ai voulu rentrer au Paradis, il m'en a ouvert le chemin ; que j'ai commis ce que j'ai commis et qu'Il m'a chassé une deuxième fois puis m'a donné pouvoir sur les enfants d'Adam ; pourquoi, lorsque je Lui ai demandé un délai, me l'a-t-Il accordé jusqu'au Jour de la Résurrection en me disant : « Il te sera donné d'attendre jusqu'au jour de l'Échéance connue ? » Quelle sagesse y a-t-il en tout cela, sachant que, s'Il m'avait sur-le-champ anéanti, Adam et toutes les créatures auraient été préservées de moi et le Mal aurait cessé d'être dans le monde. Un monde où règne le Bien ne vaut-il pas mieux qu'un monde où le Bien et le Mal s'entremêlent ?

Satan conclut :

— Tel est l'argument que je Lui oppose, sur chacune de ces questions.

Alors Dieu inspira aux anges cette réponse à Satan :

« Tu n'es ni franc ni sincère lorsque tu commences par reconnaître que Je suis ton Dieu et le Dieu des Mondes, car si tu le reconnaissais en toute sincérité, tu ne t'arrogerais pas le pouvoir de m'opposer des pourquoi. Je suis Dieu et il n'y a de Dieu que Moi. On ne Me demande pas de compte sur ce que Je fais. C'est aux créatures qu'on en demande. »

Satan a jugé selon la raison Celui que la raison ne peut juger. Ainsi a-t-il été amené, tantôt à prêter à la Création des qualités propres au Créateur, tantôt à prêter au Créateur des qualités propres à la Création. Dans le premier cas, il a péché par excès et dans le second, par défaut.

CHAPITRE QUATRIÈME

Noé

Les hommes s'étant détournés de Ses commandements, Dieu leur envoie le Déluge, qui va noyer tous les hommes et toutes les créatures, sauf ceux qui trouvent place dans l'arche de Noé.

Adam engendra une descendance et cette descendance se multiplia. Les femmes se multiplièrent. Et les ténèbres de l'injustice se répandirent sur la terre. Alors les enfants d'Adam se retournèrent contre Dieu. Ils se mirent à faire ce qu'Il réprouve, à commettre des atrocités, à boire du vin. Ils se complurent à se détourner de Ses commandements.

Dieu leur envoya Son Prophète Noé, qui les appela au repentir et leur montra la voie juste. Mettant en garde les descendants d'Adam contre la colère de Dieu et leur faisant craindre Son autorité, il les exhorta à revenir à la vérité et à œuvrer selon les commandements du Tout-Puissant.

Pour délivrer son message, Noé resta longtemps auprès des siens, aussi longtemps que Dieu le voulut. Mais ces gens s'obstinèrent dans leur égarement. Ils ne voulurent ni répondre à son exhortation ni renoncer à leurs errements. Alors Dieu décida leur perte. L'ayant décidée, il amena Son Prophète Noé à les maudire en ces termes :

— Seigneur, ils se sont opposés à moi, préférant suivre ceux à qui la fortune et la descendance ne valent que des pertes !

Lorsque Noé eut maudit les siens, Dieu lui ordonna de planter un arbre, ce qu'il fit. Ayant planté l'arbre, il le laissa pousser durant quarante années. L'arbre devint immense et poussa dans toutes les directions. Alors Dieu ordonna à Son Prophète de couper l'arbre pour en faire une arche. Noé coupa l'arbre et se mit à construire l'arche.

Les gens passaient devant lui et, le voyant construire l'arche, lui demandaient ce qu'il faisait. Noé leur répondait :

— Une arche.

Les gens se moquaient de lui :

— Tu construis une arche sur la terre ferme et il n'y a pas de mer alentour… Comment cette arche va-t-elle voguer ?

Noé répondait :

— Vous verrez bien.

Mais il travaillait de jour et certaines gens venaient la nuit détruire son ouvrage. Il s'en plaignit au Tout-Puissant, qui lui dit :

« Prends un chien, qui montera la garde auprès de l'arche. »

Lorsque, durant son sommeil, les gens s'approchaient de l'arche, le chien se mettait à aboyer. Réveillé en sursaut, Noé accourait brandissant un gourdin et les gens prenaient la fuite. Ainsi put-il mener l'ouvrage à son terme.

Il construisit une arche longue de trois cents coudées, large de cinquante et haute de trente, avec une porte sur le côté. Après qu'il eut fini, Dieu lui dit :

« Lorsque Notre ordre sera donné et que les eaux bouillonneront, Nous dirons : “Emmène de chaque espèce un couple, ainsi que tous tes proches, à l'exception de certains qui seront désignés. Tu emmèneras ceux qui ont gardé la foi et ils n'emporteront avec eux que peu de choses.” »

Puis Dieu envoya la pluie sur la Terre durant quarante jours et quarante nuits. Lorsque la pluie atteignit la Terre, les bêtes sauvages ainsi que les animaux apprivoisés et les oiseaux affluèrent vers Noé et se soumirent à lui. Il accueillit dans l'arche une paire de chaque espèce, comme Dieu le lui avait ordonné.

Les premiers que Noé fit entrer dans l'arche furent les petits animaux domestiques et le dernier fut l'âne. Ce dernier vint à monter à l'appel de Noé. Il s'engageait poitrail en avant, lorsque Satan s'accrocha à sa queue, de sorte que les pattes arrière de l'âne fléchirent. Noé lui dit :

— Allez, entre.

L'âne essaya encore, mais en vain. Alors, d'impatience, Noé eut une parole qui dépassa sa pensée :

— Allez, entre, même si Satan t'accompagne !

Lorsque Noé eut prononcé ces mots, Satan lâcha l'âne, qui put entrer dans l'arche. Derrière lui, Satan voulut entrer à son tour. Noé dit :

— Que veux-tu, ennemi de Dieu ?

— Ne viens-tu pas de dire à l'âne : « Entre, même si Satan t'accompagne ? »

— Va-t'en, ennemi de Dieu !

— Tu ne peux faire autrement que de m'emmener !

Noé entra enfin dans l'arche, avec ceux qui lui faisaient confiance. Puis il ferma l'arche par le haut en la recouvrant d'un toit. Lorsqu'il eut fini, les portes du Ciel s'ouvrirent pour déverser des eaux torrentielles. L'eau s'éleva au-dessus de la surface des Terres et fit flotter l'arche.

Noé avait un fils nommé Yâm, ce dernier n'ayant pas cru en son père et ne s'étant pas repenti. Après avoir vu s'accomplir la parole de Dieu, Noé appela Yâm :

— Embarque avec nous, mon fils, ne reste pas mêlé aux Infidèles !

— Je me réfugierai au sommet d'une montagne qui me protégera des eaux.

— Il n'y a pas de protection contre le décret de Dieu, sinon pour ceux à qui Il accorde Sa clémence.

L'eau continua de s'élever jusqu'à recouvrir le sommet des montagnes. Elle souleva l'arche qui, emportant Noé et ses compagnons, erra autour de la Terre durant six mois, sans pouvoir se poser nulle part. Parvenue à la hauteur de la Mosquée, elle tourna autour durant une semaine. Puis elle poursuivit son périple jusqu'au mont al-Jûdi, près de Mossoul, où elle se fixa. Lorsqu'elle se fut fixée, Dieu dit :

« Toi le Ciel, arrête-toi et toi la Terre, avale ton eau ! »

★

Au dire de ‘Umar ibn al-Khattâb :

Lorsque l’arche s’immobilisa au sommet du mont al-Jûdi, Noé attendit aussi longtemps que Dieu voulut, puis, après en avoir reçu la permission, posa le pied hors de l’arche. Il appela le corbeau et lui dit : « Va et reviens me rapporter ce qu’il se passe sur la Terre. » Le corbeau prit son envol et descendit vers la vallée. Il y trouva les cadavres des gens qui s’étaient noyés et ne revint pas vers Noé. Ce dernier le maudit et appela la colombe, qui vint se poser sur son épaule. Il lui dit : « Va en bas et reviens me rapporter ce qu’il se passe sur la Terre. » Elle s’envola et revint bientôt agitant dans son bec un rameau. Elle dit : « Tu peux descendre, les plantes repoussent. » Alors Noé dit : « Dieu te bénisse, et bénisse la demeure qui t’abrite et t’accorde l’amour des gens. »

★

Le Ciel s’éclaircit et la Terre absorba toute l’eau qui la recouvrait, hormis ce qui resta dans les mers. Alors Noé débarqua avec ses trois fils Cham, Sem et Japhet, ainsi que ses trois brus. Ceux qui les accompagnaient descendirent aussi, en tout quarante hommes et quarante femmes. Ils marchèrent sur le flanc de la montagne où l’arche s’était fixée et, à l’endroit où ils s’arrêtèrent, ils construisirent une ville. Mais leurs enfants périrent jusqu’au dernier. Il ne resta sur Terre que la descendance de Noé.

Noé partagea la Terre entre ses enfants, désignant à chacun d’eux le territoire qui lui revenait.

Il maudit son fils Cham, qui avait frappé son épouse dans l’arche :

— Maudit soit Cham, qui deviendra l’esclave de ses frères.

Puis il dit :

— Béni soit Sem. Et que Dieu accroisse la descendance de Japhet et lui fasse sa place dans la demeure de Sem.

CHAPITRE CINQUIÈME

Abraham

Dieu veille sur Abraham et guide ses pas dès l'enfance. Lorsque Abraham dénigre les idoles adorées par son peuple, il est condamné à mourir dans un brasier. Mais Dieu le protège des flammes. Abraham s'établit avec Sarah en Palestine. Il a premier un fils, Ismaël, de sa servante Agar, puis un second, Isaac, de sa femme Sarah. Il abandonne Ismaël et Agar sur l'emplacement de La Mecque. Des années plus tard, il revient trouver Ismaël pour construire avec lui la Ka'ba.

Abraham naquit sous le règne de Nemrod, mille deux cent trois années après le Déluge, soit trois mille trente-sept années après la création d'Adam.

A propos de Nemrod, le Messager de Dieu a dit : *« Quatre hommes régnèrent sur la terre entière, deux croyants et deux infidèles. Les deux croyants furent Salomon, fils de David, et Dhû al-Qarnayn, Dieu les agrée. Les deux infidèles furent Nemrod et Nabuchodonosor* *. *» (1)*

On raconte que Nemrod fut le premier homme à porter la couronne, qu'il gouverna la terre en despote, qu'il appela les gens à l'adorer et qu'il était entouré de prêtres et de voyants.

* Nabuchodonosor : ancien roi de Babylone. Il s'agit vraisemblablement de Nabuchodonosor II, qui détruisit Jérusalem en 587 avant Jésus-Christ.

Ses voyants vinrent un jour le trouver pour lui dire :

— Notre science nous apprend qu'un garçon doit naître dans ta cité, qui reniera notre religion et brisera nos idoles.

Après avoir entendu ces paroles, Nemrod eut un songe où il vit s'élever un astre qui s'emparait de la lumière du soleil et de la lune, ne leur laissant plus aucune clarté. Il en éprouva une grande peur et convoqua aussitôt les voyants, les prêtres et les devins, ceux qui tracent des signes sur le sable, pour leur demander leur avis. Ils lui répondirent :

— Un enfant naîtra dans ton pays cette année, qui reniera notre religion et brisera nos idoles. Notre science nous l'a appris depuis un certain temps.

Nemrod en fut bouleversé. Il ordonna d'égorger tous les garçons qui naîtraient dans le pays cette année-là. Puis il emmena tous les hommes dans des campements loin de la ville, afin qu'aucun d'eux ne puisse approcher librement une femme. Auprès de chaque groupe de dix hommes il plaça un vigile qui les surveillait, ne permettant à un homme de connaître une femme qu'en période menstruelle, l'union étant alors sans risque. Dès que la femme redevenait pure, elle était séparée de l'homme.

Nemrod maintint les choses ainsi le temps que Dieu voulut. Puis il eut besoin, pour une affaire le concernant, de dépêcher quelqu'un à la ville. Parmi les gens de son entourage, il ne trouva qu'un seul homme à qui confier cette tâche, un nommé Âzar. Il le convoqua et lui dit :

— Je désire te confier une mission. Je t'envoie pour cela en ville et je te place sous serment, afin qu'une fois là-bas tu n'approches pas des tiens et tu n'aies pas de rapports intimes.

Âzar lui dit :

— Le souci de ma religion est plus fort que cela.

Alors Nemrod l'informa de sa mission et l'envoya en ville. Une fois qu'il y fut et qu'il eut accompli sa mission, Âzar s'apprêtait à repartir vers son campement et à retrouver son roi, lorsque la pensée lui vint : « Si j'allais voir les miens ? » Il entra chez sa femme et, la voyant après une longue séparation, ne put se maîtriser. Il la prit et elle fut enceinte d'Abraham.

Lorsque la femme d'Âzar fut enceinte d'Abraham, les devins se rendirent auprès de Nemrod et lui dirent :

— Le garçon dont nous t'avons annoncé la venue a été conçu cette nuit même.

Nemrod fit venir auprès de lui toutes les femmes de la ville et les enferma. Toutes, à l'exception de la mère d'Abraham ; c'était une toute jeune fille et personne ne pensa qu'elle fût en âge de porter un enfant.

Or, son ventre s'arrondit et Âzar craignit qu'on ne vînt égorger la mère ou l'enfant. Il emmena sa femme dans une région située entre Kûfa et Basra. Il la mit à l'abri dans une grotte et lui fournit ce dont elle pouvait avoir besoin. Il continua de veiller sur elle dans le plus grand secret.

Lorsqu'elle eut mis l'enfant au monde, elle prit soin de lui puis le laissa seul dans la grotte après en avoir bouché l'entrée. Elle rentra chez elle et raconta à Âzar qu'elle avait donné naissance à un garçon qui était mort. Âzar la crut et n'en parla plus.

Cependant elle se rendait tous les jours à la grotte pour continuer à prendre soin de son fils. Elle le trouvait sain et sauf, suçant son pouce. Chaque jour qu'Abraham passait dans la grotte comptait pour un mois et chaque mois pour une année. Lorsqu'il eut grandi, il demanda à sa mère :

— Qui est mon seigneur ?

Elle répondit :

— C'est moi.

Il répliqua :

— Et qui est ton seigneur ?

— Ton père.

— Et qui est le seigneur de mon père ?

— Nemrod.

— Et qui est le seigneur de Nemrod ?

— Tais-toi !

Abraham se tut.

Sa mère rentra chez elle et avoua à son mari :

— Ce garçon dont on a dit qu'il changerait la religion des habitants de la terre…

— Eh bien ?

— C'est ton fils.

Elle lui révéla ce qu'elle avait fait de l'enfant et lui répéta les paroles d'Abraham. Âzar se rendit à la grotte. Dès que son fils le vit, il lui demanda :

— Père, qui est mon seigneur ?

— C'est ta mère.

— Et qui est le seigneur de ma mère ?

— C'est moi.

— Et qui est ton seigneur ?

— C'est Nemrod.

— Et qui est le seigneur de Nemrod ?

Âzar donna une gifle à son fils et lui dit :

— Tais-toi !

Abraham se tut.

Quelque temps après, sa mère vint le voir à la nuit tombée. Abraham lui demanda de le porter hors de la grotte. C'était une nuit sombre, d'où la lune était absente. Abraham vit une étoile brillant dans le ciel et dit :

— Ceci est mon seigneur.

Mais plus tard l'étoile disparut et Abraham dit :

— Je n'aime pas ce qui s'éteint.

Une autre fois, il quitta sa grotte par une nuit claire où la lune était pleine. Dès qu'il la vit, il dit :

— Ceci est mon seigneur.

Mais la lune disparut à son tour et il dit :

— Si mon seigneur ne me guide, je m'égarerai.

Vint le jour où sa mère le sortit en plein soleil. Voyant cette lumière plus éclatante que celle de la lune, Abraham dit :

— Ceci est mon seigneur.

Lorsque le soleil eut disparu, Abraham se reprit :

— Je n'ai pas de lien avec les dieux que l'on associe à Dieu. Je tourne mon visage vers Celui qui a créé les cieux et la terre tout ensemble. Non, je ne suis pas de ceux qui associent des dieux à Dieu !

Puis, quelques années ayant passé, sa mère l'amena à la maison, où il se joignit à ses frères. Or Âzar, son père, sculptait des idoles, qu'il chargeait ses fils d'aller vendre. Contrairement à ses frères, Abraham offrait ses idoles aux passants en disant :

— Qui veut acheter ce qui ne nuit ni ne sert à rien ?

Personne ne lui en achetait. Il les emportait au bord d'une rivière et, les frappant à la tête, leur disait :

— Buvez, puisque personne ne veut de vous.

Il faisait cela par dérision pour les idoles et par dérision pour les siens, plongés qu'ils étaient dans les ténèbres de l'ignorance et de l'affliction. Et les gens le virent agir de la sorte et entendirent ce qu'il disait. Son mépris pour les idoles éclata aux yeux des siens et des gens de sa cité. Ils commencèrent à le critiquer. Il répliqua :

— Quoi, vous me critiquez, alors que c'est Dieu qui me guide ?

Son père lui-même lui fit des reproches. Abraham lui répondit en l'exhortant à embrasser sa religion :

— Père, pourquoi adorer ce qui ne voit ni n'entend, ni ne te protège de quoi que ce soit ?

Mais son père maintint son attachement à ses idoles. Alors Abraham déclara devant les siens qu'il ne reconnaissait pas ces idoles et proclama sa foi en Dieu Unique et Tout-Puissant. Les gens se mirent à parler de cela et la discussion s'amplifia jusqu'à parvenir aux oreilles de Nemrod. Celui-ci convoqua Abraham et lui dit :

— Quel est ce dieu qui t'envoie, que tu nous appelles à adorer et dont tu vantes la puissance, en vertu de laquelle tu le places au-dessus de tous les autres dieux ?

Abraham répondit :

— Il est Celui qui donne la vie et la mort.

— Eh bien, moi je donne la vie et la mort.

— Comment cela ?

— Si je le veux, je ferai venir deux hommes, j'ordonnerai que l'un d'eux soit tué et j'épargnerai l'autre. Ainsi aurai-je donné la vie à celui qui n'aura pas été tué et la mort à celui qui l'aura été.

— Mon Dieu fait se lever le soleil à l'orient. Fais-le donc se lever à l'occident !

A ces mots Nemrod pâlit.

Les gens de Nemrod célébraient une fête, à l'occasion de laquelle ils sortaient de la ville et se réunissaient hors de ses murs.

Ils avaient coutume, en revenant, de visiter leurs idoles et de se prosterner devant elles avant de rentrer chez eux. Le jour venu de cette fête, Âzar dit à Abraham :

— Mon fils, si tu t'associes à nous en cette fête, notre religion te séduira.

Abraham sortit avec les siens, mais en chemin il se jeta à terre et dit :

— Je suis malade, je souffre de la jambe.

Le voyant se tordre de douleur, les autres s'éloignèrent de lui et poursuivirent leur chemin. Lorsqu'ils furent partis, Abraham se releva et revint vers la maison des idoles. Les gens avaient préparé de la nourriture, qu'ils avaient placée entre les mains des statues, afin qu'elles la bénissent. Ils entendaient la manger en rentrant de la fête. Voyant les idoles immobiles devant la nourriture, Abraham ricana :

— Quoi, vous ne mangez pas ?

Ne recevant pas de réponse, il dit :

— Pourquoi ne répondez-vous pas ?

Il prit une hache et fondit sur les idoles qu'il fracassa toutes, à l'exception de la plus grande, qu'il épargna pour accrocher la hache à son cou. Puis il sortit.

La fête finie, les gens se dirigèrent vers la maison de leurs dieux et découvrirent ce qui avait été fait. Ils se demandèrent :

— Qui a fait cela à nos dieux ? Ce ne peut être qu'un homme qui nous veut du mal.

L'un d'eux dit :

— Nous avons entendu un jeune homme parler de cela. C'est Abraham.

La nouvelle parvint à Nemrod et aux dignitaires de son royaume. Ne voulant pas s'en prendre à Abraham sans disposer de preuves, Nemrod ordonna :

— Qu'on le fasse venir devant les gens, ils témoigneront contre lui, si c'est bien lui qui a commis un tel acte.

On amena Abraham à Nemrod, qui lui demanda :

— Abraham, est-ce toi qui as fait cela à nos idoles ?

Abraham répondit :

— Non, c'est la plus grande des idoles qui a fait cela aux petites... Elle ne tolère pas que vous les adoriez au même titre qu'elle.

C'est pourquoi elle les a brisées. Demandez-leur, si tant est qu'elles puissent vous répondre.

Sachant que les idoles ne pouvaient ni parler ni frapper, les gens dirent :

— Tu sais qu'elles ne parlent pas.

Abraham répliqua :

— Pourquoi donc les adorer au lieu de Dieu ? N'êtes-vous pas doués de raison ?

Les gens se mirent en colère et dirent :

— Brûlons-le ! Défendons nos idoles !

Nemrod et son peuple convinrent qu'Abraham devait être brûlé. Ils l'enfermèrent dans un lieu clos et Nemrod ordonna d'amasser du bois pour un bûcher. Les gens s'empressèrent d'amasser du bois, ils s'y mirent tous, hommes et femmes, par souci de leur religion. Au bout d'un mois, lorsqu'ils eurent amassé tout le bois qu'ils voulaient, ils en firent des fagots qu'ils entassèrent les uns sur les autres. Puis ils enflammèrent le bûcher de tous les côtés à la fois. Et le feu prit si fort que les oiseaux qui le survolaient s'y brûlaient.

Ils allèrent chercher Abraham, le ligotèrent et le hissèrent au sommet d'un édifice proche, puis ils le placèrent, tout ligoté, dans une catapulte et ils s'apprêtèrent à le projeter dans les flammes.

Lorsque Abraham fut traité de la sorte par son peuple, un cri de protestation retentit, poussé par les cieux et l'ensemble des anges, par la Terre, par les montagnes, par la Création tout entière :

— Seigneur, il n'y a sur la Terre personne d'autre qu'Abraham pour T'adorer et le voici qui va brûler dans les flammes. Permets-nous de lui porter secours.

Dieu dit :

« Si Abraham vous appelle à l'aide, ou s'il demande à l'un de vous de le secourir, Je vous autorise à agir. Mais s'il n'implore que Moi, qui le connais et suis Son protecteur, ne vous mettez pas entre Moi et lui. »

L'Ange des eaux vint voir Abraham et lui dit :

— Si tu le veux, j'éteindrai le feu, car les réserves d'eau et de pluie sont entre mes mains.

Et le Gardien des vents vint voir Abraham et lui dit :

— Si tu le veux, je ferai voler le feu dans les airs.

Abraham leur dit :

— Je n'ai besoin d'aucun de vous.

Puis, levant la tête vers le Ciel :

— Seigneur, Tu es l'Unique, dans le Ciel et sur la Terre et je suis sur la Terre le seul à T'adorer.

Lorsque son peuple le projeta dans les flammes, l'Ange Gabriel l'accueillit et lui dit :

— Abraham, as-tu une demande à adresser ?

— Pas à toi.

— Alors adresse-la à ton Seigneur.

Abraham dit :

— Il sait l'état où je suis, cela me dispense de demander. Je m'en remets à Lui, le plus sûr des mandants.

Alors Dieu dit :

« Feu, sois froid et bienfaisant pour Abraham. »

Et les flammes s'apaisèrent puis s'éteignirent autour de lui et, sur l'instant, tous les feux de la Terre s'apaisèrent puis s'éteignirent, se croyant concernés par l'ordre de Dieu.

Et Dieu chargea l'Ange de l'ombre d'aller s'asseoir près d'Abraham pour lui tenir compagnie. Et Gabriel lui apporta une chemise de soie et lui transmit :

— Ton Seigneur te dit : « Sache que les flammes épargnent ceux que Je chéris. »

Il revêtit Abraham de la chemise de soie et lui dit :

— Si Ton Seigneur n'avait pas dit au feu : « Sois froid et bienfaisant pour Abraham », tu aurais péri de froid.

⋆

Nemrod passait devant le brasier, dont les flammes déchaînées dévoraient l'immense bûcher, lorsqu'il vit ce prodige : Abraham assis au milieu du brasier, avec à ses côtés un homme comme lui. Et il vit que la tête d'Abraham était posée sur les genoux de l'homme, qui lui épongeait le front en sueur.

Nemrod revint vers ses gens et leur dit :

— J'ai vu Abraham vivant au milieu des flammes… Du moins m'a-t-il semblé que je l'ai vu… Pour que je m'en assure, construisez-moi un échafaudage d'où je puisse surplomber le brasier…

On lui construisit un échafaudage au sommet duquel il se hissa et d'où son regard put atteindre le cœur du brasier. Il vit Abraham assis et, à ses côtés, l'ange qui lui ressemblait. Il s'écria :

— O Abraham, glorifie ton Dieu, dont le pouvoir et la grandeur sont tels qu'Il est intervenu entre toi et le feu, pour l'empêcher de te nuire. O Abraham, peux-tu maintenant sortir du feu ?

Abraham dit :

— Oui.

— Si tu restes dedans, crains-tu qu'il ne te nuise ?

— Non.

— Lève-toi et sors du feu.

Abraham se leva, traversa le feu et en sortit. Quand il fut près de Nemrod, ce dernier lui demanda :

— Dis, Abraham, qui est cet homme qui te ressemble et que j'ai vu assis près de toi ? Est-ce ton Dieu ?

— C'est l'Ange de l'ombre. Mon Seigneur l'a chargé de me tenir compagnie et de faire que le feu soit froid et bienfaisant pour moi.

— O Abraham, je veux faire une offrande à ton Dieu, dont je viens de constater la grandeur et la puissance, et ce qu'Il a fait pour toi après que tu as refusé d'adorer un autre que Lui. Je veux Lui sacrifier quatre mille vaches.

— Il n'acceptera pas ton offrande, tant que tu garderas la moindre faiblesse pour ta religion.

— Non, je ne puis abandonner mon pouvoir. Je sacrifierai mes vaches à ton Dieu, cependant.

Il fit égorger les quatre mille vaches et cessa de tourmenter Abraham. Mais il se jura de rejoindre le Dieu d'Abraham où qu'il pût être.

Il choisit à cette fin quatre vautours nouveau-nés, qu'il nourrit de viande et de vin. Lorsqu'ils eurent grandi, et qu'ils furent devenus robustes et rapides, il les attela à une nacelle où il s'assit, tenant entre ses mains une lance, au bout de laquelle il avait fixé un gros morceau de viande.

A la poursuite de ce morceau de viande, suspendu au-dessus de leurs têtes, les vautours s'envolèrent, emportant Nemrod avec eux. Comme ils s'efforçaient d'atteindre la viande pour la dévorer, ils s'élevaient toujours plus haut dans les airs, et la nacelle à leur suite. Lorsqu'ils eurent rejoint les hauteurs du Ciel, Nemrod embrassa la Terre du regard et il vit les montagnes se suivre les unes les autres comme des fourmis et il vit la Terre entourée d'eau, comme une barque sur la mer.

Puis les vautours s'élevèrent plus haut et la nacelle où se trouvait Nemrod s'éloigna encore de la Terre. Et elle s'enfonça dans la nuit. Ne voyant plus rien, au-dessus ni au-dessous de lui, Nemrod prit peur. Il laissa tomber le morceau de viande. Alors les vautours plongèrent, toutes griffes dehors, pour le rattraper. Les voyant fondre sur leur proie et entendant le froissement de leurs ailes, les montagnes éprouvèrent une telle frayeur qu'elles faillirent disparaître sur-le-champ.

⋆

Abraham se rendit auprès de son père et l'exhorta une dernière fois à épouser sa religion. Âzar resta sourd à ses paroles, mais d'autres hommes de son peuple y furent sensibles, lorsqu'ils surent que le Dieu d'Abraham avait ordonné au feu d'être pour lui froid et bienfaisant. Parmi ceux qui répondirent à l'appel d'Abraham et crurent en lui, il y eut son cousin germain Loth et certaines femmes de son peuple. Comme ils étaient peu nombreux et qu'ils craignaient d'être persécutés, ils décidèrent de quitter la ville.

Abraham partit loin de la terre d'Irak, accompagné de ceux qui crurent en lui. Ils allèrent où Dieu les mena.

Certains de ceux qui possèdent le savoir disent que Sarah était une cousine d'Abraham, qu'il avait épousée alors qu'il était encore parmi les siens, parce qu'elle avait cru en lui. D'autres pensent qu'elle était la fille du roi de Harân, qu'elle avait renié la religion de son père et qu'Abraham l'avait rencontrée à Harân, sur la route de son exil.

Or Nemrod, ayant appris la fuite d'Abraham et de ses compagnons, lança des hommes à leur poursuite en leur ordonnant :

— Ramenez-moi tous ceux que vous trouverez parlant le syriaque.

Abraham parlait encore le syriaque en sortant du feu, mais lorsqu'il eut traversé l'Euphrate, Dieu changea sa langue et le fit parler en hébreu.

Les hommes de Nemrod trouvèrent Abraham entouré de ses compagnons. Ils s'adressèrent à lui en syriaque et il leur répondit en hébreu. Ne comprenant pas cette langue, ils le laissèrent partir.

Abraham et ses compagnons arrivèrent à Harân et y séjournèrent aussi longtemps que Dieu le voulut. Puis ils reprirent la route jusqu'en Égypte, où régnait Pharaon. Ce dernier apprit leur arrivée et sut que se trouvait parmi eux une femme aux qualités exceptionnelles. Lorsqu'on lui eut décrit la majestueuse beauté de Sarah, il demanda à Abraham :

— Qui est cette femme qui t'accompagne ?

Craignant que Pharaon ne le fasse tuer pour avoir Sarah, s'il apprenait qu'elle était sa femme, Abraham répondit :

— C'est ma sœur.

Alors Pharaon lui dit :

— Pare-la comme il sied et envoie-la auprès de moi, afin que je la contemple.

Abraham alla aussitôt voir Sarah et lui dit :

— Ce tyran m'a interrogé à ton propos. Je lui ai dit que tu étais ma sœur. Ne me contredis pas quand tu seras devant lui. Tu es bien ma sœur dans le Livre de Dieu, puisqu'il n'y a d'autres musulmans, soumis à Dieu, que moi et toi sur la Terre.

L'ayant envoyée à Pharaon, Abraham resta chez lui à prier.

Sarah fut introduite auprès de Pharaon. Elle s'approcha et s'assit à ses côtés. Dès qu'il la vit, il fut séduit et la désira. Il s'apprêtait à la prendre, lorsqu'il se sentit cloué sur place. Il dit à Sarah :

— Prie Dieu pour moi et je ne t'approcherai plus.

Sarah pria pour Pharaon et il retrouva ses mouvements. Mais aussitôt, il la désira et voulut la prendre. Il fut à nouveau cloué sur place et dit à Sarah :

— Prie Dieu pour moi et je ne t'approcherai plus.

Sarah pria pour Pharaon et il retrouva ses mouvements. Il voulut encore une fois la prendre et se sentit encore une fois cloué sur place. Il redemanda à Sarah de prier pour lui. Elle le fit et il retrouva ses mouvements. Alors Pharaon appela un de ses chambellans et lui dit :

— Ce n'est pas un humain que tu m'as amené, mais un démon. Sors cette femme d'ici et donne-lui Agar pour servante.

Le chambellan conduisit Sarah hors du palais et lui donna Agar, qu'elle emmena avec elle dans la maison d'Abraham. Ce dernier, entendant sa femme arriver, interrompit sa prière et lui demanda :

— Que s'est-il passé ?

— Dieu a confondu cet incroyant, qui m'a donné Agar pour servante.

Agar était belle et Sarah ne pouvait enfanter. Alors Sarah offrit Agar à Abraham en lui disant :

— C'est une femme rayonnante. Prends-la. Dieu Tout-Puissant voudra peut-être t'accorder un enfant d'elle.

Abraham prit Agar et elle fut enceinte d'Ismaël.

Cependant Abraham, redoutant la malveillance de Pharaon, quitta l'Égypte pour le pays de Shâm. Il s'établit en Palestine, à Bersabée où il creusa un puits et érigea un lieu de prière. L'eau du puits était pure et accueillante à ses brebis. Mais les gens de la ville causèrent du tort à Abraham, qui ne le toléra pas. Comme il ne voulait pas, en retour, leur causer lui-même du tort, il décida de se séparer d'eux et de quitter leur ville. Il partit avec les siens pour une autre contrée en Palestine.

Lorsque Abraham eut quitté Bersabée, l'eau du puits tarit. Alors les habitants regrettèrent ce qu'ils avaient fait à Abraham et chargèrent quelques-uns d'entre eux de suivre sa trace et de le retrouver. Pour lui dire :

— Nous avons chassé un homme honorable.

Ils lui proposèrent de revenir parmi eux. Il leur répondit :

— Je ne retournerai pas dans une ville qui m'a expulsé.

Ils insistèrent :

— L'eau que tu buvais, et que nous buvions avec toi, est tarie.

Abraham leur donna sept de ses brebis et leur dit :

— Prenez-les avec vous et mettez-les près du puits, l'eau rejaillira, abondante et pure comme avant. Buvez-en. Mais de cette eau ne devra pas puiser une femme en état d'impureté.

Les hommes repartirent avec les brebis et regagnèrent leur ville. Ils menèrent les brebis près du puits. Dès qu'elles s'y trouvèrent, comme l'avait prédit Abraham, l'eau jaillit à nouveau.

*

Cependant Dieu voulut que Sarah, malgré son grand âge, fût enceinte d'Abraham et lui donnât un fils qu'il nomma Isaac. Ses deux garçons grandirent. Un jour qu'ils se disputaient, comme se disputent tous les enfants, Abraham leur ordonna de faire plutôt la course. Ils obéirent et Ismaël devança son frère Isaac. Abraham prit Ismaël sur ses genoux et fit asseoir Isaac à ses côtés.

Or Sarah les observait et vit qu'Abraham prenait Ismaël sur ses genoux tandis qu'il faisait asseoir Isaac à ses côtés. Elle se mit en colère et dit à son époux :

— Tu as choisi le fils de l'esclave pour le mettre sur tes genoux et tu as choisi mon fils à moi pour le faire asseoir à tes côtés !

Elle en éprouva le sentiment de jalousie qui s'empare alors des femmes et se jura de mutiler Agar pour l'enlaidir. Lorsque Abraham vit la colère de Sarah, il intervint et dit :

— Contente-toi de la rabaisser en lui perçant les oreilles.

Ainsi fit Sarah et ce devint une habitude chez les femmes.

Quelque temps plus tard, Ismaël et Isaac, semblables en cela aux garçons de leur âge, se querellèrent à nouveau. Sarah s'emporta contre Agar et dit :

— Je ne veux plus de toi là où je suis.

Elle ordonna à Abraham de bannir Agar loin d'elle. Et Dieu inspira à Abraham l'idée d'emmener Agar et Ismaël à La Mecque.

Abraham quitta son pays, accompagné d'Agar et d'Ismaël. Et l'Ange Gabriel se joignit à lui pour lui indiquer le chemin. Chaque fois qu'ils traversaient une ville, Abraham demandait à son guide :

— Est-ce ma destination, ô Gabriel ?

Gabriel lui disait :

— Poursuis ton chemin.

Lorsqu'ils furent arrivés à La Mecque, qui était à cette époque un lieu désert et inhospitalier, Abraham demanda à Gabriel :

— Est-ce ici que j'ai ordre de les laisser ?

Gabriel lui répondit :

— Oui.

Abraham fit descendre Agar et Ismaël, ordonnant à Agar d'établir en ce lieu sa demeure. Il leur remit un sac de dattes et une outre d'eau. Puis il les laissa et prit le chemin du retour.

Agar considéra ce lieu où Abraham venait de les abandonner et ressentit une vive inquiétude. Elle s'élança à la poursuite d'Abraham et lui dit en courant derrière lui :

— A quel sort nous as-tu voués ? Nous n'avons rien à manger... Nous n'avons rien à boire...

Abraham avançait sans répondre. Agar l'implora encore, se fit plus insistante. Il continuait sa route sans se retourner. Enfin Agar lui demanda :

— Est-ce Dieu qui t'a ordonné cela ?

Abraham répondit :

— Oui.

— Alors Il ne nous abandonnera pas !

Elle laissa Abraham partir et revint vers son fils. Abraham attendit d'être arrivé là où ni Agar ni Ismaël ne pouvaient le voir, pour tourner son visage vers le Ciel, lever les mains et invoquer son Dieu :

— Seigneur, je laisse un de mes enfants en cette vallée sans vie !

Agar et Ismaël mangèrent les dattes et burent l'eau qu'Abraham leur avait données. Lorsque l'eau vint à manquer, ils eurent soif. Ismaël commença à se tordre de douleur et Agar, ne supportant plus de le voir dans cet état, s'éloigna. Elle se dirigea vers al-Safâ, la colline la plus proche, la gravit et parcourut du regard la vallée, dans l'espoir de trouver quelqu'un. Il n'y avait personne. Elle redescendit, rejoignit la vallée et, soulevant sa robe, fit appel à toutes les forces de son être pour traverser la vallée jusqu'à la colline de Marwa. Elle gravit la colline et regarda tout autour d'elle, dans l'espoir de trouver quelqu'un. Il n'y avait personne. Elle refit le trajet sept fois. Tel est, depuis, le trajet que parcourent les pèlerins.

Parvenue pour la dernière fois au sommet de Marwa, Agar entendit une voix, qu'elle prit pour une voix humaine. Elle n'y crut pas tout d'abord, se disant qu'elle était la proie d'une illusion. Puis elle entendit la voix à nouveau. Elle implora Dieu :

— Puisque Tu m'as fait entendre Ta voix, sauve-moi ! Je suis à bout de force et mon fils est à bout de force...

Elle vit devant elle l'Ange Gabriel et lui dit :

— Je suis l'esclave d'Abraham. Il m'a abandonnée ici avec mon fils.

— A qui vous a-t-il confiés ?

— Il nous a confiés à Dieu.

— Il vous a confiés à Celui dont la générosité vous comblera.

Il emmena Agar et Ismaël, qui n'avaient plus rien à manger ni à boire, jusqu'à l'emplacement de Zamzam. Là il frappa du pied et une source jaillit. C'est pourquoi Zamzam est surnommée la Lèvre de Gabriel.

Gabriel dit à Agar :

— Ne crains plus la soif pour les gens de ce pays. A cette source viendront boire les invités de Dieu.

Puis Gabriel ajouta :

— A cet endroit même, le père de ton fils viendra construire, et ton fils avec lui, la Mosquée du Tout-Puissant.

★

Les ʻAmalîq, qui ont depuis disparu, vivaient alors au Yémen. La sécheresse ayant frappé leur pays, certains d'entre eux partirent à la recherche d'eau et de terres fertiles. En route vers le pays de Shâm, ils étaient arrivés au creux de la vallée, lorsqu'ils virent un oiseau qui semblait suspendu dans le ciel. Ils se dirent :

— Cet oiseau cherche de l'eau. Pourtant, il n'y en a jamais eu dans cette vallée.

Ils dépêchèrent l'un des leurs en reconnaissance, qui découvrit l'eau. Il revint vers les siens et les en informa. Ils allèrent tous au puits où se trouvaient Agar et Ismaël et demandèrent à Agar :

— Nous autorises-tu à nous arrêter chez toi ?

— Oui, mais vous n'avez pas de droit sur l'eau.

Ils acquiescèrent et envoyèrent chercher leurs familles.

★

Ismaël grandit parmi les ʻAmalîq, qui lui donnèrent une de leurs filles en mariage. Après quoi Agar mourut.

Des années plus tard, Abraham demanda à Sarah la permission de rendre visite à Ismaël. Elle l'y autorisa et il fit le voyage jusqu'à La Mecque. Lorsqu'il arriva chez son fils, celui-ci était sorti pacager et chasser. Abraham trouva sa femme et lui demanda des nouvelles d'Ismaël. Elle répondit :

— Il est sorti pourvoir à nos besoins.

Abraham s'enquit de leur vie et de leur santé. La femme, qui pourtant ne savait rien de lui, se mit à gémir :

— Nous sommes dans le besoin et la difficulté

Abraham lui demanda :

— Peux-tu m'héberger ?

— Oh non, Dieu m'est témoin.

— Lorsque le maître des lieux reviendra, dis-lui ceci : « Abraham, après s'être enquis de tes nouvelles et de celles de ta mère, te recommande de changer le seuil de ta porte. »

Abraham repartit pour le pays de Shâm sans attendre le retour d'Ismaël. Lorsque celui-ci rentra chez lui, mû par une intuition, il demanda à sa femme :

— Quelqu'un est-il venu ici ?

Sa femme répondit :

— Oui. Un vieil homme, qui s'est enquis de toi. Je lui ai donné de tes nouvelles. Puis il m'a demandé comment nous vivions. Je lui ai dit que nous vivions dans l'effort et la gêne.

— T'a-t-il fait une recommandation ?

— Oui. Il m'a demandé de te transmettre son salut et de te dire de changer le seuil de ta porte.

— C'était mon père. Il me commande de te répudier. Rentre chez tes parents.

Ainsi Ismaël divorça-t-il de sa femme.

★

Cependant la tribu des Jurhum, au Yémen, avait appris que les 'Amalîq s'étaient établis dans la vallée, et qu'ils avaient des terres fertiles et un élevage prospère. Les Jurhum, qui connaissaient alors une disette terrible, décidèrent de les rejoindre. Ils arrivèrent dans la vallée et s'établirent à leur tour à La Mecque, qu'ils firent prospérer avec Ismaël et les 'Amalîq qui les avaient précédés. Ismaël épousa une de leurs filles.

Sur ce, Abraham prit une deuxième fois congé de sa femme pour rendre visite à Ismaël. Elle l'y autorisa, mais telle était sa jalousie qu'elle lui fit jurer de ne pas descendre de sa monture lorsqu'il serait à La Mecque.

Arrivé à La Mecque, Abraham se rendit chez son fils, qui, comme à l'accoutumée, était sorti pacager et chasser. Il trouva la nouvelle épouse d'Ismaël à la porte de la maison. Il la salua et elle lui rendit son salut, lui souhaita la bienvenue et l'accueillit de la meilleure manière. Abraham s'enquit alors d'Ismaël. Elle lui dit :

— Il est sorti pourvoir à nos besoins.

— Comment vous portez-vous ? Dans quel état vivez-vous ?

— Nous nous portons bien et nous vivons dans l'abondance, grâce à Dieu.

— Que mangez-vous ?

— De la viande.

— Que buvez-vous ?

— De l'eau.

— Dieu bénisse cette viande et cette eau.

Elle invita Abraham à descendre de sa monture, ce qu'il refusa. Elle réitéra son invitation, qu'il déclina encore. Elle lui offrit du lait et des tranches de viande et il appela sur elle la bénédiction divine.

Elle sortit une pierre de la maison et la posa sous le pied droit d'Abraham, qui, s'appuyant dessus, pencha la tête vers elle et elle lui massa les cheveux du côté droit et les graissa. Puis elle déplaça la pierre pour la poser sous le pied gauche d'Abraham, qui, s'appuyant dessus, pencha la tête vers elle et elle lui frotta les cheveux du côté gauche et les graissa. Quand elle eut fini, elle reprit la pierre pour la remettre à sa place. C'est alors qu'elle y vit gravée l'empreinte des pieds d'Abraham. Elle en fut stupéfaite. Il lui dit :

— Garde cette pierre *. Glorieux seront sous peu son nom et son renom.

Il ajouta avant de repartir :

— Lorsque Ismaël sera revenu, dis-lui qu'Abraham lui transmet son salut et lui recommande de conserver le seuil de sa porte. C'est le meilleur qui soit.

De retour chez lui, Ismaël demanda à son épouse :

— Quelqu'un est-il venu ici ?

* Selon certains, il s'agit de la Pierre Noire enchâssée dans la Ka'ba.

— Oui. Un vieil homme de belle allure. Il s'est enquis de toi et je l'ai informé. Il m'a demandé comment nous vivions et je lui ai répondu que nous vivions bien.

— T'a-t-il fait une recommandation ?

— Il te transmet son salut et t'ordonne de préserver le seuil de ta porte.

— C'était mon père. Et le seuil de ma porte c'est toi. Il m'ordonne de tenir à toi.

★

Abraham revint peu après. Il trouva Ismaël en train de tailler des flèches près du puits de Zamzam. Dès qu'il le vit, Ismaël alla vers lui et lui fit un accueil digne d'un fils pour son père. Abraham lui dit :

— O Ismaël, Dieu m'a chargé d'une mission.

— Fais ce que Dieu t'a chargé de faire, père.

— Tu m'aideras.

— Je t'aiderai.

Abraham lui révéla :

— Dieu m'a chargé de construire ici une Mosquée.

Et il pointa du doigt une butte élevée.

Ils se mirent aussitôt à construire la Mosquée, Ismaël apportant les pierres des collines avoisinantes et Abraham élevant l'édifice. Lorsque celui-ci fut assez haut, Abraham rapporta la pierre sur laquelle s'était gravée l'empreinte de ses pieds, la fixa et compléta autour d'elle l'édifice.

Tout en poursuivant leur tâche, Abraham et Ismaël répétaient :

— Accepte de nous ce don, Seigneur, Toi qui entends et qui sais.

Abraham voulut que l'édifice eût trente coudées de long, vingt-deux coudées de large et neuf coudées de haut. Il lui fit une porte mais pas de toit.

★

Lorsque Abraham eut fini de bâtir la Mosquée, Dieu lui ordonna d'appeler les gens au pèlerinage. Abraham demanda :

— Seigneur, jusqu'où ma voix portera-t-elle ?

Dieu lui révéla :

« Appelle et Je transmettrai. »

Abraham appela en ces termes :

— O vous tous, Dieu vous prescrit de venir en pèlerinage à l'antique Mosquée !

Et son appel fut entendu par tout ce qui se trouvait entre le Ciel et la Terre, tout jusque dans les reins des hommes et les matrices des femmes. Lui répondirent tous ceux qui crurent, tous ceux dont Dieu savait à l'avance qu'ils viendraient en pèlerinage depuis ce jour jusqu'au Jour Dernier.

Puis Abraham sortit, accompagné d'Ismaël, vers les villages environnants et ils s'arrêtèrent à Mîna. Tous les musulmans qui les suivirent s'y arrêtèrent avec eux. Abraham y conduisit les prières de midi, de l'après-midi, du crépuscule et de la soirée. Il s'endormit et se leva pour conduire la prière de l'aube. Puis il partit pour ʻArafa, où il s'arrêta avec les musulmans et où, lorsque le soleil commença sa descente, il enchaîna les deux prières de midi et de l'après-midi. Puis il emmena les musulmans à l'endroit de ʻArafa réservé à l'imam et il se tint debout sur al-Arak.

Lorsque le soleil se coucha, Abraham fut guidé, avec tous ceux qui le suivaient, jusqu'à al-Muzdalifa, où il enchaîna les deux prières du crépuscule et de la soirée. Après quoi leur fut enseignée la manière de se conduire, comment jeter les pierres et où procéder au sacrifice. Abraham se rasa la tête, après quoi leur fut montrée la manière de tourner autour de la Kaʻba. Enfin ils revinrent à Mîna, où leur fut montré comment procéder à la lapidation. Ainsi se termina le pèlerinage.

★

Abraham mangeait beaucoup et invitait les gens à manger chez lui. Un jour où il recevait à déjeuner, il vit un vieillard marchant sous le soleil de midi. Il dépêcha vers lui un de ses hommes avec un âne. Le vieillard monta sur l'âne et vint jusque chez Abraham, qui lui offrit aussitôt à manger. Mais voilà que le vieillard prenait une bouchée et, au lieu de la porter à ses lèvres, la mettait dans une oreille, ou dans un œil. Quand enfin il parvenait à la mettre dans sa bouche, elle sortait par l'anus.

Voyant le vieillard dans cet état, Abraham lui demanda :

— Pour quelle raison fais-tu cela ?

— C'est la vieillesse, Abraham !

— Mais quel âge as-tu ?

Le vieillard avait deux ans de plus qu'Abraham. Lorsqu'il le lui apprit, ce dernier dit :

— Deux ans seulement nous séparent. Est-ce à dire que je serai comme toi lorsque j'aurai ton âge ?

Le vieillard répondit :

— Oui.

Or, Abraham avait demandé à Dieu de ne pas lui enlever son âme avant qu'il n'eût lui-même souhaité mourir. Dès qu'il eut entendu la réponse du vieillard, il s'adressa à Dieu :

— Seigneur, rappelle-moi à Toi avant cette échéance.

Alors le vieillard se leva, qui n'était autre que l'Ange de la mort, et s'empara de l'âme d'Abraham.

★

Selon Ibn Ishâq :

Abraham se vit en songe en train d'immoler son fils. Alors il dit à Ismaël :

— Mon fils, prends cette corde et ce couteau. Nous emprunterons ce sentier pour chercher du bois.

Lorsqu'ils furent seuls sur le sentier, il dit :

— Mon fils, je me suis vu en songe en train de t'immoler.

Ismaël répondit :

— Père, ligote-moi fermement, afin que je ne puisse m'agiter. Éloigne de moi ton vêtement, afin que mon sang ne l'éclabousse pas, car ma mère le voyant en serait bouleversée. Aiguise ton couteau et tranche-moi la gorge rapidement, pour me rendre la mort plus facile, car il est dur de mourir. Quand tu reverras ma mère, transmets-lui mon salut et si tu le veux, donne-lui ma chemise, en souvenir de moi.

Abraham dit :

— Quel soutien tu m'apportes, mon fils, dans l'accomplissement de ce que Dieu m'a ordonné !

Il fit comme Ismaël lui avait demandé de faire et, l'ayant ligoté, le prit dans ses bras pour l'embrasser. Il pleurait ainsi qu'Ismaël et les larmes leur coulaient sur les joues. Puis Abraham approcha le couteau de la gorge d'Ismaël. Mais il ne la trancha pas, car le couteau ne coupait plus.

Abraham occupe une place éminente dans le panthéon musulman. Surnommé « l'intime de Dieu », il est à la fois l'adorateur intransigeant de l'Unique et le bâtisseur du sanctuaire sacré de la Ka'ba. Son fils Ismaël est présenté comme l'ancêtre des Arabes. L'épisode du sacrifice d'Abraham a fait couler beaucoup d'encre, au cours des premiers siècles de l'islam. Le Coran ne précise pas lequel des deux fils – Isaac ou Ismaël – devait être immolé. Pour certains savants, dont al-Tabarî, ce fils était Isaac; pour d'autres, il s'agissait d'Ismaël. Le consensus s'est fait progressivement autour d'Ismaël. Aujourd'hui, la thèse d'al-Tabarî est considérée comme une hérésie.

[illegible]

les larmes leur coulent [illegible] le couteau de la gorge d'Ismaël. Aussi il ne la tranche pas [illegible] au couteau [illegible]

[illegible]

PREMIÈRE PARTIE

Les Arabes avant la Révélation

Les Arabes, ayant oublié Dieu pour adorer des idoles, traversent des temps obscurs, auxquels l'islam donne le nom de Jâhiliyya, ou période de l'Ignorance.

Décrivant ces temps, aux contours imprécis, le Coran y souligne non l'absence totale de référence à Dieu, mais le fait que Son nom soit associé à celui de divinités imaginaires, représentées sous la forme d'idoles.

Les idoles comptent en fait, alors, beaucoup plus que le Dieu abstrait d'Abraham. Leur présence étant beaucoup plus palpable, elles font partie du quotidien; elles sont invoquées, priées, remerciées, en de multiples occasions. Chaque tribu a son idole propre, qu'elle tient pour sa protectrice et qu'elle vénère en particulier.

Les chroniqueurs s'accordent néanmoins pour présenter la période précédant directement l'avènement de l'islam comme une période d'« attente » : le polythéisme étant perçu comme dépassé, on pressentait l'imminence d'une nouvelle religion. Certains guettaient l'arrivée d'un prophète, d'autres espéraient être ce prophète, d'autres encore se sont proclamés prophètes – quoique leur renommée fût restée locale.

L'esprit de farouche indépendance des Arabes explique, sans doute, qu'ils aient refusé d'embrasser l'une des religions alors prônées, ou protégées, par les deux empires voisins : le judaïsme, le christianisme ou le zoroastrisme.

⋆

On pourra s'étonner de lire, dans les pages qui suivent, le nom de Dieu couramment invoqué par les polythéistes – comme si ces derniers avaient embrassé la religion du Dieu Unique. Cette confusion pourrait s'expliquer de deux manières.

Les polythéistes de la Jâhiliyya se référaient déjà à un dieu, appelé Allah, qui n'était pas unique, mais jouissait d'une certaine préséance par rapport aux autres dieux. L'islam allait retenir le nom d'Allah, pour désigner le Dieu Unique d'Abraham. Le Dieu que la Sîra met dans la bouche des polythéistes serait donc, vraisemblablement, l'ancienne divinité Allah. Mais il est, par ailleurs, possible que les chroniqueurs musulmans, composant leurs textes à une époque de grande ferveur monothéiste, n'aient pu s'empêcher de rétablir la prééminence de Dieu, même dans la bouche de ceux qui l'avaient si manifestement ignorée.

On pourra, de même, s'étonner de lire que les polythéistes désignent le Sanctuaire de la Ka'ba par le terme Masjid, ou Mosquée, qui ne s'applique qu'aux sanctuaires musulmans, ou plus généralement, aux sanctuaires dédiés au Dieu Unique. On peut supposer que, dans l'esprit des Arabes de la Jâhiliyya, le terme était simplement synonyme de sanctuaire.

★

S'agissant de retracer l'origine des populations arabes, les chroniqueurs allaient développer des thèses divergentes, accordées à leurs allégeances tribales. Les descendants des tribus du Hijâz faisaient remonter leurs origines à Ismaël et s'enorgueillissaient d'avoir donné naissance au Prophète de l'islam. Face à eux, les descendants des tribus yéménites firent remonter leurs origines à Noé et soulignèrent la gloire militaire de leurs ancêtres.

Ainsi l'historiographie classique fait-elle ressortir deux branches arabes distinctes et concurrentes : l'une descendant de 'Adnân et vivant dans le Centre et l'Ouest de la Péninsule, l'autre descendant de Qahtân et vivant au Sud et à l'Est. Quoique les historiens modernes questionnent ces thèses, elles donnent, semble-t-il, une image assez probante de l'ambiance qui dut être celle de l'époque anté-islamique. En voici les grandes lignes.

Les tribus descendant de 'Adnân étaient principalement nomades ou semi-nomades, tandis que celles descendant de Qahtân avaient vocation à se sédentariser là où elles allaient. Ce sont elles qui, installées au Yémen, y ont construit le fameux barrage de Ma'rib et pratiqué une agriculture florissante, fondée sur l'irrigation.

Le Yémen était alors divisé en provinces, parsemées de nombreuses citadelles, où résidaient les cheikhs et les émirs, entourés de leurs auxiliaires, de leurs courtisans et de leurs domestiques.

Les seigneurs s'adonnaient souvent au commerce, profitant de la position centrale qu'occupait le Yémen entre l'Inde, l'Éthiopie, la Somalie, la Syrie et l'Irak.

Les navires venaient d'Inde chargés d'or, d'étain, de pierres précieuses, d'ivoire, de bois de santal, d'épices telles que le poivron ou le piment, ainsi que de coton. Des côtes de l'Afrique orientale, les commerçants arrivaient avec des parfums, des aromates, du bois, des plumes d'autruche, de l'or et de l'ivoire. Au Yémen, ils s'approvisionnaient en gomme, en encens, en myrrhe et en ladanum. Du Yémen, les caravanes partaient ensuite vers la Syrie et l'Irak.

Mais, à en croire les chroniqueurs, les descendants de Qahtân connurent des catastrophes – sécheresses, inondations et surtout l'effondrement de leur barrage – qui les amenèrent à émigrer, à plusieurs reprises, vers le centre ou le nord. Ils auraient livré aux populations de ces régions des combats victorieux, à l'issue desquels ils les auraient chassées de chez elles et occupé leur place. Ainsi les descendants de Qahtân auraient-ils pris le pouvoir dans les trois villes de La Mecque, de Yathrib et d'al-Tâ'if et fondé, notamment, le royaume des Ghassanides en Syrie et celui des Lakhmides en Irak.

⋆

Les guerres entre Arabes n'étaient pas des événements exceptionnels. Bien au contraire, elles apparaissent aux chroniqueurs comme un phénomène général et continu, lié à la précarité de l'existence dans la Péninsule. C'était le moyen par lequel les Arabes procédaient à la redistribution des maigres ressources existantes, en en faisant l'enjeu de guerres sans merci. Le plus souvent, la partie victorieuse s'emparait des biens de la partie vaincue, achevait de tuer ses hommes et réduisait ses femmes et ses enfants en esclavage.

Les alliances tribales et claniques se faisaient et se défaisaient au gré de réalités constamment changeantes. On pouvait voir plusieurs tribus s'unir contre un ennemi commun, mais aussi une même tribu, un même clan, voire une même branche familiale, se réclamant d'un même ancêtre, se scinder soudain en deux camps engagés dans une lutte mortelle. La promiscuité n'était pas, dans ces cas, circonstance atténuante, mais aggravante : un même territoire ne suffisait plus à contenir et à nourrir tous les membres d'une famille qui avaient jusque-là vécu en bonne entente. Alors la tension montait et le plus petit malentendu – un mot déplacé, un geste de colère, une brebis égarée – pouvait devenir prétexte à rupture. Une guerre éclatait, qui pouvait durer des décennies, et s'arrêter tout aussi brusquement qu'elle avait commencé – les gens ayant depuis longtemps oublié pourquoi ils s'y étaient lancés.

Le Coran tient ces guerres fratricides pour inséparables du polythéisme, qui tendait à accentuer la division, la mésentente et l'impuissance des Arabes. Seule la Parole de Dieu allait pouvoir les rassembler.

CHAPITRE PREMIER

L'adoration des idoles

De nombreux descendants d'Ismaël, ayant quitté La Mecque, commencent à vénérer des pierres de la Mosquée, qu'ils ont emportées avec eux. Peu à peu, l'adoration des pierres se répand, à la place de celle de Dieu, y compris à La Mecque.

Depuis qu'Ismaël, fils d'Abraham, s'était installé à La Mecque, il avait engendré une nombreuse descendance, qui s'était unie à la descendance des 'Amalîq et des Jurhum. Mais, la ville devenant trop étroite pour les contenir tous, ils commencèrent à se déchirer et à se livrer des guerres. Les Jurhum chassèrent les 'Amalîq, qui se dispersèrent dans le pays à la recherche de moyens de subsistance.

C'est alors, à ce qu'on raconte, qu'ils commencèrent à adorer les idoles, pour la raison que chacun d'eux, quittant La Mecque et par attachement pour elle, emportait avec lui une pierre de la Ka'ba. Il la posait à l'endroit où il s'établissait et commençait à tourner autour de la pierre comme il avait pris l'habitude de tourner autour de la Ka'ba. Ce fut d'abord un geste de dévotion pour la Ka'ba et d'amour pour la Mosquée, que les Arabes continuèrent de vénérer.

Mais cela les conduisit par la suite à adorer les pierres au lieu d'adorer Dieu. Remplaçant la religion d'Abraham et d'Ismaël par une autre, ils commencèrent, comme tant d'autres peuples avant eux, à placer leur foi dans les idoles. Pourtant ils gardèrent des traces de la religion d'Abraham et d'Ismaël, puisqu'ils restèrent attachés à la Mosquée. Ils ne cessèrent de la visiter, d'y venir en pèlerinage, de tourner autour, de se tenir sur ʻArafa et al-Muzdalifa et de faire les sacrifices rituels.

Puis il advint, à l'époque des Jurhum, que les eaux inondèrent la Kaʻba et la détruisirent. Les Jurhum la rebâtirent comme l'avait bâtie Abraham. Mais par la suite, ils négligèrent la Mosquée. Ils allèrent jusqu'à s'y comporter de manière offensante, à y commettre des actes intolérables.

La Mosquée possédait un trésor, constitué de toutes les offrandes qui lui avaient été faites et qui étaient déposées au fond d'un puits. Ce puits n'étant alors pas recouvert d'un toit, il se trouva cinq hommes de Jurhum qui décidèrent de voler le trésor. Quatre d'entre eux étant postés aux coins de la Mosquée, le cinquième s'engagea dans le puits. Alors le Tout-Puissant fit que la tête de l'homme passa au-dessous de ses pieds, qu'il tomba et qu'il mourut. Les quatre autres prirent la fuite.

Lorsque les méfaits de Jurhum à La Mecque se multiplièrent, l'un d'entre eux, Maddâd ibn ʻAmrû, se leva et dit :

— Vous tous, prenez garde, la haine est une calamité pour ceux qu'elle aveugle. Vous avez vu les malheurs qui ont frappé vos prédécesseurs, les ʻAmalîq, lorsqu'ils ont négligé leurs devoirs à l'égard de la Mosquée, lorsqu'ils ont cessé de la glorifier et qu'ils ont commencé à se disputer entre eux. Dieu vous a alors conduits à les combattre, vous les avez vaincus et ils se sont dispersés au loin.

Ne commettez pas à votre tour les mêmes méfaits, ne négligez pas vos devoirs à l'égard de la Mosquée, ne profanez pas la Demeure de Dieu, n'opprimez pas ceux qui viennent la glorifier ou s'y réfugier. Si vous persistez à le faire, je crains que vous n'en soyez chassés comme avant vous les ʻAmalîq, que vous ne soyez forcés de partir d'ici, humiliés et affaiblis, que vous ne puissiez même plus revenir visiter la Mosquée, qui est le plus sûr des refuges pour tous les êtres vivants, les hommes aussi bien que les oiseaux.

L'un des habitants s'écria :

— Qui donc pourrait nous chasser de la Mosquée ? Ne sommes-nous pas les Arabes les plus puissants, les mieux pourvus en biens et en armes ?

Maddâd répondit :

— Lorsque l'heure est venue, ces choses ne comptent plus. Rappelez-vous le sort que Dieu a réservé aux ‘Amalîq. Il les a exilés loin de la Mosquée et a lâché sur eux de petites fourmis pour leur transmettre la gale. Ils durent quitter La Mecque et revenir vers leurs terres d'origine. Là Dieu leur a envoyé le déluge…

Mais ces paroles restèrent sans écho et Jurhum continua de commettre ses méfaits. Voyant cela, Maddâd s'empara des trésors de la Ka‘ba, deux gazelles de marbre et plusieurs épées incrustées de nacre, et il les enfouit dans un trou creusé durant la nuit sur l'emplacement de Zamzam.

Ce fut alors qu'arrivèrent à La Mecque, conduites par ‘Amrû ibn ‘Âmir, les tribus yéménites venant de Ma'rib.

CHAPITRE DEUXIÈME

L'effondrement du barrage de Ma'rib

La terre de Saba prospère à l'ombre de son monumental barrage. Mais l'épouse du seigneur 'Amru pressent un grand malheur.

La terre de Saba était l'une des plus fertiles et des plus riches du Yémen, de celles qui comptaient le plus de vergers, de jardins, de pâturages, de celles où s'étendaient à perte de vue de belles constructions bordées d'arbres et où d'abondantes sources d'eau alimentaient des rivières impétueuses. La région, presque aussi large que longue, requérait plus d'un mois pour être parcourue par un cavalier émérite, lequel pouvait la parcourir, d'un bout à l'autre, sans jamais souffrir du soleil ni quitter les chemins ombragés, du fait de la densité et de la hauteur des arbres qui la protégeaient.

Ainsi les habitants de Saba coulaient-ils les jours les plus agréables, jouissant de la prospérité et de la tranquillité offertes par l'inépuisable fertilité de la terre, par la limpidité de l'eau, par la pureté de l'air et par la sérénité du ciel. Ils étaient pleins de force et d'ardeur, unis par une commune parole dans un royaume indivis. Ils suivaient un chemin de droiture et d'honnêteté, imposant le voyageur de passage selon ses moyens et en tenant compte de ses possibilités. Leur pays, donné partout en exemple, fut justement surnommé le Yémen heureux.

Les eaux qui arrosaient la terre de Saba passaient à travers un aqueduc fait de pierre et de fer, d'une longueur d'un parasange, situé derrière le barrage de Ma'rib. En amont de ce barrage s'élevaient deux montagnes, cernées par d'impétueuses rivières dont les eaux s'engouffraient dans l'aqueduc. Ce dernier était percé de trente orifices circulaires, d'une largeur équivalente à la longueur d'un bras, ménagés selon les règles d'une parfaite géométrie.

Les eaux jaillissaient de ces orifices pour s'écouler dans des canaux les conduisant jusqu'aux jardins, qu'elles arrosaient en même temps qu'elles abreuvaient les gens. Le barrage protégeait de la sorte la terre de Saba, tant il est vrai qu'avant sa construction, les eaux se déversaient et inondaient tout sur leur passage.

Le seigneur qui avait fait construire ce barrage aimait à s'entourer de sages, auxquels il prodiguait richesses et bienfaits. Il les faisait venir de toutes les contrées de la terre pour prendre leurs avis et tirer parti de leur intelligence. Il les avait consultés sur les moyens d'endiguer le flot des eaux et de le canaliser, au lieu qu'il se précipitait du haut des montagnes et tombait à pic sur les terres, ruinant les cultures et détruisant les habitations.

Les sages s'étaient accordés sur la construction de canaux par où le flot des eaux pût s'écouler en direction de la mer. Ils avaient informé le roi que l'eau était appelée à s'engouffrer dans des canaux en pente, car il était dans sa nature d'aller du haut vers le bas. Le seigneur ordonna alors que les canaux fussent creusés de telle sorte que les eaux s'écoulassent dans cette direction. Ainsi les flots de multiples torrents formèrent-ils une seule rivière, puissante et maîtrisée, qui venait se jeter dans l'aqueduc construit entre les deux montagnes. L'eau sortait ensuite par les différents orifices pour aller arroser les terres de Saba.

Le pays demeura longtemps prospère, les descendants de Qahtân y menant la meilleure vie, jusqu'à ce que le pouvoir échût à 'Amrû ibn 'Âmir. Ce dernier fut surnommé « le déchireur » parce qu'il avait coutume, aux dires des Yéménites, de porter tous les jours deux robes qu'il déchirait le soir même, ne supportant ni de les remettre ni que quelqu'un d'autre les portât après lui.

Son épouse était une prêtresse appelée Tarîfat al-Khayr. Une nuit, elle vit en songe un nuage qui assombrissait la terre, déchaînant le tonnerre, les éclairs, puis la foudre qui brûlait tout ce qu'elle touchait. Effrayée par cette vision, elle alla voir son mari :

— Ce que j'ai vu cette nuit en songe m'a ôté le sommeil.

— Qu'est-ce donc que tu as vu, Tarîfat ?

— J'ai vu un nuage noir qui rugissait, qui tonnait, qui envoyait des éclairs et qui foudroyait toutes choses sur son passage.

Voyant la panique qui s'était emparée de sa femme, 'Amrû pensa surtout à la calmer et à apaiser son angoisse...

Peu de temps après, il se trouvait dans son jardin en compagnie de deux de ses plus belles esclaves. Ayant appris cela, Tarîfat sortit à sa rencontre accompagnée d'un serviteur. Sur le seuil de sa maison, elle aperçut trois bêtes semblables à des taupes, qui, en la voyant, se dressèrent sur leurs pattes arrière et placèrent leurs pattes avant sur les yeux. Aussitôt elle s'assit sur le sol et, à son tour, plaça ses mains sur les yeux. Puis elle dit à son serviteur :

— Quand ces taupes seront parties, dis-le-moi.

Une fois prévenue du départ des taupes, elle se leva et poursuivit rapidement sa route. Mais le jardin longeait une crique, au bord de laquelle Tarîfat dût s'arrêter : une tortue surgie de l'eau venait de retomber sur le dos, au milieu du chemin et s'agitait en vain pour se retrouver sur ses pattes. Elle tentait de s'aider de sa queue, qu'elle remuait en tous sens, mais ne parvenait qu'à projeter de la terre sur son ventre et commençait à lancer des jets d'urine.

Tarîfat s'assit sur le sol et attendit que la tortue fût parvenue à ses fins, qu'elle se fût retrouvée sur le ventre et qu'elle eût replongé dans l'eau. Alors Tarîfat se leva et rejoignit son mari. Le jour était en son milieu et la chaleur était intense. En l'absence de tout vent, Tarîfat remarqua pourtant que les arbres s'inclinaient.

Gêné de voir soudain apparaître sa femme, 'Amrû ordonna à ses esclaves de se retirer, puis il dit :

— Viens, Tarîfat !

Tarîfat s'approcha :

— Par le jour et par la nuit, par la terre et par le ciel, les arbres périront et les eaux couleront à nouveau comme par le passé.

— Qui donc t'a appris cela ?

— Les taupes ont prédit des années cruelles, où les fils trahiront les pères.

— Quel est ton avis ?

— Le temps est venu du repentir et du regret. J'ai vu une tortue projeter des poignées de terre et lancer des jets d'urine. Et dans ce jardin, j'ai vu les arbres s'incliner sans le moindre souffle de vent.

— Comment interprètes-tu cela ?

— Un désastre, une terrible épreuve, une immense catastrophe…

— Laquelle, malheureuse ?

— Elle fera mon malheur, oui, et te laissera sans repos. Car ce malheur viendra des eaux…

'Amrû se laissa tomber sur sa couche et dit :

— Que signifie tout cela, Tarîfat ?

— Une calamité, suivie d'une longue tristesse, d'où naîtront peu d'enfants, mais le peu vaut mieux que le néant…

— Quels sont les signes ?

— Va jusqu'au barrage. Si tu vois un rat qui y creuse des trous de ses pattes avant et qui, de ses pattes arrière, remue les pierres de la montagne, sache que nous serons inéluctablement submergés, irrémédiablement ruinés, que le sort se retourne contre nous.

— Que va-t-il nous arriver ?

— Une Parole du Très-Haut s'accomplit. Le malheur s'abat sur nous et le châtiment est proche. C'est sous ton règne, 'Amrû, que la mort va frapper.

'Amrû se précipita vers le barrage. Il vit un rat qui, de ses pattes arrière, retournait une roche que cinquante hommes n'auraient pu soulever. Il revint vers Tarîfat, qui lui dit :

— Le sens de mes paroles t'apparaîtra si tu t'assieds à ta place habituelle, dans le jardin, et si tu demandes que l'on mette un flacon entre tes mains. Il se remplira de la poussière et du sable de la plaine. Et pourtant tu sais que le jardin est ombragé, où n'entrent ni le soleil ni le vent.

On apporta à 'Amrû un flacon, qu'il tint ouvert entre ses mains. Il n'attendit pas longtemps pour que le flacon se remplît de poussière, alors qu'on ne voyait ni n'entendait souffler de vent. 'Amrû demanda à Tarîfat :

— Quand l'effondrement du barrage surviendra-t-il ?
— Il surviendra d'ici à sept années.
— Mais laquelle de ces années ?
— Seul le Très-Haut le sait. Si quelqu'un sur Terre le savait, je le saurais. D'ici à sept années, je vivrai chacune de mes nuits dans la crainte de voir le barrage s'effondrer le lendemain...

'Amrû, de son côté, vit en songe un torrent de sang et entendit une voix lui disant : « Tu sauras que le barrage va s'effondrer lorsque tu verras les feuilles de palmiers se couvrir de taches. »

A son réveil, il alla examiner les feuilles de palmiers et vit qu'elles commençaient à se couvrir de taches.

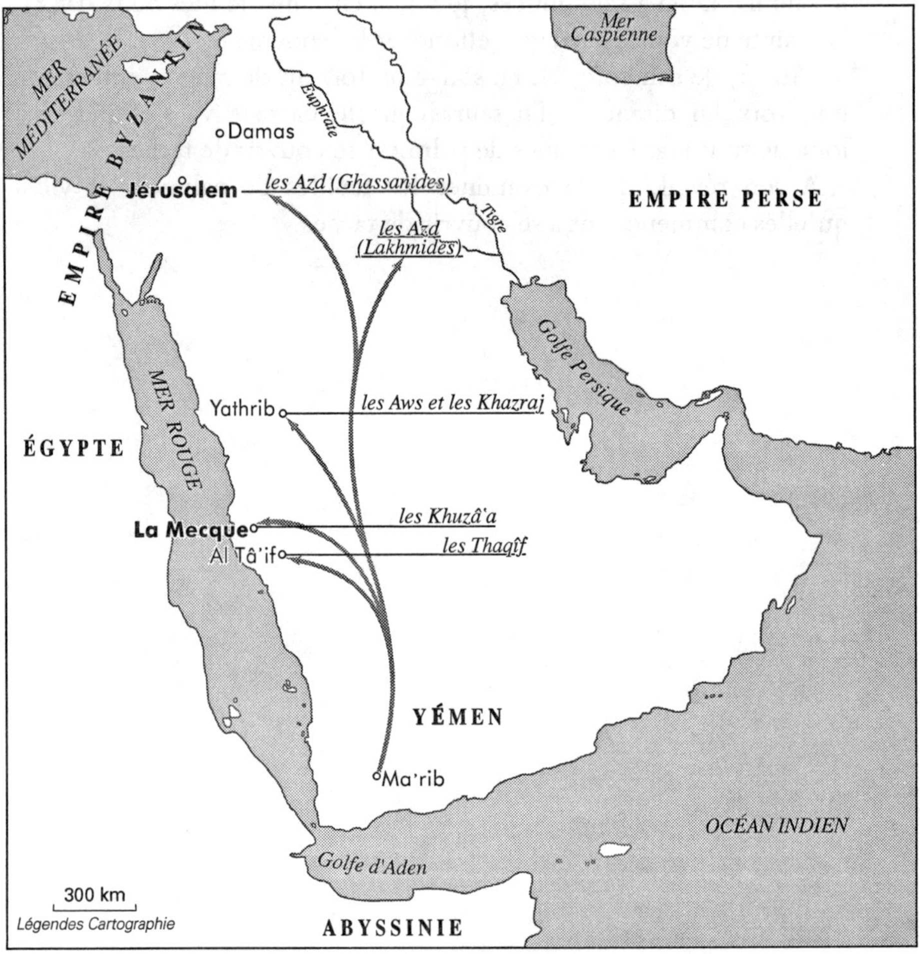

L'exode conquérant des tribus yéménites conduites par 'Amru ibn 'Âmir (Ve siècle)

CHAPITRE TROISIÈME

ʻAmrû ibn ʻÂmir

ʻAmru quitte Ma'rib, à la tête d'une vaste alliance tribale qui se dirige vers le Nord. Ses différents clans livrent des combats victorieux contre les Arabes des principales villes du Centre et du Nord. Ils les chassent et s'y installent à leur place. Les Khuzâ'a s'établissent à La Mecque.

Alors ʻAmrû prit la décision de garder le silence, de vendre tout ce qu'il possédait et de quitter la terre de Ma'rib avec les siens. Mais, craignant que son départ n'indignât les gens, ou que ceux-ci n'en profitassent pour lui acheter à vil prix, il conçut une ruse.

Il appela le plus jeune de ses fils et lui dit :

— J'inviterai les gens à manger et tu t'assoiras à mes côtés. Tu me chercheras querelle, tu contesteras mes paroles et tu agiras vis-à-vis de moi comme j'agirai vis-à-vis de toi...

Puis ʻAmrû fit préparer de la nourriture et, comme à son habitude, fit savoir aux gens de Ma'rib : « En ce jour de gloire et de souvenir, ʻAmrû a fait préparer de la nourriture. Venez la partager avec lui. » Les gens affluèrent.

Lorsqu'ils s'assirent pour manger, le fils de ʻAmrû vint se mettre à côté de son père et commença à répliquer avec impertinence à tout ce que ce dernier lui demandait. Il contesta chacun de ses dires et réfuta chacun de ses arguments, comme ils en étaient convenus. Soudain ‘Amrû insulta son fils, qui lui rendit l’insulte. Puis ‘Amrû leva la main et gifla son fils, qui lui rendit la gifle. Alors ‘Amrû s’exclama :

— Quelle humiliation ! En ce jour de gloire pour ‘Amrû, voici qu’un de ses fils le gifle…

Il se jeta sur son fils en jurant qu’il le tuerait. Mais les gens s’interposèrent et les séparèrent. ‘Amrû déclara :

— Par Dieu, je ne puis demeurer plus longtemps en ces lieux où j’ai subi une telle humiliation… Je m’en vais vendre mes biens, afin que cet enfant ne puisse en hériter après moi.

A ces mots, les gens se dirent :

— Profitons de la colère de ‘Amrû. Achetons-lui ses biens avant qu’il ne revienne à de meilleurs sentiments…

Et ils lui achetèrent tous les biens qu’il possédait sur la terre de Ma’rib.

Cependant il advint que des gens d’Azd eurent vent des signes révélés à ‘Amrû. Ils décidèrent aussitôt de faire comme lui, de vendre leurs biens et de le suivre où qu’il allât. Mais lorsqu’ils eurent vendu une grande partie de leurs terres, le soupçon commença à gagner les habitants, mêlé d’inquiétude et d’indignation. Alors ‘Amrû, qui avait entre-temps rassemblé toute sa fortune, leur annonça l’effondrement prochain du barrage et le déluge qui s’ensuivrait.

Son frère ‘Umrân, qui était devin, parla ainsi aux gens :

— Je pressens que vous allez vous déchirer, puis vous disperser en partant dans différentes directions. Je peux vous décrire les pays, afin que chacun choisisse celui où il lui plaira d’aller en sachant ce qui l’y attend. Celui d’entre vous qui voit loin, qui possède une monture vigoureuse et une outre neuve, qu’il aille jusqu’au palais de ‘Umân. Celui d’entre vous qui voit moins loin, qui possède une monture moins vigoureuse et une outre moins neuve, qu’il rejoigne les Kurûd, en terre de Hamadân…

Et le devin poursuivit :

— Celui d’entre vous qui est dans le besoin, mais qui est doué de savoir-faire et de discernement et qui sait garder patience dans l’adversité, qu’il aille chez les Murr. Celui d’entre vous qui cherche un pays où se fixer durablement, même au milieu des sables, et jouir de nourriture délectable, même sur des terres ingrates, qu'il aille trouver l'ombre des palmiers de Yathrib. Celui d'entre vous qui veut les bonnes choses et les boissons fermentées, le brocart et la soie, un lieu de décision et de concertation, qu'il rejoigne Busra et Khafîr, en Syrie. Enfin celui d'entre vous qui veut les beaux habits et les chevaux racés, les chances de richesse et de bonne fortune, qu'il aille jusqu'en Irak…

'Amrû ibn 'Âmir quitta Ma'rib avec ses enfants, ses parents et tous les membres de sa tribu, ainsi que celle d'Azd. Dieu seul connaît le nombre d'hommes, de chevaux, de chameaux, de taureaux, de vaches et d'autres bêtes domestiques, qu'il emmena avec lui. Sur leur route, ils prirent toute l'eau qu'ils trouvèrent et désolèrent tous les pays qu'ils traversèrent.

Dans certaines directions, ils dépêchèrent des éclaireurs, dont l'un se rendit chez leurs frères, les Hamadân, où il vit que les pâturages et les eaux ne suffiraient pas à l'entretien du bétail. Un autre alla chez leurs frères, les Himyar, et trouva le pays trop pauvre en pâturages et en eaux pour les contenir en même temps que ses habitants.

'Amrû et les siens s'arrêtèrent à Azal et à Rabza, le temps pour leurs chevaux et leur bétail de se reposer, après quoi ils gravirent la montagne puis redescendirent sur Tihâma au coucher du soleil, surprenant ses habitants assoupis. Ils s'imposèrent à eux et séjournèrent un temps dans la ville. Mais ils ne s'y plurent pas et décidèrent de ne pas y rester.

Ils partirent alors pour le Hijâz, et de là se dispersèrent, chaque clan se dirigeant vers une région de son choix. Sur la foi du frère de 'Amrû, les uns descendirent sur Sarwat, d'autres préférèrent La Mecque ou ses environs, d'autres encore s'avancèrent jusqu'en Syrie ou en Perse.

⋆

Lorsqu'il fut en vue de La Mecque, 'Amrû ibn 'Âmîr envoya à ses habitants un messager qui leur dit :

— Gens d'ici, nous avons quitté notre pays. Depuis, il n'est pas une ville dont les habitants ne nous aient reçus et fait une place parmi eux, le temps que nous dépêchions des éclaireurs chargés de trouver pour nous un pays d'accueil. Faites-nous une place parmi vous, afin que nous y séjournions tandis que nos éclaireurs partiront vers le nord et vers l'est. Aussitôt que nous aurons trouvé une région valable, nous irons nous y établir. Nous espérons que notre séjour chez vous sera aisé.

Les gens de Jurhum rejetèrent la demande de 'Amrû ibn 'Âmîr. Surestimant leur force, ils dirent :

— Non, par Dieu, nous ne tenons pas à ce que vous séjourniez parmi nous et que vous partagiez nos pâturages et nos ressources. Allez-vous-en, nous ne voulons pas de vous avec nous.

'Amrû leur fit dire qu'il était contraint de s'arrêter chez eux avec les siens, jusqu'au retour de ses éclaireurs. Que, s'ils l'accueillaient de bon gré, il mettrait pied à terre en les remerciant et viendrait partager avec eux les pâturages et l'eau. Que, s'ils refusaient, il mettrait pied à terre malgré leur refus, mais eux ne profiteraient pas de ses faveurs et ne boiraient que l'eau bourbeuse. Qu'enfin, s'ils le combattaient, il les combattrait et s'il l'emportait, il emmènerait les femmes captives, tuerait les hommes qui auraient pris les armes et ne permettrait plus jamais aux survivants de visiter la Mosquée.

Jurhum refusa de laisser 'Amrû et les siens mettre pied à terre et se prépara à les combattre. C'est alors que Maddâd se désolidarisa des siens et refusa de participer à leur guerre en disant :

— Je vous avais mis en garde.

De même, les descendants d'Ismaël se désolidarisèrent de Jurhum et se tinrent à l'écart de la guerre.

Jurhum et les Yéménites se battirent durant trois jours, à l'issue desquels Jurhum fut vaincue. 'Amrû mit sa menace à exécution. Il tua les hommes qui avaient pris les armes, réduisit les femmes en captivité et installa les Khuzâ'a à La Mecque. Puis il poursuivit sa route vers le nord.

Les descendants d'Ismaël vinrent voir les Khuzâ'a et leur demandèrent de les laisser habiter, à leurs côtés, à La Mecque et dans ses environs. Les Khuza'a acceptèrent et la descendance d'Ismaël s'établit aux abords de la ville.

Maddâd ibn 'Amrû avait quitté La Mecque avec sa famille, avant que ne commençât la guerre entre Jurhum et les Yéménites. Ils s'étaient réfugiés dans une vallée à la lisière du Yémen. Lorsqu'il apprit que les Khuzâ'a avaient accueilli les descendants d'Ismaël, Maddâd, qui éprouvait une intense nostalgie pour La Mecque, leur fit demander de l'accepter à son tour, en leur rappelant qu'il s'était opposé à la guerre et avait tenté d'en détourner son peuple.

Khuzâ'a refusa de recevoir Maddâd et les siens et leur interdit l'accès à la Mosquée en disant :

— Celui d'entre vous qui y mettra les pieds, son sang coulera.

Après que Khuzâ'a eut vaincu Jurhum et investi La Mecque, les Aws et les Khazraj ★ se rendirent à Yathrib, lui livrèrent bataille et, l'ayant vaincue, s'y établirent.

★

Au dire des Yéménites, 'Amrû et ses descendants dévorèrent les Arabes tout crus, clan après clan. Ils les dressèrent les uns contre les autres, prirent leurs villes et régnèrent sur eux.

Tandis que 'Amrû poursuivait sa route vers le nord, accompagné de ses gens et de ceux d'Azd, l'une des branches d'Azd, celle des Ghassân, se sépara du gros des troupes pour se rendre en Syrie. Lorsqu'elle s'y fut solidement installée, l'empereur de Byzance lui accorda le pouvoir sur les Arabes du pays de Shâm ★★ .

Al-Hârith, le propre fils de 'Amrû, fut le premier à monter sur le trône du pays de Shâm, fondant la dynastie Ghassanide qui étendit son pays jusqu'aux rives du Jourdain et se fit bâtir de nombreuses demeures, sur les rives du Yarmuk, sur le Golan, dans les vergers de Damas et de ses environs.

D'autres membres d'Azd, apparentés aux Ghassân, se dirigèrent vers l'Irak. Ils dominèrent le pays et obtinrent du roi des Perses le pouvoir sur les Arabes de cette région ★★★

★

Après avoir conquis La Mecque, 'Amrû ibn Luhayy, père des Khuzâ'a, tomba gravement malade. Il reçut ce conseil :

★ Les Aws et les Khazraj joueront par la suite un rôle important dans la vie de Muhammad. Ce sont ces deux tribus qui l'accueilleront à Yathrib, lui permettant ainsi d'échapper au pouvoir des Mecquois.

★★ Référence à l'État arabe vassal de Byzance.

★★★ Référence à l'État arabe vassal de la Perse.

— Il se trouve à Bilqâ', en Syrie, une source où il te suffira de te baigner pour guérir.

Il se rendit à cette source, s'y baigna et guérit.

Or, dans ce pays, les gens honoraient des idoles.

Il demanda :

— A quoi servent ces statues ?

Il lui fut répondu :

— Nous les implorons pour obtenir la pluie et pour vaincre nos ennemis.

Alors il pria les gens de lui donner quelques-unes de ces statues, qu'il rapporta à La Mecque et installa autour de la Ka'ba.

Peu à peu chaque famille mecquoise se fit sa propre idole et se mit à l'adorer. Lorsque quelqu'un partait en voyage, il allait invoquer les faveurs de l'idole avant de quitter sa maison. En rentrant de voyage, il commençait par honorer l'idole avant de rentrer chez lui.

CHAPITRE QUATRIÈME

Juifs et chrétiens

Deux rabbis juifs apprennent au seigneur yéménite Tubba' que Yathrib et La Mecque sont prédestinées à abriter le futur Prophète Muhammad. Un saint chrétien nommé Philémon fait des miracles au Yémen. Capturé et vendu comme esclave à Najrân, il finit par convertir ses habitants au christianisme.

Un jour, un seigneur yéménite nommé Tubba' quitta son pays en direction de l'Orient. Il passa par Yathrib, où vivaient alors des juifs venus du Nord et, laissant son fils dans la ville, il poursuivit sa route vers la Syrie puis l'Irak.

En chemin il apprit que son fils avait été tué par traîtrise. Il revint aussitôt sur ses pas, déterminé à dévaster la ville de Yathrib, à arracher ses palmiers, à tuer ses hommes et à emmener en captivité ses femmes et ses enfants. Arrivé au pied du mont Uhud, il s'y arrêta, fit creuser un puits et convoqua les notables de Yathrib.

Lorsque son messager entra dans la ville et transmit à ses habitants la convocation de Tubba', les notables en discutèrent entre eux.

Mais Uhayha, chef des Aws, dit :

— Par Dieu, il n'a pas de bonnes intentions. Méfions-nous.

Puis ils sortirent à la rencontre de Tubba'. Uhayha, se distinguant des autres, emmena avec lui une esclave et emporta une tente et du vin. Il prit le temps de dresser la tente et d'y laisser l'esclave et le vin, avant de se présenter devant le roi. Ce dernier l'invita à s'asseoir à ses côtés sur un tapis de litière. Ils s'entretinrent de diverses choses, puis Tubba' l'interrogea sur les biens qu'il possédait à Yathrib. Uhayha se mit à les énumérer et, à l'annonce de chaque bien, Tubba' répétait :

— Tout cela est sur ce tapis…

Uhayha acquit alors la certitude que Tubba' avait l'intention de le tuer et de s'emparer de sa fortune. Après avoir pris congé, il alla vers sa tente, s'y assit, but du vin, récita des vers, puis demanda à son esclave de chanter pour lui. Elle le fit jusqu'à une heure avancée de la nuit. Lorsque les derniers gardes autour d'eux se furent endormis, il dit à l'esclave :

— Je vais retrouver les miens à Yathrib. Referme sur toi la tente. Lorsque le messager du roi viendra me chercher, tu lui diras que je dors. Lorsqu'il reviendra en insistant pour me réveiller, tu lui diras que je suis rentré à Yathrib en te laissant un message pour le roi. Lorsqu'il t'emmènera devant le roi, tu lui diras que tel est le message d'Uhayha : « Acharne-toi sur une esclave ou renonce ! »

Il s'élança sous le couvert de la nuit, rejoignit Yathrib et se retrancha dans son fort d'al-Fayhân.

Peu après, les hommes de Tubba' allèrent surprendre dans leur sommeil les gens d'al-Azyâd et les tuèrent. Puis ils se dirigèrent vers la tente d'Uhayha pour le tuer à son tour. Lorsqu'ils l'appelèrent par son nom, ils virent sortir à sa place son esclave, qui leur dit :

— Il dort.

Ils s'éloignèrent un moment et revinrent pour s'entendre répéter :

— Il dort.

La fois suivante, ils menacèrent :

— Réveille-le ou nous entrerons de force.

Alors l'esclave leur dit :

— Il vient de partir pour rejoindre les siens et m'a chargée de transmettre un message à Tubba'.

Ils l'emmenèrent chez ce dernier, qui s'enquit aussitôt d'Uhayha. Elle lui dit :

— Tel est le message d'Uhayha : « Acharne-toi sur une esclave ou renonce ! »

Tubba' envoya un détachement de cavaliers à la recherche d'Uhayha. Ils le trouvèrent retranché dans son fort et l'assiégèrent. Uhayha les combattait de jour en leur décochant des flèches et des pierres mais, dès la nuit venue, il leur lançait des dattes. Au bout de trois jours, ils s'en revinrent vers Tubba' en lui disant :

— Tu nous as envoyés contre un homme qui nous combat durant le jour et nous nourrit durant la nuit !

Tubba' fit lever le siège et ordonna à ses cavaliers de brûler les palmiers d'Uhayha. Mais lorsqu'ils commencèrent à exécuter son ordre, les gens de Yathrib intervinrent pour les en empêcher. Ce fut un grand combat, qui finit par opposer aux cavaliers de Tubba' toute la population de la ville, incluant ses Aws, ses Khazraj et ses juifs, retranchés dans leurs différents forts. Devant leur acharnement, Tubba' se montrait de plus en déterminé à les anéantir et à détruire la ville.

Ce fut alors que deux rabbis juifs sortirent à la rencontre de Tubba'. Lorsqu'ils se trouvèrent en sa présence, ils lui dirent :

— Seigneur, renonce à frapper cette ville, car elle est protégée. Nous trouvons son nom dans notre Livre. Elle sera le refuge d'un prophète descendant d'Ismaël, un prophète qui naîtra dans les environs de la Mosquée de La Mecque et qui sera nommé Muhammad. Il trouvera ici son lieu de résidence et d'éternité. La plupart des habitants de la ville le suivront et se rallieront à lui.

Ces paroles convainquirent Tubba', qui ordonna à ses hommes de cesser le combat. Les deux parties firent la paix. Et lorsque Tubba' décida de rentrer au Yémen, il emmena avec lui les deux rabbis.

Sur sa route, il vit venir à lui un groupe de Banû Hadhîl, qui lui dirent :

— Promets-nous une prime, si nous t'indiquons le chemin d'un lieu où se trouvent de grandes richesses, des trésors de perles, de rubis, d'émeraudes, ainsi que de l'or et de l'argent. Les habitants de ce lieu n'ont ni puissance ni honneur.

Tubba' leur promit une prime, s'ils lui indiquaient ce lieu et s'il y trouvait les trésors auxquels ils faisaient allusion. Ils lui dirent :

— C'est la Mosquée où les Arabes se rendent en pèlerinage à La Mecque.

Tubba' se dirigea sans plus tarder vers La Mecque. Mais en chemin il fut surpris par une soudaine obscurité, qui l'empêcha d'avancer. Pour élucider ce mystère, il fit appeler les deux rabbis, qui lui demandèrent les raisons de son voyage à La Mecque. Quand il leur eut raconté sa conversation avec les Banû Hadhîl, ils s'écrièrent :

— Ces gens veulent ta mort ! Les ténèbres sont tombées parce que tu as l'intention d'attaquer la Mosquée. Dieu te l'interdit et tu n'y parviendras pas. Prends garde qu'il ne t'arrive ce qui est arrivé à tous les profanateurs de ce lieu dans le passé. Aucun d'entre eux n'a échappé au châtiment de Dieu. Traite la Mosquée avec respect et générosité. Et si tu décides d'y pénétrer, n'oublie pas de te raser les cheveux *.

Tubba' leur demanda :

— Qu'est-ce qui vous empêche d'y pénétrer vous-mêmes ?

Ils répondirent :

— Par Dieu, c'est bien la Demeure des prophètes descendants d'Abraham et elle est telle que nous venons de te la décrire. Mais les habitants de la ville, en érigeant des idoles et en répandant le sang tout autour, nous empêchent d'y accéder. Ce sont des hommes impurs, qui associent des dieux à Dieu.

A ces mots, Tubba' ordonna à ses soldats d'aller chercher les Banû Hadhîl et de leur couper les mains et les pieds. Puis, tout en abandonnant le dessein de piller la Mosquée, il poursuivit sa route vers La Mecque.

Dès son arrivée, alors que les habitants quittaient les toits de leurs maisons pour l'accueillir, il se fit raser les cheveux, se rendit à la Mosquée et, après avoir tourné autour, revêtit la Ka'ba d'un voile fait de feuilles et de fibres de palmiers. Puis il s'endormit. Il entendit dans son sommeil une voix qui lui disait :

— Recouvre la Ka'ba d'une étoffe plus digne d'elle.

Lorsqu'il se réveilla, il recouvrit la Ka'ba d'une étoffe faite de robes portées par la tribu yéménite des Ma'âfir. Mais la nuit suivante il entendit la voix lui répéter :

---

* L'une des obligations rituelles instaurées par Abraham, lors du premier pèlerinage qu'il a conduit autour de la Ka'ba. Cf. le Prologue, chap. 5.

— Recouvre la Ka‘ba d’une étoffe plus digne d’elle.

Le lendemain, il recouvrit la Ka‘ba d’une tenture faite de divers vêtements yéménites assemblés. Ainsi, à ce qu’on raconte, Tubba‘ fut-il le premier homme à recouvrir la Ka‘ba.

Il quitta ensuite La Mecque pour rentrer chez lui au Yémen, accompagné des deux rabbis. Lorsqu’il fut aux portes du pays, les gens de Himyar, qui adoraient les idoles, tentèrent de l’empêcher d’entrer, en disant :

— Tu ne rentreras pas chez nous après avoir délaissé nos idoles.

Il répondit :

— Ma religion vaut mieux que la vôtre !

Ils dirent :

— Que le feu nous départage.

Tubba‘ acquiesça, car il existait alors, aux dires de certains, une flamme à laquelle les Yéménites s’en remettaient pour trancher leurs différends. Cette flamme consumait le coupable et épargnait l’innocent.

Les Himyarites vinrent avec leurs idoles et d’autres objets de vénération. De leur côté les deux rabbis vinrent, portant chacun sa bible attachée à son cou. Les uns et les autres prirent place autour de la bouche d’où le feu devait jaillir.

Les hommes de Himyar s’approchèrent les premiers de la flamme, dans l’espoir de la refroidir. Mais elle s’élança vers eux, menaçant de les brûler. Ils reculèrent sous les huées de leurs gens, qui exigèrent d’eux plus de constance. Ils s’approchèrent à nouveau et s’interdirent de reculer. La flamme attisée les enveloppa, brûla les idoles et finit par les consumer eux-mêmes.

Les deux rabbis s’avancèrent à leur tour en récitant la Torah. La flamme fléchit, recula devant eux et s’évanouit dans la bouche d’où elle était sortie. Alors les Himyarites embrassèrent la religion des deux rabbis.

Peu de temps après, Tubba‘ reçut chez lui un rabbi avec qui il s’entretint longuement. Au moment de lui donner congé, il lui demanda :

— Que sais-tu encore, que tu ne m’aies pas dit ?

Le prêtre répondit :

— Un fait aussi frappant que certain.

— As-tu connaissance d'un royaume qui égalerait le mien ?
— Non, hormis celui des Ghassân.
— As-tu connaissance d'un royaume qui dépasserait le mien et le leur ?
— Oui.
— Qui en est le roi ?
— Un homme béni entre tous, dont la lumière dissipera les ténèbres de l'oppression. Muhammad le prophète. Heureux seront les siens, lorsqu'il naîtra, descendant de Lu'ayy et de Qussayy !

★

Le Messager de Dieu a dit :
N'insultez pas Tubba'. Il avait embrassé l'islam. (1) ★

★

On raconte que le christianisme pénétra à Najrân grâce à un certain Philémon, survivant de la religion de Jésus, fils de Marie, qui parcourut le pays de Shâm en allant d'un village à l'autre. C'était un homme vertueux et pieux, qui, ayant renoncé aux choses d'ici-bas, voyait ses prières exaucées. Maçon, il ne vivait que du fruit de son propre labeur. Comme tous les chrétiens, il honorait le jour du dimanche, où il cessait de travailler, quittait son village au matin et s'isolait dans le désert pour prier jusqu'à la tombée de la nuit. Dès que ses dons étaient découverts, il s'empressait de partir, pour s'établir dans un autre village dont les habitants ne savaient rien de lui.

Dans l'un de ces villages un habitant nommé Sâlih, ayant pressenti son secret, aima Philémon d'un amour qu'il n'avait jamais éprouvé pour personne. Un dimanche où Philémon était sorti dans le désert, comme à son habitude, Sâlih le suivit en prenant garde de ne pas être vu. Lorsque Philémon s'arrêta enfin, Sâlih put s'asseoir et l'observer de loin, sans qu'il s'en aperçût.

Et Philémon commença à prier.

★ Dans ce Hadîth, le judaïsme est, comme le christianisme, assimilé à l'islam – entendu comme religion de la Soumission à Dieu l'Unique.

Soudain apparut un dragon, sorte de serpent à sept têtes, qui s'approchait silencieusement de lui. Le voyant, Sâlih bondit vers Philémon pour le prévenir du danger :

— Prends garde, Philémon, un dragon s'approche de toi !

Philémon appela la malédiction divine sur le dragon, qui tomba raide mort. Puis, sans jeter un regard sur Sâlih, il reprit ses prières. Lorsqu'il eut fini, il se leva et partit.

Sâlih, ne pouvant plus se dissimuler, courut après lui et dit :

— Sache, Philémon, que je n'ai jamais aimé quelqu'un comme je t'aime. Je voudrais demeurer près de toi et t'accompagner où que tu ailles.

Philémon répondit :

— Comme tu voudras. Mon état est tel que tu le vois. Si tu crois que tu peux le supporter, alors viens.

Sâlih fut dès lors inséparable de Philémon.

S'il croisait un être atteint d'un mal quelconque, Philémon priait pour lui et le mal était guéri. Mais s'il était appelé exprès auprès d'un malade pour le guérir, il n'y allait pas. Le père d'un jeune aveugle s'enquit un jour de lui, espérant qu'il viendrait prier pour son fils et le délivrer de sa cécité. On lui dit :

— Non, il ne vient pas quand on l'appelle pour cela. Mais il vient quand on l'appelle pour effectuer des travaux de maçonnerie, contre un salaire.

A ces mots, l'homme installa son fils dans sa chambre et le recouvrit d'une longue robe, puis alla chercher Philémon en lui disant :

— Philémon, je voudrais effectuer des travaux chez moi. Viens, je te montrerai la maison et nous fixerons le prix.

Philémon le suivit jusqu'à sa maison et entra, après lui, dans la chambre où se trouvait le fils aveugle. Philémon demanda :

— Quelle sorte de travail veux-tu faire ici ?

L'homme parla de choses et d'autres puis, d'un coup, souleva la robe qui recouvrait son fils et dit à Philémon :

— C'est un adorateur de Dieu frappé de l'infirmité que tu vois. Prie Dieu pour lui.

Philémon pria pour l'enfant, qui se leva, guéri.

Mais, son secret ayant été percé, Philémon quitta le village, accompagné de Sâlih.

Sur leur route, ils virent un arbre immense et s'en approchèrent. Ils entendirent alors une voix venant de l'arbre, qui appelait :

— Philémon ! Philémon !

Philémon répondit :

— C'est moi.

— Je t'ai attendu longtemps, en me demandant quand tu viendrais. Enfin j'ai entendu ta voix et je t'ai reconnu. Ne pars pas sans prendre soin de mon corps... Je meurs à l'instant.

L'homme qui parlait rendit son dernier soupir. Philémon le sortit de l'arbre et le mit en terre, puis reprit sa route avec Sâlih. Leurs pas les conduisirent sur un territoire arabe, où ils furent surpris par une tribu nomade qui les attaqua et les fit prisonniers. Ils furent ensuite emmenés captifs jusqu'à Najrân et vendus comme esclaves.

Les gens de Najrân, suivant en cela la religion des Arabes, adoraient alors un grand palmier planté au milieu de leurs terres. On fêtait ce palmier tous les ans. Les hommes y accrochaient leurs plus beaux vêtements et les femmes, à leur tour, y suspendaient leurs parures. Puis elles demeuraient au pied de l'arbre jusqu'à la fin du jour.

Les Arabes vendirent Philémon à l'un des notables de la ville, et Sâlih à un autre.

Dans le logis que son maître lui avait accordé, Philémon se levait la nuit pour prier et méditer. Le logis s'éclairait alors sans qu'il y eût de lanterne. Le maître finit par s'en apercevoir et, tout étonné, interrogea Philémon sur sa religion. Ce dernier lui en parla longuement puis dit :

— Quant à vous, vous êtes dans l'erreur. Votre palmier ne vous sert en rien, ni en mal ni en bien. Si j'invoque contre lui mon Dieu, Il le détruira, car Il est le Dieu Unique, Qui n'a pas d'associé.

Son maître répondit :

— Si tu fais cela, nous renoncerons à notre religion pour adopter la tienne.

Philémon se leva, se purifia et pria en s'agenouillant deux fois, puis il appela la malédiction de Dieu sur le palmier. Alors Dieu envoya une tempête qui arracha le palmier avec toutes ses racines et l'arbre se coucha et commença à s'étioler.

Les habitants de Najrân renoncèrent à leur religion, adoptèrent celle de Philémon et suivirent la loi de Jésus, fils de Marie, la paix soit sur lui.

L'épisode de Tubba' et celui du saint Philémon témoignent du regard que porte l'islam sur le judaïsme et le christianisme avant la Révélation faite à Muhammad : ils sont situés dans la même lignée prophétique et revendiqués comme annonciateurs de l'islam.

CHAPITRE CINQUIÈME

Khusrû

En Perse, Mazdak est le prophète d'une nouvelle religion, prônant l'égalité entre les hommes et la redistribution des richesses. Il est protégé par le roi Qubâdh. A la mort de ce dernier, son fils Khusrû accède au trône et décrète le massacre de tous les zélateurs de Mazdak.

En ce temps-là, Qubâdh ibn Firûz était le roi des Perses. Sous son règne les hommes de religion, qu'on appelait Mubîdh, exerçaient une forte influence sur les affaires du royaume, leur chef représentant l'autorité spirituelle suprême du pays. Par ailleurs, la volonté des riches pesait d'un poids plus lourd que celle du roi dans la politique de l'État. Tout cela déplaisait à Qubâdh.

Un homme nommé Mazdak faisait alors parler de lui. Il clamait que les biens du royaume avaient été injustement répartis entre les gens et que les riches avaient lésé les pauvres. Il affirmait que lui-même et ses compagnons avaient pour mission de récupérer les droits des pauvres auprès des riches et de prendre aux nantis pour donner aux démunis, car celui qui possédait en abondance des biens, des femmes et des marchandises ne le méritait pas plus que celui qui n'en possédait pas.

Qubâdh s'étant rallié à la doctrine de Mazdak, le chef des Mubîdh, et les puissants du royaume se coalisèrent contre lui, l'écartèrent du pouvoir, l'emprisonnèrent et placèrent à sa place sur le trône son frère Jamâsib, qui régna plusieurs années. Mais Qubâdh finit par s'échapper de sa prison et par remonter sur le trône.

Il tenta de convaincre al-Mundhir ibn Mâ'al Samâ', roi d'al-Hîra *, de se rallier à la doctrine de Mazdak, mais al-Mundhir refusa. Alors Qubâdh se tourna vers al-Hârith ibn 'Amrû, roi de Kinda, un homme de grande bravoure, à la voix puissante, et lui fit la même proposition. Ce dernier accepta de le suivre dans la voie de Mazdak et Qubâdh le récompensa en intégrant à son royaume celui d'al-Hîra, d'où il chassa al-Mundhir.

A la mort de Qubâdh, son fils Khusrû ** monta sur le trône. A cette occasion, les grands du royaume se présentèrent à lui, et parmi eux Mazdak. Or, Khusrû haïssait Mazdak et se promettait depuis longtemps de le tuer avec tous ceux qui le suivaient dans sa doctrine. Dès qu'il le vit, il lui dit :

— J'avais formulé deux vœux et j'espère que Dieu Tout-Puissant les exaucera tous les deux.

— Quels sont-ils, ô roi ?

Khusrû répondit, en désignant d'un signe de tête al-Mundhir ibn Ma'al Samâ', que son père avait détrôné parce qu'il avait refusé de suivre la voie de Mazdak :

— J'ai espéré régner pour pouvoir réhabiliter cet homme d'honneur et mettre à mort tous tes zélateurs !

— Pourras-tu mettre à mort tout un peuple ?

— Te voilà bien, fils de prostituée, la puanteur de tes sandales n'a pas quitté mes narines depuis le jour où j'ai dû te baiser les pieds...

Mazdak fut mis à mort sur-le-champ et après lui, en une seule journée, cent mille de ses zélateurs.

---

* Al-Hîra : capitale des Lakhmides, État arabe vassal de la Perse.

** Khusrû, Chosroès pour les Grecs. Il s'agit de Khusrû Anushirvân, dit « à l'âme immortelle ».

CHAPITRE SIXIÈME

Ghassanides et Lakhmides

Les Ghassanides, vassaux de Byzance et les Lakhmides, vassaux de la Perse, se livrent des guerres où tous les coups sont permis.

Lorsque les Ghassanides se furent établis en Syrie, ils firent allégeance aux rois de Byzance, qui s'appuyèrent sur eux dans leur guerre contre les Perses. Et lorsque les Lakhmides se furent établis en Irak, ils firent allégeance aux rois de Perse, qui s'appuyèrent sur eux dans leur guerre contre les Byzantins. Ainsi Ghassanides et Lakhmides en vinrent-ils à se battre les uns contre les autres, alors que, selon les généalogistes arabes, ils étaient tous originaires de Saba au Yémen.

Se préparant à une guerre, les uns et les autres appelaient en renfort les tribus qui leur étaient proches. Ils contractaient des alliances éphémères, qui duraient le temps d'une bataille ou deux et se défaisaient aussitôt après, parfois même pendant la bataille, voire avant qu'elle eût commencé, certaines tribus ayant été défaites par d'autres ennemis avant d'arriver sur les lieux du combat.

Ces guerres pouvaient être provoquées par les Byzantins ou par les Perses, mais elles pouvaient aussi commencer sans raison, ou pour une raison des plus futiles. Ce fut le cas de celle de 'Ayn Abâgh.

Le roi lakhmide al-Mundhir s'était entendu avec le roi ghassanide al-Hârith pour que ce dernier lui payât un certain tribut annuel, à la suite d'une guerre entre Perses et Byzantins dans laquelle les deux rois avaient été parties prenantes, et qui s'était terminée par la défaite des Byzantins. Pendant longtemps, al-Hârith s'était acquitté de sa dette, mais vint une année où il cessa de payer la somme convenue.

Al-Mundhir rassembla sa tribu et la conduisit jusqu'à 'Ayn Abâgh, d'où il fit tenir à al-Hârith le message suivant :

— Soit tu paies le tribut et je me retire avec mes soldats, soit tu te prépares à la guerre.

Al-Hârith lui fit répondre :

— Accorde-nous un délai, nous examinons la situation.

Puis il rassembla ses troupes et alla à la rencontre d'al-Mundhir à 'Ayn Abâgh. Leurs deux armées se faisant face, il lui fit dire :

— Nous sommes tous les deux des vieillards. Ce n'est pas la peine d'exterminer nos deux armées. Mieux vaut que l'un de mes fils affronte l'un des tiens ; celui d'entre eux qui sortira vainqueur affrontera le frère du vaincu et ainsi de suite. Lorsque tous nos fils seront morts, je viendrai t'affronter et le vainqueur prendra le royaume du vaincu.

Al-Mundhir accepta la proposition d'al-Hârith, mais il appela un de ses serviteurs, connu pour son courage et son adresse au combat et lui ordonna de se faire passer pour son fils afin d'affronter le fils d'al-Hârith. L'homme sortit des rangs et alla se placer entre les deux armées, comme s'il était le fils d'al-Mundhir. Al-Hârith ordonna à l'un de ses fils, Abû Karb, d'aller le combattre.

Abû Karb s'avança vers l'homme et, dès qu'il vit son visage, comprit qu'il n'était pas un fils de Mundhir. Il revint vers son père et lui dit :

— Père, cet homme n'est pas un fils d'al-Mundhir, mais un de ses esclaves.

Al-Hârith répondit :

— Mon fils, aurais-tu peur de la mort ? Un roi ne peut commettre une telle perfidie.

Abû Karb n'eut d'autre choix que d'accepter le combat. Il alla au-devant de l'homme, qui le vainquit, le tua, le décapita et alla porter sa tête à al-Mundhir. Après quoi al-Hârith ordonna à un autre de ses fils de prendre la relève. Ce dernier s'avança et, quand il eut vu le visage de l'homme, il sut qu'il n'était pas un fils de Mundhir. Il revint vers son père et lui dit :

— Par Dieu, Père, cet homme n'est qu'un esclave de Mundhir !

Mais son père ne put le croire :

— Mon fils, un vieil homme ne peut commettre une telle félonie.

Son fils dut accepter à son tour le combat. Il fut défait par l'homme, qui le tua comme il avait tué son frère, le décapita et alla porter sa tête à Mundhir.

Il se trouva alors, dans l'entourage de Mundhir, un homme dont la mère était ghassanide. Il se révolta contre la déloyauté du roi et lui dit :

— La déloyauté n'entre pas dans les attributs d'un roi ou d'un noble. Et toi, tu l'as commise deux fois.

Le roi se mit en colère, mais s'obstina dans son attitude. Il ordonna à son serviteur de combattre le troisième fils d'al-Hârith. Alors le Ghassanide sortit des rangs de l'armée de Mundhir et rejoignit le camp d'al-Hârith. Il demanda à voir ce dernier et le mit au courant de la félonie de son adversaire. Al-Hârith lui dit :

— Qu'attends-tu de moi ?

Il répondit :

— Ton estime et ton amitié.

Le lendemain, al-Hârith mobilisa ses troupes, qui ne comptaient pas moins de quarante mille hommes, et les lança contre celles de Mundhir. Le combat fut féroce. Il se termina par la victoire d'al-Hârith et Mundhir fut tué. Al-Hârith s'avança jusqu'à al-Hîra, capitale des Lakhmides, qu'il pilla et saccagea.

Le fils aîné de Mundhir lui succéda sur le trône d'al-Hîra et ne pensa plus qu'à venger son père. Il rassembla toutes les troupes qu'il put et se dirigea vers la Syrie, après avoir fait tenir à al-Hârith le message suivant :

— Je te destine des hommes mûrs chevauchant des étalons.

Al-Hârith lui fit tenir la réponse suivante :

— Je te destine des éphèbes chevauchant des coursiers.

Les deux armées s'affrontèrent à Marj Halîma et le sort de la la bataille fut longtemps incertain, l'avantage revenant un soir à l'un des camps, pour revenir le lendemain au camp adverse. Et les jours succédèrent aux jours, sans qu'une partie puisse l'emporter sur l'autre.

Voyant cela, al-Hârith convoqua sa fille Halîma, qui était d'une grande beauté, lui donna un flacon de parfum et lui demanda d'en imprégner les vêtements de tous les soldats qui passeraient devant elle. Puis il s'adressa aux siens disant :

— Jeunes gens de Ghassân, celui d'entre vous qui tuera le roi d'al-Hîra, je lui donne ma fille en mariage !

Le jeune Labîd ibn 'Amrû se lança dans la mêlée en cherchant à se rapprocher peu à peu du roi d'al-Hîra. Il saisit la première occasion de se jeter sur lui, le fit tomber de cheval et le tua. Devant ses ennemis soudain démoralisés, Labîd descendit de son cheval, coupa la tête du roi et la ramena à al-Hârith. Ce dernier lui dit :

— Tu as mérité la main de ta cousine. Je vous marie.

Mais Labîd répondit :

— Je vais d'abord rejoindre mes compagnons sur le champ de bataille. Je ne reviendrai qu'une fois le combat terminé.

Il se retrouva face à des gens d'al-Hîra, que le frère du défunt roi venait de haranguer pour leur redonner courage et les appeler à poursuivre le combat. Avant être écrasés par les gens de Ghassân, ils encerclèrent Labîd, s'acharnèrent contre lui et le tuèrent.

CHAPITRE SEPTIÈME

Une guerre fratricide

Une guerre de plusieurs décennies a opposé deux familles descendant d'un même ancêtre, Wâ'il, et vivant au départ dans les mêmes campements. Cette guerre, passée à la postérité, a fortement marqué la conscience arabe.

Les guerres étant incessantes entre tribus arabes, le sort des armes pouvait renverser les situations les mieux établies.

Ainsi, à ce qu'ils prétendent, les Yéménites dominèrent-ils les 'Adnânites * durant plusieurs siècles, avant que ces derniers ne prissent leur revanche. Ce qui fut fait au jour dit « Jour de Kharâz ».

On raconte qu'un roi du Yémen avait capturé une troupe de 'Adnânites. Des notables de leurs tribus étaient venus le voir pour lui demander de libérer les prisonniers. Non content de refuser, il commit une félonie. Au mépris des coutumes, il retint certains des notables comme otages et dit aux autres :

— Ramenez-moi vos chefs, afin qu'ils prennent devant moi un engagement d'obéissance. Sinon vos amis seront tués.

Lorsque les 'Adnânites apprirent ce que le roi avait fait, et ce

* Sur la rivalité légendaire entre Yéménites (descendants de Qahtân) et 'Adnânites, voir p. 102.

qu'il avait dit, ils éprouvèrent une grande colère. Ils décidèrent de se venger sans tarder. Ils rassemblèrent leurs hommes et nommèrent pour les commander Kulayb ibn Wâ'il, puis ils s'élancèrent à la rencontre des armées du roi du Yémen.

Kulayb fit poster au sommet du mont Kharâz des hommes chargés de l'avertir :

— Si l'ennemi passe par là, allumez deux feux.

Lorsque les troupes yéménites s'avancèrent, les émissaires de Kulayb les virent et, comme convenu, allument deux feux. Cela permit à Kulayb d'attaquer ses ennemis par surprise et, au bout d'un combat qui fut acharné et sanglant, de remporter une victoire décisive. Le Jour de Kharâz entra alors dans la légende arabe, comme celui où les 'Adnânites vainquirent les Yéménites pour la première fois. Par la suite, dans tous les combats qui les opposeraient, les 'Adnânites sortiraient victorieux.

Les gens fêtèrent le triomphe de Kulayb. Ils firent tous allégeance à sa personne et à sa couronne et lui jurèrent obéissance. Il régna ainsi sans partage. Au bout de quelques années, il fut pénétré d'orgueil et commença à opprimer son peuple. Il prit les décisions les plus étranges, comme d'empêcher les gens de faire paître leurs bêtes dans l'ombre de certains nuages, ou de ne plus tolérer que l'on passât devant lui lorsqu'il était assis. Il interdit à quiconque de chercher refuge auprès d'un protecteur, ou de mener une attaque sans son autorisation, ou de mêler ses chameaux aux siens, ou d'allumer un feu en même temps que lui. Ses gens ne pouvaient être punis que sur son ordre et ses alliés ne pouvaient être protégés que par lui.

C'était lui qui désignait à chaque clan son territoire et nul ne pouvait s'établir ou se déplacer sans son ordre. Il poussait l'arbitraire jusqu'à lâcher un de ses chiots sur des champs de plantes fourragères et, si le chiot aboyait, à décréter qu'aucune bête ne pourrait y paître sans son autorisation. Il agissait de même avec les points d'eau, où l'on ne puisait qu'avec son accord et avec le gibier de certaines régions, dont il interdisait la chasse. On raconte qu'un jour, voyant une alouette qui venait de pondre et qui, à son approche, se mit à battre des ailes, il s'écria :

— Qui donc te dérange, alors que tu es placée sous ma protection ?

Son pouvoir et son ascendant devinrent proverbiaux. On se mit à dire : puissant comme Kulayb ibn Wâ'il...

Kulayb avait épousé Jalîla, fille de Murra, et leurs deux clans, les Bakr et les Taghlib, issus d'un ancêtre commun nommé Wâ'il, étaient si proches l'un de l'autre qu'ils vivaient dans un même campement, afin d'affirmer la force de leur lien de parenté.

Kulayb entra un jour chez sa femme et lui demanda :

— Y a-t-il parmi les descendants de Wâ'il un homme dont la parole soit plus respectée que la mienne ?

Jalîla ne répondit pas. Il répéta sa question, qui resta sans réponse. Il la posa une troisième fois. Alors sa femme :

— Oui. Il y a mes deux frères, Jasâs et Humâm.

Kulayb dégagea sa tête des mains de sa femme et sortit, furieux.

Il vit un superbe chamelon, paissant dans les environs. Il savait que ce chamelon appartenait à une tante maternelle de Jasâs, nommée al-Basûs, venue récemment habiter chez son neveu. Il décocha une flèche qui tua le chamelon. Les gens d'al-Basûs, voulant éviter un conflit avec Kulayb, fermèrent les yeux. Mais l'affaire n'en resta pas là. Kulayb vint à croiser le fils d'al-Basûs et lui demanda :

— Qu'est-il donc arrivé au petit de votre chamelle ?

— C'est toi qui l'as tué, nous privant du lait de sa mère.

Quelque temps après, se trouvant avec sa femme qui lui peignait les cheveux après les avoir lavés, Kulayb demanda soudain à Jalîla :

— Parmi les descendants de Wâ'il, y en a-t-il un dont la parole soit plus respectée que la mienne ?

Elle répondit :

— Il y a mes deux frères Jasâs et Humâm.

Kulayb ne dit rien mais se promit de se venger. Voyant la chamelle d'al-Basûs qui paissait au milieu du troupeau de Jasâs, il dit à ceux qui l'entouraient :

— Qu'est-ce que cette chamelle ?

— C'est la chamelle d'al-Basûs, la tante de Jasâs.

— Jasâs oserait-il la laisser paître ici sans mon autorisation ?

Il se tourna vers un jeune homme de sa suite, qui était armé d'un arc et lui dit :

— Vise sa mamelle, garçon !

Le jeune homme tira et la flèche transperça la mamelle, dont le lait se mêla au sang. La chamelle, poussant un hurlement de douleur, alla s'effondrer devant le seuil d'al-Basûs. Cette dernière la vit et s'écria :

— Quelle humiliation !

Jasâs, prévenu par ses bergers, alla voir sa tante et lui dit :

— Tais-toi. Je remplacerai ta chamelle par une autre plus belle encore.

Il persistait à vouloir éviter un conflit avec Kulayb, mais sa tante n'accepta de se taire que lorsqu'il lui offrit dix chameaux. Elle attendit la nuit pour se plaindre à l'un des frères de Jasâs :

— Je me trouve chez un peuple qui ne sait plus protéger les siens !

Jasâs et ses gens partirent peu après avec leurs troupeaux et passèrent devant un ruisseau. Ils voulurent y puiser de l'eau, mais les gens de Kulayb le leur interdirent. Plus loin, ils trouvèrent un second ruisseau, qui descendait des montagnes du Yémen. Ils s'apprêtaient à s'y abreuver lorsque les gens de Kulayb le leur interdirent. Ils arrivèrent dans une vallée où ils pensèrent pouvoir enfin se désaltérer. Ils se virent aussitôt rejoints par Kulayb lui-même. Jasâs, qui était accompagné d'un cousin paternel, s'approcha à cheval de Kulayb et lui dit :

— Tu interdis à nos gens de boire, ils sont près de mourir de soif.

Kulayb répondit :

— Nous ne leur interdisons de boire que là où nous buvons nous-mêmes.

— C'est ainsi que tu t'es comporté avec la chamelle de ma tante.

— Tu oses en parler ? Si cette chamelle ne s'était trouvée au milieu du troupeau de ton père, c'est tout le troupeau que j'aurais fait abattre. Elle n'avait pas à s'y trouver sans mon autorisation.

Pour toute réponse, Jasâs fit pivoter son cheval et frappa Kulayb de sa lance, qui lui transperça la poitrine.

Tombant à terre et sentant la mort proche, Kulayb dit :

— Donne-moi à boire

— Tu n'as jamais eu besoin de demander de l'eau depuis le jour où ta mère t'a mis au monde…

Kulayb s'adressa alors au cousin de Jasâs :

— O 'Amrû, je meurs pour une gorgée d'eau...

'Amrû se précipita sur lui, l'acheva et lui trancha la tête. Après quoi les deux cousins s'éloignèrent au galop.

L'une des sœurs de Jasâs le vit de loin, qui revenait les genoux découverts. Elle appela aussitôt leur père Murra et lui dit :

— Père, Jasâs revient les genoux découverts.

Murra s'écria :

— Par Dieu, si ses genoux sont découverts, ce ne peut être que pour les raisons les plus graves.

Lorsque Jasâs fut près de lui, son père lui demanda :

— Que t'arrive-t-il, mon fils ?

— Il m'arrive que je viens de porter un coup mortel, dont on parlera longtemps dans le clan de Wâ'il.

— Malheur à ta mère, tu n'as pas tué Kulayb ?

— Si.

— Dès lors, tu subiras les conséquences de ton méfait. Nous laisserons ton sang couler dans l'intérêt de la tribu. Par Dieu, tu as commis le pire des méfaits, tu as divisé ton peuple et provoqué la guerre entre nos familles, tu as tué leur seigneur pour une vieille chamelle à bout de forces. Les Wâ'il ne retrouveront plus leur unité et n'auront plus de prestige parmi les Arabes. J'aurais préféré vous voir mourir tes frères et toi avant ce jour.

Mais les proches de Murra intervinrent :

— Non, ne dis plus rien et ne fais rien de ce que tu as dit. Sinon notre peuple lâcherait Jasâs et te lâcherait aussi.

Cependant les femmes de Taghlib, apprenant la mort de Kulayb, se réunirent pour ses obsèques. Jalîla était là, qui était l'épouse de Kulayb en même temps que la sœur de Jasâs. Alors les femmes de Taghlib dirent à la sœur de Kulayb :

— Chasse Jalîla d'ici. Sa présence à cette cérémonie est un affront qui nous rabaisse aux yeux des Arabes.

La sœur de Kulayb dit à Jalîla :

— Va-t'en. Tu es la sœur de celui qui nous a frappés à mort.

Jalîla s'éloignant lentement, la sœur de Kulayb lui dit encore :

— Ainsi s'en va celle qui se réjouit de notre peine. Malheur à la famille de Murra, demain et dans la suite des jours...

Jalîla répondit :

— Comment une femme pourrait-elle se réjouir de voir déchiré le voile qui la protège et de n'avoir plus à attendre que la persécution ?

Jalîla alla rejoindre son père, lequel comprit aussitôt ce qui l'amenait. Mais il lui demanda :

— Que t'arrive-t-il, Jalîla ?

— Veuvage et tristesse sans fin. Je perds un mari, sous peu je perdrai un frère. Et je vois des haines qui s'implantent et des cœurs qui se déchirent.

— La générosité du pardon et le prix du sang ne pourraient-ils effacer cela ?

— Comment les Taghlib pourraient-il accepter du bétail en échange du sang de leur chef ?

Murra quitta les lieux où il avait si longtemps habité en bonne entente avec les Taghlib. Il emmena tous les siens avec lui, après avoir dépêché une esclave auprès de son fils Humâm, pour lui transmettre l'ordre de le rejoindre sans tarder.

Humâm était le compagnon de beuverie d'al-Muhalhil, l'un des frères de Kulayb, et les deux amis s'étaient juré de n'avoir pas de secret l'un pour l'autre. Ils se trouvaient ensemble, en train de boire, lorsque survint l'esclave. Humâm la reconnut, se leva et s'éloigna avec elle, pour entendre ce qu'elle avait à lui dire. C'est ainsi qu'il apprit la mort de Kulayb des mains de Jasâs. Il ne lui restait plus qu'à aller rejoindre son père.

Il renvoya l'esclave et revint vers son ami, qui lui demanda :

— Que te voulait cette esclave ? Quel est ton souci ?

— Bois et ne pense pas à mal.

— Pourquoi penserais-je à mal ?

— L'esclave vient de me dire que mon frère Jasâs a tué ton frère Kulayb.

Al-Muhalhil éclata de rire :

— Ton frère n'est pas de taille à faire cela.

Humâm se tut et ils se remirent à boire, jusqu'à ce que l'alcool eût assommé al-Muhalhil. Alors Humâm se leva, prit son cheval et partit rejoindre les siens. Il les retrouva qui s'installaient, avec leurs tentes, leurs chevaux et leur bétail, près d'un point d'eau.

Lorsque al-Muhalhil, encore sous l'emprise du vin, s'aperçut qu'il était seul, il trouva la force de se lever et d'aller vers les siens. Il vit les hommes en plein désarroi, qui tranchaient les jarrets de leurs chevaux, qui brisaient leurs lances et leurs épées. Il leur demanda :

— Malheur à vous. Que vous arrive-t-il ?

Il lui annoncèrent la nouvelle et il leur dit :

— Vous vous égarez ! Vous vous privez de vos chevaux alors que vous en avez le plus grand besoin et vous détruisez vos armes au moment où elles doivent vous servir !

Après avoir admonesté les hommes, al-Muhalhil se rendit chez les femmes, qu'il trouva pleurant à chaudes larmes. Il leur dit :

— Vos yeux ne feront-ils que pleurer jusqu'à la fin des temps ?

Mais lorsque, le jour s'étant levé, al-Muhalhil enterra son frère puis récita des vers sur sa tombe, il se mit lui-même à pleurer, mêlant à l'éloge de Kulayb des larmes qu'il ne parvenait plus à arrêter. Les siens finirent par s'en inquiéter, allant jusqu'à dire :

— Il est trop occupé par les femmes pour se préoccuper de faire la guerre !

Les Banû Murra, apprenant cela, pensèrent qu'il n'était pas prêt à se tourner contre eux pour venger son frère et, rassurés, s'apprêtèrent à rentrer chez eux. Ce fut alors qu'al-Muhalhil sortit de sa torpeur et commença à préparer ses gens à la guerre. Il retroussa ses manches, rassembla les siens, fit couper ses cheveux et raccourcir sa robe puis, selon la coutume, fit serment de ne plus boire de vin, de ne plus se parfumer et de ne plus s'autoriser de plaisirs, jusqu'à ce que chaque membre du corps de Kulayb fût payé du sang d'un homme de Banû Murra.

Ses aînés le mirent en garde :

— Nous pensons qu'il ne faut pas se presser d'entrer en guerre, avant d'entendre ce que nos frères ont à dire. Par Dieu, quand tu fais la guerre à des gens de ton propre peuple, c'est ton propre nez que tu amputes et ta propre main que tu coupes.

Al-Muhalhil répondit :

— Que Dieu ampute ce nez et coupe cette main, mais les femmes de Taghlib ne diront pas que j'ai accepté pour la mort de Kulayb le versement d'un tribut.

Ses aînés insistèrent :

— Il faut que tu retiennes ta vengeance et que tu ravales ta fierté, pour nous comme pour tes cousins.

Al-Muhalhil comprit qu'il ne pouvait se permettre d'ignorer leurs objections, sans courir le danger d'être abandonné par eux. Il leur dit :

— Je vous laisse faire.

Un groupe de notables, parmi les plus âgés de Taghlib, partit à la rencontre de Murra. Ils lui rappelèrent les liens de parenté utérine qui les unissaient et exaltèrent le sang commun qui coulait dans leurs veines. Puis ils lui dirent :

— Vous avez commis un terrible méfait. En tuant Kulayb pour une chamelle, vous avez rompu nos liens. Et cependant nous refusons de recourir à la guerre avant de demander réparation. Nous vous proposons trois options, chacune pouvant vous offrir une issue et nous donner satisfaction. Soit vous nous livrez Jasâs, et nous prenons sa vie pour celle de Kulayb, car celui qui tue son tueur ne commet pas d'injustice. Soit vous nous livrez Humâm, qui est l'égal de Kulayb. Soit enfin, tu te livres toi-même.

Murra hésita longtemps avant de répondre :

— Jasâs est un tout jeune homme qui a perdu la tête et pris la fuite. Dieu sait dans quelle contrée il erre aujourd'hui. Humâm a dix enfants et dix frères, qui me reprocheraient tous de l'avoir sacrifié à la place d'un autre. Quant à moi, je ne crains pas la mort, mais que vaut-elle à vos yeux ? Peut-être y a-t-il d'autres solutions. J'ai plusieurs fils. Vous pourriez prendre l'un d'entre eux. Ou encore, vous pourriez prendre mille chamelles...

Alors les gens de Taghlib se fâchèrent et lui dirent :

— Nous ne sommes pas venus jusqu'ici pour que tu nous proposes tes biens les moins précieux, ou que tu nous approvisionnes en lait.

Ils le quittèrent et s'en revinrent vers al-Muhalhil, à qui ils racontèrent ce qu'il s'était passé. Al-Muhalhil leur dit :

— Par Dieu, nous ne vendrons pas le sang de Kulayb à vil prix.

Ils demandèrent avec de plus en plus d'insistance qu'on leur livrât Jasâs, qui restait caché dans le désert. Son père Murra lui fit parvenir le message suivant :

— Quitte le pays et va chez tes oncles maternels en Syrie.

Jasâs s'y refusa et Murra dut lui envoyer une escorte de cinq hommes pour l'emmener jusqu'en Syrie. Ce fut ainsi qu'al-Muhalhil retrouva la trace de Jasâs. Il lança aussitôt à sa poursuite une troupe de trente hommes, parmi les plus valeureux de Taghlib, qui finirent par le retrouver. Une bataille s'ensuivit, où la bravoure de Jasâs fit merveille. Il fut blessé à mort, mais seuls deux hommes survécurent de la troupe de Taghlib. Deux des compagnons de Jasâs survécurent aussi, qui purent rejoindre son père pour lui annoncer la nouvelle. Murra s'écria :

— Je serais bien triste si vous me disiez qu'il est mort sans tuer l'un d'entre eux.

Ils lui dirent :

— Jasâs a tué à lui tout seul quinze hommes, parmi lesquels le chef de la troupe.

Il répondit :

— Voilà qui apaise mon cœur.

Puis il fit dire à al-Muhalhil :

— Tu as obtenu vengeance et Jasâs est mort. Mets fin à la guerre. Cela réjouira nos deux clans et consternera leurs ennemis communs.

Al-Muhalhil refusa de mettre fin à la guerre. Les envoyés de Murra lui demandèrent :

— Que veux-tu donc ?

Il leur dit :

— Je veux Kulayb vivant *.

La guerre entre les Taghlib et les Bakr, tous deux descendants de Wâ'il, se poursuivit durant quarante années. Les batailles succédèrent aux batailles, à l'issue toujours incertaine. Ce fut au cours de la bataille d'al-'Usaybâ que Humâm, frère de Jasâs et ami d'al-Muhalhil, trouva la mort.

Le voyant à terre et agonisant, al-Muhalhil dit :

— Par Dieu, depuis Kulayb aucun homme n'est mort qui me soit plus cher que toi !

Voici comment Humâm fut tué. Des années auparavant, il avait recueilli un garçon abandonné, qu'il avait élevé auprès de lui. Cet enfant descendait des Taghlib, et le savait, mais Humâm l'ignorait. Lors de la bataille d'al-'Usaybâ, entre deux mêlées, Humâm eut soif et revint vers l'endroit où il avait posé une outre. Il lâcha son

---

* Cette phrase, résumant le sentiment de l'irréparable, est devenue légendaire.

arme et commença à boire. Ce fut cet instant que le garçon saisit pour le transpercer de sa javeline et le tuer. Après quoi il alla rejoindre les gens de Taghlib.

Les Banû Bakr se décidèrent alors à demander secours à al-Hârith ibn 'Ubâd, un des hommes les plus vénérables de leur clan, qui, ayant désavoué Jasâs, avait refusé de se joindre à leur combat. Ils lui dirent :

— Ton peuple est décimé.

Al-Hârith chargea un de ses neveux d'aller porter à al-Muhalhil le message suivant :

— Je me suis désolidarisé de mon peuple parce qu'il t'a fait une offense impardonnable. Je suis resté en dehors des combats qui vous ont opposés. Tu as eu ta vengeance et tu as fait de nombreux morts. N'est-ce pas suffisant ?

Pour toute réponse, al-Muhalhil s'apprêta à tuer le messager. L'un des siens lui dit :

— Ne fais surtout pas cela, par Dieu. Si tu le tues, ils tueront en échange le premier émissaire venu. Ne laisse pas parler la haine en toi, car elle a les conséquences les plus néfastes. Son oncle, son père, tous ses proches, nous sont chers.

Al-Muhalhil ne voulut rien entendre. Il frappa de sa lance le messager, qui s'effondra à ses pieds. Puis il dit :

— Sa vie ne vaut pas plus que la courroie d'une sandale de Kulayb.

Lorsqu'on vint annoncer à al-Hârith la mort de son neveu, il s'écria :

— C'est une mort bienfaisante, si elle réconcilie les deux branches de Wâ'il !

On lui rapporta le mot méprisant d'al-Muhalhil : « Sa vie ne vaut pas plus que la courroie d'une sandale de Kulayb ! » Mais il ne voulut pas le croire. Il dépêcha un second messager à al-Muhalhil pour lui dire :

— Si tu as pris la vie de mon neveu en échange de celle de Kulayb, et que la guerre s'arrête entre vous et vos frères, mon âme en sera apaisée.

Al-Muhalhil lui fit répondre :

— Sa vie ne vaut pas plus que la courroie d'une sandale de Kulayb !

Alors al-Hârith se mit en colère. Il coupa la crinière de son cheval et lui arracha les poils de la queue, puis il l'enfourcha et partit à la tête des siens pour affronter al-Muhalhil. En chemin il s'arrêta chez le fils de Humâm et lui dit :

— Les gens de Taghlib méprisent notre peuple, c'est pourquoi ils l'agressent avec tant d'audace. Combattons-les donc avec les femmes.

— Comment cela ?

— Donnons à chaque femme une cruche pleine d'eau et un bâton. Puis faisons-les marcher derrière nous. Que nos hommes aient un signe distinctif, afin que les femmes puissent les reconnaître aisément en passant au milieu des blessés. Chaque fois qu'elles trouveront à terre l'un des nôtres, elles lui donneront à boire et le rafraîchiront. Et chaque fois qu'elles trouveront un de nos ennemis, elles lui donneront un coup de bâton qui l'achèvera.

Al-Hârith accepta le conseil et décida de le suivre. Les Banû Bakr se coupèrent les cheveux, pour signaler leur détermination à braver la mort et permettre à leurs femmes de les reconnaître au milieu de leurs ennemis. Puis la bataille s'engagea entre les Banû Taghlib et les Banû Bakr. A l'issue de combats féroces, les Banû Taghlib furent vaincus et leurs survivants prirent la fuite. Mais les Banû Bakr les poursuivirent et les firent prisonniers. Al-Hârith chercha parmi eux al-Muhalhil et, comme il ne le connaissait pas, se trouva devant lui sans le savoir. Il lui demanda :

— Indique-moi al-Muhalhil.

Al-Muhalhil lui dit :

— Et j'aurai la vie sauve ?

— Oui, dépêche-toi.

— Sur ton honneur et celui de ton père ?

— Oui.

— Je suis al-Muhalhil. J'ai usé de la ruse pour sauver ma vie. Mais la guerre est affaire de ruse.

— Soit. Mais tu as une dette à mon égard. Tu dois m'indiquer, pour prendre ta place, un homme dont la vie vaut celle de mon neveu.

— Je n'en connais qu'un, c'est Imru' al-Qays ibn Abân.

Après avoir obtenu son signalement, al-Hârith partit à la recherche d'Imru' al-Qays ibn Abân, le trouva et le tua.

Al-Muhalhil, libéré, alla retrouver les siens. Les femmes lui demandèrent des nouvelles de leurs maris, de leurs fils ou de leurs frères, et les enfants lui demandèrent des nouvelles de leurs pères. Il dit :

— Ils nous ont vaincus. Mais un jour, tôt ou tard, le sort des armes tournera encore.

Cependant il vit que son peuple était dans l'affliction. Alors il dit :

— J'ai conduit cette guerre à votre demande, depuis de longues années et je ne vous ai jamais reproché de l'avoir voulue, car vous réclamiez vengeance. Si ces années vous avaient valu prospérité et bien-être, vous n'auriez pas éprouvé leur longueur. Mais les deux camps sont aujourd'hui à bout de forces. Les femmes sont devenues veuves et les enfants orphelins. Les cris n'ont pas fini de retentir, ni les larmes de couler. D'autres épées attendent de sortir de leurs fourreaux et d'autres flèches de leurs carquois. Jusqu'à quand ? Tournez-vous donc vers vos cousins les Banû Bakr, ils aspirent à se réconcilier avec vous, ils pourraient demain revenir et vous gratifier, à nouveau, de leur amitié et de leur bon voisinage. Vous le souhaitez tous. Quant à moi, je ne saurai continuer de vivre parmi vous, je ne saurai croiser le regard de ceux qui ont tué Kulayb. Je m'en vais au Yémen. Si je restais avec vous, je craindrais de poursuivre une guerre qui nous anéantirait tous.

Ayant dit cela, il partit et les Banû Taghlib firent la paix avec les Banû Bakr. Ces derniers revinrent s'établir auprès de leurs cousins, dans les foyers qu'ils avaient quittés tant d'années auparavant.

Al-Muhalhil n'assista pas à la réconciliation. Il vécut un moment au Yémen. Puis la nostalgie s'empara de lui et il voulut revoir les siens. Il revint vers les Banû Taghlib.

Le premier de ses gestes fut d'aller se recueillir sur la tombe de son frère Kulayb. La tristesse le submergea et les sanglots l'étouffèrent. Il se mit à reparler de guerre entre les Taghlib et les Bakr. Il s'abstint à nouveau de boire du vin, de se distraire, d'approcher son esclave, et même de se laver à l'eau, à tel point que son odeur commença à incommoder tous ceux qui venaient le voir.

Une nuit, au mépris du pacte conclu entre les deux clans, il se lança à l'assaut d'un quartier où résidaient des gens de Bakr. Il fut capturé par l'un d'entre eux, nommé 'Awf, qui le garda prisonnier mais le traita avec beaucoup d'égards. Ainsi des jeunes gens du quartier purent-ils un soir le rejoindre et boire du vin en sa compagnie. Al-Muhalhil s'enivra et se mit à réciter des poèmes glorifiant son frère et maudissant ceux qui l'avaient tué. Lorsque 'Awf l'entendit, il s'emporta et dit :

— Je jure devant Dieu que le prisonnier ne boira pas une goutte d'eau, ni de vin, avant que mon chameau ne revienne boire.

Son chameau paissait au loin et ne revenait boire que tous les sept jours. Les gens, comprenant le sens des mots que 'Awf venait de prononcer, lui dirent :

— Voilà une parole malheureuse.

Ils envoyèrent des hommes à cheval, qui ramenèrent le chameau trois jours plus tard. Entre-temps, al-Muhalhil était mort de soif.

Une fois, [illegible] entre les deux chats, il [illegible] l'aspect d'un [illegible] [illegible] Ainsi [illegible] [illegible] compagnie. [illegible] lorsque [illegible] A[illegible]

— Je jure devant Dieu que le prisonnier ne boira pas une goutte d'eau, ni de vin, avant que mon chameau ne revienne [illegible].

Seul [illegible] passe [illegible] et ne [illegible] les sept jours. Les [illegible], [illegible] les [illegible] que [illegible] de [illegible].

— Voilà une [illegible]

[illegible]

DEUXIÈME PARTIE

Les ancêtres de Muhammad

L'alliance tribale connue sous le nom de Quraysh n'apparaît que tardivement dans le panthéon des Arabes. Celui qui s'est imposé comme son chef, Qusayy, est devenu seigneur de La Mecque, après y avoir supplanté les Khuzâ'a, venus du Yémen lors de l'effondrement du barrage de Ma'rib.

On ne sait pas, au juste, de qui se composait cette alliance tribale; si les gens qui s'en réclamaient descendaient d'un même ancêtre, ou s'ils ne formaient qu'un amalgame de clans, de familles, d'individus, rassemblés par Qusayy dans des circonstances imprécises et qui lui ont permis de s'imposer au détriment des Khuzâ'a.

Le mot tribu évoque un grand rassemblement d'hommes et de femmes. Ce n'était pas nécessairement le cas. A titre d'exemple, Qusayy n'eut que quatre fils, de même que son fils 'Abd Manâf et son petit-fils Hâshim... Son arrière-petit-fils 'Abd al-Muttalib, le grand-père du Prophète, en eut dix, ce qui était exceptionnel. Lorsque, ayant reçu la Révélation, le Prophète voulut réunir tous ceux de son clan, il ne se trouva qu'une quarantaine d'hommes pour répondre à son invitation. La chose est encore plus frappante, sachant l'importance d'une progéniture mâle en société tribale, en particulier une société où les guerres sont fréquentes.

La tribu de Quraysh, en tout cas, n'est pas connue pour ses vertus guerrières – ses titres de gloire en la matière n'étant pas comparables à ceux des descendants de Qahtân, qui avaient jadis déferlé du Yémen. Aussi Quraysh n'eut pas de grands poètes pour chanter ses louanges ou les exploits de ses héros.

Par contre, le nom de Quraysh est associé à l'élan commercial sans précédent que La Mecque allait connaître, grâce, en particulier, aux qualités de diplomate déployées par le petit-fils de Qusayy, Hâshim. Profitant de ce que la guerre entre la Perse et Byzance menaçait de ruiner le grand commerce international, ce dernier sut établir un solide réseau d'alliances avec les monarques de la région, ainsi qu'une série d'accords avec les chefs des tribus nomades se déplaçant entre l'Afrique et la Syrie, qui permirent de garantir la sécurité des grandes caravanes sur ce parcours.

LA LIGNÉE ANCESTRALE DE MUHAMMAD

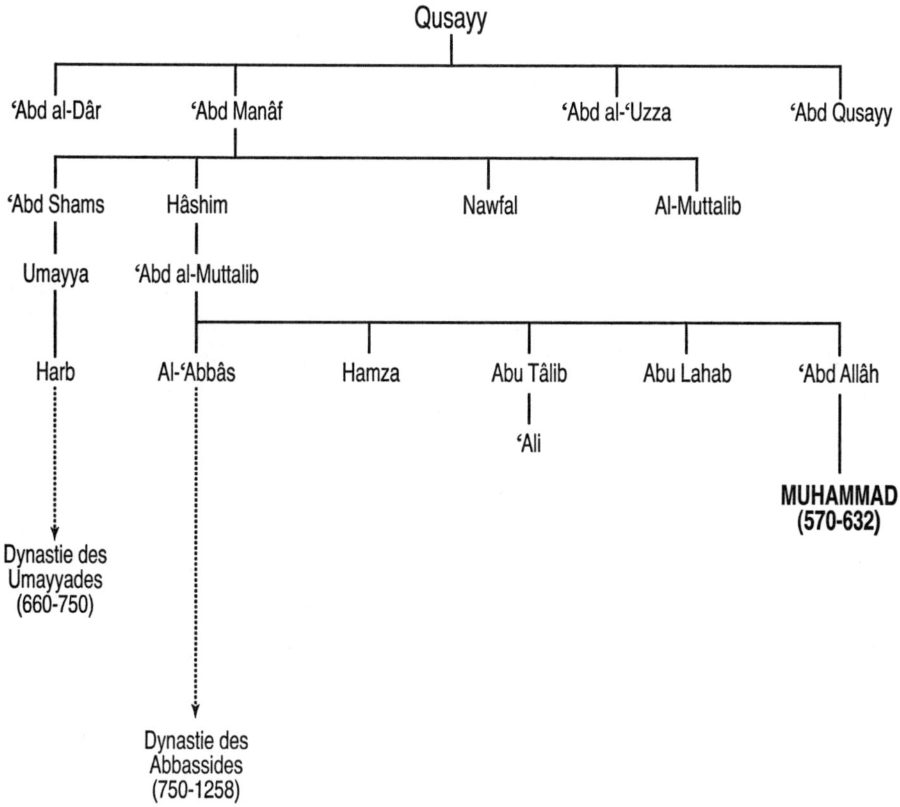

CHAPITRE PREMIER

Qusayy

Qusayy prend le pouvoir à La Mecque et procède à une véritable transformation de la ville. Il commence par y installer les principaux clans de sa tribu, jusque-là dispersés dans les collines environnantes. Il y fait construire un Foyer des Rencontres, où les chefs de clans règlent les affaires de la ville.

Kilâb ibn Murra, un Mecquois, avait épousé Fâtima bint Sa'd. De ce mariage étaient nés deux garçons, Zahra et Zayd, que séparait une grande différence d'âge. Leur père mourut alors que Zahra était déjà un jeune homme mais Zayd encore un enfant. Fâtima se remaria peu après avec un homme de la tribu de Qadâ'a, et partit vivre avec lui dans son pays. Elle laissa Zahra dans sa famille à La Mecque, mais emmena Zayd avec elle. Et Zayd grandit, ne se connaissant pas d'autre père que le second mari de Fâtima.

Un jour, au cours d'une altercation avec un jeune homme de Qadâ'a, ce dernier lui dit :

— Pourquoi ne vas-tu pas retrouver les tiens ? Tu n'es pas des nôtres.

Blessé, il rentra chez lui et demanda à sa mère le sens de ces paroles. Elle répondit :

— Par Dieu, mon fils, tu es plus noble que ce jeune homme, de cœur comme de naissance. Tu es le fils de Kilâb ibn Murra et les tiens habitent La Mecque, autour de la Mosquée.

Alors Zayd décida de partir rejoindre son peuple. Mais sa mère lui conseilla la prudence :

— Mon fils, ne pars pas tout de suite. Si tu voyages seul, ou avec un petit groupe de gens, tu risques d'être attaqué par des Arabes. Attends le Mois sacré, tu partiras avec les pèlerins et tu seras en sécurité.

Zayd attendit de pouvoir se joindre à une caravane de pèlerins et se rendit avec eux à La Mecque, où il retrouva son frère Zahra.

Zayd était un beau jeune homme plein de vigueur. Aussi, lorsqu'il demanda à Hulayl, seigneur des Khuzâ'a * et gardien de la Ka'ba, la main de sa fille Hayy, Hulayl accepta. Zayd eut de son mariage avec Hayy quatre garçons, 'Abd al-Dâr, 'Abd Manâf, 'Abd al-'Uzza et 'Abd Qusayy. Il fut surnommé Qusayy, le lointain, du fait qu'il avait vécu son enfance loin de La Mecque.

Lorsque Hulayl commença à vieillir, il confia les clefs de la Ka'ba à sa fille Hayy, qui chargea tantôt son époux Qusayy, et tantôt son frère al-Muhtarish, d'ouvrir le Sanctuaire. A la mort de Hulayl, son fils al-Muhtarish lui ayant succédé à la tête des Khuzâ'a, Qusayy lui demanda de lui céder la garde de la Ka'ba.

Al-Muhtarish accepta, car Qusayy avait désormais de la fortune, une famille nombreuse et un prestige reconnu. Mais les Khuzâ'a répugnèrent à laisser la garde de la Ka'ba échapper à l'un des leurs et renièrent la parole d'al-Muhtarish. La querelle s'envenima entre eux et les partisans de Qusayy. La guerre devenant inévitable, ce dernier fit appel à l'aide de son demi-frère par sa mère, qui vint se joindre à lui à la tête d'une armée de Qadâ'a.

Les combats firent de nombreux morts et blessés de part et d'autre, jusqu'à ce que les deux camps fissent appel à l'arbitrage d'un vieil Arabe pour trancher leur différend. Ce dernier jugea que Qusayy était plus digne de la garde de la Ka'ba que les Khuzâ'a, considéra que sang versé dans un camp valait compensation pour le sang versé dans l'autre et ordonna aux Khuzâ'a de céder la place à Qusayy.

---

* Les Khuzâ'a sont l'un des clans qui, sous le commandement de 'Amru ibn 'Âmir, avaient quitté le Yémen avant l'effondrement du barrage de Ma'rib. Lorsque La Mecque fut conquise, c'est à eux qu'y était revenu le pouvoir. Cf. 1re partie, chap. 3.

Ainsi Qusayy prit-il en charge la garde de la Ka‘ba et les affaires de La Mecque. Il fit aussitôt loger à l'intérieur de la ville les familles de son clan qui jusque-là habitaient les sentiers et les collines de ses environs. Il divisa La Mecque en quatre quartiers, où ces familles furent réparties, et à la tête desquels il plaça leurs membres les plus aptes à résoudre les questions et à trancher les différends.

Ces familles qui, venues des collines et des sentiers environnants, étaient entrées dans la ville à la suite de la victoire de Qusayy, furent appelées les Quraysh, sans que l'on pût retracer l'origine de ce nom patronymique. La plupart des chroniqueurs s'accordent seulement à dire qu'il est apparu en même temps que Qusayy et que personne ne l'avait entendu prononcer auparavant. Par la suite, ceux qui s'étaient logés dans la ville furent appelés les Quraysh du centre et ceux qui étaient restés sur les collines, les Quraysh des alentours.

Qusayy apporta de grands changements dans la vie des Mecquois. La ville étant depuis longtemps vénérée par les Arabes comme un espace sacré, ses habitants s'étaient gardés jusque-là de toucher aux arbres qui la recouvraient, craignant de commettre un sacrilège. Ils s'étaient contentés de s'installer parmi ces arbres, même lorsqu'ils poussaient au milieu de leurs demeures. Ces demeures ne les protégeaient d'ailleurs ni de la chaleur ni du froid ; ce n'étaient pas des habitations construites, mais de pauvres tentes qui finissaient par tomber en lambeaux.

Qusayy devenu maître de la ville ordonna aux siens de bâtir de vraies maisons et les autorisa pour cela à couper des arbres. Aucun d'entre eux n'osa et Qusayy fut le premier à le faire. Les autres attendirent quelque temps et virent que leur seigneur continuait de se bien porter et n'était frappé d'aucun malheur. Alors ils s'enhardirent à couper des arbres et bâtirent à leur tour des maisons avec des murs et des toits.

Les maisons des plus riches furent construites en pierre. Elles comportaient plusieurs pièces et deux portes qui se faisaient face, l'une pour les entrants et l'autre pour les sortants. Ainsi les femmes pouvaient-elles sortir sans croiser les hommes qui venaient rendre visite au maître des lieux. Ces maisons spacieuses donnaient souvent sur deux sentiers et parfois, devant l'une de leurs portes, était ménagé un enclos protégé des rayons du soleil, où les gens pouvaient goûter une ombre bienfaisante.

Qusayy fit aussi construire Dâr al-Nadwa, le Foyer des Rencontres, où les chefs des clans et des familles, les maîtres des quartiers et les gens de bon conseil vinrent se réunir, se consulter sur les affaires de la ville et trancher les questions de la guerre et de la paix. N'y entraient que les gens de plus de quarante ans, car c'était à partir de cet âge que l'on avait le droit de donner son avis et de participer aux consultations.

C'était à Dâr al-Nadwa que les Mecquois prenaient toutes leurs décisions ; que les femmes étaient données en mariage ; que les guerres étaient déclarées ; que les filles nubiles et les garçons pubères recevaient le vêtement qui les distinguait ; que les caravanes prenaient le départ et s'arrêtaient à leur arrivée.

Cependant, si les affaires de la cité étaient tranchées à Dâr al-Nadwa, les différends opposant des familles entre elles restaient du seul ressort de leurs chefs respectifs. Ces derniers étaient tout désignés pour les régler, sachant que les familles répugnaient à laisser des étrangers s'interposer entre elles et qu'aucun des membres d'une même famille ne pouvait s'élever contre une décision prise par son chef, sauf lorsqu'il s'agissait de brigands ou de mendiants.

Ayant ainsi arrangé les choses, Qusayy dit à ceux de son peuple qu'il avait installés à La Mecque :

— Gens de Quraysh, vous êtes les proches de Dieu, les hôtes de Sa Demeure et de Sa Mosquée. Les pèlerins sont ici les invités de Dieu, les visiteurs de Sa Demeure, ils doivent y être accueillis dignement. Offrez-leur à manger et à boire durant leur pèlerinage et jusqu'à leur départ.

Quraysh s'exécuta et offrit une part de ses biens, à laquelle Qusayy ajouta une part des siens, pour nourrir les pèlerins durant les jours bénis.

Qusayy continua de régler les affaires de La Mecque sans que quiconque contestât son autorité – à ce qu'on dit. Et ses fils prospérèrent, à l'exception de l'aîné d'entre eux, 'Abd al-Dâr. Lorsque Qusayy vieillit, que ses os faiblirent et que les forces de son corps commencèrent à lui échapper, il dit à 'Abd al-Dâr :

— Par Dieu, tes frères ont fait mieux que toi, mais je vais te donner ce qu'aucun d'eux ne pourra obtenir. Désormais, nul n'aura accès à la Ka'ba si tu ne l'y fais toi-même entrer. Quraysh ne pourra plus livrer de guerre que tu n'aies toi-même déclarée, les hommes ne boiront à La Mecque qu'à des points d'eau qui sont à toi, les pèlerins ne mangeront que des provisions que tu leur serviras et Quraysh ne prendra que les décisions arrêtées dans ta maison.

Qusayy confia à son fils aîné Dâr al-Nadwa et lui transmit la garde de la Ka'ba, l'étendard de la guerre, les points d'eau et les provisions. Puis il mourut.

donne [illegible] ne pourra obtenir. Désormais, nul [illegible] Quraysh ne pourra plus [illegible] déclare les [illegible] à la Mecque [illegible] son [illegible] les [illegible] que [illegible] dans sa maison.

Quraysh [illegible] avec [illegible] Nakhla [illegible] garde de la [illegible] de la guerre, les [illegible] des provisions. Puis il pourrait [illegible]

CHAPITRE DEUXIÈME

Hâshim

Hâshim, petit-fils de Qusayy, négocie avec Byzance un sauf-conduit pour les caravanes mecquoises et passe des accords avec différentes tribus arabes, qui s'engagent à ne pas les attaquer. Une ère de prospérité commence pour La Mecque.

Après la mort de Qusayy, Quraysh vécut et prospéra un certain temps sans conflit en son sein. Puis les petits-fils de Qusayy grandirent.

Les fils de 'Abd Manâf affirmèrent qu'ils étaient plus dignes que les fils de 'Abd al-Dâr de garder la Ka'ba, de lever l'étendard de la guerre, de veiller sur les points d'eau et les provisions. Et ce, en vertu de la fortune et des honneurs qu'ils avaient acquis. Des partis se formèrent, les uns reconnaissant ces droits aux fils de 'Abd Manâf et les autres considérant que nul n'avait le droit d'enlever aux fils de 'Abd al-Dâr ce que Qusayy leur avait accordé.

Ceux de La Mecque qui n'étaient pas des Qurayshites – qui étaient là avant l'arrivée de Qusayy et qui étaient restés avec lui, les Khuzâ'a et les Kinâna – intervinrent aussi dans le conflit, certains prenant le parti des fils de 'Abd Manâf et d'autres celui des fils de'Abd al-Dâr.

On raconte que les fils de ‘Abd Manâf placèrent une écuelle emplie de parfum au pied de la Ka‘ba. Leurs partisans se réunirent alors dans la Mosquée et se jurèrent de ne pas faiblir et de ne pas se trahir les uns les autres. Puis ils allèrent à l'écuelle, trempèrent leurs doigts dans le parfum et les frottèrent contre le mur de la Ka‘ba pour sacraliser leur engagement. On les appela « Ceux du parfum ».

Les partisans de ‘Abd al-Dâr firent de même à leur tour. Mais au lieu d'emplir leur écuelle de parfum, ils l'emplirent de sang, où ils trempèrent leurs doigts avant de les frotter contre le mur de la Ka‘ba. On les appela « Ceux de l'alliance ».

Tandis que les deux camps se préparaient ainsi à la guerre, quelques hommes se levèrent pour tenter un effort de conciliation. Ils réunirent les uns et les autres à Dâr al-Nadwa, examinèrent l'affaire et finirent par proposer un compromis en vertu duquel les fils de ‘Abd Manâf prendraient la charge de l'eau et des provisions, les fils de'Abd al-Dâr conservant la garde de la Ka‘ba et l'étendard de la guerre. Les deux camps se rallièrent à cette proposition, évitèrent l'effusion de sang et se partagèrent les charges. Celle de l'eau et des provisions échut à ‘Amrû ibn ‘Abd Manâf, surnommé Hâshim.

Selon les gens informés, les Quraysh pratiquaient alors le commerce, mais ils ne sortaient pas de La Mecque. Les Perses y venaient avec des marchandises que les Quraysh leur achetaient pour les revendre aux Arabes autour d'eux. Jusqu'à ce que Hâshim décidât de sortir de La Mecque et d'aller acheter et vendre en Syrie.

Il était d'une grande générosité. En cours de route, il faisait chaque soir égorger un chamelon et donnait à manger à tous ceux qui l'accompagnaient. C'était aussi le plus beau des hommes et le plus intelligent. Il séduisit l'envoyé de César en Syrie, qui le convoquait tous les jours pour le plaisir de s'entretenir avec lui. Un jour, Hâshim lui dit :

— O Roi, mes gens sont les commerçants des Arabes. Voudrais-tu me donner un sauf-conduit qui leur permette de commercer en sécurité ? Ils viendraient jusque chez toi, avec les meilleurs condiments et les plus belles étoffes du Hijâz, qui vous coûteraient moins cher…

L'envoyé de César acquiesça et lui remit un sauf-conduit pour tous ceux des siens qui viendraient de La Mecque. Sur le chemin du retour, Hâshim conclut avec différentes tribus arabes des accords par lesquels Quraysh s'engageait à leur fournir les marchandises qu'elles désiraient, ainsi que des présents, en échange de quoi elles s'engageaient à ne pas attaquer les caravanes de Quraysh.

Lorsqu'il arriva à La Mecque et informa son peuple du privilège qui avait été accordé par l'envoyé de César, ainsi que des accords qui avaient été passés avec les tribus, les Qurayshites lui firent un triomphe. Puis ils sortirent en grand nombre, avec d'importantes quantités de marchandises, pour leur premier voyage en Syrie.

Les frères de Hâshim prirent exemple sur lui et allèrent demander à d'autres rois un sauf-conduit pour les commerçants de La Mecque. 'Abd Shams l'obtint du roi d'Abyssinie, al-Muttalib des rois du Yémen et Nawfal des rois d'Irak. Depuis, les Qurayshites allaient tous les ans vers ces pays, à des périodes fixées d'avance, soit en hiver soit en été.

Le surnom de Hâshim lui avait été donné, dit-on, après qu'une terrible sécheresse eut emporté les biens de Quraysh. Hâshim se trouvait en Syrie, non loin de Gaza, pour ses affaires, lorsqu'il apprit la nouvelle. Il ordonna aussitôt d'acheter de grandes quantités de pain et de gâteaux secs, les mit dans des sacs dont il chargea plusieurs chameaux et s'élança vers La Mecque. Dès son arrivée, il ordonna de broyer le pain et les gâteaux secs, d'égorger les chameaux et de donner aux Mecquois épuisés de quoi manger à satiété. Ce fut alors qu'on le surnomma Hâshim « Celui qui broie ».

L'un de ses fils, Asad, jouait souvent avec un garçon de la famille des Banû Makhzûm, qu'il aimait beaucoup. Le garçon dit un jour à Asad :

— Je ne te verrai plus, car nous devons nous reclure.

C'était la coutume chez les Arabes, lorsque le sort s'acharnait sur eux et que l'espoir les quittait, de pourvoir à leurs propres besoins, de refermer sur eux leur porte et de se reclure dans leur maison, en attendant la mort, plutôt que de vivre dans la honte du dénuement.

Lorsque Asad entendit ces terribles paroles de la bouche de son ami, il accourut en larmes chez sa mère. Cette dernière envoya aux Banû Makhzûm de la farine et de la graisse, qui leur permirent de se sustenter pendant quelques jours. Puis le garçon revint et dit à Asad :

— Demain, nous allons nous reclure.

Cette fois, Asad alla en pleurant raconter la chose à son père. Hâshim en éprouva une grande peine et décida de s'en ouvrir aux Qurayshites :

— Cette coutume diminue notre prestige auprès des Arabes, elle nous déshonore à leurs yeux. Nous sommes les gens de la Mosquée de Dieu, le Très-Glorieux et Très-Puissant, nous sommes les descendants d'Adam les plus honorés, les gens nous écoutent et suivent nos paroles. Si cette coutume est maintenue, elle nous sera fatale.

Les Mecquois lui dirent :

— Nous suivrons tes paroles.

Il répondit :

— Commençons par cette famille. Épargnons-lui la réclusion.

Ainsi firent-ils et à partir de ce jour, les riches Mecquois donnèrent une part de leur commerce et de leurs biens aux pauvres et aux nécessiteux.

Hâshim dépensait tous les ans de grandes sommes de son propre argent pour nourrir les pèlerins, en incitant les Mecquois à faire de même. Il leur répétait les paroles de son grand-père Qusayy :

— Gens de Quraysh, vous êtes les proches de Dieu, les gens de Sa Maison. En cette saison, affluent vers vous les visiteurs de Dieu. Ils viennent bénir Son nom et glorifier Sa Demeure. Ils sont dignes du plus grand respect. Ils viennent de pays lointains, étrangers les uns aux autres, couverts de poussière, sur des montures décharnées. Honorez-les. Ils arrivent à bout de forces, ils sont affamés, ils sont sales, ils sentent mauvais. Accueillez-les, aidez-les, consolez-les.

Les Mecquois répondaient à son appel et lui envoyaient des paniers de provisions, chacun à la mesure de ses moyens. Il rassemblait ce qu'il recevait et le redistribuait, en y ajoutant souvent de ses propres biens ce qu'il fallait pour subvenir aux besoins de tous les pèlerins.

Suivant son exemple, son neveu Umayya ibn ‘Abd Shams, qui avait de la fortune, annonça qu'il dépenserait sans compter pour assurer la nourriture des pèlerins. Mais il ne put aller jusqu'au bout de son engagement et les gens de Quraysh se moquèrent de lui. Furieux, il prétendit qu'il était plus généreux que son oncle et demanda l'arbitrage d'un devin. Il s'engagea, s'il perdait, à faire égorger cinquante chamelles et à s'exiler de La Mecque durant dix ans.

Hâshim et Umayya s'entendirent pour accepter l'arbitrage d'un devin, chez qui ils se rendirent accompagnés chacun d'hommes de son peuple. Le devin les reçut, les écouta et dit :

— Par la lune brillante, par l'astre éblouissant, par le nuage gorgé de pluie, par ce que le ciel compte d'oiseaux, par ce qui guide le voyageur à travers montagnes et vallées, les exploits de Hâshim ont de loin surpassé les exploits d'Umayya.

Le devin ayant parlé, Hâshim se leva, fit égorger un chameau et offrit sa chair à tous les présents. Umayya, quant à lui, partit aussitôt pour la Syrie, où il demeura pendant dix ans, comme il s'y était engagé. Ce fut là, entre les Banu Hâshim et les Banu ‘Abd Shams, un premier ferment d'hostilité.

Hâshim partit un jour à la tête d'une caravane chargée des biens de Quraysh, vers Yathrib. Il s'arrêta au marché de Nabt, où il put, ainsi que ses compagnons, vendre et acheter. Soudain il aperçut, juchée sur une estrade, une femme qui donnait des ordres, achetant et vendant avec assurance et autorité. Elle était d'une grande beauté. Il s'enquit d'elle et on lui répondit qu'il s'agissait de Salma bint ‘Amrû de la tribu des Banû al-Najjâr. Il demanda :

— A-t-elle un mari ?

On lui dit :

— Non. Soucieuse de préserver son rang parmi les siens, elle ne veut être mariée qu'à un homme qui accepte de remettre son sort entre ses mains. Une fois mariée, si elle ne supporte plus l'homme, elle le quitte. Ainsi a-t-elle fait avec un homme très respecté.

Hâshim la demanda en mariage et elle accepta de le prendre pour époux. Il fit à manger et invita tous les Mecquois qui l'accompagnaient, ainsi que les Khazraj, parents de Salma. Puis il s'unit à elle et elle fut enceinte de Shayba.

Lorsque Hâshim reprit la route de La Mecque, Salma l'y accompagna, non sans avoir posé comme condition que, le moment venu, il la laissât rentrer à Yathrib pour accoucher au sein de sa famille. Ayant accepté, Hashîm la conduisit lui-même chez ses parents, quelques mois plus tard, avant de poursuivre son chemin vers la Syrie, où il avait à faire. Il mourut à Gaza à l'âge de vingt-cinq ans.

CHAPITRE TROISIÈME

ʿAbd al-Muttalib

ʿAbd al-Muttalib, fils de Hâshim, a une vision. Il est appelé à redécouvrir le puits de Zamzam, dont l'eau a jadis sauvé la vie d'Ismaël. Il implore Dieu de lui accorder dix fils et fait le vœu de lui sacrifier l'un d'eux. Ayant été exaucé, il doit immoler ʿAbdallah, son préféré. Mais ce dernier sera sauvé.

Salma accoucha d'un garçon qu'elle nomma Shayba al-Hamad, parce qu'il avait en naissant une mèche de cheveux blancs, *shayba*. Le garçon vécut à Yathrib avec sa mère jusqu'à l'âge de huit ans. Puis un jour, alors qu'il jouait avec d'autres enfants, une querelle éclata, dont il sortit vainqueur. Il déclara fièrement :

— Je suis le fils de Hâshim !

Un voyageur qui passait par là, en route vers La Mecque, l'entendit. Arrivé à destination, il alla voir al-Muttalib ibn ʿAbd Manâf, le frère de Hâshim, et lui dit :

— Me trouvant à Yathrib, j'ai vu un garçon plein de vigueur et de courage, tenant tête à plusieurs de ses compagnons de jeux. Il se réclamait de ton frère Hâshim. Il ne convient pas de laisser à l'étranger un garçon tel que lui.

Al-Muttalib prit sa monture et partit à toute allure pour Yathrib, où il trouva Shayba qui s'entraînait avec des amis à lancer des cailloux sur une cible. Chaque fois qu'il l'atteignait, il disait :

— Je suis le fils de Hâshim, le fils du maître de la vallée !

Al-Muttalib s'approcha de lui et lui demanda :

— Qui es-tu, petit ?

Le garçon répondit :

— Je suis Shayba ibn Hâshim ibn 'Abd Manâf.

Al-Muttalib lui dit :

— Je suis ton oncle paternel. Je suis venu pour toi. Si tu me suis, je te ramènerai auprès des tiens, dans ton pays, dans la maison de ton père, près de la Demeure de Dieu.

Il s'employa à aviver chez le garçon le désir d'aller à La Mecque, jusqu'à ce que Shayba finît par dire :

— Je pars avec toi.

Un homme des 'Abd al-Najjâr, la famille de Salma, était présent. Il dit à al-Muttalib :

— Nous savons que tu es son oncle paternel. Si tu veux l'emmener, fais-le tout de suite, avant que sa mère ne l'apprenne. Si elle l'apprend et que tu es encore là, elle nous demandera de t'en empêcher. Et nous t'en empêcherons.

Al-Muttalib prit le garçon en croupe sur sa monture et s'élança sans tarder vers La Mecque. Lorsqu'il y parvint, les gens de Quraysh lui demandèrent :

— Mais qui donc est ce garçon que tu ramènes avec toi ?

Il répondit :

— C'est un esclave que je viens d'acheter.

Rentré chez lui, il confia Shayba à sa femme, qui le baigna, le parfuma et lui mit des vêtements appartenant à son oncle. Puis al-Muttalib l'emmena dans son cercle d'amis, où les Mecquois prirent l'habitude de le désigner par le surnom de 'Abd al-Muttalib, le serviteur d'al-Muttalib. Et le surnom finit par s'imposer à la place du nom.

Quelques années plus tard, al-Muttalib mourut et son frère Nawfal ibn 'Abd Manâf en profita pour se saisir de certains de ses terrains, qui auraient dû revenir à 'Abd al-Muttalib. Ce dernier, qui venait de perdre en un seul homme son oncle, son tuteur et son protecteur, en fut très affecté. Il en appela à la solidarité de son clan pour obtenir réparation, mais aucun des notables influents ne voulut le soutenir.

Alors il se tourna vers Yathrib et demanda de l'aide à ses oncles maternels, les Banû al-Najjâr. Ceux-ci envoyèrent à son secours une troupe imposante, dont les hommes entrèrent en grand nombre à La Mecque, s'attardant ostensiblement autour de la Ka'ba, arborant leurs arcs et leurs boucliers. Lorsque Nawfal les vit, il dit :

— Ces gens me veulent du mal !

Il prit peur et s'entendit avec les Banû al-Najjâr pour rendre à 'Abd al-Muttalib les terrains qui lui revenaient. Il lui fit aussi de généreux présents et s'excusa pour le tort qu'il lui avait causé.

Les Khuzâ'a * avaient suivi les événements avec intérêt. Depuis que Qusayy avait installé les Quraysh à l'intérieur de La Mecque, la plupart des Khuzâ'a s'étaient regroupés à l'extérieur de la ville. Quand ils virent que 'Abd al-Muttalib avait conclu une alliance victorieuse avec ses oncles maternels, ils se dirent :

— Par Dieu, nous n'avons jamais vu dans cette vallée de figure plus noble, plus magnanime, plus éloignée de toute action corruptrice, que cet homme 'Abd al-Muttalib. Voici que ses oncles maternels, les Khazraj, viennent de Yathrib pour le soutenir. Mais il est aussi bien notre fils que le leur, puisque son grand-père 'Abd Manâf était le fils de Hayy, fille de Hulayl, seigneur de Khuzâ'a. Pourquoi ne lui offrons-nous pas notre soutien ? Si nous nous allions à lui, nous profiterons de lui et des siens comme ils profiteront de nous.

Ils allèrent voir 'Abd al-Muttalib à La Mecque et lui dirent :

— Tu es aussi bien notre fils que celui des Banû al-Najjâr. De plus, nous sommes tes proches voisins. Le temps a effacé la haine que certains d'entre nous ont pu éprouver à l'égard de Quraysh. Nous te proposons une alliance.

'Abd al-Muttalib accepta et ils se retrouvèrent pour sceller cette alliance à Dâr al-Nadwa.

Ils conclurent un accord, qu'ils mirent par écrit et affichèrent sur le mur de la Ka'ba. Il y était dit : « Voici ce qui a été conclu entre 'Abd al-Muttalib ibn Hâshim et les hommes de 'Amrû ibn Rabî'a, de Khuzâ'a.... Ils ont conclu une alliance pour se soutenir et se défendre mutuellement, une alliance qui unit les anciens aux anciens, les jeunes aux jeunes et les présents aux absents. Ils se

---

* Les Khuzâ'a : La plupart des membres de cette tribu avaient été chassés de La Mecque, lorsque Qusayy y avait pris le pouvoir... Cf. 1re partie, chap. 3, et 2e partie, chap. 1.

sont engagés les uns envers les autres, de la manière la plus ferme, à respecter ce pacte sans faillir ni faiblir, aussi longtemps que le soleil se lèvera sur Thabîr et que les chameaux pourront paître en liberté, aussi longtemps que se dresseront les deux monts Akhshub et que les hommes continueront d'habiter La Mecque – ce pacte éternel, que chaque lever du jour affermira et chaque tombée de la nuit prolongera. 'Abd al-Muttalib, ses fils, leurs alliés et les hommes de Khuzâ'a, sont égaux, associés et solidaires. Aussi 'Abd al-Muttalib se doit de soutenir les hommes de Khuzâ'a contre tous ceux qui les poursuivent d'une vindicte, sur terre et sur mer, dans les plaines et les montagnes. De même que les Khuzâ'a se doivent de soutenir 'Abd al-Muttalib, ses fils et leurs alliés contre tous les autres Arabes, d'est en ouest, dans les plaines et les montagnes. Ils ont fait de Dieu le gardien et le garant de cette alliance. »

'Abd al-Muttalib était pour Quraysh le recours vers lequel on se tournait en cas de calamité et l'arbitre auquel on s'adressait en cas de différend. Il était doué de sagesse et d'éloquence. On raconte qu'il s'était de lui-même interdit l'alcool et qu'il fut le premier à aller méditer sur le mont Harâ'. Au début du mois de Ramadan, il quittait La Mecque et s'isolait dans la montagne, où il passait des nuits entières à prier Dieu. Il donnait à manger aux pauvres, faisait souvent le tour de la Mosquée et ne cessait d'alerter les Mecquois sur les dangers de la tyrannie.

⋆

Un jour, alors qu'il était couché dans l'enceinte de la Ka'ba, il entendit une voix lui dire :

— Creuse pour découvrir ce qui est bienfaisant.

Il demanda :

— Qu'est-ce qui est bienfaisant ?

La voix ne répondit pas.

Il revint le lendemain dans l'enceinte de la Ka'ba, se coucha et s'endormit. La voix se fit à nouveau entendre, qui cette fois lui dit :

— Creuse pour découvrir ce qui donne sans compter.

Il demanda :

— Qu'est-ce qui donne sans compter ?

La voix ne répondit pas.

Le troisième jour, elle revint lui dire :

— Creuse pour découvrir le bien caché.

— Qu'est-ce que le bien caché ?

La voix ne répondit pas plus que les fois précédentes. Le quatrième jour, elle lui dit :

— Creuse pour découvrir Zamzam.

— Mais qu'est-ce que Zamzam ?

Cette fois, enfin, la voix répondit :

— Creuse pour découvrir Zamzam. Si tu le fais, tu ne le regretteras pas. C'est un patrimoine que tu tiens de ton ancêtre le plus lointain. Il ne tarira pas avec le temps. Il étanchera la soif de pèlerins innombrables, comme il exaucera leurs vœux. C'est à la fois un héritage et un contrat ferme, qui ne ressemble à aucun autre. Son emplacement est marqué par la fiente et le sang.

Lorsqu'il se réveilla, il alla trouver Quraysh et leur dit :

— Bonnes gens, j'ai reçu l'ordre de creuser pour découvrir Zamzam.

— Mais qu'est-ce que Zamzam ?

— C'est un puits qui étanchera la soif de qui viendra à La Mecque en pèlerinage.

— T'a-t-on indiqué où il se trouve ?

— Non.

— Retourne donc te coucher là où tu as reçu le message. Si c'est Dieu qui t'a parlé, Il t'indiquera où creuser. Si c'est le diable, tu ne l'entendras plus.

Abd al-Muttalib retrouva sa couche et s'endormit. La voix revint pour lui dire :

— Creuse pour découvrir Zamzam. Tu ne le regretteras pas. C'est un patrimoine que tu tiens de ton ancêtre le plus illustre. Il se trouve près de la fourmilière, où le corbeau ira demain picorer.

Le lendemain 'Abd al-Muttalib sortit avec al-Hârith, qui était alors son fils unique. Ils furent guidés par un vol de corbeaux vers un lieu de sacrifice consacré à deux idoles. Là les taches de sang se mêlaient aux traces de fiente laissées par les oiseaux qui venaient y picorer. En s'approchant, 'Abd al-Muttalib découvrit une fourmilière. Il commença à creuser. Mais les gens de Quraysh s'y opposèrent, disant :

— Par Dieu, nous ne te laisserons pas creuser en ce lieu consacré à nos idoles !

Abd al-Muttalib dit alors à son fils :

— Repousse-les, tandis que je creuse. Par Dieu, personne ne m'empêchera de faire ce qui m'a été ordonné.

Devant sa détermination, les Qurayshites finirent par s'incliner et le laissèrent creuser. Son fils se joignit à lui et ils ne mirent pas longtemps à atteindre le puits caché. 'Abd al-Muttalib sut que sa vision était véridique et il loua Dieu. Cependant, les Qurayshites vinrent à lui :

— O 'Abd al-Muttalib, c'est le puits de notre ancêtre Ismaël. Nous y avons tous droit. Partage-le avec nous.

Il leur dit :

— Je n'en ferai rien. J'ai été seul choisi parmi vous pour le chercher et pour le trouver.

Ils insistèrent :

— Sois équitable. Nous ne te lâcherons que lorsque tu auras accepté de partager.

— Eh bien, désignez qui vous voudrez pour arbitrer notre querelle.

— Kâhina bint Sa'd.

— J'accepte.

Kâhina bint Sa'd vivait aux abords de la Syrie. 'Abd al-Muttalib enfourcha sa monture, accompagné par quelques membres de son clan et suivi de membres de chacun des autres clans de Quraysh, et ils partirent en direction du pays de Shâm. La chaleur était intense et la terre aride. Ils traversèrent de vastes étendues, entre le Hijâz et la Syrie, où la sécheresse était telle que 'Abd al-Muttalib et ses compagnons épuisèrent leurs provisions d'eau. Lorsque la soif les tenailla, ils demandèrent à boire aux autres clans de Quraysh, qui refusèrent :

— Si nous vous donnons à boire, il nous arrivera ce qu'il vous arrive.

'Abd al-Muttalib, voyant la mort s'approcher, dit à ses compagnons :

— Que pensez-vous ?

Ils répondirent :

— C'est à toi de décider. Nous ferons ce que tu diras.

— Je pense que nous devons creuser nos tombes. Chaque fois que l'un de nous mourra, les autres l'enterreront, jusqu'à ce qu'il n'en reste qu'un. Celui-là ne sera pas enterré. Mais la déchéance d'un seul vaut mieux que la déchéance de tout notre groupe.

— Nous ferons ce que tu as dit.

Ils s'apprêtèrent à creuser leurs tombes et 'Abd al-Muttalib commença aussitôt à creuser la sienne, sous le regard des autres clans de Quraysh. Et voilà que soudain une eau limpide jaillit de terre. 'Abd al-Muttalib loua Dieu et ses compagnons firent de même. Ils burent tous jusqu'à étancher leur soif puis remplirent leurs outres d'eau. Alors 'Abd al-Muttalib s'adressa aux autres clans de Quraysh et leur dit :

— Venez ! Dieu nous a sauvés. Buvez et remplissez vos outres !

Les hommes de Quraysh dirent :

— Dieu a tranché en ta faveur, 'Abd al-Muttalib ! Nous ne te chercherons plus querelle sur le puits de Zamzam. Celui qui vient de te donner cette eau au milieu du désert est bien Celui qui t'a donné l'eau de Zamzam. Tu peux revenir à ton puits en toute quiétude.

Ils renoncèrent à consulter Kâhina bint Sa'd et rebroussèrent chemin pour rentrer à La Mecque, où ils ne disputèrent plus à 'Abd al-Muttalib la possession du puits de Zamzam.

Mais l'épreuve avait douloureusement marqué 'Abd al-Muttalib, qui s'était senti très seul, avec son unique fils, face aux autres clans de Quraysh. Les Arabes appréciaient par-dessus tout d'avoir une nombreuse descendance mâle, parce qu'elle était source d'honneur et de force. Il implora Dieu de lui donner dix fils, qui grandiraient autour de lui et le protégeraient et il fit le vœu, si Dieu l'exauçait, de Lui sacrifier un de ces fils au pied de la Ka'ba.

Il eut dix fils, qui grandirent autour de lui et le protégèrent. Puis il se souvint de son vœu. Alors il réunit ses fils et leur fit part de l'engagement qu'il avait pris devant les dieux et de sa détermination à le tenir. Ils acquiescèrent et dirent :

— Comment feras-tu ?

Il répondit :

— Que chacun de vous prenne une flèche, qu'il y inscrive son nom et qu'il me la donne.

Les Arabes, en ce temps-là, s'en remettaient au tirage des flèches pour trancher les questions d'importance. C'étaient des flèches sans pointe ni plumes, sur lesquelles on inscrivait les différentes réponses possibles à une question. Le plus souvent il s'agissait d'un oui et d'un non. On allait à la Ka'ba, au pied de la plus imposante des idoles vénérées par Quraysh, le dieu Hubal, dont on implorait l'intervention. Puis le préposé au tirage prenait les flèches, les plaçait au fond d'un sac et tirait celle qui était porteuse de la sentence.

Abd al-Muttalib se rendit à la Ka'ba, entouré de ses dix fils, alla voir le préposé au tirage, lui remit les dix flèches et lui dit :

— Tire pour savoir lequel d'entre les dix devra donner son sang.

Et sous la statue de Hubal, il s'en remit au décret de Dieu.

La flèche qui sortit portait le nom de 'Abd Allâh, le plus jeune des fils de 'Abd al-Muttalib, celui qui avait entre tous sa préférence. Il le prit par la main, sans hésiter, et se dirigea avec lui vers l'autel des sacrifices. Ce fut alors que les Qurayshites intervinrent :

— Que vas-tu faire, 'Abd al-Muttalib ?

Il répondit :

— L'égorger.

Les gens n'avaient pas coutume d'offrir leurs enfants en sacrifice à leurs idoles. Il s'opposèrent à 'Abd al-Muttalib, disant :

— Par Dieu, non, tu ne l'égorgeras pas ! Si tu le faisais, tu créerais une obligation qui s'imposerait à nous. Chaque fois que l'un d'entre nous se laisserait emporter par un mot de trop, il se sentirait forcé de venir ici égorger un de ses fils. Ce serait un grand malheur pour tous.

L'un d'entre eux dit :

— Par Dieu, ne l'égorge pas avant d'avoir fait un vœu de rançon. Si son sang peut être racheté en y mettant notre fortune, nous y consentirons.

D'autres dirent :

— Va donc au Hijâz, où se trouve une voyante inspirée par un djinn. Consulte-la.

'Abd al-Muttalib et ses fils enfourchèrent leurs montures et partirent pour Yathrib. Là on leur dit que la voyante se trouvait à Khaybar. Ils s'y rendirent aussitôt et entrèrent chez elle. 'Abd al-Muttalib lui fit part de son ancien serment, de la sentence divine révélée par le tirage de la flèche portant le nom de ʿAbd Allâh et de l'obligation dans laquelle il se trouvait de sacrifier son fils préféré. La voyante dit :

— Revenez demain, je dois attendre la venue de mon djinn pour le consulter.

Ils revinrent le lendemain et elle leur dit :

— Quel est le prix du sang chez vous ?

Ils répondirent :

— Dix chameaux.

— Rentrez chez vous. Menez votre fils, ainsi que dix chameaux, au pied de votre dieu et faites tirer les flèches. Si le sort désigne votre fils, ajoutez dix chameaux, puis encore dix chameaux, et continuez ainsi, jusqu'à ce que votre dieu soit satisfait. Sacrifiez autant de chameaux qu'il faudra pour le satisfaire. Alors votre fils sera sauvé.

Ils rentrèrent à La Mecque et allèrent tourner autour de la Kaʿba, puis ʿAbd al-Muttalib mena son fils ʿAbd Allâh, ainsi que dix chameaux, au pied du dieu Hubal. Et il s'en remit à la sentence divine. Le préposé tira une première fois. La flèche désigna ʿAbd Allâh. On ajouta dix chameaux et le préposé tira une deuxième fois. La flèche désigna ʿAbd Allâh. On ajouta dix chameaux et le préposé retira. Puis il retira encore, et encore, jusqu'à ce que le nombre de chameaux atteignît cent. Alors la flèche désigna les chameaux. Durant tout ce temps, ʿAbd al-Muttalib priait Dieu au pied de la statue de Hubal. Les gens vinrent à lui et dirent :

— Ton dieu est satisfait. Il te laisse ton fils.

Abd al-Muttalib dit :

— Non, par Dieu, il faut que les chameaux soient tirés trois fois.

Le préposé recommença à tirer. La flèche désigna les chameaux une deuxième fois, puis une troisième fois. Alors seulement on arrêta le tirage. Les cent chameaux furent égorgés et il y en eut pour tout le monde et personne n'en fut privé.

C'est depuis lors, dit-on, que le prix du sang fut fixé à cent chameaux *.

*

* L'épisode du sauvetage de ʿAbd Allâh revêt un sens symbolique très fort, quand on sait qu'il sera le père du Prophète Muhammad.

Les hommes de La Mecque avaient coutume de passer à deux leurs moments de loisir. 'Abd al-Muttalib le faisait en compagnie de Harb ibn Umayya.

Or, 'Abd al-Muttalib comptait parmi ses protégés un juif nommé Udhayna, qui allait sur les marchés, faisant de bonnes affaires et portant sur lui beaucoup d'argent. Cela exaspéra Harb ibn Umayya, qui monta contre lui une bande de jeunes Qurayshites :

— Cet étranger circule parmi nous et vient sur nos marchés avec beaucoup d'argent. Il n'a pas de parents. Par Dieu, si vous le tuez et prenez son argent, vous n'aurez à craindre aucune conséquence. Nul ne vous imposera le tribut du sang.

Ainsi encouragés, deux Qurayshites surprirent Udhayna seul, l'assaillirent, le tuèrent et s'emparèrent de son argent. Puis ils se placèrent sous la protection de Harb ibn Umayya.

Dès que 'Abd al-Muttalib apprit le meurtre de Udhayna, il se mit à la recherche de son assassin. Il finit par découvrir le méfait de son ami Harb ibn Umayya. Il alla le voir, le réprimanda, lui demanda le nom de l'assassin et exigea le prix du sang de son protégé. Harb s'y refusa. La querelle s'envenima entre eux et ils en vinrent aux insultes. Il fallut recourir à un arbitrage.

Ils choisirent d'un commun accord le Négus d'Abyssinie, mais ce dernier refusa d'arbitrer entre eux. Ils s'en remirent alors à la sagesse de Nufayl ibn 'Abd al-'Uzza, auquel les Arabes faisaient souvent appel. Lorsqu'ils allèrent ensemble le voir, il s'adressa à Harb en ces termes :

— Vas-tu affronter un homme plus grand et plus imposant que toi, qui est non seulement moins blâmable, mais de plus noble naissance et de plus fier lignage ? Je sais que ta colère gronde, que ta voix porte loin chez les Arabes et que tu es chéri par ton clan. Mais tu affrontes un homme dont la cause est plus valable que la tienne.

Ayant dit cela, Nufayl trancha en faveur de 'Abd al-Muttalib, ce qui provoqua la fureur de Harb, qui lança :

— C'est un signe de la décadence où nous sommes, que je doive accepter ton arbitrage.

Abd al-Muttalib reçut de Harb cent chameaux, qu'il donna au cousin du juif Udhayna. Par ailleurs il récupéra l'essentiel de la somme qui avait été volée à ce dernier, dont une petite part avait été perdue. Il rajouta cette part de son propre argent et donna la somme entière au cousin d'Udhayna.

Après quoi, il cessa de passer ses moments de loisir avec Harb ibn Umayya.

L'épisode du puits de Zamzam comporte une charge symbolique exceptionnelle : ce puits, que jadis l'Ange Gabriel a fait jaillir pour sauver Ismaël et sa mère, est redécouvert par 'Abd al-Muttalib, grand-père de Muhammad. Il établit ainsi un lien de continuité entre l'ancêtre des Arabes et le Prophète. Par ailleurs, la violente dispute qui oppose 'Abd al-Muttalib aux chefs des autres clans de Quraysh illustre l'énorme importance d'un puits dans un tel environnement. L'eau étant la denrée la plus précieuse et les puits étant rares, ceux qui en possédaient un le surveillaient de près. Ils revendaient souvent une partie de l'eau qu'ils en tiraient.

CHAPITRE QUATRIÈME

Dhû Nuwwâs

Dhû Nuwwâs, roi juif du Yémen, fait brûler la ville chrétienne de Najrân. En représailles, le Négus d'Abyssinie, soutenu par l'empereur de Byzance, envoie une armée occuper le Yémen.

A la même époque, Dhû Nuwwâs le Himyarite, qui était de religion juive, régnait sur le Yémen. Un jour, un juif venu de Najrân, dont la population était chrétienne, vint lui annoncer que les chrétiens de cette ville avaient injustement tué deux de ses fils. Et il attisa l'hostilité du roi envers les chrétiens.

Dhû Nuwwâs finit par lever une armée à la tête de laquelle il marcha sur Najrân. Les habitants de la ville, prévenus, eurent le temps de se barricader et de se préparer à soutenir un siège. Dhû Nuwwâs leur envoya un messager les appelant à se convertir au judaïsme. Ils refusèrent. Le roi fit le siège de la ville et le temps passa, épuisant à la fois les assaillants et les défenseurs. Alors Dhû Nuwwâs promit à ces derniers la vie sauve s'ils lui ouvraient les portes de la ville. Ils le crurent et s'exécutèrent. Mais lorsque les portes furent ouvertes, le roi trahit sa parole. Selon certains, il fit creuser des fosses dans lesquelles on entassa des tas de bois. On y mit le feu et on y jeta les chrétiens ainsi que leurs Evangiles. Puis le roi fit détruire leurs églises et leurs sanctuaires et s'en revint au Yémen.

Cependant un chrétien de Najrân avait pu fuir la ville en flammes et échapper aux soldats de Dhû Nuwwâs en se cachant dans les sables avec son cheval. Il parvint en Abyssinie et se présenta chez le Négus, qui était un roi chrétien. Il lui montra un Evangile partiellement brûlé et lui raconta les souffrances infligées aux chrétiens de Najrân par Dhû Nuwwâs et ses troupes. Il lui dit que ces dernières avaient aussi tué un groupe de commerçants romains venus des Indes. Et il ajouta que le meurtre des deux juifs, qui avait été pris par Dhû Nuwwâs comme prétexte pour détruire la ville de Najrân, n'avait jamais eu lieu, que toute l'affaire avait été montée par les Perses.

Le Négus en fut très affecté. Il dit :

— Je dispose d'hommes en grand nombre, mais les navires me manquent. Je vais donc te dépêcher auprès de César, à Constantinople. Tu lui remettras un message où je lui relaterai les faits que tu m'as rapportés et où je soulignerai la menace que les gens de Dhû Nuwwâs représentent pour le commerce entre Rome et les Indes, ainsi que le poids grandissant qu'ils peuvent conférer aux Perses dans les affaires arabes. Je lui demanderai alors de m'envoyer les navires qu'il faut pour transporter mes armées jusqu'au Yémen.

Le Négus fit comme il avait dit et l'homme de Najrân partit pour Constantinople, où il fut aussitôt reçu par César. Lorsque ce dernier prit connaissance de la situation, il dit :

— Ton pays est loin du nôtre et il ne contient pas assez de richesses pour que nous prenions le risque d'y envoyer nos armées. Le Négus d'Abyssinie, qui est de notre religion, se trouve beaucoup plus près de ton pays, il peut y envoyer des troupes. Nous pouvons quant à nous lui envoyer les bateaux nécessaires pour transporter ces troupes jusqu'au Yémen.

— Oui, Sire.

— Certes, ce que nous allons faire déplaira aux Arabes. Nous allons permettre que débarquent sur leurs terres des Noirs, qui ne sont pas de leur couleur et ne parlent pas leur langue.

— Sire, cela est bon pour notre religion.

César écrivit au Négus une lettre dans laquelle il s'engagea à lui envoyer tous les navires dont il aurait besoin pour transporter ses armées d'Abyssinie au Yémen.

Lorsque cette lettre parvint au Négus, il s'en réjouit et convoqua Aryât, l'un des seigneurs d'Abyssinie. Il lui ordonna de se préparer à envahir le Yémen pour vaincre les armées de Dhû Nuwwâs et soumettre son pays. Il lui donna soixante-dix mille hommes, lui fournit des éléphants et lui dit :

— Au Yémen, tu tueras le tiers des hommes et détruiras le tiers du pays, afin que ses habitants sachent que le sang des chrétiens ne peut couler impunément.

Aryât fit monter ses hommes sur les navires envoyés par César et ordonna le départ. La flotte traversa la mer et atteignit sans encombre les côtes du Yémen, où les hommes débarquèrent. Puis Aryât fit brûler tous les navires et dit à ses troupes :

— Gens d'Abyssinie, vous savez que vous ne rentrerez pas dans votre pays. La mer est derrière vous. Si vous vous tournez vers elle, vous serez noyés et si, au lieu d'attaquer l'ennemi, vous reculez devant lui ou le fuyez en vous dispersant sur ses terres, vous serez décimés, tués ou réduits en esclavage. Vous n'avez d'autre choix que de vous battre vaillamment et de vaincre l'ennemi.

Dhû Nuwwâs rassembla tous les hommes qu'il put pour soutenir l'assaut des armées d'Abyssinie. Les combats furent féroces, mais les hommes d'Aryât finirent par avoir le dessus. Dhû Nuwwâs vit ses troupes se disperser et ses hommes, les uns après les autres, mourir ou prendre la fuite. Craignant d'être lui-même fait prisonnier, il enfourcha son cheval et s'élança au galop vers le rivage. Là il dit à ses derniers compagnons :

— Je préfère la mort en mer plutôt que la captivité en noir.

Puis il lança son cheval dans les flots et disparut aux regards de tous.

[illegible] au [illegible] en [illegible] quatre [illegible] seigneurs [illegible] la [illegible] préparer [illegible] les [illegible] de [illegible] Dieu [illegible] il [illegible]

— [illegible] des hommes et [illegible] du [illegible] que le [illegible] des [illegible] peut [illegible]

Arrivés [illegible] envoyés par César [illegible] hommes de [illegible] Puis [illegible] tous les [illegible]

— [illegible] que vous [illegible] rentrer [illegible] Si vous [illegible] elle, vous [illegible] Bien [illegible] vous [illegible] que de vous [illegible]

[illegible]

CHAPITRE CINQUIÈME

Abraha

Abraha, un général abyssin, s'empare du pouvoir au Yémen. Doué de grandes qualités, il s'illustre par des actions d'éclat, fait reconstruire le barrage de Ma'rib et reçoit les hommages de tous les monarques de la région.

Aryât prit possession du Yémen et fit ce que le Négus lui avait ordonné de faire. Il tua le tiers des hommes, détruisit le tiers du pays et envoya le tiers des femmes captives en Abyssinie. Puis il s'empara des fortunes et des biens et en attribua une grande partie aux seigneurs qui l'entouraient. Mais, contrairement à l'usage, il négligea d'en donner aux soldats et à leurs familles. Ce fut pourquoi le mécontentement gronda dans les rangs de ses soldats, qui commencèrent à se plaindre les uns aux autres.

Ayant entendu certains protester, l'un des chefs de l'armée, connu sous le nom d'Abraha, leur dit :

— Si un homme prend en charge votre colère, vous le livrerez à Aryât et il sera égorgé !

Ils répondirent :

— Non, par le Christ, nous ne le livrerons jamais !

Après qu'ils eurent juré sur l'Évangile qu'ils ne le livreraient jamais, Abraha s'enhardit et invita d'autres chefs à venir se réunir chez lui. Des proches d'Aryât en furent informés et suggérèrent à ce dernier qu'Abraha cherchait à le renverser. Aryât ne voulant pas le croire, ils lui dirent :

— Envoie donc chercher Abraha. S'il vient, c'est que la chose est sans fondement. S'il ne vient pas, tu sauras que la chose est vraie.

Aryât envoya l'un de ses hommes dire à Abraha :

— Le roi te convoque.

Abraha comprit qu'Aryât avait éventé son secret et le mettait à l'épreuve. Il voulut gagner du temps. Il se mit à genoux, se prosterna, ramassa sur le sol une brindille qu'il mit dans sa bouche, puis dit à l'envoyé d'Aryât :

— Va raconter au roi ce que tu m'as vu faire et dis-lui que je le glorifie et que je compte me rendre à sa convocation à quatre pattes, comme une bête.

L'envoyé ayant fait à Aryât le récit de ce qu'il avait vu et entendu, le roi dit à son entourage :

— Ne vous l'avais-je pas dit ?

Ils répondirent :

— Certes, le roi sait mieux que nous.

Cependant, dès que l'envoyé eut le dos tourné, Abraha s'empressa de battre le rappel des soldats et de la foule des pauvres venus d'Abyssinie. Ils vinrent avec leurs armes et les engins qui leur servaient à démolir les constructions et se mirent en rangs serrés les uns derrière les autres.

Aryât, qui ne voyait venir Abraha ni à quatre pattes ni à deux, finit par apprendre que ce dernier se préparait à l'attaquer. Il réunit sa cour, les chefs de l'armée et les hommes qui leur étaient fidèles, ils enfourchèrent leurs chevaux, emmenèrent les éléphants et s'élancèrent à la rencontre d'Abraha.

Lorsque les deux camps se trouvèrent face à face, Abraha sortit des rangs et cria de sa voix la plus haute :

— Gens d'Abyssinie, Dieu est notre seigneur, l'Évangile notre Livre, Jésus notre prophète et le Négus notre roi. Pourquoi devons-nous nous entre-tuer ? Aryât est un homme et je suis un homme. Laissez-nous nous battre l'un contre l'autre. S'il me tue, le royaume restera ce qu'il est, fait de prospérité pour les riches et de malheur pour les pauvres. Si c'est moi qui le tue, vous serez tranquilles, car je vous traiterai avec équité tant que je vivrai.

Les seigneurs et les chefs de guerre abyssins dirent à Aryât :

— Tu n'as pas voulu nous croire quand nous t'avons mis en garde contre lui. Le voici qui veut se mesurer à toi. Affronte-le !

Aryât était connu pour son courage et sa force. Grand et beau, alors qu'Abraha était affligé d'une petite taille et de traits grossiers, il n'avait nulle gloire à tirer d'un combat singulier avec le chef rebelle. Mais après avoir entendu ses gens, il ne pouvait se soustraire à ce combat sans apparaître à leurs yeux comme un lâche.

Il s'avança vers Abraha et lui assena de sa lance un coup violent, qui lui arracha les sourcils et lui trancha le nez. Abraha tomba, face contre terre, aux pieds d'Aryât. Mais celui qui serait dès lors surnommé l'homme au nez coupé, sachant Aryât plus fort que lui, avait posté l'un de ses esclaves dans un fossé proche du lieu où le duel se déroulait. Lorsque l'esclave vit tomber Abraha, il décocha à Aryât une flèche qui lui transperça la poitrine et le tua sur le coup.

Tandis que la foule des pauvres criait victoire, les seigneurs abyssins, abasourdis par la mort inattendue de leur roi, se trouvèrent dans une grande confusion. Ce fut ainsi qu'Abraha s'empara du pouvoir au Yémen.

Mais le Négus, apprenant la nouvelle, fut pris d'une terrible colère, disant :

— Cet homme s'est attaqué à mon envoyé et l'a tué sans mon ordre !

Il jura que rien n'apaiserait sa colère avant qu'il eût foulé le sol du Yémen et infligé à Abraha l'humiliation de la tonsure. Dès que ces paroles lui furent rapportées, Abraha se rasa les cheveux et les envoya au Négus, avec un sac empli de terre du Yémen et une missive disant :

« Grand Roi, Aryât était ton esclave, comme je suis ton esclave. Nous avons divergé sur l'exécution de tes ordres, en restant tous deux loyaux à ta personne. Je me suis montré plus fort que lui, plus habile et plus apte à prendre en charge les intérêts de tes sujets. Aussitôt que les paroles de mon Roi me sont parvenues, je me suis rasé les cheveux. Je les envoie à mon Roi avec un sac empli de la terre du Yémen, qu'il pourra étaler sous ses pieds. Ainsi mon Roi pourra-t-il fouler cette terre et tenir son serment. »

Lorsque le Négus lut cette missive, il fut satisfait et pardonna à Abraha. Il lui écrivit :

« Continue de faire ce que tu fais au Yémen, en attendant mes ordres. »

Voyant que le Négus lui avait pardonné et le laissait régner sur le Yémen, Abraha se sentit libre d'agir. Or il avait promis à son esclave, après que celui-ci eut tué Aryât, d'exécuter sa volonté, quelle qu'elle fût. L'esclave lui demanda :

— Qu'aucune femme du Yémen n'entre chez son époux avant de passer par moi.

Abraha lui dit :

— Je te l'accorde.

Mais les hommes du Yémen furent rapidement excédés par l'impudence de l'esclave et l'un d'entre eux s'arrangea pour le surprendre et le tuer. Abraha dit alors aux gens du Yémen :

— Par Dieu, vous avez à votre tête un homme ferme, qui méprise comme vous ce qui est méprisable. C'est pourquoi vous n'avez rien à craindre de moi. Vous n'aurez à subir aucun châtiment pour le meurtre qui a été commis.

Abraha s'illustra ensuite par des actions qui frappèrent les esprits. Il entreprit de reconstruire le barrage de Ma'rib et ordonna pour cela d'amasser les pierres et de préparer les matériaux de construction nécessaires. Puis il se rendit lui-même sur le chantier avec son armée et des hommes venant de différentes tribus yéménites et il surveilla personnellement les travaux.

Ceux qui l'accompagnaient n'avaient pas l'habitude de passer des semaines et des mois sur un chantier pour y travailler sans relâche. La colère gronda et Abraha dut accepter que l'on interrompît provisoirement les travaux pour permettre à ses gens de se reposer. Il profita de ce répit pour aller conclure avec les seigneurs de Saba une alliance en vertu de laquelle il obtint des matériaux qui lui manquaient et surtout un renfort en hommes, avec lesquels il put mener à son terme l'opération commencée. Le barrage reconstruit avait quarante-cinq bras de long, quarante-cinq bras de haut et quinze bras de large.

Abraha étant devenu roi, de nombreuses délégations se succédèrent au Yémen pour le féliciter, envoyées par le Négus d'Abyssinie et l'Empereur des Romains, aussi bien que par le Roi des Perses, le Roi des Ghassanides et le Roi d'al-Hîra. Les seigneurs du Yémen en furent stupéfaits, car la venue de telles délégations n'était pas chose habituelle. Ils y virent un hommage exceptionnel rendu par ces rois à Abraha, ainsi qu'un appui à son règne.

En fait, ces délégations ne s'étaient pas uniquement déplacées pour honorer Abraha. Elles visaient toutes d'autres buts, chacune le sien. Ainsi les émissaires du Négus voulaient-ils s'assurer de la loyauté et de la soumission d'Abraha, tandis que les émissaires de César étaient, eux, surtout préoccupés par la sécurité des routes commerciales romaines, passant par le Yémen et La Mecque pour aller vers le nord de la Péninsule et le pays de Shâm. Quant aux envoyés du roi des Perses, ils tentaient de persuader Abraha de rompre avec le Négus, d'affirmer l'indépendance du Yémen et d'interdire aux navires romains l'accès aux côtes indiennes et le commerce avec les Arabes.

le Roi des [illegible] et le Sud [illegible] pas de renforcer [illegible] sur la [illegible] n'était pas chose [illegible] un homme [illegible] rendu par ces [illegible] qu'il attendait de sa [illegible].

En fait, ces négociations [illegible] pas [illegible] déplacées pour [illegible] Abdallah [illegible] d'accord [illegible], chacun le sien. Ainsi [illegible] assurée de la [illegible] de la commission d'Abdallah, tandis que les émissaires de César étaient [illegible] par la sécurité des routes commerciales [illegible] passant par le Yémen et l'Arabie pour aller vers le [illegible] et le pays de Sham. Quant aux envoyés [illegible] Abd'ha de [illegible] d'affirmer [illegible] d'[illegible] avec [illegible]

CHAPITRE SIXIÈME

L'Année de l'Eléphant

Abraha fait construire une magnifique église à San'â'. Il marche sur La Mecque en vue de détruire la Ka'ba. Mais une malédiction s'abat sur lui. L'éléphant géant refuse d'avancer. Une nuée d'oiseaux vient décimer les rangs de son armée. Abraha ordonne la retraite.

Abraha observa que nombre de gens se préparaient à partir en pèlerinage. Il demanda à son entourage :

— Où vont ces gens ?

Ils lui dirent :

— A La Mecque.

— Pour quoi faire ?

— Ils vont en pèlerinage à la Ka'ba.

— Qu'est-ce que la Ka'ba ?

— C'est une des Demeures de Dieu, où les Arabes vont en pèlerinage à la période de l'année qui suit la foire de 'Ukâz.

— Mais comment la Ka'ba peut-elle être la Demeure de Dieu, alors que les Mecquois sont des adorateurs d'idoles ? En quoi est-elle construite ?

— En pierre.

— Racontez-moi son histoire.

Ils lui racontèrent l'histoire de la Ka'ba. Puis ils lui dirent que

Tubba‘ avait voulu la détruire, qu'il en avait été dissuadé par deux rabbis juifs, qu'il avait cependant poursuivi sa route jusqu'à La Mecque et qu'à son arrivée, au lieu de porter atteinte à la Ka‘ba, il avait tenu à la protéger en la recouvrant. Abraha demanda :

— En la recouvrant de quoi ?

— De morceaux d'étoffe.

— Par le Christ, je vous construirai un sanctuaire encore plus beau !

Il écrivit au Négus pour l'informer qu'il comptait édifier à San‘â' une église qui frapperait les esprits et resterait longtemps dans les mémoires. Il écrivit aussi à César pour lui expliquer qu'en construisant cette église, il entendait détourner les pèlerins de La Mecque vers San‘â' et finalement imposer sa domination aux Mecquois. Le Négus et César lui promirent leur aide.

Abraha édifia une église qui éblouit les gens par ses dimensions, sa magnificence et le raffinement de sa décoration extérieure et intérieure. On dit qu'il la fit construire en utilisant les pierres du palais de Balqîs, dont il ordonna que l'on détruisît les murs et que l'on transportât les pierres de Ma'rib jusqu'à San‘â'. Il fit travailler ses ouvriers et ses esclaves de jour comme de nuit, en châtiant cruellement ceux d'entre eux qui se rendaient coupables de paresse ou de négligence, allant dans certains cas jusqu'à leur couper la main.

Ils bâtirent un sanctuaire immense et somptueux, en pierres superposées, ordonnées par rangées de couleurs différentes. Ses murs, d'une épaisseur de six coudées, étaient décorés de frises de marbre et de bois sculpté, le marbre étant surmonté de pierres brillantes, noires et blanches. La porte en cuivre, longue de dix coudées et large de quatre, donnait sur une allée couverte de quatre-vingts coudées de long et quarante de large, bordée de colonnes sculptées et incrustées de clous d'or et d'argent. Cette allée donnait accès à une salle de quarante coudées de côté, aux voûtes recouvertes de mosaïques multicolores, dont les motifs arborescents étaient semés d'étoiles d'or.

De là on passait dans un édifice de trente coudées de côté, surmonté d'une immense coupole recouverte de mosaïques représentant des croix incrustées d'or et d'argent. En son milieu était posée une dalle de marbre de dix coudées de côté, qui attirait tous les regards car elle captait la lumière du soleil et de la lune pour la refléter sur la coupole. Sous la coupole se dressait une chaire, faite de bois précieux et d'ivoire, dont les marches, en bois de platane plaqué d'or et d'argent, étaient retenues par des chaînes d'argent.

Abraha avait fait bon usage des marbres que lui avait fournis César, marbres blancs, rouges, jaunes et noirs, qu'il avait décorés d'or, d'argent et de pierres précieuses, dont la plus belle était un magnifique rubis. L'église était gardée par des portiers et des serviteurs choisis parmi les chrétiens de Saba. On y brûlait des bois odoriférants et on parfumait ses murs en les enduisant de musc.

Et les gens se pressèrent dans l'église pour y prier, faire leurs dévotions et glorifier Dieu.

Abraha ordonna aux Arabes du Yémen et aux autres de venir en pèlerinage dans cette église et de nombreuses tribus lui obéirent, certaines par conviction, les autres par crainte de représailles.

Alors Abraha écrivit au Négus :

« J'ai construit pour toi à San'â' un sanctuaire comme n'en ont jamais bâti les Arabes ni les Perses et auquel aucun roi n'a pu prétendre avant toi. »

Lorsque les Arabes du Nord virent cela, ils éprouvèrent une grande inquiétude, car ils comprirent qu'Abraha avait décidé de ruiner leur pèlerinage en même temps que leur commerce. Un des leurs se rendit à San'â', entra dans l'église et, à ce qu'on dit, la souilla de ses excréments.

Apprenant cela, Abraha demanda :

— Qui a fait cela ?

On lui répondit :

— Un homme attaché au sanctuaire où les Arabes vont en pèlerinage. Il a appris que tu voulais détourner ce pèlerinage de leur mosquée vers notre église. En venant souiller notre église, l'homme a voulu t'indiquer qu'elle n'était pas digne de cet honneur.

Ce fut alors qu'Abraha forma le dessein de marcher sur La Mecque et de détruire la Ka'ba.

Une délégation d'Arabes étant venue le voir pour lui demander une faveur, il couronna son chef roi de Mudar et le chargea de rentrer chez lui et d'appeler les gens à abandonner le pèlerinage de

La Mecque pour adopter celui de San'â'. Le nouveau roi repartit vers le nord et s'arrêta en pays de Tihâma, où il prôna le changement de pèlerinage. Alors les gens de la région chargèrent un homme de le suivre et de guetter l'occasion propice pour l'assassiner. Ce qui fut fait.

Son frère revint précipitamment au Yémen, alla voir Abraha et lui apprit la mort du roi. La colère d'Abraha redoubla contre les Arabes, ainsi que sa détermination à détruire leur sanctuaire de La Mecque.

Il s'en ouvrit au Négus et à César, qui l'approuvèrent aussitôt, espérant qu'il pourrait relier le Yémen à la Syrie et par là, sécuriser les routes commerciales entre les Indes et l'Orient et entre le pays de Shâm et l'Abyssinie.

Abraha fit ses préparatifs et demanda au Négus de lui fournir un éléphant, qu'il comptait emmener à La Mecque afin d'effrayer les Arabes. Le Négus lui envoya un énorme éléphant, dont la taille et la puissance dépassaient tout ce que l'on avait vu jusque-là. Abraha donna à son armée l'ordre de départ et l'éléphant ouvrit la marche.

Les Arabes de diverses régions considérèrent alors qu'il était de leur devoir de combattre Abraha. Le premier d'entre eux à appeler les siens à la guerre fut un seigneur arabe du Yémen, nommé Dhû Nafar. De nombreux seigneurs se joignirent à lui, venant du Yémen et d'ailleurs, et ils partirent à l'assaut des troupes d'Abraha. Mais, ce dernier disposant de forces supérieures, ils furent vaincus et Dhû Nafar capturé.

Abraha s'apprêtait à le tuer, comme il était de coutume en ce temps, lorsque Dhû Nafar lui dit :

— Grand roi, pourquoi me tuer ? Ma présence à tes côtés pourrait t'être plus utile que ma mort.

En homme aussi rusé que magnanime, Abraha l'épargna. Il ordonna de le ligoter et le fit transporter dans ces conditions, alors que l'armée poursuivait sa route vers La Mecque.

Plus loin, Abraha vit s'opposer à lui une autre armée, levée par différentes tribus arabes. L'affrontement tourna encore une fois à l'avantage d'Abraha, qui s'apprêtait à tuer leur chef, lorsque ce dernier lui dit :

— Grand roi, pourquoi me tuer ? Je te serai bien plus utile

vivant. Je pourrai être ton guide en terre arabe et tu pourras compter sur ma tribu, qui m'est tout obéissance.

Abraha l'épargna et se fit guider par lui sur le chemin.

Il arriva ainsi à al-Tâ'if. Cette ville, qui se trouvait sur la route de La Mecque, était habitée par la tribu des Thaqîf. L'un des chefs de cette tribu vint vers Abraha et lui dit :

— Grand roi, nous sommes tes esclaves obéissants. Il n'y a pas de différend entre nous. Tu cherches le sanctuaire de la Ka'ba, qui se trouve à La Mecque, et non notre sanctuaire à nous, qui est celui d'al-Lât. Si tu le veux, nous pourrons te donner un guide pour te conduire jusqu'à La Mecque.

Al-Lât était une idole vénérée par les Arabes. C'était, dit-on, un grand rocher blanc sculpté. Les Arabes venaient de partout pour le visiter et l'implorer. Les gens de Thaqîf en avaient fait un rival de la Ka'ba. Ils lui avaient construit une demeure entourée d'une cour et recouverte d'étoffes. Ils en avaient fait un sanctuaire, qu'ils comparaient à celui de la Ka'ba. Dans son enceinte, ils avaient interdit de couper des arbres ou de chasser des animaux et ils accordaient aux gens une sauvegarde qu'ils comparaient à celle en vigueur dans l'enceinte de la Ka'ba.

Thaqîf se conduisait d'ailleurs vis-à-vis d'al-Lât comme Quraysh vis-à-vis de la Ka'ba. Ceux qui revenaient à al-Tâ'if après un voyage se dirigeaient d'abord vers le sanctuaire d'al-Lât, tournaient autour, s'adressaient à l'idole et la remerciaient de sa protection, avant de rentrer chez eux.

Al-Lât était surmontée d'un dais que les gens de Thaqîf emportaient avec eux lorsqu'ils partaient en guerre. Ils le posaient alors là où se rassemblait l'armée et les crieurs invoquaient à haute voix le nom d'al-Lât, afin d'encourager les soldats à se battre jusqu'à la mort en l'honneur de leur idole. Selon la rumeur, cette idole était féminine.

Abraha accepta l'offre de Thaqîf et emmena avec lui un de leurs hommes pour le guider vers La Mecque. Mais l'homme mourut peu après et fut enterré sur place. Sa tombe allait par la suite être maudite.

Cependant un éclaireur abyssin, qu'Abraha avait envoyé à cheval en direction de La Mecque, trouva sur son chemin un grand troupeau de chameaux. Il s'en empara et l'amena aussitôt à

Abraha. Ce troupeau comprenait deux cents chameaux appartenant à ʻAbd al-Muttalib. Les Mecquois s'en émurent et certains d'entre eux voulurent entraîner les autres au combat contre Abraha. Mais les chefs se dirent qu'ils n'avaient pas les moyens de se mesurer à lui et qu'Abraha les vaincrait, à n'en pas douter, comme il avait vaincu les Arabes qui l'avaient déjà affronté. Ils préférèrent s'abstenir et abandonner à Abraha le troupeau.

De son côté, Abraha appela un de ses hommes et le dépêcha à La Mecque en lui disant :

— Va à La Mecque et demande à voir le seigneur de cette ville. Quand tu le trouveras, dis-lui ceci : « Le roi vous assure qu'il n'est pas venu pour vous faire la guerre, mais seulement pour détruire le sanctuaire. Si vous ne vous opposez pas à lui, il ne tient pas à verser votre sang. » S'il t'apparaît que les Mecquois ont renoncé à se battre, ramène avec toi quelques-uns de leurs chefs.

L'émissaire se rendit à La Mecque et demanda à voir le seigneur de Quraysh. On lui indiqua ʻAbd al-Muttalib. Il alla le voir et lui transmit le message d'Abraha. ʻAbd al-Muttalib lui dit :

— Par Dieu, nous ne voulons pas faire la guerre au roi. Nous n'en avons pas les moyens. La Kaʻba est le sanctuaire de Dieu. Si Dieu désire protéger Son sanctuaire, Il le fera. S'Il laisse la voie libre à Abraha, par Dieu, nous ne pourrons nous y opposer.

Alors l'émissaire lui dit :

— Viens donc avec moi chez le roi. Il m'a ordonné de t'amener à lui.

Abd al-Muttalib prit quelques affaires et partit, accompagné de plusieurs de ses fils, à la rencontre du roi. Ce dernier le reçut avec de grands égards et tint à ce qu'il s'assît, non au-dessous de lui mais à ses côtés. Comme il lui répugnait, cependant, de le faire monter sur le lit royal, il descendit de son trône, s'assit sur un tapis et invita ʻAbd al-Muttalib à faire de même. Puis il dit à son interprète :

— Demande-lui ce qu'il veut.

Lorsque l'interprète eut traduit la question du roi, ʻAbd al-Muttalib répondit :

— Je demande au roi qu'il me rende les deux cents chameaux qu'il m'a pris.

La réponse lui ayant été traduite, Abraha dit :

— Tu m'as plu lorsque je t'ai vu, mais tu m'as déçu lorsque je t'ai entendu. Tu viens me parler de quelques têtes de bétail que je t'ai prises et tu ne me dis rien du sanctuaire qui abrite ta religion et celle de tes ancêtres. J'entends le détruire et tu ne t'en soucies pas ?

Abd al-Muttalib répondit :

— Je suis le maître de mes chameaux. Quant au sanctuaire, il a un maître qui saura le défendre.

— Il ne pourra pas le défendre contre moi.

— Ce sera entre toi et lui. Mais je veux qu'on me rende mes chameaux !

Abraha ordonna que ses chameaux lui fussent rendus Alors 'Abd al-Muttalib tenta de tirer profit des bonnes dispositions du roi. Il lui dit :

— Le tiers de la fortune de Quraysh serait à toi, si tu renonçais à détruire la Ka'ba et que tu rentrais dans ton pays.

Abraha refusa.

Abd al-Muttalib revint vers les siens et les informa qu'Abraha avait rejeté son offre. Sachant que l'armée abyssine s'apprêtait à entrer dans La Mecque, il leur conseilla de quitter la ville et de se réfugier dans les montagnes environnantes. Quraysh suivit son conseil, se dispersa sur les hauteurs et attendit la suite.

La nuit commença, pour les Abyssins, sous le signe d'une malédiction. Les étoiles se firent de plus en plus inquiétantes, semblant se rapprocher des soldats pour leur dire des choses qu'ils ne comprenaient pas et qui les tourmentaient. Le guide arabe de l'armée s'enfuit pour se réfugier dans le sanctuaire. Les tribus qui s'étaient ralliées à Abraha brisèrent leurs lances et leurs épées et implorèrent Dieu de leur pardonner. Puis, la nuit s'avançant, un froid terrible s'abattit sur les Abyssins, qui épuisa leurs forces et brisa leurs volontés. Ils durent, cependant, se lever avant l'aube pour obéir aux ordres d'Abraha, qui exigeait de les voir entrer dans La Mecque au matin.

Ils placèrent l'éléphant en première ligne, l'orientèrent vers la ville et tentèrent de le faire avancer. L'éléphant refusa. Ils se mirent à le battre comme ils purent. Il les défia en se vautrant dans le sable. Le jour pointait. Ils eurent l'idée de ruser avec l'éléphant, plutôt que de chercher à le forcer. Ils vinrent près de ses oreilles et lui dirent :

— Nous te jurons devant Dieu que tu ne vas plus à La Mecque.

Il battit des oreilles, comme pour leur signaler qu'il les entendait et les prenait au mot. Puis il s'ébroua et se mit debout. Ils l'orientèrent vers le Yémen et il reprit sa marche avec joie. Ils voulurent alors l'amener à faire demi-tour et à reprendre la direction de La Mecque. Il s'arrêta net et se coucha à nouveau dans le sable.

Ils lui jurèrent encore qu'ils ne le pousseraient pas vers la ville. Il se redressa et s'élança vers le Sud. Mais lorsqu'ils tentèrent de le ramener vers La Mecque, il se recoucha et ne bougea plus.

Le soleil venait de se lever. Les Abyssins virent alors foncer sur eux une nuée d'oiseaux noirs, que certains appelèrent des sauterelles, si nombreux qu'ils finirent par voiler le ciel. Chacun de ces oiseaux portait trois cailloux, un dans son bec et un dans chaque patte. Ils s'élançaient par vagues sur les soldats, lâchaient leurs cailloux et faisaient place aux vagues suivantes. Tous les cailloux atteignaient leurs cibles et les soldats tombaient les uns après les autres, leur ventre se déchirait, leurs os se rompaient.

Alors Abraha sut qu'il n'entrerait pas dans La Mecque. Il rebroussa chemin. Mais certains des cailloux l'avaient atteint et commençaient à ronger son corps. A chacune des étapes de son retour, un de ses membres se putréfiait. Lorsqu'il arriva au Yémen, sa poitrine se fendit, puis son ventre et il mourut.

Cette année, appelée par les Arabes l'Année de l'Éléphant, fut celle où naquit Muhammad ibn 'Abd Allâh ibn 'Abd al-Muttalib.

TROISIÈME PARTIE

Muhammad

CHAPITRE PREMIER

Enfance

Muhammad, orphelin de son père, est pris en charge par son grand-père 'Abd al-Muttalib, qui le confie à une nourrice. Un jour, l'enfant est emmené par des inconnus, qui lui ouvrent la poitrine pour lui retirer un caillot noir du cœur. Muhammad fait le récit de cet événement.

'Abd Allâh, le dernier fils de 'Abd al-Muttalib, ayant atteint l'âge de la puberté, son père décida de le marier à Amna, fille de Wahab ibn 'Abd Manâf. Ils allèrent tous les deux chez Wahab, afin de demander la main de sa fille. En chemin, ils croisèrent une femme des Banû Asad, qui, voyant son visage, s'arrêta et lui dit :

— Où vas-tu 'Abd Allâh ?

Il désigna son père, qui marchait devant lui et dit :

— Je vais avec mon père.

Elle dit :

— Je te donnerai autant de chameaux que ceux qui ont été sacrifiés pour te sauver, si tu viens me prendre tout de suite.

Il dit :

— J'accompagne mon père, je ne peux me séparer de lui.

Ils arrivèrent chez Wahab, à qui 'Abd al-Muttalib demanda la main de sa fille Amna pour son fils 'Abd Allâh. Wahab accepta et 'Abd Allâh entra chez Amna et la connut la nuit même. Et elle fut enceinte de Muhammad.

Rentrant chez lui le lendemain, ‘Abd Allâh retrouva sur son chemin la femme des Banû Asad qui s'était offerte à lui la veille. Cette fois elle n'en fit rien et lui tourna le dos. Il lui dit :

— Pourquoi ne m'offres-tu pas aujourd'hui ce que tu m'as offert hier ?

Elle lui répondit :

— La lumière qui émanait de toi hier t'a quitté. Je ne te désire plus aujourd'hui.

Peu de temps après, ‘Abd Allâh partit au pays de Shâm pour y faire du commerce. A son retour, il descendit chez ses oncles maternels les Banû al-Najjâr, à Yathrib. Il tomba malade et mourut avant que sa femme eût accouché, laissant peu de biens à l'enfant qui allait naître.

Amna fit prévenir ‘Abd al-Muttalib, grand-père du nouveau-né :

— Il t'est né un garçon. Viens le voir.

Abd al-Muttalib se rendit chez elle, prit son petit-fils et le porta dans ses bras jusqu'à la Ka‘ba. Il remercia Dieu de lui avoir fait ce don et le pria d'accorder à son petit-fils aisance et prospérité. Puis il ramena l'enfant chez sa mère et, comme le voulait la coutume, se mit à la recherche d'une nourrice. Il fit sacrifice d'un bouc et nomma le nouveau-né Muhammad *. Les gens s'en étonnèrent :

— Pourquoi le nommer Muhammad ? Pourquoi ne pas lui donner le nom de tes ancêtres ?

Abd al-Muttalib répondit :

— Je veux le voir loué par Dieu dans le Ciel comme par les gens sur la Terre.

*

La nuit où naquit Muhammad ibn ‘Abd Allâh, la salle du trône de Khusrû, Roi des Perses, trembla, quatorze de ses balcons s'effondrèrent et la flamme sacrée ** s'éteignit brusquement, ce qui n'était pas arrivé depuis mille ans. Par ailleurs, le lac de Sawa déborda et le grand prêtre vit en songe des chameaux entraînant à

* Muhammad : celui qui est loué, celui qui est digne d'éloges.

** La flamme sacrée, dans les autels dédiés à Ahura Mazda, est constamment entretenue afin de ne jamais s'éteindre.

leur suite des chevaux arabes, qui, après avoir traversé le Tigre, se répandaient dans le pays.

Khusrû, réveillé en sursaut, fut épouvanté par ce qu'il vit. Il ne put garder la chose pour lui. Il convoqua ses ministres et ses satrapes et les reçut, assis sur son trône, sa couronne posée sur la tête. A peine les avait-il mis au courant de ce qui s'était passé dans son palais, qu'on lui apporta une missive l'informant que la flamme sacrée s'était éteinte partout dans le pays. Son affliction redoubla. Puis le grand prêtre dit :

— Dieu protège le roi, j'ai moi-même eu une vision cette nuit.

Il raconta au roi la vision qu'il avait eue de chevaux arabes traversant le Tigre. Et le roi demanda :

— Que penser de ce songe, grand prêtre ?

— Il nous arrivera une chose terrible, venant de chez les Arabes.

★

Halîma avait quitté sa région, en même temps que d'autres femmes de sa famille, pour chercher à La Mecque des nourrissons à allaiter. L'année avait été stérile et il ne leur restait plus rien.

Halîma, montée sur une chétive ânesse, était accompagnée de son mari et portait son fils nouveau-né. Ils traînaient avec eux une chamelle qui ne donnait plus une goutte de lait. L'enfant, que le sein de sa mère ne nourrissait pas, dépérissait et poussait des cris qui empêchaient ses parents de dormir. Ils espéraient que le salut leur viendrait de La Mecque.

Lorsque le groupe y parvint, Muhammad ibn 'Abd Allâh fut présenté aux femmes. Mais les unes après les autres, apprenant qu'il était orphelin, refusèrent de le prendre. Elles délaissaient les orphelins, car elles pensaient que seuls les pères savaient se montrer généreux.

Toutes les femmes trouvèrent des nouveau-nés à nourrir, à l'exception de Halîma. Au moment où le groupe s'apprêtait à quitter La Mecque, celle-ci dit à son mari :

— Par Dieu, je ne veux pas rentrer sans emmener de nourrisson. Je serais la seule parmi mes compagnes. Non, je prendrai plutôt cet orphelin !

Son mari lui dit :

— Oui, tu devrais le faire. Dieu voudra peut-être que cet enfant nous porte bonheur.

Halîma se rendit chez Amna bint Wahab et sortit de chez elle avec le petit Muhammad. Ayant rejoint son mari, elle s'assit, prit l'enfant sur ses genoux et lui donna le sein. Et le sein se trouva regorger de lait, dont Muhammad but à satiété. Elle s'empressa ensuite de donner le sein à son propre fils, devenu le frère de lait de Muhammad. Et son fils à son tour but à satiété. Puis les deux nourrissons s'endormirent paisiblement.

Le mari de Halîma alla vers leur chamelle et vit que ses mamelles débordaient de lait. Il se mit aussitôt à la traire et but avec sa femme jusqu'à ce qu'ils fussent repus. Cela faisait longtemps qu'ils n'avaient connu un tel contentement. Le lendemain il dit à Halîma :

— Par Dieu, Halîma, tu as pris un être béni. Vois les bienfaits dont nous avons été comblés depuis qu'il est avec nous !

— Par Dieu, je l'espère.

Portant Muhammad ibn 'Abd Allâh sur un bras, elle se hissa sur son ânesse. La monture partit si vite qu'elle laissa loin derrière elle celles de toutes ses compagnes. Lorsque celles-ci eurent rattrapé Halîma, elles lui dirent :

— N'est-ce pas cette même ânesse que tu montais en venant à La Mecque ?

— Par Dieu, c'est bien la même.

— Par Dieu, cela cache un mystère.

Halîma et son mari rentrèrent chez eux et virent que leur terre, jadis la plus aride du pays, leur permettait désormais de nourrir leurs bêtes. Ils eurent assez de lait pour eux-mêmes et Halîma put donner le sein à Muhammad aussi bien qu'à son propre fils. Dès lors les gens prirent l'habitude de dire à leurs bergers :

— Allez donc faire paître vos brebis là où Halîma fait paître les siennes.

Halîma et son mari ne cessèrent de louer Dieu et de Le remercier pour les bienfaits dont Il les gratifiait. Et deux années passèrent, au terme desquelles Muhammad fut sevré. Selon la coutume, il devait être rendu à sa mère. Halîma et son mari le ramenèrent à La Mecque, mais insistèrent auprès de Amna bint Wahab pour le garder encore. Halîma lui dit :

— Pourquoi ne pas me le laisser jusqu'à ce qu'il se renforce ? Je crains pour lui l'air de La Mecque.

Amna finit par se laisser convaincre et Muhammad revint avec sa nourrice.

Il y resta jusqu'à ce jour où, avec son frère de lait et quelques-uns de leurs amis, jouant non loin de leur maison, ils disparurent un moment à la vue de Halîma. Puis son frère de lait, tout ému, revint en courant vers sa mère et lui dit :

— Viens voir, deux hommes vêtus de blanc ont emmené mon frère. Ils sont en train de le frapper.

Halîma et son mari se précipitèrent dehors à la recherche de Muhammad. Ils le trouvèrent derrière une dune, le visage blême. Ils lui demandèrent :

— Qu'as-tu, fils ?

Il répondit :

— Deux hommes tout habillés de blanc m'ont couché sur le sol. Ils m'ont ouvert le ventre et en ont retiré quelque chose... je ne sais pas quoi...

Ils rentrèrent à la maison et le mari de Halîma dit :

— Je crains que ce garçon ne soit atteint de quelque chose. Ramène-le à sa famille avant que cela n'apparaisse.

Halîma ramena Muhammad à La Mecque mais lorsque, à la nuit tombée, ils furent arrivés à la lisière de la ville, elle s'aperçut qu'elle avait perdu le petit. Elle le chercha en vain. Puis elle dut se résoudre à aller trouver son grand-père pour lui dire :

— Je suis arrivée cette nuit avec Muhammad. Mais tout à l'heure, sur les hauteurs, je l'ai perdu de vue. Par Dieu, je ne sais où il est passé...

Abd al-Muttalib se rendit à la Ka'ba pour implorer Dieu de lui rendre son petit-fils et vit bientôt arriver Waraqa ibn Nawfal, ainsi qu'un autre homme de Quraysh, qui ramenaient Muhammad. Ils dirent à 'Abd al-Muttalib :

— Voici ton fils. Nous l'avons trouvé sur les hauteurs de La Mecque.

Abd al-Muttalib porta Muhammad sur ses épaules et tourna ainsi autour de la Ka'ba, remerciant Dieu de lui avoir rendu son petit-fils et Le priant de le protéger à l'avenir. Puis il rendit Muhammad à sa nourrice, qui le ramena à sa mère.

Voyant ces deux arriver soudain chez elle, Amna fut tout étonnée. Elle dit à Halîma :

— Qu'est-ce qui t'amène ici avec mon fils, alors que tu tenais tellement à le garder chez toi ?

Halîma répondit :

— J'ai fait ce que j'avais à faire. Mais je crains les choses à venir. Je te le rends comme tu me l'avais demandé.

— Que me caches-tu là ? Dis-moi la vérité.

Amna insista et Halîma finit par lui raconter ce qui s'était passé entre Muhammad et les deux hommes en blanc. Amna dit :

— As-tu peur pour lui de Satan ?

— Oui.

— Ne crains rien. Le Diable n'a pas de prise sur lui. Mon fils est prédestiné. Veux-tu que je te dise comment je le sais ?

— Oui, dis-moi.

— Lorsque j'ai été enceinte de lui, j'ai vu sortir de moi une lumière qui éclairait jusqu'aux palais de Busra en terre de Shâm.

⋆

C'est en ces termes que le Messager de Dieu décrivit plus tard ses années d'enfance :

Je fus le premier-né de ma mère et sa grossesse lui pesa. A ses compagnes, elle se plaignit plus d'une fois de la lourdeur de ce qu'elle portait. Puis un jour, en songe, elle vit que ce qu'elle portait était lumière. Elle dit : « Je me mis à suivre du regard la lumière et cette lumière, précédant mon regard, éclaira pour moi les confins de la terre, du levant jusqu'au couchant. » Elle accoucha de moi et je grandis. Très tôt, je détestai les idoles de Quraysh, comme je détestai la poésie.

J'avais été confié aux Banû Layth ibn Bakr. Un jour que je me trouvais loin de la famille, au fond d'un ravin, jouant avec quelques garçons de mon âge, nous vîmes venir vers nous un groupe de trois hommes, portant une bassine dorée emplie de glace. Ils me tirèrent loin de mes amis, qui, tout d'abord, s'enfuirent jusqu'au haut du ravin puis se ravisèrent et revinrent dire à ces hommes :

– Que lui voulez-vous, à ce garçon? Il n'est pas des nôtres. C'est le fils d'un seigneur de Quraysh. Il est ici en nourrice et il est orphelin de père. A quoi vous servirait-il de le tuer? Cela ne vous rapporterait rien. Si vous devez tuer, choisissez plutôt l'un d'entre nous pour le tuer à la place de ce garçon. C'est un orphelin...

Ils virent que les hommes ne leur répondaient pas. Alors ils partirent en courant vers leurs familles, pour les appeler à mon secours.

L'un des hommes m'étendit avec douceur sur le sol. Il me fendit la poitrine et le ventre. Je le regardai faire sans rien sentir. Il sortit mes entrailles, les lava délicatement avec la glace et les remit à leur place.

Un deuxième homme s'approcha et dit au premier : « Écarte-toi. » Il enfonça sa main dans mon corps et, tandis que je le regardais, sortit mon cœur. Il le fendit et en retira un caillot noir, qu'il jeta. Puis il tendit le bras comme pour empoigner quelque chose et je vis dans sa main un anneau si brillant qu'il éblouissait les yeux. Il le pressa sur mon cœur, qui s'emplit alors de lumière. La lumière de la prophétie et de la sagesse. Il remit ensuite mon cœur à sa place. Longtemps, je continuai de ressentir la fraîcheur que cet anneau laissa dans mon cœur.

Le troisième homme dit au deuxième : « Écarte-toi. » Il passa la main sur ma poitrine et mon ventre et, par la volonté de Dieu, la blessure cicatrisa. Il me prit par la main et me releva en douceur. Puis il dit : « Mettez-le en balance avec dix des gens de son peuple. » Ils firent cela et je pesai plus lourd que les dix. Il dit : « Mettez-le en balance avec cent. » Ils firent cela et je pesai plus lourd que les cent. Il dit : « Mettez-le en balance avec mille. » Ils firent cela et je pesai plus lourd que les mille. Alors il dit : « Laissez. Même si vous le mettiez en balance avec l'ensemble de son peuple, il continuerait de peser plus lourd. »

Ils me serrèrent contre leur poitrine, déposèrent un baiser sur ma tête et entre mes yeux, puis dirent :

— O bien-aimé, ne crains rien. Si tu savais la félicité à laquelle tu es destiné, tu serais sans inquiétude.

Nous en étions là, lorsque je vis apparaître au loin les gens du quartier. Ils étaient en grand nombre et parmi eux ma mère, c'est-à-dire ma nourrice, qui se mit à crier de sa plus haute voix :

— O toi si faible !

Les trois hommes me reprirent dans leurs bras, déposèrent un baiser sur ma tête et entre mes yeux, puis dirent :

— Tu n'es certes pas faible !

Ma nourrice dit :

— O toi si seul !

Les trois hommes me pressèrent à nouveau sur leur poitrine, déposèrent un baiser sur ma tête et entre mes yeux, puis dirent :

— Tu n'es certes pas seul. Dieu est avec toi, et Ses anges et tous les croyants de la Terre !

Ma nourrice dit :

— O toi l'orphelin, ces gens t'ont tué en raison de ta faiblesse !

Les trois hommes me pressèrent encore contre leur poitrine et déposèrent un baiser sur ma tête et entre mes yeux, puis dirent :

— Tu n'es certes pas orphelin. Dieu t'accorde une dignité sans pareille. Si seulement tu savais la félicité à laquelle tu es destiné...

Les gens du quartier étaient arrivés au fond du ravin. Ma mère, c'est-à-dire ma nourrice, me regarda et dit :

— Ne te reverrai-je pas vivant?

Elle me serra dans ses bras. Par Celui qui tient mon âme entre Ses mains, alors qu'elle me pressait contre sa poitrine, l'un des trois hommes me tenait par les doigts. Je m'adressai à ces hommes, croyant que les gens les voyaient comme moi, mais soudain je compris que personne d'autre que moi ne les voyait. Parmi les habitants du quartier, quelqu'un dit alors :

— Cet enfant souffre d'un mal, ou il est harcelé par quelque djinn. Il faut l'emmener chez notre devin, pour qu'il l'examine et le soigne.

Je lui dis :

— Hé toi, tu ne sais pas de quoi tu parles. Mes pensées sont claires et mon cœur est pur. Je n'ai rien de ce que tu as dit.

Le mari de ma nourrice intervint :

— Vous voyez bien que son esprit est sain. Mon fils, je l'espère, n'est atteint d'aucun mal.

Ils décidèrent quand même de m'emmener chez le devin. Ils me portèrent jusqu'à lui et commencèrent à lui raconter ce qu'ils avaient vu, lorsqu'il leur dit :

— Taisez-vous et laissez parler ce garçon. Il sait mieux que vous ce qu'il lui est arrivé.

Il m'interrogea et je lui racontai mon histoire du début à la fin. Alors il se précipita sur moi, me pressa contre sa poitrine et cria de sa voix la plus haute :

— Malheur aux Arabes ! Malheur aux Arabes ! Tuez ce garçon et tuez-moi avec lui ! Par al-Lât et al-'Uzza, si vous le laissez grandir, il vous fera changer de religion, il vous ridiculisera ainsi que vos pères, il s'opposera à vous et vous appellera à adopter une religion dont vous n'avez jamais entendu parler.

Ma nourrice m'arracha à lui et dit :

— Tu es plus fou et plus insensé que mon fils. Si je savais que tu dirais ce que tu viens de dire, je ne te l'aurais jamais amené. Cherche quelqu'un pour te tuer, mais moi je ne tuerai pas mon garçon !

Puis elle me ramena chez les miens.

Je gardai longtemps la frayeur des choses qui m'avait été faites. Et du creux de ma poitrine jusqu'au bas de mon ventre, je ne cessai de sentir comme la trace d'un sillon. (1)

⋆

Amna bint Wahab quitta La Mecque pour Yathrib, emmenant son fils Muhammad, alors âgé de six ans, pour le montrer à sa famille, les Banû al-Najjâr. Elle mourut sur la route du retour, à Al Abwâ', où elle fut enterrée. Muhammad fut réconforté et nourri par les gens de la caravane jusqu'à son arrivée à La Mecque, où son grand-père 'Abd al-Muttalib le prit en charge.

CHAPITRE DEUXIÈME

Sayf ibn Dhî Yazan

Aidé par le roi de Perse, le seigneur yéménite Sayf ibn Dhî Yazan chasse les occupants abyssins de son pays et monte sur le trône. Il reçoit 'Abd al-Muttalib et lui annonce que son petit-fils est prédestiné à une gloire universelle.

Sayf ibn Dhî Yazan était l'un des seigneurs de Himyar au Yémen. On raconte qu'il était l'un de ces Arabes, désignés comme hanafites, qui refusaient d'adorer les idoles sans pourtant adhérer au judaïsme ou au christianisme, qui reconnaissaient le Dieu Unique et le priaient à leur manière.

Ne tolérant plus la présence des Abyssins au Yémen, il quitta son pays et se rendit à Byzance pour y rencontrer César. Lorsqu'il fut introduit auprès de lui, il lui fit part de sa préoccupation, puis lui demanda de chasser les Abyssins du Yémen et de se proclamer roi de ce pays, où il pourrait envoyer autant de Romains qu'il voudrait.

César refusa sa requête. Sayf se rendit alors chez le roi d'al-Hîra, à qui il se plaignit de la misère et de l'humiliation que les Abyssins répandaient dans son pays. Al-Nu'mân lui dit :

— Je suis reçu en audience par Khusrû une fois l'an. Reste chez moi jusqu'à la prochaine audience et je t'emmènerai avec moi.

Lorsque le moment fut venu, ils partirent ensemble pour al-Madâ'in *, où le roi fut reçu par Khusrû. Après avoir traité de ses propres affaires, il lui exposa le cas de Sayf ibn Dhî Yazan et lui demanda de le recevoir à son tour. Khusrû acquiesça.

Khusrû recevait assis sur son trône. Sa couronne ressemblait à un magnifique vase d'or et d'argent, incrusté de rubis, d'émeraudes et de perles. Elle était suspendue par une chaîne au sommet de l'arcade de la salle du trône, car elle était trop lourde à porter pour le cou du roi. Aussi Khusrû avait le visage recouvert d'une étoffe lorsqu'il venait s'asseoir sur le trône et passait la tête dans la couronne. Alors seulement l'étoffe était retirée. De la sorte, nul ne voyait son visage que surmonté de cette couronne et tous s'agenouillaient.

En le voyant ainsi, Sayf ibn Dhî Yazan baissa la tête. Le roi dit :

— Ce niais entre chez moi par une haute porte. Pourquoi baisse-t-il la tête ?

Lorsque la phrase lui fut traduite, Sayf répondit :

— Je fais cela en raison du souci qui m'accable et qui assombrit toute chose à mes yeux.

Puis il dit :

— Grand roi, les Noirs nous dominent dans notre pays.

Khusrû demanda :

— D'où viennent-ils, d'Abyssinie ou du Sind ** ?

— D'Abyssinie. Je suis venu te demander de les vaincre et de les chasser de chez moi. Mon pays t'appartiendrait. Nous te préférons à eux.

— Mais ton pays est situé trop loin du mien et il contient trop peu de richesses. Des moutons, des chameaux. Nous n'en avons pas besoin. Je ne prendrai pas le risque d'engager une armée perse dans un pays aussi lointain. Je n'y ai pas intérêt.

Khusrû fit cependant donner à Sayf ibn Dhî Yazan dix mille dirhams et de beaux vêtements. Aussitôt sorti de chez le roi, Sayf alla distribuer les dirhams aux garçons et aux esclaves. Voyant cela, les hommes de Khusrû s'empressèrent de lui dire :

— L'Arabe auquel tu as offert ce que tu as offert est en train de distribuer ses dirhams aux esclaves et aux garçons.

---

* Al-Madâ'in : Ctésiphon, capitale de l'Empire perse.

** Sind : les Indes.

Khusrû ordonna :

— Amenez-le-moi.

Lorsque Sayf lui fut amené, il lui dit sur un ton de colère :

— Tu as pris le don que le roi t'a octroyé pour le distribuer aux gens !

Sayf répondit :

— Que ferais-je d'autre avec le don du roi ? Les montagnes du pays d'où je viens regorgent d'or et d'argent. Ce n'est pas pour cela que j'ai voulu voir le roi, mais pour qu'il me protège de la tyrannie et m'affranchisse de l'humiliation.

Alors Khusrû dit :

— Demeure ici jusqu'à ce que j'examine ton affaire.

Puis le roi réunit les hommes de bon conseil, qu'il consultait dans les affaires de l'État, et leur demanda :

— Que pensez-vous de cet homme et de son affaire ?

L'un de ses conseillers dit :

— Grand roi, il y a dans tes prisons des hommes que tu as décidé de mettre à mort. Envoie-les combattre avec cet Arabe. S'ils meurent là-bas, ils auront trouvé le sort auquel tu les destinais ; s'ils s'emparent du pays, tu auras ajouté une terre à ton royaume.

Khusrû dit :

— C'est un judicieux conseil. Faites le compte des hommes qui se trouvent dans mes prisons.

On dénombra huit cents de ces hommes. Khusrû dit :

— Trouvez le meilleur d'entre eux, en prestance et en appartenance, pour lui donner le commandement.

On trouva que le meilleur d'entre eux, en prestance et en appartenance, était un dénommé Wahriz, qui fut placé à la tête de tous les autres et reçut l'ordre de partir avec Sayf ibn Dhî Yazan. Le roi leur accorda huit navires, chaque navire pouvant transporter cent hommes ainsi que les provisions dont ils avaient besoin en mer. En route, deux navires firent naufrage et furent engloutis avec tous les hommes qu'ils transportaient. Six navires abordèrent finalement sur la côte d'Aden au Yémen.

Lorsqu'ils furent à terre, Wahriz demanda à Sayf :

— Combien d'hommes as-tu ?

Sayf répondit :

— Autant qu'il faut d'hommes et de chevaux. Mon sort est

inséparable du tien. Nous mourrons ensemble ou nous remporterons ensemble la victoire.

— C'est bien dit.

Sayf s'employa à rassembler tous les hommes qu'il put afin qu'il y eût autant d'Arabes que de Perses et qu'ils pussent aller main dans la main au combat.

*

Le roi Abraha étant mort à son retour de La Mecque, son fils Masrûq lui avait succédé sur le trône. Apprenant que des troupes perses venaient de débarquer au Yémen, il réunit son armée et se porta au-devant d'elles. Lorsque les deux camps se trouvèrent en vue l'un de l'autre, Masrûq dit à l'un de ses fils, qui commandait une troupe de cavaliers :

— Approche-toi d'eux et harcèle-les, pour voir comment ils se battent.

Son fils engagea une action de harcèlement, où quelques Perses se firent surprendre et périrent. Ce qui ne fit qu'accroître l'ardeur et la détermination de Wahriz. Cependant le roi Masrûq, ayant découvert que ce dernier ne commandait qu'une petite troupe, lui fit dire :

— Qu'est-ce donc qui t'amène ici, alors que tu disposes de si peu d'hommes et que je dispose, moi, de tous les hommes que tu vois ? Vous vous êtes fourvoyés, tes amis et toi. Si tu le veux, je t'autorise à repartir et à rentrer chez toi. Je ne te poursuivrai pas. Je ne ferai aucun mal, ni à toi ni aux tiens. Nous pouvons aussi, si tu le veux, engager tout de suite le combat. Enfin, je peux aussi t'accorder un délai, si tu veux réfléchir et consulter les tiens.

Wahriz lui fit répondre :

— Oui, fixons un délai que nous respecterons tous les deux. Nous nous engagerons l'un et l'autre à ne pas nous combattre, jusqu'à ce que la période soit écoulée et que notre décision soit prise.

Masrûq accepta et les jours passèrent. Lorsqu'il ne resta plus qu'un jour avant l'expiration du délai, Wahriz ordonna de brûler les six navires qui les avaient transportés au Yémen depuis la Perse. Puis il ordonna de brûler tous les vêtements de rechange de ses hommes, ne leur laissant que ceux qu'ils avaient sur eux. Enfin il ordonna de servir toutes les provisions dont ils disposaient et leur demanda d'en manger autant qu'ils pourraient. Après quoi il ordonna de jeter le reste à la mer. Et il leur dit :

— Si j'ai fait brûler les navires, c'est pour vous montrer que vous n'avez plus aucun moyen de rentrer chez vous. Si j'ai fait brûler vos vêtements de rechange, c'est parce qu'au cas où les Abyssins remportent la victoire, je ne voudrais pas que ces vêtements leur reviennent. Quant aux provisions que j'ai fait jeter à la mer, c'est pour que vous sachiez que vous n'aurez plus rien à manger demain. Si vous êtes prêts à vous battre à mes côtés avec courage et endurance, montrez-le. Sinon, je compte sur cette épée pour me transpercer la poitrine de part en part, car je ne permettrai à personne de se saisir de moi. Voyez ce qu'il en est pour vous.

Ils dirent d'une seule voix :

— Nous combattrons à tes côtés. Et nous mourrons jusqu'au dernier, ou nous vaincrons.

A l'expiration du délai, les deux armées se rapprochèrent l'une de l'autre et les hommes se mirent en rangs. Wahriz dit aux siens :

— Montrez-moi le roi.

Ils lui dirent :

— C'est celui qui est juché sur l'éléphant, qui a une couronne sur la tête et un rubis rouge entre les yeux.

Wahriz ordonna :

— Attendez mon ordre.

Ils attendirent un certain temps. Puis Wahriz demanda :

— Quelle bête le roi monte-t-il en ce moment ?

— Un cheval.

— Attendez mon ordre.

Ils attendirent quelque temps encore et Wahriz demanda :

— Quelle bête monte-t-il maintenant ?

— Maintenant il monte une mule.

— Une mule ! De la famille des ânes ! Quelle humiliation s'annonce pour lui comme pour son royaume ! Observez ce qu'il se passera dans les instants qui viennent. Je vais décocher une flèche au roi. Si vous voyez sa garde rapprochée immobile autour de lui, j'aurai manqué ma cible. Continuez d'attendre mon ordre.

Si au contraire vous voyez la garde rapprochée s'agiter tout à coup en se pressant autour du roi, j'aurai atteint ma cible. L'instant sera propice, foncez sur eux!

Alors Wahriz banda son arc, fait d'un bois si résistant qu'il était seul à pouvoir le bander et ordonna à deux aides de lui ceindre le front d'un bandeau. Puis il arma l'arc d'une flèche et visa le rubis rouge sur le front du roi. Il décocha la flèche d'une main si sûre, qu'elle alla se ficher entre les yeux de Masrûq, pour sortir par sa nuque. Le roi s'effondra.

Les Abyssins, désemparés, rompirent leurs rangs et s'attroupèrent autour de lui. Ce fut l'instant que choisirent les Perses et les Arabes pour foncer sur eux, comme le leur avait ordonné Wahriz. Nombre d'Abyssins furent tués, d'autres battirent en retraite et le reste s'éparpilla dans tous les sens. Le jour-même, Wahriz et Sayf ibn Dhî Yazan entrèrent en vainqueurs à San'â'.

Wahriz envoya à Khusrû de grandes richesses, qu'il venait de prendre aux Abyssins, accompagnées d'une lettre dans laquelle il disait au roi : « Je t'ai assuré la possession du Yémen, après avoir vaincu les Abyssins. » Le roi lui ordonna de placer sur le trône du Yémen Sayf ibn Dhî Yazan et fixa à ce dernier le tribut qu'il aurait à payer, tous les ans à date fixe.

★

Dès que Sayf fut installé, il commença à recevoir des délégations de différentes tribus arabes, avec leurs seigneurs, leurs orateurs et leurs poètes, qui venaient le féliciter et le louer, rappelant les torts qu'il avait subis sous le joug des Abyssins et soulignant la persévérance qu'il avait montrée dans sa volonté de venger son peuple. Quraysh envoya une délégation de grands seigneurs dirigée par 'Abd al-Muttalib.

Ils demandèrent audience au roi, qui les reçut en son palais, lourdement parfumé à l'ambre, tenant son épée entre les mains et entouré des dignitaires du royaume. 'Abd al-Muttalib demanda l'autorisation de parler et Sayf lui dit :

— Si tu es de ceux qui s'adressent aux rois, parle.

'Abd al-Muttalib dit :

— Grand roi, Dieu t'a accordé un rang des plus nobles et t'a élevé aux plus hautes fonctions, sur une terre où t'ont précédé d'illustres ancêtres. Tu as rendu à ton peuple l'honneur qu'il avait perdu, à ton pays la fertilité qui l'avait quittée et aux Arabes une fierté depuis longtemps blessée. Tes prédécesseurs sont de la meilleure lignée et tu es pour eux le plus digne des successeurs. Nous sommes nous-mêmes, grand roi, les hôtes du Sanctuaire de Dieu et les gardiens de Sa Demeure. Nous sommes venus à toi pour nous réjouir avec toi, délégués par notre peuple pour te féliciter et non te solliciter.

Sayf lui demanda :

— Toi qui parles, qui es-tu ?

— Je suis 'Abd al-Muttalib ibn Hâshim.

— Tu es le fils de notre sœur *

— Oui.

— Approche-toi.

Abd al-Muttalib s'approcha et Sayf lui dit.

— Bienvenue à toi, à qui je souhaite richesse et prospérité. Le roi a entendu tes paroles, reconnu ta parenté et agréé ta démarche. Vous êtes des gens d'une grande dignité, laquelle vous accompagne nuit et jour, où que vous alliez, et justifie tous les dons que vous pourriez souhaiter.

Le roi offrit l'hospitalité à 'Abd al-Muttalib et aux autres seigneurs de Quraysh et, durant un mois, ne les vit plus. Puis il convoqua 'Abd al-Muttalib et lui dit :

— Je vais te confier un secret que je ne divulgue à personne d'autre que toi. Mais je te crois digne de l'entendre. Je te recommande cependant de le garder pour toi jusqu'à ce que Dieu veuille t'en délivrer, Lui qui en connaît tout le poids. Il est prédit dans le Livre des savoirs occultes, auquel nous seul avons accès et que nous tenons caché au reste des hommes, il est prédit un fait grandiose, d'une immense portée, qui touche à la dignité de la vie et à la signification de la mort, un fait qui concerne le monde entier, mais intéresse directement ta tribu et toi-même en particulier.

— Grand roi, quel est donc ce secret ?

— Il doit naître à Quraysh un garçon portant un grain de beauté

* Allusion au fait que la mère de 'Abd al-Muttalib appartenait à une tribu de Yathrib descendant d'un ancêtre yéménite.

entre les deux épaules, qui régnera sur le monde et vous donnera la prééminence jusqu'au Jour du Jugement.

— Dieu t'épargne toute malédiction, toi qui annonces une bénédiction à nulle autre pareille ! N'étaient la grandeur du roi et le respect que je lui voue, je lui demanderais de m'éclairer et de me réjouir davantage.

— C'est un prophète qui doit naître en ces jours-ci ou qui peut-être est déjà né. Il a pour nom Ahmad ★. Il perdra père et mère pour être pris en charge par son grand-père, puis par son oncle paternel. Dieu le chargera de prêcher au grand jour. Il fera de quelques-uns d'entre nous ses adeptes, réjouira ses partisans et confondra ses ennemis. Il brisera les idoles, éteindra la flamme sacrée des Perses, adorera le Tout-Puissant et réprimera Satan. Sa parole se fera action et ses mots deviendront justice. Il recommandera le Bien et ne cessera de le faire, il interdira le Mal et le proscrira.

Abd al-Muttalib tomba à genoux, tête baissée. Le roi lui dit :

— Relève la tête. Que ton cœur s'apaise et ton esprit s'élève. Dis-moi si mes paroles éveillent quelque chose en toi.

— Certes, grand roi. J'avais un fils pour qui j'éprouvais bienveillance et affection. Je l'ai marié à une fille digne de respect, descendant d'une famille digne de respect. Elle a donné naissance à un garçon que j'ai nommé Ahmad et qui, depuis, a perdu père et mère. Je l'ai pris en charge. Il a un grain de beauté entre les deux épaules et je vois en lui bien d'autres signes évoqués par le roi...

— Ce que je t'ai prédit adviendra. D'ici là, veille sur ton fils et méfie-toi des juifs, qui seront pour lui des ennemis. Mais Dieu ne leur offrira pas de prise sur lui. C'est Dieu qui lui dictera son message et qui fera triompher ses partisans. Tout ce que je viens de te révéler, tu devras le dissimuler aux hommes de ton peuple qui t'accompagnent, car je ne réponds pas des sentiments qu'ils éprouvent à ton égard. Ils pourraient être jaloux du sort auquel tu es promis et dresser, eux ou leurs fils, des obstacles sur ton chemin. Si la mort ne devait hélas m'appeler avant l'avènement de la prophétie, je serais parti pour Yathrib avec mes chevaux et mes hommes, Yathrib où le royaume de ton fils s'élèvera, où j'aurais

★ Ahmad : Muhammad.

été son frère et son ministre, son compagnon et son soutien. Selon le Livre des savoirs occultes, c'est à Yathrib que son destin s'accomplira, que ses partisans se rassembleront et qu'il aura sa sépulture.

Sayf ibn Dhî Yazan fit donner à chacun des hommes de Quraysh dix esclaves, dix esclaves noires, une parure yéménite, cinq livres d'or, dix livres d'argent et un flacon d'ambre. Il fit donner à 'Abd al-Muttalib dix fois autant, puis il lui recommanda :

— L'an prochain, lorsque tu reviendras, tu demanderas à me voir pour me donner de ses nouvelles !

Sur le chemin du retour à La Mecque, 'Abd al-Muttalib dit à ses compagnons :

— Gens de Quraysh, qu'aucun d'entre vous ne m'envie la profusion des biens dont le roi m'a comblé, fussent-ils considérables. Enviez-moi plutôt la fierté, la grandeur, la noblesse, dont ses paroles sont porteuses pour moi et pour ma descendance.

— Comment cela ?

— Vous le saurez le temps venu.

Sayf ibn Dhî Yazan mourut avant le retour de 'Abd al-Muttalib.

Sayf ibn Dhî Yazan est l'un des personnages les plus célèbres de l'histoire des Arabes. Durant des siècles, dans tous les lieux publics, les conteurs populaires allaient racontant ses exploits, devant des auditoires envoûtés. Sa légende repose, d'abord, sur le fait qu'il a libéré son pays de l'occupation abyssine et ensuite, sur le fait qu'il rejetait les idoles et pressentait l'unicité de Dieu, tout en se refusant à embrasser le judaïsme ou le christianisme.

CHAPITRE TROISIÈME

Abû Tâlib

A la mort de 'Abd al-Muttalib, Muhammad est pris en charge par son oncle paternel Abû Tâlib. Lors d'un voyage en Syrie, l'ermite chrétien Buhayra lui prédit un destin exceptionnel. Dieu le protège des tentations de la ville.

Dans les dernières années de sa vie, à ce qu'on raconte, 'Abd al-Muttalib renonça à l'adoration des idoles et édicta pour les siens des règles de conduite prônant la loyauté et la générosité, interdisant le vin et l'adultère, prohibant la pratique qui consistait à tourner nu autour de la Mosquée.

Comme d'autres seigneurs de La Mecque, il faisait porter son tapis à l'ombre de la Ka'ba et s'y asseyait, entouré de ses fils. Mais aucun d'entre eux ne prenait place sur son tapis, par respect pour lui. Seul son petit-fils Muhammad se le permettait. Quand il le faisait, ses oncles tentaient de l'en empêcher, mais 'Abd al-Muttalib intervenait :

— Laissez-le. Par Dieu, il est promis à un destin unique.

Il le prenait à ses côtés et lui caressait affectueusement le dos.

Lorsqu'il vit venir la mort, 'Abd al-Muttalib réunit ses fils et leur recommanda surtout de prendre soin de son petit-fils. Muhammad avait alors à peine huit ans. Deux de ses oncles paternels, al-Zubayr et Abû Tâlib, étaient nés de la même mère que son père Abd Allâh. Il incombait à l'un d'eux de prendre Muhammad en charge. Le sort désigna Abû Tâlib, qui l'emmena chez lui et le traita comme un de ses fils.

Mais Abû Tâlib était dans le besoin et ses enfants ne mangeaient pas toujours à leur faim. Il arriva à Muhammad de dormir le ventre vide et d'en pleurer silencieusement. Il allait parfois à Zamzam, le puits que son grand-père avait jadis déterré, il buvait de son eau et, même si on lui offrait quelque nourriture, il pouvait dire :

— Je n'en veux pas. J'ai le ventre plein.

Lorsque Muhammad atteignit sa douzième année, Abû Tâlib eut l'occasion de partir en Syrie pour une affaire. Muhammad lui demanda avec insistance de l'emmener avec lui, disant :

— Mon oncle, ne m'abandonne pas, moi qui n'ai ni père ni mère !

Cette insistance attendrit Abû Tâlib, qui finit par se laisser convaincre. Et Muhammad prit la route avec lui dans une caravane partant pour Busra.

Dans cette ville vivait un prêtre nommé Buhayra, qui habitait une cellule d'ermite non loin du chemin des caravanes. De nombreux voyageurs s'arrêtaient devant sa porte, mais il ne leur prêtait aucune attention, ne les accueillait pas chez lui, ne leur répondait même pas lorsqu'ils s'adressaient à lui.

Mais lorsqu'il vit arriver la caravane où se trouvaient Abû Tâlib et son neveu, il perçut les signes de la prophétie dont Muhammad était porteur. Il prépara aussitôt un repas et fit dire aux Qurayshites :

— Gens de Quraysh, j'ai préparé un repas à votre intention et j'aimerais vous y convier tous, du plus jeune au plus âgé, de l'esclave au seigneur.

Les Qurayshites s'étonnèrent :

— Par Dieu, Buhayra, il t'arrive quelque chose ! Nous nous sommes bien des fois arrêtés devant ta porte, mais jusqu'ici tu ne nous avais jamais offert à manger. Que se passe-t-il donc aujourd'hui ?

Il répondit :

— Vous êtes aujourd'hui mes invités et je voudrais que vous fassiez tous honneur au repas que j'ai préparé.

Ils vinrent tous à l'exception de Muhammad, qui, jugé trop

jeune, fut laissé seul sous un arbre à garder le troupeau. Lorsque Buhayra les vit arriver et que Muhammad ne se trouvait pas parmi eux, il dit :

— Gens de Quraysh, nul d'entre vous ne doit manquer à l'appel !

Ils répondirent :

— O Buhayra, aucun de ceux que tu as invités ne manque à l'appel. Seul s'absente un garçon, le plus jeune d'entre nous, qui garde nos montures.

Buhayra insista :

— Appelez-le. Qu'il vienne se joindre à nous.

Alors un des Qurayshites dit :

— Par al-Lât et al-'Uzza, il ne convient pas de manger en tenant le fils de 'Abd Allâh ibn 'Abd al-Muttalib à l'écart !

Il se leva, alla trouver Muhammad et le ramena avec lui chez Buhayra.

Ce dernier ne cessa d'observer le garçon durant tout le repas, s'efforçant de vérifier, dans son aspect et dans ses gestes, l'existence des signes prédits dans les Livres. Lorsque le repas fut terminé et que les convives furent partis, Buhayra s'approcha de Muhammad et lui dit :

— Répondras-tu aux questions que j'aimerais te poser ?

Le garçon dit :

— Pose les questions que tu veux.

Buhayra l'interrogea sur l'état où il se trouvait, sur les visions qu'il avait durant son sommeil, sur les sensations qu'il éprouvait. Puis il examina son dos et vit, comme il était indiqué dans les Livres, le sceau de la prophétie entre ses deux épaules.

Il se rendit alors auprès d'Abû Tâlib et lui demanda :

— Quel est ton lien de parenté avec ce garçon ?

— C'est mon fils.

— Non. Ce n'est pas ton fils. Le père de ce garçon ne peut être encore en vie.

— Soit. C'est le fils de mon frère.

— Qu'est-il arrivé à son vrai père ?

— Il est mort durant la grossesse de sa femme.

— Voici ce que j'ai à te dire. Prends bien soin de ton neveu, en te méfiant tout particulièrement des juifs. Par Dieu, s'ils le voient, et s'ils savent ce que je sais sur lui, ils tenteront de lui faire du mal. Ton neveu est promis à un destin exceptionnel.

A ce qu'on raconte, au cours de ce même voyage, trois hommes parmi les gens du Livre perçurent chez Muhammad certains signes qui attirèrent leur attention. Ils voulurent l'emmener et se débarrasser de lui, mais Buhayra le sut et les en empêcha, en leur apprenant que, selon les Livres, le Tout-Puissant ne le leur permettrait pas. Ils cessèrent de poursuivre Muhammad.

Il y avait par ailleurs un homme auquel on reconnaissait des dons de devin, qui se rendait à La Mecque durant la période du pèlerinage. Les Qurayshites venaient à lui avec leurs garçons, auxquels il faisait des prédictions. Abû Tâlib vint à lui avec Muhammad. L'homme regarda le garçon puis, pour une quelconque raison, se laissa distraire un moment. Lorsqu'il revint à lui, Muhammad n'était plus là. L'homme dit :

— Le garçon ! Où est le garçon ?

Comme il ne recevait pas de réponse, il se mit à crier :

— Ramenez-moi le garçon qui était ici tout à l'heure ! Je lui prédis un destin hors du commun !

Voyant l'intérêt que l'homme portait à Muhammad, Abû Tâlib alla retrouver son neveu et repartit avec lui au plus vite.

*

Parlant de cette période de sa vie, le Messager de Dieu a dit :

Je n'ai fait que deux tentatives d'approcher les femmes comme le faisaient les hommes durant la Jâhiliyya. Les deux fois, Dieu Tout-Puissant m'a préservé du péché.

Un soir que je gardais les brebis de la famille, dans les environs de La Mecque, en compagnie de quelques autres garçons, je dis à l'un d'entre eux :

— Veux-tu garder mes brebis pendant que je passe la soirée à La Mecque comme le font les jeunes gens ?

Il me dit :

— Compte sur moi.

J'entrai dans la ville et m'arrêtai devant une maison où résonnaient tambours et trompettes. Je demandai :

— Que se passe-t-il?

On me répondit :

— Un tel épouse une telle.

Je m'assis pour voir, mais le Tout-Puissant boucha mes oreilles et par Dieu, je ne me réveillai que sous la caresse du soleil. Je revins vers mon compagnon, qui me dit :

— Qu'as-tu fait?

Je répondis :

— Rien.

Et je lui racontai ce qu'il m'était arrivé.

Quelques nuits plus tard, je dis à ce même compagnon :

— Garde mes brebis, pendant que je passe la soirée à La Mecque.

Il accepta et j'entrai dans la ville. Je m'arrêtai devant une maison où j'entendis ce que j'avais entendu quelques nuits auparavant. Je demandai ce qu'il en était et on me répondit :

— Un tel épouse une telle.

Je m'assis pour voir, mais le Tout-Puissant boucha mes oreilles et par Dieu, je ne me réveillai que sous la caresse du soleil. Je revins vers mon compagnon, qui me dit :

— Qu'as-tu fait?

Je répondis :

— Rien.

Et je lui racontai ce qu'il m'était arrivé.

Par la suite je ne tentai plus rien de la sorte et ce, jusqu'à ce que le Tout-Puissant m'honorât de la prophétie. (1)

— Que se passe-t-il ?

On [illegible]

— [illegible]

Je [illegible] le Tout-Puissant [illegible] par Dieu [illegible] [illegible]

— [illegible]

Je répondis :

— Rien.

Et je fus [illegible] il m'était arrivé.

Quelques minutes plus tard, je dis à mes compagnons :

— [illegible] que.

[illegible]

— [illegible] une telle.

[illegible]

— [illegible]

CHAPITRE QUATRIÈME

La guerre entre Thaqîf et Quraysh

La concurrence entre les villes de La Mecque et d'al-Tâ'if suscite des guerres qui se rallument sous divers prétextes et reprennent d'une saison à l'autre. Seul l'épuisement réciproque les conduit à cesser les hostilités.

Les Thaqîf vivaient à al-Tâ'if, ville située non loin de La Mecque, mais nul ne savait d'où ils étaient venus. Certains disent qu'ils étaient venus du Yémen, lors de l'effondrement du barrage de Ma'rib, d'autres pensent qu'ils constituaient une branche de la tribu des Hawâzin, apparue au même moment que les Quraysh.

Toujours est-il qu'ils ne purent entrer dans la ville d'al-Tâ'if qu'après un arrangement avec la tribu des Banû 'Âmir, qui s'y trouvait avant leur arrivée. Les Banû 'Âmir étaient des éleveurs, qui possédaient chameaux et moutons, tandis que les Thaqîf savaient cultiver la terre, construire des maisons et creuser des canaux. Ils se partagèrent les tâches, chacune des tribus fit ce qu'elle savait faire le mieux et la ville devint bientôt un paradis de verdure.

Puis les Thaqîf s'enhardirent et dirent aux Banû 'Âmir :

— Cette terre est bonne pour labourer et semer et vous ne savez qu'y faire paître vos bêtes, au détriment de ce qui est planté et de ce qui est bâti. Nous pouvons l'utiliser plus judicieusement que vous. Nous pensons qu'il vaut mieux réunir toutes les terres. Vous nous confierez les vôtres, nous y ferons les labours et les semailles, nous y planterons des vignes et des arbres, nous y creuserons puits et canaux, nous emplirons la ville de bâtiments et de jardins. Lorsque les plantes auront poussé et que les arbres auront donné leurs fruits, nous partagerons avec vous les récoltes. Vous en recevrez une moitié pour avoir fourni les terres et nous en prendrons l'autre pour avoir fait le travail. Vous jouirez ainsi d'une prospérité que n'ont jamais connue les Arabes.

Les Banû 'Âmir acceptèrent la proposition et quittèrent al-Tâ'if. Ils la laissèrent aux Thaqîf et revinrent tous les ans prendre la moitié des récoltes qui leur était due. Les deux tribus s'entendirent par ailleurs pour protéger ensemble la ville, dans le cas où d'autres Arabes, convoitant ses richesses, tenteraient de s'en emparer.

Cela dura le temps que Dieu voulut et les Thaqîf grandirent en nombre et en force. Comme ils maîtrisaient l'art du bâtiment, ils construisirent tout autour d'al-Tâ'if des forts et des murailles qui rendirent la ville imprenable. Après quoi, ils rompirent l'accord conclu avec les Banû 'Âmir et refusèrent de leur livrer la moitié des récoltes qui leur étaient due. Ces derniers se fâchèrent et réunirent leurs troupes pour combattre les Thaqîf mais, quoique les Banû 'Âmir fussent de redoutables guerriers, la partie était désormais trop inégale et ils ne purent rien faire contre les Thaqîf.

Al-Tâ'if devint un lieu de passage obligé, pour tous ceux qui allaient à La Mecque ou en revenaient sur la route de la Perse. Les deux villes s'opposèrent alors l'une à l'autre et les motifs de discorde se multiplièrent entre elles. Les autres tribus arabes prirent parti. Les Hawâzin, incluant les Banû 'Âmir, se rangèrent aux côtés de Thaqîf et les Kinâna aux côtés de Quraysh. La rivalité s'envenima au point qu'Abraha, roi du Yémen, passant par al-Tâ'if pour aller prendre la Ka'ba, fut soutenu par Thaqîf contre La Mecque. Puis des conflits éclatèrent, qui resteraient longtemps dans la mémoire des Arabes.

Le premier de ces conflits fut provoqué par un incident qui

éclata à 'Ukâz, un lieu situé entre La Mecque et al-Tâ'if, à l'occasion du marché qui s'y tenait tous les ans et où se retrouvaient les commerçants arabes et perses, en même temps que de nombreux poètes, qui venaient y louer les mérites de leurs tribus respectives dans des joutes oratoires.

Un grand notable de Kinâna s'assit et commença à vanter la bravoure des gens de sa tribu, puis, étendant sa jambe devant lui, déclara qu'il était le plus noble des Arabes et défia quiconque, parmi les présents, de se prétendre plus noble que lui. Un homme de Hawâzin surgit de la foule et, lui brisant le genou d'un coup d'épée, dit :

— Voici pour toi, vieux fou !

C'est ainsi que commença le premier conflit.

Deux bandes de jeunes furent à l'origine du suivant, sur le même marché de 'Ukâz.

Quelques adolescents de Quraysh et Kinâna avisèrent une femme de Hawâzin, assise au milieu de jeunes gens de sa tribu. Quoique le bas de son visage fût couvert, elle paraissait fort belle. Les premiers s'approchèrent d'elle et lui demandèrent de dévoiler son visage. Elle refusa. Alors l'un d'eux, qui était particulièrement adroit, se plaça derrière elle et réussit à défaire sa robe sans qu'elle s'en aperçût. Lorsqu'elle se leva, sa croupe se découvrit. Les jeunes Qurayshites s'esclaffèrent et dirent :

— Tu nous as interdit ton visage et tu nous dévoiles ta croupe !

La femme appela les siens à l'aide :

— A moi, gens de 'Âmir, à moi !

Ceux-ci accoururent brandissant leurs épées et les gens de Quraysh tirèrent les leurs. Et le sang coula.

Harb ibn Umayya *, qui était alors le commerçant le plus riche et le plus influent de Quraysh, commença à s'inquiéter de la multiplication de ces conflits, car les Thaqîf, étant de redoutables guerriers et se trouvant sur la route entre La Mecque et la Syrie, pouvaient causer un grand tort au commerce de Quraysh avec le pays de Shâm. Pour apaiser les esprits, il se rendit auprès des Hawâzin, offrit réparation pour l'affront fait à leur femme et paya le prix du sang de leurs guerriers.

---

* Harb ibn Umayya, chef de guerre de Quraysh. Avec lui, se précise l'ascendant pris par le clan des Banû Umayya sur les Banû Hâshim au sein de la tribu de Quraysh. Cf. 2e partie, chap. 2 et 3.

Peu après, cependant, un Banû Hawâzin vint sur le marché de 'Ukâz avec un singe et, se plaignant de ce qu'un Banû Kinâna lui devait une somme d'argent qu'il refusait de rembourser, s'en alla répétant aux passants :

— Qui veut m'acheter ce singe pour la somme que me doit un Banû Kinâna ?

Cela finit par exaspérer un homme de Kinâna, qui tua le singe d'un coup d'épée.

Il n'en fallut pas plus pour que les deux camps tirassent à nouveau leurs épées de leurs fourreaux. Cette fois, ce fut 'Abd Allâh ibn Jad'ân qui intervint pour les séparer, disant :

— Allez-vous donner vos vies pour venger celle d'un singe ?

Il fit ce qu'il fallait pour les réconcilier.

★

Al-Barrâd appartenait à la tribu de Kinâna. C'était un ivrogne dépravé, que son peuple avait fini par renier. Il avait trouvé refuge auprès d'une autre tribu, qui l'avaient chassé peu après. Il avait enfin été accueilli par Harb ibn Umayya à La Mecque. Mais il ne put s'empêcher d'y commettre plusieurs forfaits et son protecteur s'apprêtait à le rejeter à son tour, lorsque al-Barrâd lui dit :

— De tous ceux qui me connaissent, il ne me reste que toi. Ne m'abandonne pas. Je partirai d'ici, mais ne me retire pas ta protection.

Harb accepta et al-Barrâd put aller offrir ses services au roi d'al-Hîra. Il lui proposa de conduire une de ses caravanes jusqu'au marché de 'Ukâz, mais le roi préféra confier la caravane à 'Urwa ibn 'Utba, surnommé le voyageur, qui était l'un des seigneurs de la tribu rivale des Hawâzin. Ce dernier lui assura en effet qu'il pourrait garantir la sécurité de la caravane sur tout le territoire qu'elle traverserait jusqu'à 'Ukâz, alors qu'al-Barrâd ne pouvait donner cette garantie que sur une partie du territoire.

'Urwa partit avec les marchandises du roi et se rendit bientôt compte qu'al-Barrâd le suivait à distance. Il ne s'en soucia guère, car il ne le prenait pas au sérieux. Arrivé à une halte, 'Urwa mit pied à terre, mangea et but du vin, tandis qu'une jeune esclave chantait pour son plaisir. Puis il s'endormit au pied d'un arbre. Ce fut là qu'al-Barrâd vint le surprendre et le tuer, avant de s'enfuir vers Khaybar ★.

Dès qu'il fut arrivé à Khaybar, il alla voir un homme de Quraysh nommé Bishr à qui il dit :

— Cette jeune chamelle est à toi, si tu pars tout de suite pour 'Ukâz. Tu iras voir Harb ibn Umayya et tu lui diras qu'al-Barrâd a tué 'Urwa le voyageur. Il faut qu'il en soit prévenu au plus tôt, car les Hawâzin, lorsqu'ils apprendront la nouvelle, chercheront aussitôt à tuer en contrepartie un seigneur de Kinâna ou de Quraysh.

Bishr lui demanda :

— Comment sais-tu que ce n'est pas toi qu'ils tueront ?

— Hawâzin n'acceptera jamais, en contrepartie de la mort d'un de ses seigneurs, la mort d'un dépravé de mon espèce.

Bishr partit pour 'Ukâz, où il annonça la nouvelle à Harb ibn Umayya, qui se trouvait chez 'Abd Allâh ibn Jad'ân. Or, c'était chez ce dernier que toutes les tribus déposaient leurs armes en arrivant à 'Ukâz, pour ne les reprendre qu'à l'heure du départ. Harb dit à 'Abd Allâh :

— Rends-nous nos armes et ne rends pas les leurs aux Hawâzin !

'Abd Allâh s'y refusa :

— Ce serait trahir ma parole. Je n'en ferai rien. Même si chacune de leurs épées devait me frapper et chacune de leurs flèches me transpercer, je n'en retiendrais aucune. Non, usons plutôt de la ruse.

Il fit dire à tous les clans de Quraysh et de Hawâzin de venir reprendre leurs armes, en même temps qu'il envoyait un messager au seigneur des Hawâzin, pour lui dire :

— Nous venons d'apprendre qu'il est arrivé un malheur à notre peuple à La Mecque. Nous craignons que les choses ne s'aggravent. Nous rentrons immédiatement chez nous. Ne vous étonnez pas de nous voir reprendre nos armes. Reprenez les vôtres et vaquez à vos occupations habituelles.

Ainsi les Qurayshites purent-ils repartir sans encombre. Ce fut seulement à la fin de la journée que la nouvelle du meurtre de 'Urwa le voyageur parvint au seigneur des Hawâzin. Il dit :

★ Il n'est pas impossible que cet assassinat ait été inspiré par Harb ibn Umayya, qui ne voyait pas d'un bon œil le rôle joué par le roi d'al-Hîra dans le commerce avec la Perse.

— Les Qurayshites se sont joués de moi. Par Dieu, ils ne remettront plus les pieds à ʻUkâz !

Les Hawâzin s'élancèrent à la poursuite de Quraysh. Ils les rattrapèrent à l'aube, non loin de La Mecque, et engagèrent un combat qui ne cessa qu'à la nuit tombée, après que les Qurayshites se furent réfugiés dans leur Mosquée. Alors le seigneur des Hawâzin cria à haute voix :

— Gens de Quraysh, retrouvons-nous le même jour de l'an prochain, à ʻUkâz !

L'année suivante, Quraysh et Kinâna rassemblèrent toutes leurs troupes, auxquelles se joignirent les tribus alliées à Quraysh qui vivaient à La Mecque, ainsi qu'une centaine d'hommes courageux, que ʻAbd Allâh ibn Jadʻân avait réunis et équipés d'un matériel de guerre complet. Harb ibn Umayya avait pris le commandement de cette armée.

Les combats furent violents et le sort des armes demeura longtemps incertain, l'avantage passant de Quraysh le matin à Hawâzin le soir. Au quatrième jour, Quraysh avait subi de telles pertes que ses chefs durent se réunir et s'engager à tenir jusqu'à la victoire ou à mourir sur place.

Il apparut un moment que la défaite de Quraysh était inévitable. Le chef de leurs ennemis fit installer une tente gardée par sa femme, Subay'a, qui était une Qurayshite et lui dit :

— Je garantis la sécurité à tous les Qurayshites qui pourront venir se réfugier sous cette tente.

Voyant le reflux des Qurayshites, Subay'a rassembla sous la tente tous ceux d'entre eux qu'elle trouva, si bien que la tente ne put bientôt plus les contenir. Son mari lui dit :

— Il ne faut pas que la tente déborde. Je ne protégerai que ceux qui sont recouverts par elle.

Alors Subay'a se mit à élargir la tente autant qu'elle put.

Mais le sort de la bataille allait encore une fois tourner. Les Quraysh se reprirent et firent montre d'une férocité telle que l'un des chefs des Hawâzin, voyant le sang de ses gens couler à flots, dit à haute voix :

— O gens de Quraysh, vous abusez de la mort !

ʻAbd Allâh ibn Jadʻân lui répondit :

— Nous sommes un peuple qui ne craint pas l'abus.

Lorsque la défaite se profila pour Hawâzin, ils vinrent à leur tour se réfugier sous la tente de Subay'a. Cette fois, ce fut au tour du Qurayshite Harb ibn Umayya de leur garantir la sécurité. Il dit :

— Je protégerai ceux qui seront sous la tente, ainsi que ceux qui se presseront autour d'elle.

Mais la guerre n'était pas finie. Les deux camps se livrèrent un combat acharné où tous les engagements se terminèrent par des corps à corps mortels, un homme contre un homme ou deux contre deux. Et quoique l'avantage restât finalement à Quraysh, les adversaires épuisés décidèrent de se retrouver l'année suivante à 'Ukâz.

Cette fois fut la dernière. Au plus fort de la mêlée, un homme de Quraysh se dressa entre les deux camps et, d'une voix puissante, cria :

— Gens de Mudar *, pourquoi continuez-vous à vous battre ?

Tout étonnés, les combattants s'arrêtèrent et les Hawâzin demandèrent :

— Que proposes-tu ?

L'homme répondit :

— Je propose la réconciliation. Nous paierons le prix du sang que nous avons versé et pardonnerons le sang que vous avez versé.

— Comment cela pourrait-il se faire ?

— Nous vous livrerons certains d'entre nous en otages.

— Qui nous garantira cela ?

— Moi.

— Mais qui donc es-tu ?

— Je suis 'Utba ibn Rabî'a ibn 'Abd Shams ** .

Les deux camps agréèrent la proposition de 'Utba et Quraysh offrit à Hawâzin quarante de ses hommes. Voyant que ces hommes comptaient parmi les plus nobles de Quraysh, les Hawâzin pardonnèrent le sang versé, laissèrent repartir les otages et la guerre prit fin.

On raconte que Muhammad ibn 'Abd Allâh y participa aux côtés de certains de ses oncles.

Harb ibn Umayya devait mourir peu après, et son fils Abû Sufyân lui succéder à la tête des armées de Quraysh.

---

* Mudar : ancêtre commun aux deux camps de Quraysh et de Thaqîf.

** 'Utba ibn Rabî'a : proche de Harb ibn Umayya.

CHAPITRE CINQUIÈME

Les Vagabonds

Les Vagabonds sont des individus qui ne s'accommodent pas des contraintes de la communauté. Ils quittent leur tribu et vivent dans le désert, de vol et de pillage. L'un des plus célèbres d'entre eux, 'Urwa ibn al-Ward, est un bandit au grand cœur, doublé d'un galant homme.

Tous les Arabes n'étaient pas heureux au sein de leurs tribus. Certains se sentaient à l'étroit dans un cadre de vie trop rigide, trop monotone ou trop contraignant pour eux. D'autres en voulaient à leur clan de ne pas les avoir protégés comme ils l'espéraient, après qu'ils eurent commis un crime. Les uns et les autres finissaient par tourner le dos à leur tribu et à s'exiler dans l'immensité du désert. Ils vivaient alors, seuls ou en bandes, de vol et de pillage. Ceux qui s'étaient révoltés contre leurs gens les prenaient souvent pour cibles de leurs rapines. Les autres frappaient plutôt des tribus auxquelles ils n'étaient pas apparentés et qu'ils haïssaient, pour des raisons qu'ils avouaient eux-mêmes ou que leurs compagnons leur attribuaient ou qui restaient obscures et dont ils emportaient le secret dans leurs tombes.

On les appelait Sa'alîk, les Vagabonds ou encore les Loups. L'un des plus célèbres d'entre eux fut 'Urwa ibn al-Ward.

A ce qu'on raconte, il captura un jour une femme nommée Salma, pour qui il éprouva beaucoup d'amour et qui eut de lui plusieurs enfants. Quoique d'une grande beauté, elle était rejetée par les gens, du fait qu'elle n'avait pas été régulièrement donnée en mariage par sa famille.

Ses enfants, qu'on appelait les enfants de la captive, étaient, comme elle, rejetés. Un jour, n'y tenant plus, elle alla voir son mari :

— Ne vois-tu pas comme tes enfants sont maltraités ?

Il lui dit :

— Où veux-tu en venir ?

— Je pense que tu dois me rendre à ma famille. Ce sera à elle de me donner à toi en mariage.

Il accepta et la laissa repartir vers les siens.

Selon certains, sa famille accepta de la redonner à 'Urwa en mariage. Selon d'autres, sa famille s'y refusa et la maria à un homme des Banû Nafîdh, une tribu juive de Yathrib. On raconte que Salma, voyant plus tard 'Urwa assis au milieu d'un groupe d'Arabes, alla vers lui et lui dit devant ses compagnons :

— Par Dieu, je ne connais pas d'homme plus affable que toi, ni plus attentif aux siens comme aux autres. Je ne connais pas de femme arabe qui ait confié sa pudeur à un mâle meilleur que toi, ni plus clément, ni moins grossier, ni plus généreux, ni plus sincère. Je souhaite tout le bien à ta descendance.

Ces paroles s'étant répandues partout, son second mari lui dit :

— Je voudrais que tu fasses mon éloge comme tu as fait celui de 'Urwa.

Elle répondit :

— Ne me demande pas cela. Je ne saurai dire que la vérité et tu seras fâché de l'entendre. Par al-Lât et al-'Uzza, je ne mentirai pas.

— J'insiste pour que tu viennes me trouver lorsque je serai assis au milieu des miens. Tu feras devant eux mon éloge, avec ce que tu sais de moi.

Il alla s'asseoir au milieu des siens et lorsque Salma s'approcha, ils braquèrent tous leurs regards sur elle. Elle soutint ces regards et dit :

— Que votre matinée soit bénie. Cet homme a insisté pour que je vienne faire devant vous son éloge, avec ce que je sais de lui.

Puis, s'adressant à son mari :

— Par Dieu, tu portes ta cape comme si tu t'enroulais dans une couverture et lorsque tu bois, c'est jusqu'à la dernière goutte. Si tu as peur, tu passes la nuit à dormir et si tu es convié, tu passes la nuit à manger. Au vrai, tu ne contentes ni tes proches ni les autres.

Puis elle leur tourna le dos et partit. Les hommes dirent alors à son mari :

— Tu aurais mieux fait de te passer d'un tel éloge !

★

Une nuit où la faim le tenaillait, 'Urwa rôdait à deux milles des lieux habités par les Hadhîl, lorsqu'il vit un lapin détaler devant lui. Il eut tôt fait de lui décocher une flèche qui le tua. Il alluma un feu, mit le lapin à rôtir et le mangea. Puis il creusa dans le sol un trou de trois coudées de profondeur, où il enfouit toute trace du feu. La nuit touchait à sa fin et les dernières étoiles dans le ciel s'effaçaient. 'Urwa avisa une réunion d'arbres hauts et branchus. Craignant d'être surpris par les Hadhîl, il grimpa sur l'un d'eux, se cacha dans ses branches et attendit la suite.

Il vit bientôt arriver une troupe de cavaliers, qui s'arrêtèrent non loin de là. L'un d'eux posa sa lance à l'endroit même où 'Urwa venait d'enfouir ses cendres. Il dit :

— On a allumé un feu ici !

Un de ses compagnons descendit de son cheval et vint creuser à cet endroit un trou d'une coudée. Il ne trouva rien. Ils se mirent alors tous contre l'homme à la lance, lui reprochant de les inquiéter pour rien. Il se défendit en disant :

— Je ne mens pas. J'ai vu des traces de cendre sur la pointe de ma lance.

— Non, tu n'as rien vu. C'est ton esprit confus qui te l'a fait croire. Nous n'en voulons qu'à nous-mêmes de nous être laissé prendre à ton histoire !

Ils le harcelèrent jusqu'à ce qu'il revînt sur ses paroles, à la grande surprise de 'Urwa.

Ils se dirigèrent ensuite vers leur campement et disparurent à la vue de 'Urwa. Ce dernier les suivit à distance et se dissimula entre deux tentes. De là il vit un esclave noir s'approcher d'une femme à qui il tendait une outre pleine de lait, disant :

— Tu veux boire ?

La femme répondit :

— Non, bois-en d'abord.

L'esclave commença à boire mais s'interrompit aussitôt, car un bruit de pas se faisait entendre, venant du dehors. L'esclave s'éclipsa et le maître des lieux apparut. C'était l'homme à la lance. Voyant l'outre, il la prit et la porta à ses lèvres. Puis il dit :

— Je sens l'odeur d'un homme !

Sa femme s'exclama :

— Comment cela ? Il ne peut y avoir d'autre odeur d'homme que la tienne !

Elle appela à grands cris les siens, qui accoururent. Elle leur dit :

— Il m'accuse ! Il me soupçonne des pires choses !

Ils s'en prirent à lui et le harcelèrent jusqu'à ce qu'il revînt sur ses paroles. ʻUrwa pensa : « C'est la deuxième fois. »

Puis l'homme alla se coucher et ʻUrwa se dit qu'il pourrait sans risque s'emparer de son cheval. Il alla vers ce dernier, l'enfourcha et lui donna une tape. Mais le cheval refusa de partir et se mit à hennir. ʻUrwa en descendit précipitamment et alla retrouver sa cachette. L'homme s'approcha du cheval, le caressa et dit :

— Toi, tu ne me démentiras pas. Que se passe-t-il ?

Mais sa femme arriva et l'accabla de reproches :

— Tu continues de voir ce que personne d'autre ne voit !

ʻUrwa recommença trois fois et, trois fois, le cheval hennit et son maître revint le voir, sans comprendre ce qui l'agitait. De guerre lasse, l'homme finit par lui dire :

— Tant pis, je ne me relèverai plus pour toi !

Alors ʻUrwa enfourcha sans crainte le cheval, qui finit par accepter de partir.

Mais l'homme s'en aperçut et s'élança à sa poursuite, sur une jument à laquelle ʻUrwa l'entendit répéter :

— Rejoins ce cheval, tu es du même sang que lui !

Lorsqu'ils se furent éloignés des lieux habités, ʻUrwa ralentit et dit à l'homme :

— Si tu me connaissais, tu ne te presserais pas de me rejoindre ! Je suis ʻUrwa ibn al-Ward. Mais je t'ai vu cette nuit faire des choses étranges. Explique-les moi et je te rendrai ton cheval !

— Quelles choses ?

— Cette nuit, tu t'es arrêté non loin d'ici avec tes compagnons et tu as planté ta lance à l'endroit où j'avais moi-même allumé un feu. Tu l'as dit aux autres, mais ils ont refusé de te croire et tu as fini par te ranger à leur avis. Ensuite, tu es rentré chez toi et tu as senti sur ton outre l'odeur d'un homme. Tu avais raison. J'ai moi-même vu un homme en boire quelques instants avant que tu n'arrives. Il s'agissait de ton esclave noir et je crois bien qu'il se passe, entre ta femme et lui, ce qui ne peut te plaire. Ta femme et les siens ont tout fait pour t'en dissuader et tu t'es laissé dissuader. Enfin, j'ai voulu prendre ton cheval, qui a refusé de partir avec moi et attendu que tu viennes lui parler. Trois fois j'ai essayé et trois fois il t'a attendu. La quatrième fois, tu n'es pas venu et j'ai pu l'emmener. Tu me donnes le sentiment d'être doué des meilleures qualités, mais lorsque tu veux quelque chose, les autres parviennent à te faire changer d'avis et tu renonces...

L'homme rit de bon cœur et dit :

— La faiblesse et l'hésitation que tu as constatées chez moi sont dues à la mauvaise influence de mes oncles maternels. Ils appartiennent à un clan des Khuzâ'a, d'où vient aussi ma femme. Je me suis lié à eux et cela a contrarié nombre de mes actions. Mais c'est fini. Je vais retrouver mon peuple, rompre avec mes oncles maternels et me séparer de ma femme. Alors, plus aucun Arabe ne pourra défier mon peuple !

'Urwa dit :

— Tu peux reprendre ton cheval, maintenant !

Mais l'homme répondit :

— Je ne le reprendrai pas. J'en ai plusieurs autres de son sang. Garde-le et qu'il soit pour toi béni.

★

Après avoir longtemps erré, 'Urwa et quelques-uns de ses compagnons étaient arrivés tout fourbus à l'approche d'un campement. Ses hommes s'abritèrent derrière un rideau d'arbres, tandis que 'Urwa se glissait dans les lieux habités pour trouver quelque nourriture à voler.

Devant une tente, il vit une femme d'un certain âge, assise aux côtés d'un vieillard décharné, affalé sur le sol comme un vêtement délaissé. Dans un coin de la tente, il trouva trois cols de mouton grillés. Il n'avait rien mangé depuis deux jours entiers. Il les engloutit prestement et se sentit mieux. Il pensa :

— Après ce repas, peu m'importe ce qu'il m'arrivera !

Il resta caché jusqu'au soir et vit arriver un grand troupeau de chameaux. Son gardien était un tout jeune homme, qui fit prestement s'agenouiller les bêtes, puis se mit à traire une première chamelle. Lorsqu'il obtint une pleine écuelle de lait, il alla vers le vieillard et lui donna à boire. Il fit ensuite de même pour la femme et enfin se servit à son tour. Après quoi, il s'enveloppa d'une cape et s'allongea dans un coin de la cour.

Le vieillard, ému par le geste du jeune homme, dit à la femme :

— Mon fils est un bon garçon.

Elle lui dit :

— Ce n'est pas ton fils !

— Maudite sois-tu ! De qui donc est-il le fils ?

— C'est le fils de ʻUrwa ibn al-Ward.

— Comment cela ?

— Te souviens-tu de ce jour où nous l'avons croisé, alors que nous nous rendions au marché ? Tu m'as dit : « Cet homme est ʻUrwa ibn al-Ward » et tu m'as décrit sa vigueur. Il m'a plu.

Le vieillard ne dit plus rien.

Lorsque la nuit fut tombée et la famille endormie, ʻUrwa quitta sa cachette et alla secouer une moitié du troupeau, qu'il emmena avec lui. Il espérait avoir trompé la vigilance du gardien. Mais ce dernier, qui s'était réveillé, se lança à sa poursuite, le rejoignit et se jeta sur lui. Ils tombèrent tous deux à terre et ʻUrwa prit le dessus. Pour décourager le garçon, il lui dit :

— Je suis ʻUrwa ibn al-Ward.

Le garçon tressaillit et dit :

— Malheur à toi ! Tu as dû entendre les paroles de ma mère !

— Oui. Je te propose de venir avec moi. Emmène avec toi ta mère et le troupeau. Abandonne ce pauvre vieillard, qui ne te sert de rien.

— Ce vieillard n'a que peu de temps à vivre. Je reste avec lui durant ce temps. Il a sur moi des droits. Je viendrai te rejoindre lorsqu'il sera mort. En attendant, prends un chameau.

— Un chameau ne suffira pas. J'ai mes compagnons avec moi.

— Prends-en deux.

— Non.

— Prends-en trois. Par Dieu, je ne t'en donnerai pas un de plus.

'Urwa prit les trois chameaux et repartit vers ses amis.

★

Au cours des années de grande disette, les tribus étaient parfois forcées de partir au loin en laissant sur place les plus faibles, les vieux et les malades. 'Urwa prenait alors sur lui de protéger ceux de sa tribu qui avaient été ainsi abandonnés. Il les rassemblait, creusait pour eux des abris, élevait autour d'eux des haies, leur procurait quelques vivres. Dès que certains d'entre eux retrouvaient des forces, il les emmenait à la chasse avec lui. Il parvenait de la sorte à nourrir ces gens, en prélevant toujours une part de ce qu'il rapportait pour ceux qui étaient impotents.

Puis l'herbe repoussait, les chamelles redonnaient du lait et les tribus rentraient chez elles. Les gens qui avaient été délaissés retrouvaient leurs parents. Si le butin avait été substantiel, 'Urwa en donnait à chacun sa part et il arrivait que certains revinssent dans leur famille avec quelques biens !

Lors de l'une de ces disettes, 'Urwa se trouvait en difficulté avec un groupe de gens de sa tribu, quand Dieu le gratifia de deux chamelles noires. Il sacrifia l'une d'elles pour donner à manger à ses compagnons et utilisa la seconde pour transporter les plus faibles d'entre eux. Il erra ainsi d'un endroit à un autre, jusqu'à ce qu'il eût atteint un point d'eau.

Il vit différentes traces de pas et dit à ses compagnons :

— Ces traces sont celles de gens qui viennent boire à cette eau. Restez cachés. Je crois que la fortune nous sourit !

Ils se cachèrent derrière de grosses pierres et attendirent un jour entier. Ils virent enfin apparaître un chamelon et dirent à 'Urwa :

— Sa chair nous nourrira bien durant deux jours !

Il leur répondit :

— Laissez-le repartir. Si vous le capturez, vous ne verrez pas ses parents, qui doivent être beaucoup plus nourrissants.

Ils obéirent de mauvaise grâce, car la faim leur nouait le ventre et, les jours passant, couvrirent ‘Urwa de reproches pour la souffrance qu'il leur infligeait.

Ils demeurèrent ainsi durant cinq jours, puis ils virent s'avancer un troupeau entier de chameaux, dont l'un d'eux transportait une femme protégée par une litière et l'autre un homme arborant une lance et une épée. ‘Urwa eut tôt fait de décocher à ce dernier une flèche qui le tua sur le coup. Ils s'emparèrent de la femme et du troupeau, mangèrent à leur faim et revinrent auprès de leurs compagnons impotents.

Là, ‘Urwa procéda à un juste partage du butin, donnant à chaque homme un nombre de chameaux égal à celui qu'il prenait pour lui-même. Mais il voulut garder la femme. Ses compagnons dirent :

— Non, par al-Lât et al-‘Uzza, nous n'acceptons pas. La femme doit compter pour une part. La prendra qui voudra.

‘Urwa se fâcha. La tentation lui vint de les tuer tous et d'emmener à lui seul la femme et le troupeau. Mais il se dit que ces gens ne vivaient que parce qu'il l'avait voulu et que s'il les tuait, il déferait ce qu'il venait lui-même de faire. Il réfléchit, puis leur dit qu'il se désistait de sa part de chameaux pour prendre la femme, mais voulait au moins garder le chameau qui la transportait. Ils refusèrent.

L'un d'entre eux finit tout de même par offrir à ‘Urwa un chameau.

CHAPITRE SIXIÈME

'Abd Allâh ibn Jad'ân

Après avoir été un Vagabond, 'Abd Allâh ibn Jad'ân devient un seigneur riche et respecté. D'une générosité proverbiale, il entretient le poète Umayya ibn Abû al-Salt.

'Abd Allâh ibn Jad'ân était l'un des notables les plus en vue de La Mecque, l'un de ses seigneurs les plus écoutés et respectés. Il était d'une grande richesse et d'une extrême générosité.

Pourtant, à ce qu'on raconte, il avait très mal commencé. Rebelle et violent, commettant sans cesse des délits, il avait été désavoué par sa famille et chassé par son père, pour se trouver finalement exclu de son clan. Il avait alors longtemps erré dans les collines environnant La Mecque, se joignant à ces Vagabonds que leurs familles avaient reniés ou qui avaient eux-mêmes renié leurs familles et qui n'avaient plus de protecteurs ou d'alliés. Ces hommes devenaient des brigands, vivant de vols et de rapines et se réfugiant dans des grottes. Ils finissaient par connaître les moindres recoins du désert, pour pouvoir tendre des pièges aux caravanes, leur couper les routes et les attaquer en position favorable, puis s'enfuir sans laisser de trace.

Une nuit, alors qu'il cherchait un endroit pour dormir à la fin d'une journée harassante, 'Abd Allâh ibn Jad'ân trouva une faille étroite au flanc d'une colline. Il s'y glissa, tout en sachant qu'un serpent pouvait s'y loger. Il espérait peut-être se faire piquer par ce serpent, car il était las de la vie. Mais la faille protégeait l'entrée d'une tombe, celle d'anciens rois de Jurhum, qui contenait des trésors inestimables, des objets précieux tels qu'un serpent en or aux yeux incrustés de rubis. Les cadavres des rois reposaient sur des couches recouvertes d'étoffes comme 'Abd Allâh n'en avait jamais vues, mais dès qu'il les toucha, elles s'effritèrent entre ses mains.

Il prit quelques objets précieux, se glissa hors de la tombe, en boucha l'entrée avec des pierres puis, avant de partir, grava sur la faille un signe qui lui permettrait de la reconnaître par la suite. Il fit parvenir les objets précieux à son père, en demandant son pardon. Après l'avoir obtenu, il put revenir dans son clan, dont il devint bientôt le chef.

Il puisa largement dans son trésor, pour donner à manger aux gens, faire le bien autour de lui et se lancer dans le commerce. Chaque fois que le besoin s'en faisait sentir, il revenait à sa grotte, entrait dans la tombe, prenait ce qu'il lui fallait et s'en revenait chez lui. Il ne tarda pas à devenir l'un des hommes les plus riches de La Mecque.

Marchand d'esclaves, il louait aux hommes la compagnie de ses femmes et comme il était propriétaire des enfants qui naissaient de ce commerce, il pouvait les vendre ou les garder pour lui. Il lui arrivait aussi d'affranchir des esclaves.

On raconte que c'est 'Abd Allâh ibn Jad'ân qui introduisit à La Mecque la friandise connue sous le nom de *falûdh*. Il l'avait découverte à la cour de Khusrû à Madâ'in et avait demandé :

— De quoi est faite cette friandise ?

On lui avait dit :

— C'est une pâte faite d'un mélange de froment et de miel d'abeilles.

Il avait aussitôt demandé :

— Trouvez-moi un garçon qui sache la faire.

Il emmena le garçon à La Mecque, qui confectionna de grandes quantités de *falûdh*. Puis 'Abd Allâh ibn Jad'ân fit dresser des tables autour de la Mosquée et les crieurs allèrent partout annoncer :

— Que celui qui veut goûter au *falûdh* se présente.

Les gens se pressèrent nombreux.

Par ailleurs, ‘Abd Allâh ibn Jad‘ân offrait à manger à tous ceux qui venaient chez lui. La nourriture était placée dans une cuve si grande qu'un enfant, dit-on, s'y était un jour noyé. Les hommes pouvaient s'y approvisionner sans avoir besoin de descendre de leurs chameaux. Muhammad ibn ‘Abd Allâh y avait mangé et se souvint plus tard qu'il s'était reposé à l'ombre de la cuve.

‘Abd Allâh ibn Jad‘ân aimait le vin et il lui arrivait d'en boire en compagnie de ‘Umayya ibn Abû al-Salt, de Thaqîf. Ce dernier se leva un jour, après une nuit d'ivresse, l'œil enflé. ‘Abd Allâh lui demanda :

— Qu'as-tu donc à l'œil ?

Umayya refusa de répondre, mais devant l'insistance de son hôte, il finit par dire :

— C'est toi qui as fait cela, hier soir.

‘Abd Allâh en fut stupéfait et dit :

— La boisson m'aveugle-t-elle au point que je puisse nuire à mon compagnon ?

Il donna à Umayya dix mille dirhams pour se faire pardonner et déclara :

— Dorénavant, la boisson m'est interdite. Je n'en boirai plus jamais.

Il ne but plus une goutte de vin par la suite.

Umayya était un poète reconnu, qui récitait des vers louant les qualités de son hôte et qui était pour cela généreusement récompensé. Un jour il vint voir ‘Abd Allâh, qui lui demanda :

— Qu'est-ce donc qui te préoccupe ?

— Quelques chiens sans pitié, qui ne cessent de me harceler.

— N'aie point de souci. Je rembourserai ta dette, quel qu'en soit le montant. Mais tu devras patienter un peu, car tu me prends au dépourvu. J'ai moi-même quelques échéances à honorer.

Puis ils commencèrent à manger et Umayya récita, comme à son habitude, des vers louant la générosité de ‘Abd Allâh. Deux belles esclaves leur tenaient compagnie, bien connues des hommes de La Mecque, qui les avaient surnommées les deux sauterelles. ‘Abd Allâh dit à son ami :

— Prends celle des deux qu'il te plaira.

Umayya emmena l'une d'entre elles et partit. Mais en route, il rencontra un groupe de Qurayshites qui reconnurent la sauterelle et reprochèrent à Umayya de l'avoir prise :

— Tu es allé trouver ʻAbd Allâh en un moment de grande difficulté. Il a quand même tenu à t'aider. Mais cette femme lui est fort utile. Tu devrais la lui rendre.

Ces paroles touchèrent Umayya, qui revint sur ses pas et voulut rendre l'esclave à ʻAbd Allâh. Ce dernier lui dit :

— Sans doute viens-tu me la rendre, après avoir rencontré quelques Qurayshites qui t'ont parlé de mes difficultés ?

Umayya répondit :

— Par Dieu, tu ne t'es pas trompé.

— Eh bien ! Qu'as-tu à dire de cela ?

Umayya récita de nouveaux vers louant la perspicacité de ʻAbd Allâh. Alors celui-ci dit :

— Prends l'autre esclave aussi.

Umayya emmena les deux sauterelles et, cette fois, ne revint pas sur ses pas.

Mais l'extrême générosité de ʻAbd Allâh finit par contrarier ses proches, qui s'employèrent à l'empêcher de dilapider ainsi sa fortune. Ils allaient voir les bénéficiaires de ses prodigalités et leur demandaient de rendre ce qu'il leur avait offert. Pour déjouer leur dessein, ʻAbd Allâh prévenait celui à qui il voulait faire un don :

— Je te ferai un affront devant les gens.

Il lui donnait une gifle en public et réparait son geste par un don, que sa famille ne pouvait plus réclamer à l'offensé.

Vers la fin de sa vie, ʻAbd Allâh épousa une riche veuve, encore jeune et belle, qui se nommait Dubâʻa. Elle vécut avec lui le temps que Dieu voulut. Puis un jour, alors qu'elle tournait autour de la Kaʻba, elle croisa Hishâm ibn al-Maghîra, qui était aussi fortuné que séduisant et qui lui dit :

— Pourquoi faut-il que tant de beauté et de jeunesse soient réservées à un vieillard tel que ʻAbd Allâh ibn Ja'dân ? Demande-lui la séparation et je t'épouserai.

Elle alla voir son mari et lui dit :

— Pourquoi faut-il qu'une femme aussi jeune que moi reste avec un homme aussi vieux que toi ?

Il lui répondit :

— Pourquoi cela t'a-t-il soudain frappé ? Par Dieu, on m'a

rapporté que tu avais eu une conversation avec le jeune Hishâm ibn al-Maghîra en tournant autour de la Mosquée. Eh bien, je ne me séparerai de toi que si tu jures de ne jamais épouser le jeune Hishâm. Ou alors, si tu veux l'épouser, il te faudra tourner nue autour de la Mosquée, sacrifier cent chameaux et filer du poil de ces bêtes sur le parcours reliant les deux monts Akhshab, ce qui t'est interdit comme à tous ceux de ta tribu.

Dubâ'a fit parvenir à Hishâm les exigences de 'Abd Allâh et Hishâm lui fit répondre :

— Accepte ces exigences. Pour ce qui est de tourner nue autour de la Mosquée, tu le feras avant l'aube et je demanderai à Quraysh de vider pendant ce temps la Mosquée. Personne ne te verra. Les cent chameaux, je les sacrifierai pour toi. Quant au filage du poil de chameau, pourquoi ne le ferais-tu pas ? C'est un interdit dont personne ne se rappelle l'origine, ce n'est pas un interdit religieux édicté par un prophète.

Ainsi Dubâ'a put-elle dire à 'Abd Allâh ibn Jad'ân qu'elle acceptait de se soumettre à ses conditions. Il se sépara d'elle et Hishâm l'épousa après qu'elle eut fait tout ce que 'Abd Allâh avait exigé d'elle.

rapporte que ça avait [illegible]
[illegible] entièrement [illegible]
une séparation de [illegible] c'est la [illegible] de [illegible]
l'Islam. On [illegible] l'opposé [illegible]
autour de la Mosquée, [illegible] chapeaux [illegible] du port [illegible]
ces [illegible] sur le [illegible] les deux [illegible]
C'est interdit comme [illegible] ceux de [illegible]

[illegible] les exigences de Abd Allah et [illegible] lui répondre :

— J'accepte ces exigences [illegible] tout [illegible] de la Mosquée [illegible] l'autre [illegible] de [illegible]
Quand [illegible] pendant ce temps la Mosquée [illegible]
[illegible] Les [illegible]
[illegible]
interdit [illegible]
[illegible] pas [illegible]

[illegible]
[illegible]
[illegible]
elle.

CHAPITRE SEPTIÈME

Khadîja bint Khuwaylid

Khadîja bint Khuwaylid, une riche commerçante divorcée, prend Muhammad à son service et lui confie une part de son commerce. Puis elle lui fait savoir qu'il peut la demander en mariage.

Khadîja bint Khuwaylid était une commerçante qurayshite honorable et fortunée. Pour traiter ses affaires ou convoyer ses marchandises, il lui arrivait de louer les services de certains hommes, qu'elle rétribuait en leur donnant une part de ses gains.

Sachant cela, Abû Tâlib dit un jour à Muhammad :

— Neveu, Khadîja bint Khuwaylid est une femme riche, qui tient un commerce prospère. Elle a besoin d'hommes comme toi, d'hommes ayant ta pureté et ta loyauté. Je pourrais lui parler de toi, afin qu'elle te confie certaines de ses affaires.

Muhammad dit :

— Fais comme bon te semble, mon oncle.

Abû Tâlib alla trouver Khadîja et lui proposa de confier une part de son commerce à son neveu. Elle accepta et chargea Muhammad de vendre certaines marchandises et d'en acheter d'autres. Il se joignit alors à l'une des caravanes en partance pour la Syrie, accompagné d'un garçon nommé Maysara, que Khadîja avait envoyé avec lui.

Arrivé au pays de Shâm, Muhammad vendit les marchandises qu'il avait convoyées, puis acheta celles que Khadîja lui avait demandé de rapporter. Tout au long de leur séjour, le jeune Maysara le regarda faire, notant, en même temps que la droiture avec laquelle Muhammad traitait les hommes, la finesse avec laquelle il conduisait ses transactions et le bénéfice qu'il savait en tirer.

Lorsque, les affaires ayant été menées à bien, ils revinrent à La Mecque, Maysara rapporta à Khadîja toutes les observations qu'il avait faites sur Muhammad.

Khadîja était l'un des partis les plus honorables de Quraysh et bien des hommes de sa tribu cherchaient à l'épouser, certains dépensant à cette fin beaucoup d'argent. Elle avait déjà contracté deux mariages, suivis de deux divorces et elle avait eu des enfants de chacun de ses époux.

Ce fut elle qui prit l'initiative d'approcher Muhammad, en lui faisant dire par une de ses protégées :

— Qu'est-ce donc qui t'empêche de te marier ?

Muhammad répondit :

— Je ne possède pas ce qu'il faut pour me marier.

— Si je t'assurais cela, pour t'offrir à la fois la beauté, la fortune et la vertu, que dirais-tu ?

— De qui s'agit-il ?

— De Khadîja bint Khuwaylid.

— Mais comment pourrais-je ?

— Je m'en charge.

— Je suis ton homme.

La femme alla retrouver sa maîtresse et lui raconta son entrevue avec Muhammad. Alors Khadîja fit dire à celui-ci de venir la voir tel jour à telle heure.

Muhammad annonça la nouvelle à Abû Tâlib et le pria d'aller demander pour lui la main de Khadîja. Son oncle acquiesça et, au jour dit, ils se rendirent chez Khadîja. Elle fit en leur honneur égorger un mouton et préparer un repas auquel elle convia son oncle 'Amrû ibn Asad.

Après qu'ils eurent mangé et bu, Abû Tâlib fit la demande pour laquelle ils étaient venus et 'Amru ibn Asad l'accepta. Muhammad avait alors vingt-cinq ans et Khadîja quarante.

Khadîja bint Khuwaylid occupe une place privilégiée dans le panthéon musulman. Ce n'est pas seulement la première épouse de Muhammad, c'est aussi celle en présence de laquelle il recevra le début de la Révélation, qui le rassurera, deviendra la première musulmane et se tiendra à ses côtés au long des années les plus difficiles de sa prédication.

CHAPITRE HUITIÈME

Un éloge des Arabes

Les Arabes, méprisés par les Perses comme par les Byzantins, gardent leur fierté. A la cour de Khusrû, qui les dénigre, son vassal al-Nu'mân ibn al-Mundhir fait leur éloge – après que le roi lui a assuré l'impunité.

A la cour de Khusrû, Roi des Perses, se trouvaient des délégations de Rome, des Indes et de Chine, qui, les unes après les autres, faisaient l'éloge de leurs rois et de leurs pays respectifs. Al-Nu'mân ibn al-Mundhir, roi d'al-Hîra et vassal de Khusrû, était présent. Il fit à son tour un éloge appuyé des Arabes, qu'il plaça au-dessus de tous les autres peuples, sans excepter les Perses.

Atteint dans son orgueil, Khusrû dit :

— Vois-tu, al-Nu'mân, j'ai réfléchi sur le sort des peuples, Arabes et autres et j'ai observé de près les délégations qui viennent à moi de différents pays. Les Romains se distinguent, selon moi, par la force des liens qui les unissent et par la grandeur de leur empire. Ils possèdent nombre de villes solidement construites et une religion qui sépare le Bien du Mal et sanctionne l'impudent et remet l'ignorant sur le droit chemin.

De leur côté, les Indiens me frappent par leur sagesse et leur médecine. Leur pays abonde en rivières et regorge de fruits. On y trouve d'étonnants ateliers, des arbres aux multiples parfums. On s'étonne de la précision de leurs calculs et du nombre de leurs ennemis. En Chine, où de nombreux ateliers se consacrent à la fabrication des outils de guerre et au façonnage du fer, on trouve de valeureux chevaliers, regroupés autour d'un roi respecté de tous.

Les Turcs et les Khazars vivent, eux, dans une grande pauvreté. Ils ont peu de champs, peu de récoltes, peu de forts, peu de ces logements et de ces vêtements à quoi on reconnaît une nation supérieure. Mais ils ont des rois, qui unifient leurs volontés et règlent leurs affaires.

Quant aux Arabes, je ne vois rien qui les avantage, ni sur Terre ni dans l'au-delà. Je ne leur vois ni volonté ni force, mais bassesse et veulerie, dont je veux pour preuve le fait qu'ils vivent au milieu des bêtes sauvages et des oiseaux perdus, que la misère les pousse à tuer leurs enfants et la faim à se manger les uns les autres. Ils ne connaissent ni les nourritures, ni les parures, ni les boissons, ni les distractions qui font les plaisirs de l'existence. La meilleure des nourritures que connaisse le plus riche d'entre eux est la viande de chameau, que les fauves eux-mêmes dédaignent en raison de son goût détestable et des maux qu'elle provoque. L'Arabe considère qu'il honore un homme quand il le reçoit chez lui, et quand il est lui-même invité à manger, se jette sur la nourriture comme sur un butin. C'est ce que disent leurs poètes et dont s'enorgueillissent leurs chefs.

Seul le royaume d'al-Hîra fait exception, que mon grand-père a jadis unifié, consolidé et protégé et qui en tire aujourd'hui quelque avantage. On n'y trouve, néanmoins, ni cette grandeur ni ces fastes, ni ces champs ni ces forteresses, que connaissent certains peuples. Et cependant, au lieu de vivre avec humilité le dénuement où vous êtes, vous ne cessez de vous en vanter et même d'y voir une forme de supériorité sur les autres nations.

Lorsque le roi eut fini de parler, al-Nu'mân ibn al-Mundhir dit :

— Que Dieu préserve les intérêts du roi et qu'Il comble son peuple de bienfaits et lui assure gloire et puissance. J'ai cependant réponse à tout ce que le roi vient d'avancer, sans vouloir le contester ni le contredire. Si Sa Majesté me prémunit contre sa colère, je le lui démontrerai.

Le roi lui dit :

— Parle. Je t'assure l'impunité.

Alors al-Nu'mân dit :

— Quant à la Perse, nulle nation ne l'égale en vertu, nulle ne rivalise avec elle d'intelligence ou d'ambition, nulle ne peut lui disputer sa place sur la terre, ni lui contester la grandeur qu'elle a acquise depuis le règne des ancêtres du roi. Mais il n'en va pas de même pour les autres nations citées par Sa Majesté. Aucune d'entre elles, comparée aux Arabes, ne peut leur être préférée.

— En quoi les Arabes leur seraient-ils préférables ?

— Par leur fierté et leur invincible esprit de résistance, par la beauté de leur apparence, par leur courage et leur générosité, par leur éloquence, par la dignité de leurs sentiments et le prix qu'ils accordent à la parole donnée. Pour ce qui est de leur esprit de résistance, il est bien connu. Ainsi vivent-ils depuis longtemps aux côtés de la puissante Perse, sans qu'aucun des ancêtres de Sa Majesté, à la tête de ses immenses armées, ait jamais tenté de les conquérir ou de les vaincre.

Les Arabes ont pour forteresse le dos de leurs montures, pour berceau la terre ferme, pour plafond le ciel bleu, pour argument leur épée et pour bouclier une endurance à toute épreuve. Ils laissent aux autres nations la gloire fondée sur des constructions en pierre ou sur la conquête de quelques îles lointaines.

La beauté des Arabes n'est-elle pas éclatante, comparée aux traits grossiers des Indiens, au teint blafard des Chinois, à la laideur des Turcs ou à la pâleur des Romains ? Et que dire de la fidélité des Arabes à leurs ancêtres ? Dans toutes les autres nations, il est courant d'ignorer le nom de son père, de ses aïeux et des grands hommes de son peuple. Demandez à quelqu'un le nom du père de son père, il l'a oublié ou ne l'a jamais connu. Mais demandez à un Arabe, il vous citera toute la lignée de ses ancêtres. Ainsi les Arabes protègent-ils la mémoire de leurs aïeux et préservent-ils leur postérité. Aucun homme ne peut être dissocié de sa famille, aucun ne peut être associé à une famille qui ne soit pas la sienne, aucun ne peut être nommé sans référence à son père.

Pour ce qui est de la générosité, le plus démuni des Arabes, ne possédant rien d'autre qu'une vieille chamelle, est susceptible de s'en séparer pour l'offrir à un passant qui lui tend la main, alors même que celui-ci se satisferait d'une tranche de pain ou d'une gorgée d'eau. Un Arabe donnera tout ce qu'il a pour être honorablement connu et laisser de lui un bon souvenir.

Quant à l'éloquence, Dieu l'a conférée aux Arabes comme un attribut de leur langue. Elle s'exprime aussi bien dans leur poésie que dans leur prose, elle apparaît dans la richesse de leurs rimes comme dans l'intelligence de leurs proverbes, elle permet de mieux connaître les choses en énonçant leurs multiples qualités, ce que la langue arabe assure mieux qu'aucune autre langue.

Les Arabes ont une religion et une loi, qu'ils vénèrent. Ils ont des mois sacrés, un sanctuaire inviolable et un lieu de pèlerinage, où ils s'adonnent à leurs pratiques rituelles et sacrifient à leurs dieux, où un homme peut croiser le meurtrier de son père ou de son frère et cependant se garder de toute vengeance, car sa dignité et sa religion l'interdisent en ce lieu.

Leur sens de l'honneur est tel qu'un regard, qu'un léger signe de tête, suffisent pour sceller un pacte auquel la mort seule mettra fin. Lever un rameau qu'il vient de ramasser par terre vaut pour un homme un engagement de dette, dont rien ne pourra plus le délier. Et si cet homme voit arriver chez lui quelqu'un qui se met sous sa protection puis se trouve attaqué, il n'aura point de cesse qu'il ne décime la tribu des agresseurs ou que sa propre tribu ne soit elle-même décimée. Cette protection peut être invoquée par un criminel, inconnu de son hôte et sans aucun lien de parenté avec lui, l'hôte n'en est pas moins lié à lui par une solidarité où il engage et sa vie et ses biens.

Sa Majesté a dit que certains Arabes allaient jusqu'à tuer leurs enfants. Ceux-là le font avec les filles, par crainte du déshonneur ou pour assouvir la jalousie d'un mari. Si les Arabes apprécient la viande de chameau, c'est parce qu'ils la tiennent pour la plus noble de toutes, le chameau représentant pour eux la meilleure monture aussi bien que la meilleure nourriture. Sa chair est la plus grasse, la plus savoureuse et la plus tendre à mastiquer et le lait de sa femelle est la plus délicieuse des boissons. Pour chacune des qualités que l'on trouve à une viande, celle du chameau l'emporte sur toutes les autres.

Enfin, Sa Majesté a parlé des guerres continuelles que les Arabes se livrent entre eux et de leur refus de se soumettre à un chef qui les guide et les rassemble. Cela est vrai. Les nations recourent à un chef lorsqu'elles se sentent faibles par elles-mêmes et qu'elles craignent de se voir envahies par un ennemi. Alors apparaît dans chaque royaume une grande famille, dont le mérite est reconnu par toutes les autres et aux mains de laquelle ces dernières remettent leur destin. Cela ne saurait se produire chez les Arabes, qui seraient tous enclins à se prendre pour des rois. Ils sont trop fiers pour accepter de payer un tribut ou pour s'incliner devant la force.

Khusrû avait écouté avec attention al-Nu'mân ibn al-Mundhir et lorsque celui-ci eut fini de parler, le roi dit :

— Va sans crainte.

Il lui offrit une de ses propres robes et l'autorisa à repartir pour al-Hîra.

CHAPITRE NEUVIÈME

Hind bint 'Utba et Abû Sufyân ibn Harb

Hind bint 'Utba est une femme de tête. Elle défend son honneur, mis en cause par son premier époux, puis obtient de son père le droit de choisir son second époux. Ce sera Abû Sufyân, richissime commerçant et chef de guerre de Quraysh.

Al-Fâkih ibn al-Mughîra al-Makhzûmî, fils de l'une des grandes familles de La Mecque, venait d'épouser Hind, fille de 'Utba ibn Rabî'a, celui-là même qui avait réussi à ramener la paix entre Thaqîf et Quraysh après leur interminable guerre.

Al-Fâkih possédait une maison d'hôte où ses amis entraient sans avoir besoin d'y être invités. Il s'y rendit un jour avec Hind pour y faire la sieste, puis en sortit laissant sa femme endormie. Durant son absence, un de ses amis entra et, voyant Hind seule, se dépêcha de repartir. Alors qu'il s'en allait, al-Fâkih revenait, qui l'aperçut de loin. Il réveilla aussitôt sa femme et lui demanda :

— Qui est cet homme qui sort de chez toi ?

Elle dit :

— Par Dieu je n'ai vu personne…

Il répondit :

— Retourne chez ton père. Je te répudie.

Hind revint chez son père, qui lui dit :

— Ma fille, je veux savoir ce qu'il en est. Si tu me dis que ton mari a raison, j'enverrai quelqu'un tuer l'homme qui t'a surprise pour laver l'affront qu'il t'a fait. Si tu me dis que ton mari est dans son tort, j'exigerai qu'il se soumette au jugement d'un devin…

Hind répondit :

— Par Dieu, mon père, il est dans son tort.

'Utba ibn Rabî'a alla voir al-Fâkih ibn al-Mughîra et lui dit :

— Tu fais peser sur ma fille un soupçon terrible. Cela ne peut durer. Si tu ne confirmes ce soupçon par une preuve, tu dois accepter de soumettre l'affaire à l'arbitrage d'un devin du Yémen.

Al-Fâkih accepta de s'en remettre à un tel arbitrage et ils partirent pour le Yémen, accompagnés d'hommes et de femmes de leurs familles respectives. Lorsqu'ils se trouvèrent à proximité de la maison du devin, le visage de Hind pâlit. Son père le remarqua et dit :

— Que se passe-t-il, ma fille ? Si tu crains la sentence, ne valait-il pas mieux le dire avant que tous les gens ne sachent pourquoi nous sommes venus ?

Elle répondit :

— Par Dieu, mon père, je n'ai rien à me reprocher. Mais nous allons voir un être humain, qui peut se tromper comme il peut voir juste. Or il va porter sur ma réputation un jugement qui restera dans la mémoire des Arabes.

Son père acquiesça :

— Tu dis vrai. Je vais d'abord éprouver son pouvoir.

Il siffla son cheval, qui s'arrêta et sortit sa verge pour uriner. 'Utba enfonça un grain de froment dans la verge et remit le cheval en marche. Ils furent fastueusement reçus par le devin, qui fit égorger un mouton en leur honneur. Puis 'Utba dit :

— Nous sommes venus te consulter sur une affaire et nous avons dissimulé quelque chose à ton regard. Quelle est cette chose et où est-elle dissimulée ?

Le devin répondit :

— C'est un fruit dans un gland.

— J'aimerais que tu sois plus clair.

— C'est un grain de froment dans la verge d'un poulain.

— Tu as dit vrai. Examine donc le cas de ces femmes.

Toutes les femmes qui étaient venues passèrent à tour de rôle devant le devin, qui caressa les cheveux de chacune d'elles et dit :

— Va à ton affaire.

Lorsque ce fut au tour de Hind, il lui caressa longuement les cheveux et dit :

— Va, tu n'as commis aucune faute. Et tu enfanteras un roi nommé Mu'âwiya.

Al-Fâkih vint alors vers elle et voulut lui prendre la main. Elle le repoussa et dit :

— Par Dieu, j'entends que l'enfant à venir ne soit pas de toi.

Puis elle se tourna vers 'Utba :

— Père, tu m'as donnée en mariage à cet homme sans te soucier de ce que je ressentais. Il m'a fait ce qu'il m'a fait. La prochaine fois, ne me marie à aucun homme avant de me dire ce que tu sais de lui et quelles sont ses qualités.

Son père le lui promit.

Dès qu'ils furent rentrés à La Mecque, deux prétendants se présentèrent, Suhayl ibn 'Amrû et Abû Sufyân ibn Harb ibn Umayya. Hind demanda à son père de lui parler de chacun d'eux. Puis elle choisit Abû Sufyân.

Fils de Harb et petit-fils de Umayya, Abû Sufyân allait devenir, à la mort de son père, le chef des Banû Umayya et le chef de guerre de Quraysh.

C'était un commerçant qui voyageait beaucoup et qui avait amassé une grande fortune par le négoce. Il possédait des caravanes dont il était le chef apprécié, car il avait une vaste expérience des routes et des passages. Toutes les expéditions qu'il avait prises en charge avaient été menées à bien, les échanges ayant été effectués en toute sécurité

Aussi la conduite des guerres de La Mecque lui avait été confiée, quoique Quraysh détestât les guerres et s'efforçât autant que possible de les éviter, car elles nuisaient à son commerce.

Le couple formé par Abû Sufyân et Hind va jouer un rôle essentiel dans la période de naissance de l'islam. Abû Sufyân s'efforcera constamment de ménager des positions moyennes entre les seigneurs de La Mecque et Muhammad, mais son épouse s'affirmera pendant longtemps comme une adversaire acharnée du Prophète. Ils finiront par choisir tous les deux l'islam, donnant à leur fils Umayya l'occasion de devenir, plus tard, le cinquième Calife, fondateur de la dynastie des Umayyades.

CHAPITRE DIXIÈME

Umayya ibn Abû al-Salt

Poète, adorateur du Dieu Unique, Umayya ibn Abû al-Salt pressent l'avènement imminent d'un prophète arabe. Il voudrait être celui-là. Mais s'il possède des pouvoirs magiques, il n'a pas le don de prophétie.

Umayya ibn Abû al-Salt appartenait à la tribu des Thaqîf et habitait la ville d'al-Tâ'if. Ami de 'Abd Allâh ibn Jad'ân ⋆, il lisait les Livres Sacrés et composait des poèmes, où il disait des choses que les Arabes ne connaissaient pas. On raconte qu'il avait fini par porter une robe et par s'interdire de boire du vin. Il citait souvent les Hanîfs, adorateurs du Dieu Unique, en particulier Abraham et Ismaël.

De sa lecture de la Torah et de l'Évangile, il avait compris qu'un prophète serait élu parmi les Arabes et il espérait être ce prophète.

Un jour qu'il était assis au milieu de gens de sa tribu, passa un troupeau de moutons. Une chèvre se mit soudain à bêler très fort. Umayya demanda à ses compagnons :

— Savez-vous ce que dit cette chèvre ?

— Non.

— Elle dit à son agnelle : « Passe vite, afin que le loup ne vienne

⋆ Cf. 3e partie, chap. 6.

pas te manger comme il a mangé ta sœur l'an passé à cet endroit ! »

Éclatant de rire, ses compagnons réfutèrent sa prétention à comprendre le langage des chèvres. Mais il maintint vigoureusement ses dires. Alors quelques-uns d'entre eux allèrent trouver le berger et lui demandèrent :

— Dis-nous, cette chèvre qui bêlait si fort, a-t-elle une agnelle ?

Le berger répondit :

— Oui, la voici.

— Avait-elle une autre agnelle l'an passé ?

— Oui. Le loup l'a mangée à cet endroit même.

On raconte qu'étant chez sa sœur, un soir, Umayya fut pris d'une soudaine fatigue, s'étendit sur une couche dans un coin de la maison et s'endormit. Le plafond au-dessus de lui se fendit et deux oiseaux apparurent. L'un d'eux se jeta sur la poitrine d'Umayya, la déchira, sortit son cœur et le fendit. L'autre, qui était resté accroché au plafond, demanda :

— Est-il conscient ?

Le premier répondit :

— Oui.

— Accepte-t-il de porter le Message ?

— Il n'accepte pas.

— Remets son cœur à sa place.

Le premier remit le cœur à sa place et referma la poitrine d'Umayya. Puis il rejoignit le second et ils repartirent tous les deux à tire-d'aile. Umayya les regarda s'éloigner et récita :

— Je suis entre vos mains !
Mais pour plaider en ma faveur,
Je n'ai pas assez d'innocence
Et pas de clan qui me protège !

Mais les oiseaux revinrent. L'un des deux se jeta sur Umayya, lui fendit la poitrine, sortit son cœur et l'examina. L'autre demanda :

— Est-il conscient ?

— Oui.

— Accepte-t-il ?

— Il n'accepte pas.

Le premier remit le cœur d'Umayya à sa place et referma sa

poitrine, puis ils repartirent tous les deux. Les voyant s'envoler, Umayya récita :

— Je suis entre vos mains !
Me voici plongé dans le noir,
Me voici cerné par les doutes !

Les oiseaux revinrent et recommencèrent l'opération. Lorsqu'ils repartirent, Umayya récita :

— Je suis entre vos mains !
Toi qui pardonnes et pardonnes tant,
Tu pardonnes à qui Tu veux !

Comme il se frottait la poitrine, sa sœur entra et lui demanda :

— Souffres-tu de quelque chose, mon frère ?

— Non, mais je sens de la chaleur dans ma poitrine.

Puis il récita :

— Que ne puis-je revenir en arrière, avant que ne soit ce qui fut,
Me retrouver au haut d'une colline, faisant paître mes moutons !
Que ton regard ait sans cesse la mort pour horizon
Et ton esprit s'attende à tous les retournements * !

*

Une caravane où se trouvait Umayya ibn Abû al-Salt s'en retournait de Syrie vers al-Tâ'if. A la fin d'une épuisante journée, elle fit halte. Les hommes s'apprêtaient à prendre le repas du soir, quand ils virent un animal semblable à un grand lézard, qui avançait vers eux comme en hésitant, faisant quelques pas rapides, puis marquant un temps d'arrêt. Ils lui lancèrent des pierres qui le touchèrent à la tête. Il fit alors demi-tour et disparut.

Le lendemain matin, surgie de derrière un monticule, leur apparut une vieille femme qui marchait en s'appuyant sur une canne. Lorsqu'elle fut près d'eux, elle dit :

— Pourquoi avez-vous refusé de donner à manger à Rajîma, l'esclave orpheline qui est venue à vous hier soir ?

---

* Ce récit fait contrepoint au souvenir d'enfance raconté par le Prophète, dans lequel des « hommes vêtus de blanc » sont venus sortir son cœur de sa poitrine pour le purifier. Dans le cas d'Umayya, contrairement à celui de Muhammad, le cœur n'a pu être purifié – parce qu'il n'y a pas eu de sa part une réelle « acceptation » (cf. 3e partie, chap. 1).

Ils demandèrent :

— Mais qui es-tu ?

— Je suis la mère des pauvres gens et je suis veuve depuis longtemps. Par le Dieu des croyants, vous allez vous éparpiller dans ce pays.

Elle frappa la terre de son bâton et dit :

— Ralentis leur course et disperse leurs montures.

Les chameaux furent alors parcourus de tressaillements violents et répétés, comme si un diable s'était assis sur la bosse de chacun d'eux. Ne pouvant ni s'arrêter ni se calmer, ils bondissaient dans tous les sens et finirent par se disperser dans la vallée. Les hommes mirent un jour entier à les retrouver et à les rassembler. Mais au moment où ils s'apprêtaient à les monter pour repartir, la vieille reparut et, frappant le sol de son bâton, répéta l'invocation de la veille. Les chameaux furent repris de tressaillements et s'éparpillèrent dans toutes les directions. Les hommes, ne pouvant les rechercher durant la nuit, durent attendre le lendemain et mirent, cette fois encore, un jour entier pour les retrouver. Mais la vieille reparut et recommença. Alors les hommes dirent à Umayya :

— Où sont donc les pouvoirs que tu as prétendu posséder ?

Il leur répondit :

— Partez à la recherche de vos chameaux et laissez-moi faire.

Il escalada le monticule d'où surgissait la vieille femme et redescendit de l'autre côté, dans une vallée au milieu de laquelle se dressait une église. Il se dirigea vers elle et, arrivé devant l'entrée, trouva un homme à la chevelure et la barbe blanches, couché en travers de la porte. Dès qu'il l'aperçut, l'homme lui dit :

— Tu as un djinn pour compagnon. Par où te parvient sa voix ?

Umayya répondit :

— Par l'oreille gauche.

— Quels vêtements t'ordonne-t-il de mettre ?

— Des vêtements noirs.

— Ton compagnon est le plus éloquent des djinns. Par Dieu, tu as bien failli être prophète. Mais le compagnon d'un prophète ne s'adresse à lui que par l'oreille droite et il lui ordonne de porter des vêtements blancs. Qu'est-ce qui t'amène ?

Umayya lui raconta les méfaits de la vieille et l'homme dit :

— C'est une femme juive qui appartient au monde des djinns. Son mari est mort depuis longtemps. Elle fera tout ce qu'elle pourra pour vous épuiser et vous tuer.

— Que faire ?

— Rassemblez les chameaux et, avant que la vieille ne prononce ses paroles, dites : « Sept d'en haut et sept d'en bas, au nom de Dieu. » Les paroles de la vieille n'auront plus d'effet.

Umayya revint vers ses compagnons et, voyant la vieille s'approcher d'eux, se dépêcha de dire : « Sept d'en haut et sept d'en bas, au nom de Dieu. » La vieille prononça ses paroles habituelles qui, cette fois, n'eurent aucun effet. Voyant que les chameaux ne bougeaient plus, elle dit aux gens :

— Je reconnais le pouvoir de votre ami. Qu'il blanchisse par le haut et noircisse par le bas.

Aussitôt, les joues d'Umayya se couvrirent de taches blanches, tandis que ses jambes noircissaient.

L'histoire fut racontée partout. Ce fut à son propos que les Mecquois mentionnèrent pour la première fois dans leurs écrits l'expression : au nom de Dieu.

Le personnage de Umayya (que nous retrouvons en 4e partie, chap. 1), illustre le cas d'un homme, qui, ayant pressenti l'avènement d'un nouveau monothéisme, a espéré en être le prophète. Sa déception sera grande d'apprendre que cet honneur échoit à Muhammad ibn 'Abdallah. Mais, contrairement à un autre prétendant, Musaylama (que nous retrouvons en 4e partie, chap. 2), qui est présenté comme un charlatan, Umayya est un homme doué de qualités exceptionnelles, auquel seule la « grâce de la prophétie » aura manqué. Il est intéressant de noter qu'il appartient à la tribu des Thaqîf, de la ville d'al-Tâ'if – rivaux historiques des Quraysh de La Mecque.

CHAPITRE ONZIÈME

Reconstruction de la Ka'ba

Les Qurayshites surmontent leurs peurs et reconstruisent ensemble le mur d'enceinte de la Ka'ba. Au moment de réenchâsser la Pierre Noire, les clans se disputent l'honneur de procéder à ce geste. C'est Muhammad qui le fera.

Le mur d'enceinte de la Ka'ba était peu élevé. Il dépassait à peine la taille d'un homme. Or, le puits où les visiteurs déposaient leurs offrandes à leurs idoles se trouvait au milieu de la cour et il suffisait à des gens malhonnêtes d'enjamber le mur, au cœur de la nuit, pour parvenir à ce puits et y voler les offrandes. Ce qu'avaient osé faire certains Mecquois. Tous les Qurayshites s'étaient alors entendus sur la nécessité de reconstruire la Ka'ba, en élevant le mur d'enceinte et en posant un toit. Ils s'y étaient attelés plusieurs fois mais, à chaque fois, ils avaient renoncé.

Un énorme serpent s'était niché dans la Ka'ba et, de temps en temps, en sortait pour se chauffer le long du mur d'enceinte. Les Qurayshites le craignaient par-dessus tout et disaient qu'il apparaissait chaque fois que l'un d'entre eux s'approchait du mur. Mais voici qu'un jour, alors que le serpent était sorti de sa niche, un grand oiseau apparut dans le ciel, fondit sur lui, le prit entre ses griffes et disparut avec lui. Les Qurayshites se dirent :

— Peut-être est-ce là un signe que Dieu nous envoie, pour nous engager à faire ce que nous devons faire.

Ils décidèrent donc de démolir le mur pour le rebâtir. Le premier à détacher une pierre du mur fut Abû Wahab, du clan des Banû Makhzum, oncle maternel de Muhammad. Mais la pierre, aussitôt détachée, s'arracha de ses mains et vint reprendre sa place dans le mur. Alors Abû Wahab dit :

— Gens de Quraysh, ne pourront entrer dans la reconstruction du mur que vos biens honnêtement gagnés ; ne pourront y entrer ni gains malhonnêtes, ni prêts avec usure, ni injustice d'aucune sorte.

Voyant cela, les Qurayshites prirent peur une nouvelle fois et s'éloignèrent. Mais al-Walîd ibn al-Mughîra, un des seigneurs de La Mecque, s'avança et dit :

— Je serai le premier.

Il prit une pelle, s'approcha du mur et dit :

— O Dieu, ne Te méprends pas sur nos intentions. Nous ne voulons que le bien.

Il se mit au travail et détacha, l'une après l'autre, toutes les pierres d'un pan de mur. Les autres l'observèrent de loin, en disant :

— Laissons-le faire. S'il est frappé d'un mal quelconque, nous renoncerons à notre dessein et nous rebâtirons ce qui a été débâti. S'il ne lui est fait aucun mal, cela voudra dire que Dieu nous permet d'aller de l'avant.

Al-Walîd alla se coucher et revint le lendemain, sain et sauf, prêt à poursuivre sa tâche. Nombreux furent les Qurayshites qui cette fois se joignirent à lui. Le mur fut démoli jusqu'à ses fondations, qui se composaient de grosses pierres de couleur verte, emboîtées les unes dans les autres. Un Qurayshite ayant utilisé un levier pour tenter d'extirper de terre l'une de ces pierres, on dit que La Mecque tout entière trembla. Alors les hommes, frappés de stupeur, décidèrent de ne plus toucher à ces pierres et les laissèrent là où elles étaient.

Il fallut ensuite aller chercher de nouvelles pierres, qui devaient s'ajouter à celles provenant de la démolition, pour édifier un mur beaucoup plus haut que le précédent.

★

Au dire d'al-'Abbâs ibn 'Abd al-Muttalib★ :

Pour reconstruire le mur d'enceinte de la Ka'ba, les Qurayshites travaillèrent deux par deux, les femmes portant le plâtre et les hommes les pierres. Je travaillais avec mon neveu, Muhammad ibn 'Abd Allâh. Comme nous transportions les pierres sur nos nuques, et parcourions ainsi de longues distances, nous enlevions nos chemises pour les caler entre la pierre et la nuque. Nous remettions les chemises chaque fois que nous croisions d'autres Qurayshites.

Sur l'un de ces parcours, Muhammad, qui marchait devant moi sans chemise, défaillit et s'effondra. Je posai ma pierre à terre et me penchai sur lui. Il avait le regard levé vers le Ciel. Je dis :

— Qu'as-tu ?

Pour toute réponse, il se releva, remit sa chemise et m'interdit de continuer à marcher sans la mienne.

★

Pour amasser les pierres, puis procéder à la reconstruction, les clans travaillèrent séparément, chacun sur son pan de mur. Mais lorsqu'ils arrivèrent à l'angle de l'édifice où devait être réenchâssée la Pierre Noire, vénérée de tous, une dispute éclata. Chacun d'entre eux revendiqua pour lui, à l'exclusion de tous les autres, l'honneur de mettre la Pierre à sa place. La discorde se prolongea, s'envenima et menaça de dégénérer en conflit armé.

Au bout de quatre nuits, alors que les chefs des différents clans étaient réunis dans l'enceinte de la Mosquée, l'un d'entre eux dit :

— Gens de Quraysh, pour trancher ce litige, prenez pour arbitre le premier qui franchira le seuil de cette Mosquée.

Ils se rallièrent à la proposition et tous les regards se tournèrent vers l'entrée. Le premier à la franchir fut Muhammad ibn 'Abd Allâh. En le voyant, ils dirent :

— C'est Muhammad le probe. Nous l'acceptons.

Ils lui annoncèrent qu'ils s'en remettaient à son arbitrage. Il dit :

★ Oncle paternel du Prophète, ancêtre de la dynastie abbasside.

— Apportez-moi une robe.

Ils lui apportèrent une robe, qu'il étala sur le sol. Puis il prit la Pierre Noire, la posa sur la robe et dit :

— Que chaque clan prenne la robe par un bout. Soulevez-la tous ensemble.

Ils avancèrent jusqu'à l'emplacement réservé à la Pierre. Alors Muhammad la prit dans ses mains, la posa à sa place et acheva de bâtir le mur au-dessus de l'emplacement.

On raconte qu'au moment où ces choses arrivèrent, un navire byzantin s'échoua non loin de Jiddah et que Quraysh en récupéra le bois nécessaire pour construire le toit de la Ka'ba.

Muhammad ibn 'Abd Allâh avait alors atteint sa trente-cinquième année.

CHAPITRE DOUZIÈME

Les Hanîfs

Quelques hommes partent en quête d'une religion nouvelle. Zayd ibn 'Amr ibn Nufayl la trouve auprès du Dieu d'Abraham. Salmân le Perse croit d'abord la trouver dans le christianisme, puis apprend que le temps d'un nouveau prophète est venu.

Un jour où Quraysh s'était réunie pour fêter l'une de ses idoles, la décorant, lui offrant des sacrifices, tournant autour d'elle, quatre hommes se retirèrent loin de la foule. Ils se dirent :

— Par Dieu, notre peuple s'égare. Qu'est-ce que cette pierre autour de laquelle nous tournons, qui n'entend ni ne voit, qui ne peut faire ni bien ni mal ?

Ils se dirent :

— Cherchons chacun de notre côté car, par Dieu, nous nous égarons.

Ils se dispersèrent dans différents pays en quête d'une nouvelle religion.

'Ubayd Allâh ibn Jahsh resta dans la confusion jusqu'à l'avènement de l'islam.

'Uthmân ibn al-Huwayrith se convertit, lui, au christianisme. Il se rendit auprès de César, Empereur de Byzance, qui l'accueillit avec égards et lui confia des fonctions élevées. Il finit par demander à César de le charger des affaires de La Mecque et César accepta.

Il se rendit à La Mecque et informa ses habitants de la décision de César, mais ces derniers refusèrent de se soumettre à un roi, disant :

— Les Mecquois sont un peuple fier, qui ne se placera jamais sous l'autorité d'un roi !

N'ayant pu atteindre son but, 'Uthmân revint au pays de Shâm, où il mourut.

Waraqa ibn Nawfal devint un fervent chrétien, lut les Livres et s'initia aux savoirs des gens de la Torah et de l'Évangile. Il était le cousin de Khadîja, l'épouse de Muhammad ibn 'Abd Allâh.

Zayd ibn 'Amr ibn Nufayl renia la religion de son peuple, cessa d'adorer les idoles et de leur offrir des sacrifices, mais n'embrassa ni le christianisme ni le judaïsme. Il devint le serviteur du Dieu d'Abraham.

Lorsque son oncle al-Khattâb apprit que Zayd avait renié la religion de ses ancêtres, il le lui reprocha avec force et le menaça de représailles. Zayd ne se laissant pas intimider, son oncle le harcela au point de le forcer à quitter La Mecque. Il s'exila à Harâ', mais al-Khattâb le poursuivit de sa vindicte et chargea quelques voyous de le surveiller de près, pour l'empêcher de remettre les pieds à La Mecque.

Il arriva que Zayd revînt parfois en secret à La Mecque. Les voyous d'al-Khattâb ne tardaient pas à l'apprendre et le forçaient à la quitter de nouveau.

*

Le Messager de Dieu a dit :

Je revenais d'al-Tâ'if, accompagné de Zayd ibn Hâritha, lorsque je rencontrai, sur une colline proche de La Mecque, Zayd ibn 'Amr ibn Nufayl. Quraysh avait partout fait savoir qu'il avait renié sa religion. Elle l'avait forcé à quitter la ville pour vivre sur cette colline. Je m'assis près de lui. Zayd ibn Hâritha transportait pour nous un cabas, empli de morceaux de viande prélevés sur des animaux offerts en sacrifice à nos idoles. J'étais encore jeune. Je tendis un morceau à Zayd ibn 'Amr et lui dis :

— Mange de cette viande, mon oncle.

Il me demanda :

— Ne proviendrait-elle pas, mon neveu, de ces bêtes que vous égorgez en offrande à vos idoles?

— Oui.

— Si tu t'étais informé auprès des filles de 'Abd al-Muttalib, elles t'auraient appris que je ne mange pas de ces bêtes égorgées. Je ne veux pas y toucher.

Puis il dénigra les idoles et blâma ceux qui les adoraient et leur offraient des sacrifices. Il dit des paroles telles que :

— Ce sont choses vaines. Elles ne causent ni mal ni bien.

Après avoir entendu ces paroles, je n'ai jamais plus touché à des idoles, ni ne leur ai offert de sacrifice, jusqu'à ce que le Tout-Puissant m'honore de Son Message. (1)

★

Puis Zayd ibn 'Amr ibn Nufayl partit pour le pays de Shâm, en quête de réponses à ses questions. Là il rencontra un savant juif, qu'il interrogea sur sa religion. Le savant lui dit :

— Tu ne peux appartenir à notre religion si tu n'as pris ta part de la colère de Dieu.

Zayd répondit :

— Je ne fuis rien tant que la colère de Dieu. J'éviterai d'encourir la moindre parcelle de cette colère aussi longtemps que je le pourrai. Peux-tu m'indiquer une autre religion ?

— Je ne vois pour toi que la religion des Hanîfs.

— Et qu'est-ce que la religion des Hanîfs ?

— C'est la religion d'Abraham. Il n'était ni juif ni chrétien, il adorait Dieu l'Unique.

Peu après, Zayd rencontra un savant chrétien, qu'il interrogea à son tour sur sa religion et qui lui dit :

— Tu ne peux appartenir à notre religion si tu n'as pris ta part de la malédiction de Dieu.

Zayd répondit :

— Je ne fuis rien tant que la malédiction de Dieu.

Le savant chrétien lui répéta ce que lui avait dit le savant juif :

— Je ne vois pour toi que la religion des Hanîfs, la religion d'Abraham.

Zayd sortit de chez lui, leva les mains au ciel et dit :

— Je Te prends à témoin, ô Dieu, que j'adhère à la religion d'Abraham.

Il lui arriva plus tard de rencontrer Muhammad ibn 'Abd Allâh. Il lui dit :

— Je suis parti en quête de religion. A Fadak, j'ai vu des juifs qui adoraient Dieu, mais sans respecter Ses enseignements. Je me suis dit : ce n'est pas la religion que je cherche. Plus loin, au pays de Shâm, j'ai vu des chrétiens qui adoraient Dieu, mais sans respecter Ses enseignements. L'un de leurs prêtres m'a dit : « Nous ne connaissons qu'un seul sage qui adore Dieu comme tu l'entends et il se trouve à al-Jazîra. » Alors je suis allé voir ce sage, qui m'a demandé : « A quel peuple appartiens-tu ? » J'ai répondu : « Au peuple de la Demeure de Dieu. » Il a dit : « Tu veux dire au peuple des idolâtres qui associent d'autres dieux à Dieu ? » Celui que tu cherches viendra de ton peuple, oui, un prophète dont l'étoile est déjà apparue. Mais tous ceux que tu as vus jusqu'ici sont des égarés.

★

Au dire d'Abû Bakr :

J'étais assis dans la cour de la Ka'ba, non loin de Zayd ibn 'Amr ibn Nufayl, lorsque je vis arriver Umayya ibn Abû al-Salt qui dit à Zayd :

— Comment vas-tu, toi le chercheur de vérité ?

Zayd répondit :

— Je vais bien.

— As-tu trouvé ?

— Non.

— Au Jour du Jugement, toute autre religion que celle d'Abraham se révélera vaine.

Puis Umayya dit :

— Le prophète attendu sera des nôtres ou des vôtres.

Je n'avais jamais encore entendu dire qu'on attendait un prophète. Je partis à la recherche de Waraqa ibn Nawfal, qui allait souvent les yeux tournés vers le Ciel, murmurant des choses. Lorsque je le trouvai, je lui racontai ce que je venais d'entendre et lui demandai ce qu'il en pensait. Il me répondit :

— Oui, mon neveu, nous sommes gens des Livres et du Savoir. Le prophète attendu viendra du plus noble des clans arabes. Et le tien est le plus noble des clans arabes.

Je lui demandai alors :

— Que dit le prophète, mon oncle ?

— Il dit ce qui lui est dit. Ce qui est sûr, c'est qu'il ne commet ni oppression ni injustice.

*

Selon Salmân le Perse :

J'appartenais à une famille d'Ispahan, vivant dans un village dont mon père était le chef. Ce dernier m'aimait d'un amour si possessif qu'il m'avait enfermé dans sa maison comme on enferme une esclave. J'y avais approfondi ma connaissance du zoroastrisme et avais été chargé d'entretenir la flamme qui ne devait à aucun moment s'éteindre.

Mais mon père possédait par ailleurs une grande propriété, dont il s'occupait de près. Or un jour, ne pouvant y aller lui-même, il se trouva forcé de me confier une tâche à accomplir dans cette propriété… Ce fut ainsi que je sortis, pour la première fois, dans un monde inconnu de moi. Je passai non loin d'une église de chrétiens, dont les voix me parvinrent chantant des choses que je ne comprenais pas. J'entrai pour voir. Je sus qu'ils étaient en train de prier et leur prière me charma. Je les interrogeai sur leur religion et je dis :

— Par Dieu, cette religion est meilleure que la nôtre !

Je ne les quittai qu'à la nuit tombée, après avoir demandé :

— D'où vient cette religion ?

— Du pays de Shâm.

Je rentrai chez mon père, ayant oublié sa propriété et ce que je devais y faire. Il avait déjà envoyé des gens à ma recherche dans toutes les directions. Dès qu'il me vit, il dit :

— O mon fils, où étais-tu ? Je t'avais chargé d'une mission…

— Mon père, en chemin j'ai vu des gens qui priaient dans une église. Ce que j'ai compris de leur religion m'a plu. Par Dieu, je suis resté avec eux jusqu'après le coucher du soleil.

— Il n'y a rien de bien dans cette religion, mon fils. Ta religion, celle de tes pères, est la meilleure.

— Non, par Dieu, leur religion est meilleure que la nôtre.

Mon père eut si peur qu'il m'enferma, cette fois, en m'attachant les pieds. Je m'arrangeai alors pour faire parvenir aux gens de l'église le message suivant :

— Lorsqu'un groupe de chrétiens de Shâm s'arrêtera chez vous avant de rentrer dans son pays, faites-le-moi savoir.

Une caravane passa, où se trouvaient des commerçants chrétiens et je fus prévenu à temps pour pouvoir, après m'être délié les pieds, la rejoindre dans la nuit. Arrivé au pays de Shâm, je demandai :

— Qui est le meilleur connaisseur de cette religion ?

On me répondit :

— C'est le prêtre dans l'église.

J'allai voir le prêtre et lui dis :

— J'aime cette religion. Je voudrais rester auprès de toi et te servir dans cette église. J'apprendrai de toi et je prierai avec toi.

Il me dit :

— Viens.

Ce prêtre était un homme malfaisant. Il extorquait aux gens une aumône qu'il gardait pour lui, au lieu d'en faire bénéficier les pauvres. Je finis par découvrir qu'il avait ainsi amassé sept jarres pleines d'or et d'argent. Je commençai pour cela à le détester. Lorsqu'il mourut et que les chrétiens vinrent à ses funérailles, je leur dis :

— C'était un homme malhonnête. Il vous obligeait à verser une aumône qui ne profitait pas aux pauvres mais à lui-même.

Ils dirent :

— D'où tiens-tu cela ?

— Je sais où il a caché l'argent.

— Montre-nous l'endroit.

Je les conduisis vers les jarres contenant l'or et l'argent. Ils dirent :

— Par Dieu, nous ne l'enterrerons pas !

Ils le crucifièrent et le lapidèrent, puis ils désignèrent un nouveau prêtre.

Je demeurai avec ce dernier un certain temps et je l'aimai comme personne avant lui, car jamais je ne vis d'homme meilleur que lui, plus recueilli dans ses cinq prières, plus abstinent en ce monde et plus désireux de l'au-delà.

Lorsqu'il fut près de mourir, je lui dis :

— Je t'ai aimé comme je n'ai aimé aucun homme avant toi. Et voici que le Très-Haut te rappelle à Lui. A qui me recommandes-tu ? Que m'ordonnes-tu ?

Il répondit :

— Hélas, mon fils, je ne connais personne qui suive aujourd'hui la voie que j'ai suivie. Les gens sont morts ou ils ont changé et renié l'esprit qui les guidait auparavant. A l'exception d'un homme, qui se trouve à Mossoul et continue de suivre la voie. Va le rejoindre.

J'allai trouver ce prêtre. Il m'accueillit auprès de lui, mais devait mourir peu après. J'eus le temps de lui demander :

— A qui me recommandes-tu et que m'ordonnes-tu ?

— Je ne connais personne qui suive notre voie, à l'exception d'un homme habitant Nasibîn. Va le rejoindre.

Je me rendis dans cette ville, où le prêtre m'accueillit, qui, voyant sa mort approcher, me recommanda à son tour à un autre homme. J'allai rejoindre ce dernier, que je trouvai plein de compassion. Auprès de lui, je pus même gagner des vaches et des moutons. Lorsqu'il sentit venir sa fin, il me dit :

— Mon fils je ne connais plus personne qui suive notre voie et à qui je puisse te recommander. Mais le temps approche où doit apparaître un prophète, un Envoyé qui proclamera la religion d'Abraham et qui viendra de chez les Arabes. Il s'exilera sur une terre située entre deux villes, couverte de palmiers. Il sera porteur de signes qui ne trompent pas. Il n'acceptera de manger que ce qui lui est offert et ne touchera pas à l'aumône destinée aux pauvres. Il aura le sceau de la prophétie entre les deux épaules. Si tu peux rejoindre cette terre, vas-y.

Après sa mort, je vis passer une caravane de commerçants. Je leur dis :

— Emmenez-moi en terre arabe. Je vous donnerai mes vaches et mes moutons.

Ils m'emmenèrent mais, en cours de route, me trahirent. Ils prirent mes bêtes et me vendirent à un juif, chez qui je demeurai enfermé un certain temps. Apercevant de loin des palmiers, je me demandais si je ne me trouvais pas au pays dont mon ami m'avait parlé, mais je ne pouvais m'en assurer.

Ce juif avait un oncle qui, lui rendant un jour visite, me vit et décida de me racheter. C'était un homme de la tribu des Qurayza, qui habitait Yathrib. Il m'y emmena avec lui et, par Dieu, dès que je vis la ville, je sus que c'était celle, mentionnée par mon ami, où devait venir le prophète. J'y demeurai en attente.

*

D'après Salma ibn Salâma :

Les Banu 'Abd al-Ashhal avaient un voisin juif. Un jour qu'ils étaient réunis, et j'étais alors le plus jeune d'entre eux, le voisin juif vint se joindre à eux. Il parla du Jour du Jugement, de la Résurrection, du Paradis, de l'Enfer. Puis il ajouta :

— L'Enfer, c'est pour ceux qui associent des dieux à Dieu, qui adorent des idoles, qui ne croient pas à une résurrection après la mort...

Les Banu 'Abd al-Ashhal dirent :

— Et toi, crois-tu vraiment que les gens ressuscitent après leur mort, qu'ils vont en un lieu où se trouvent le Paradis et l'Enfer et qu'ils sont sanctionnés pour le bien ou le mal qu'ils ont fait ?

Il répondit :

— Oui.

— Quelle preuve as-tu de cela ?

Il indiqua de la main la direction de La Mecque, vers le sud, et dit :

— Un prophète viendra de là-bas.

— Quand crois-tu qu'il viendra ?

Il me regarda fixement, qui étais le plus jeune des présents, et dit :

— Avant la fin de sa vie, ce garçon le verra.

Si l'on en croit les chroniqueurs, les Hanîfs occupent une place, à la fois révérée et mystérieuse, dans la période précédant l'avènement de l'islam. Comme Sayf ibn Dhî Yazan (et, selon certains, comme aussi 'Abd al-Muttalib), ce sont des individus rejetant le polythéisme, sans cependant adhérer au judaïsme ou au christianisme. Leur démarche est mal connue et seuls certains chroniqueurs s'aventurent à donner quelques détails. Ils les décrivent comme des adorateurs de Dieu l'Unique, se référant à Abraham et tenant La Mecque pour lieu sacré.

Ce chapitre annonce par ailleurs le jugement nuancé que portera l'islam sur les tenants du judaïsme et du christianisme : ce sont gens du Livre, porteurs de Messages indubitables, mais il leur est arrivé de trahir l'esprit de ces Messages, voire, parfois, d'en falsifier la lettre.

QUATRIÈME PARTIE

La Prophétie

CHAPITRE PREMIER

Signes

Muhammad apprend d'un mystérieux voyageur qu'il est le Prophète de Dieu. Hûd et Sâlih, deux Prophètes arabes des temps anciens. Le trouble de Umayya ibn Abû al-Salt. Les signes du ciel se multiplient. Muhammad commence à entendre l'Ange Gabriel.

Le Messager de Dieu dit :

Un jour, alors que je me trouvais sur les hauteurs de La Mecque, je vis apparaître sur une chamelle un homme vêtu de noir, qui me dit :

— Y a-t-il en ce lieu un dénommé Ahmad?

Je dis :

— Il n'y a d'Ahmad, ni de Muhammad, que moi.

L'homme donna une tape à sa monture, qui s'agenouilla. Il s'approcha de moi, me découvrit le dos et examina le sceau qui se trouve entre mes deux épaules. Puis il dit :

— Tu es le Prophète de Dieu.

Je dis :

— Moi, prophète?

L'homme dit :

— Oui.

Je dis :

— De quelle mission serai-je chargé?

Il dit :

— Celle de décapiter les tiens.

Puis il dit :

— Y a-t-il de quoi manger?

Je partis retrouver Khadîja et la mis au courant. Elle eut cette parole, la plus tranchante qu'elle ait jamais eue à mon propos :

— Il vaudrait mieux que cela n'arrive pas.

Je portai ensuite à l'homme quelques provisions. Il les prit et dit :

— Louange à Dieu qui, avant de mettre fin à mes jours, a voulu que Son Prophète m'apporte de la nourriture dans son propre vêtement. (1)

★

Les Mecquois évoquaient alors l'histoire de deux prophètes arabes, Hûd ★, envoyé par Dieu aux gens de 'Âd ; et Sâlih, envoyé par Dieu aux gens de Thamûd...

Les tribus de 'Âd et de Thamûd, descendant de Sem, fils de Noé, habitèrent le Yémen. Elles y vécurent adorant Dieu et suivant la juste voie. Et elles connurent une longue prospérité.

Puis les gens de 'Âd commencèrent à prier d'autres dieux que Dieu. Ils fabriquèrent des idoles et les adorèrent à la place de Dieu.

Lorsqu'ils agirent de la sorte, Dieu leur envoya Hûd, qui les exhorta à revenir à l'Unique Dieu, à n'adorer aucun autre dieu que Lui et à cesser d'opprimer les gens. Mais ils méprisèrent ses paroles et les rejetèrent en disant :

— Ne sommes-nous pas invulnérables ?

Ils continuèrent de perpétrer une oppression féroce. Alors Dieu les priva de pluie durant trois années, leur infligeant de graves dommages.

★ Hûd est cité dans le Coran. D'après al-Tabarî, ce serait le seul prophète dont Muhammad ait appris l'existence au hasard d'une conversation. Un visiteur ayant dit devant lui qu'il ne voulait pas subir le sort des gens de 'Âd, le Prophète lui demanda ce qu'il leur était arrivé. Alors le visiteur lui raconta l'histoire de Hûd et des gens de 'Âd.

A cette époque, lorsque les gens étaient frappés par un malheur ou une calamité, ils se rendaient à la Mosquée de La Mecque, pour demander à Dieu la délivrance. Musulmans * et infidèles le faisaient ensemble, sans distinction, car ils vénéraient tous La Mecque et savaient tous la valeur sacrée que lui accorde Dieu Tout-Puissant. Aussi, lorsque les pluies eurent cessé, ils se dirent :

— Envoyons une délégation à La Mecque, pour qu'elle intercède en notre faveur.

Ils choisirent parmi eux quelque soixante-dix hommes, qu'ils dépêchèrent à La Mecque, alors habitée par les 'Amalîq. Ces hommes se rendirent chez le seigneur Mu'âwiya ibn Bakr, qui les accueillit et leur offrit une généreuse hospitalité, car ils étaient ses oncles et ses beaux-frères.

Ils demeurèrent chez lui un mois entier, à boire du vin, divertis par deux de ses esclaves. Voyant leur séjour s'étirer et constatant qu'ils avaient oublié les raisons pour lesquelles ils avaient été envoyés à La Mecque, Mu'âwiya en éprouva une grande peine, parce qu'il savait les souffrances endurées alors par leur peuple. Il s'en ouvrit à ses deux esclaves :

— Là-bas mes oncles et beaux-frères agonisent, tandis que leurs délégués se prélassent ici. Je ne sais quoi faire, car ils sont mes hôtes. Si je leur dis de sortir pour accomplir la mission dont ils sont chargés, ils risquent de penser que je leur reproche un trop long séjour chez moi. Or, je ne me soucie que de leur peuple, là-bas, qui meurt d'épuisement et de soif...

Ses esclaves répondirent :

— Compose un poème à ce sujet, que nous chanterons comme pour les divertir. Peut-être cela les remuera-t-il !

Mu'âwiya ibn Bakr composa un poème, que les deux esclaves chantèrent. Et les Yéménites se dirent :

— Notre peuple nous a chargés de l'aider à faire face aux calamités qui l'accablent. Et nous l'avons négligé. Rendons-nous donc à cette Mosquée et prions pour le retour de la pluie.

L'un d'entre eux, Murtadd ibn Sa'd, qui s'était secrètement rallié au prophète Hûd, dit :

— Vous n'obtiendrez pas la pluie par vos prières, mais en obéis-

---

* Musulmans : le terme ne peut désigner, ici, que ceux qui croient en Dieu l'Unique, qui sont « soumis à Dieu ».

sant à votre prophète, en vous en remettant à Dieu et en implorant son pardon.

Alors le doyen des Yéménites, Qayl ibn 'Antar, demanda à Mu'âwiya :

— Retiens Murtadd loin de nous, afin qu'il ne nous accompagne pas à la Mosquée. Car il a embrassé la religion de Hûd et renié la nôtre.

Mais Murtadd put quitter la demeure de Mu'âwiya et rattraper la délégation avant qu'elle eût commencé les prières pour lesquelles elle était venue. Il implora Dieu en ces termes :

— Seigneur, exauce ma seule demande et ignore toutes les demandes de la délégation de 'Âd...

De son côté, le chef de la délégation adressa cette prière à Dieu :

— Seigneur, je ne suis pas venu Te solliciter de guérir un malade ou de libérer un prisonnier, mais d'arroser 'Âd comme Tu le faisais !

Puis il ordonna à ceux qui l'accompagnaient d'entériner sa prière. Ils dirent :

— Seigneur, accorde à notre chef ce qu'il t'a demandé et ajoute notre prière à la sienne !

Dieu conçut alors trois nuages, le premier blanc, le deuxième rouge et le dernier noir. Et une voix se fit entendre depuis les nuages :

— Qayl, choisis pour toi l'un de ces trois nuages !

Qayl dit :

— Je choisis le nuage noir parce qu'il regorge d'eau.

La voix se fit entendre à nouveau :

— Tu as choisi de la cendre stérile, qui ne sera d'aucun secours pour le peuple de 'Âd. Personne n'y survivra, ni ses fils ni ses pères, à l'exception des descendants de 'Adîda al-Mahra !

Les descendants de 'Adîda, une tribu de 'Âd, avaient depuis longtemps quitté le Yémen, avec leurs oncles les 'Amalîq, pour s'établir à La Mecque.

Dieu conduisit le nuage noir choisi par Qayl jusqu'à 'Âd, au Yémen. Lorsqu'ils l'aperçurent, au loin, les habitants le crurent de bon augure :

— C'est un présage de pluie.

Ce fut une femme de 'Âd qui pressentit, la première, que ce

nuage annonçait un vent de mort. Elle perçut les souffrances dont il était porteur et, poussant un terrible cri, perdit connaissance. Lorsqu'elle reprit ses esprits, ses parents lui demandèrent :

— Qu'as-tu vu ?

— J'ai vu un ouragan semblable à une boule de feu, que des hommes conduisaient...

Lorsque l'ouragan se rapprocha, les habitants de 'Âd le virent soulever de terre les chameaux, aussi bien que les hommes, et les emporter dans les airs. Alors ils se dispersèrent en courant vers leurs maisons, pour s'y enfermer. Mais l'ouragan les rattrapait partout. Il passait sous chacun d'eux, le soulevait haut, puis le projetait à terre en lui brisant la nuque. Il arrachait les arbres les plus imposants avec leurs racines. Il fracassait les maisons, qui s'effondraient sur leurs habitants.

Sur ce, les gens de 'Âd quittèrent La Mecque pour rentrer au Yémen. En chemin, par une nuit de pleine lune, ils croisèrent un homme venant de 'Âd sur sa chamelle, qui leur annonça la destruction de leur pays. Ils lui demandèrent :

— Et Hûd et ses compagnons, qu'ont-ils fait ?

— Je les ai vus sur la côte.

Hûd et ceux qui, avec lui, crurent en Dieu, s'étaient retirés dans une grange et l'ouragan ne les avait pas atteints, sinon sous la forme d'une brise agréable qui leur caressait la peau.

Les hommes de la délégation mirent en doute ce qu'ils venaient d'entendre sur Hûd et ses compagnons, mais Harmala bint Bakr s'écria :

— Par le Seigneur de la Ka'ba, cet homme dit vrai.

Seuls avaient survécu, de tout le peuple de 'Âd, Hûd et ses compagnons, ainsi que les hommes qui se trouvaient à La Mecque en délégation. Et Hûd vécut jusqu'à sa mort, entouré de ceux qui crurent en lui, au pays de Hadramawt, où il fut enterré.

A la veille de sa mort, il réunit ses fils, pour leur dire :

— Mes enfants, je vous recommande de craindre Dieu, de lui obéir et de reconnaître qu'Il est Unique. Je vous mets en garde contre la vie d'ici-bas, qui est séduisante et trompeuse. Elle ne fait que passer pour vous, qui ne faites que passer pour elle. Suivez la voie de Dieu, qui vous rassemblera au Jour du Jugement et ne vous laissez pas tenter par le diable, qui est votre ennemi déclaré.

★

Après avoir envoyé Son Prophète Hûd aux gens de 'Âd, Dieu envoya Son Prophète Sâlih aux gens de Thamûd. Cette tribu avait prospéré après la destruction de 'Âd. Elle avait d'abord construit des habitations de pierre et de boue sèche, mais celles-ci s'écroulaient sur leurs habitants. Alors les Thamûd s'établirent dans les montagnes, où ils creusèrent de vastes grottes, aménagées pour leur permettre de vivre à l'abri. Puis ils se détournèrent des commandements de Dieu, adorèrent d'autres divinités et répandirent le mal sur la terre.

Sâlih appartenait à une des familles les plus nobles de Thamûd. Il se distinguait déjà par des qualités exceptionnelles, lorsque Dieu le désigna comme prophète. Il appela les gens de sa tribu à l'adoration du Très-Haut, mais peu d'entre eux l'entendirent, qui se recrutaient parmi les plus démunis. Sâlih persévéra cependant, exhortant les gens à le suivre, multipliant les avertissements et les mises en garde. Ils finirent par lui demander un signe qui prouverait la véracité de ses dires. Il se tourna alors vers Dieu :

— Seigneur, veuille leur montrer un signe qui frappe leurs esprits !

Puis il interrogea les siens :

— Quel signe voulez-vous ?

Ils répondirent :

— Sors avec nous pour célébrer notre fête. Tu invoqueras ton Dieu et nous invoquerons les nôtres. Si tu es exaucé, nous te suivrons. Si nous sommes exaucés, tu devras nous suivre.

Sâlih accepta et, le jour venu de la fête, il sortit avec eux. Lorsque les Thamûd furent réunis autour de leurs idoles, ils les prièrent de rester sourdes aux exhortations de Sâlih, puis ils s'adressèrent à ce dernier en lui désignant un rocher isolé au milieu des montagnes :

— Sâlih, fais donc sortir de ce rocher une chamelle au poil tacheté de blanc, bien en chair, enceinte de dix mois. Si tu le fais, nous te croirons et te suivrons.

Ils s'engagèrent par serment, en ce cas, à renier leurs idoles et à adorer le Dieu Unique. Sâlih implora le Très-Haut de l'exaucer et attendit. Le rocher s'ébroua comme une femelle sur le point de mettre bas, puis le sol se fendit pour laisser apparaître une chamelle tachetée de blanc, enceinte de dix mois, comme l'avaient demandé les Thamûd et qui donna aussitôt naissance à un petit de même taille qu'elle. Tout cela se produisit sous les yeux des gens. Et cependant seuls quelques-uns tinrent leur engagement et suivirent Sâlih sur la voie du Dieu unique. La plupart des idolâtres et de leurs prêtres se dédirent, refusèrent de renier leurs dieux et persévérèrent dans leur égarement.

Sâlih désigna la chamelle et dit :

— Comme vous le voyez, c'est une chamelle géante. Elle doit boire beaucoup d'eau. Un jour, ce sera elle qui boira l'eau et le jour suivant, ce sera vous.

La chamelle demeura avec son petit sur les terres de Thamûd. Tous les deux jours, elle plongeait la tête dans un puits creusé dans la terre rocailleuse, appelé « le puits de la chamelle », et buvait d'une traite, ne relevant la tête que lorsqu'elle avait bu toute l'eau. Elle allait ensuite vers les gens, qui pouvaient la traire à volonté, buvant son lait frais ou le conservant dans des récipients. Le lendemain, c'étaient eux qui allaient au puits et en tiraient l'eau qui leur permettrait de boire sur place puis de faire des réserves pour deux jours. Ainsi les Thamûd connurent-ils abondance et quiétude.

Lorsque se faisait sentir la chaleur de l'été, la chamelle quittait la vallée pour la fraîcheur des collines alentour, qu'elle quittait lorsque s'annonçait le froid de l'hiver, pour revenir dans la vallée. Les troupeaux de moutons, de vaches et de chameaux des Thamûd faisaient le chemin inverse, préférant subir la chaleur torride de la vallée en été et la dureté du froid des collines en hiver, plutôt que l'inquiétante présence de la chamelle autour d'eux.

Certains des Thamûd, possédant du bétail et le voyant dépérir, en furent exaspérés et projetèrent de se débarrasser de la chamelle. Parmi ces gens, il y eut 'Unayza, l'épouse du gardien des idoles, vieille et acariâtre. Il y eut aussi Sadûq, une femme riche et belle qui, ayant épousé un cousin maternel auquel elle avait confié ses biens, découvrit qu'il avait dépensé tout son argent pour soutenir Sâlih. Furieuse, elle résolut de se venger de Sâlih et des siens. Elle s'entendit avec la vieille 'Unayza pour faire mutiler la chamelle. Elle s'adressa à un premier homme de Thamûd, à qui elle promit de se donner s'il se chargeait de couper les jarrets de l'animal, mais l'homme refusa. Elle fut plus heureuse avec le suivant, qui accepta le marché, ainsi qu'avec un autre, à qui elle dut promettre la main de l'une de ses filles.

Les deux hommes recrutèrent sept individus pour les aider à guetter la chamelle et à la surprendre seule, lorsqu'elle aurait fini de boire. Ils attendirent qu'elle passât devant eux. Le premier tira une flèche qui s'enfonça dans le muscle de sa jambe. Le second s'élança, l'épée à la main et lui coupa les jarrets. Elle s'écroula dans son sang. Il lui transperça aussitôt le cou, puis lui trancha la gorge. Les gens de la tribu se précipitèrent sur la bête, la dépecèrent et se partagèrent sa chair.

On raconte que le petit de la chamelle, voyant sa mère s'effondrer, s'enfuit pour trouver refuge dans une montagne imprenable.

Cependant, lorsqu'il apprit que sa chamelle avait été mutilée et égorgée, Sâlih sortit vers les gens. La plupart d'entre eux tentèrent de se disculper à ses yeux :

— Prophète de Dieu, nous n'avons commis aucune faute. C'est untel qui l'a mutilée et untel qui l'a égorgée.

Il leur dit :

— Cherchez le chamelon. Si vous le trouvez, il vous épargnera peut-être le supplice qui vous attend.

Les neuf coupables, entendant cela, se dirent :

— Allons tuer Sâlih. S'il dit vrai, qu'il meure avant nous ! S'il ment, qu'il aille rejoindre sa chamelle !

Sâlih ne passait pas la nuit dans la ville, mais dans un sanctuaire isolé, d'où il sortait durant la journée pour prêcher la voie de Dieu, et qu'il retrouvait à la nuit tombée. Les neuf hommes se cachèrent dans une grotte non loin de là et attendirent que Sâlih fût rentré et se fût endormi, pour pouvoir le tuer pendant son sommeil. Mais alors qu'ils s'y trouvaient encore, un immense rocher s'effondra sur la grotte et les écrasa tous.

Le lendemain, inquiets de ne pas les voir, leurs proches les cherchèrent et finirent par retrouver leurs cadavres. Ils allèrent trouver Sâlih et lui dirent :

— C'est toi qui les as tués !

Comme ils se faisaient menaçants, la famille de Sâlih et ses fidèles prirent les armes pour le protéger. Ils dirent :

— Par Dieu, vous ne le tuerez pas. Il vous a prédit un châtiment. S'il dit vrai, vous n'auriez fait en le tuant qu'accroître la colère de Dieu. S'il ment, vous l'auriez tué sans raison.

Ils renoncèrent à tuer Sâlih et se mirent à la recherche du chamelon. L'ayant aperçu dans la montagne, ils voulurent le capturer. Alors Dieu ordonna à la montagne de s'élever dans le Ciel et elle s'éleva si haut que même les oiseaux ne purent l'atteindre. Mais Sâlih apparut. Lorsque le chamelon le vit, il pleura et ses larmes coulèrent. Puis il mugit trois fois et la montagne se fendit. Il y pénétra et disparut.

Sâlih revint vers les gens de Thamûd et leur dit :

— A chaque nation échoit un terme. Rentrez donc chez vous et profitez des trois jours qu'il vous reste à vivre avant de subir votre supplice. C'est là une prédiction véridique. Vous avez commis un sacrilège, vous serez châtiés.

Certains s'efforcèrent d'en rire :

— Comment cela se passera-t-il ? Dis-le-nous, Sâlih !

Il dit :

— Au premier jour du supplice, vos visages deviendront jaunes ; au deuxième jour, ils deviendront rouges et au troisième, tout noirs.

Trois jours plus tard, les gens de Thamûd se réveillèrent tous, petits et grands, hommes et femmes, avec un visage jaune, comme recouvert de cire. Ils surent que Sâlih avait dit vrai. Ils se précipitèrent chez lui dans l'intention de le tuer. Mais il eut le temps de se sauver et de rejoindre les Banu Ghanam, un clan des Thamûd dont le chef, pourtant polythéiste, accepta de le cacher. De la sorte, ceux qui avaient égorgé la chamelle et mangé de sa chair ne purent le trouver. Ils se retournèrent alors contre ses compagnons et leur infligèrent les pires souffrances, pour leur faire dire où il se cachait. L'un de ces compagnons put s'échapper et rejoindre Sâlih :

— Ils nous torturent pour que nous leur disions où tu te trouves. Pouvons-nous le leur dire ?

Sâlih répondit :

— Oui.

Les compagnons divulguèrent le secret aux Thamûd, qui se mirent aussitôt en route vers les Banu Ghanam. Lorsqu'ils furent devant leur chef, ils lui demandèrent si Sâlih était chez lui. Le chef leur répondit :

— Il est chez moi et vous ne pourrez pas vous emparer de lui.

Voyant que Sâlih était placé sous sa protection, ils renoncèrent.

Le lendemain matin, ils se réveillèrent avec le visage rouge, comme gorgé de sang. Ils commencèrent à gémir, à hurler, à sangloter, car ils sentaient le châtiment tout proche. Le soir, ils s'écrièrent :

— Le deuxième jour de l'échéance est passé !

Le troisième jour au matin, ils se réveillèrent avec le visage noir, comme noirci par le feu. Ils s'écrièrent d'une seule voix :

— Le jour du châtiment est arrivé !

Sâlih, et avec lui tous ceux qui avaient cru en Dieu, se levèrent et partirent vers le pays de Shâm. Quant aux Thamûd, ils s'enveloppèrent de linceuls et attendirent.

Ils devaient être embaumés dans l'amertume et leurs linceuls devenir des vêtements de supplice. Ils se jetèrent sur le sol, leurs yeux hagards tantôt levés vers le ciel et tantôt baissés vers la terre, ne sachant d'où viendrait le châtiment. Soudain, vers le milieu de la matinée, un cri déchira l'air, un cri terrible, fait de tous les tonnerres du ciel et de toutes les voix de la Terre, qui pétrifia leurs cœurs dans leurs poitrines. Ils moururent tous, du plus petit au plus grand, à l'exception d'une esclave incroyante, qui nourrissait pour Sâlih la plus grande haine. Dieu lui délia les pieds et lui donna la force de courir jusqu'à ce qu'elle eût atteint Sâlih et les siens, aux confins des pays de Hijâz et de Shâm. Elle leur raconta les souffrances dans lesquelles Thamûd avait péri, puis elle demanda à boire. On lui donna à boire et elle mourut.

Et Sâlih et les siens poursuivirent leur route vers le nord.

★

Au dire d'Abû Sufyân ibn Harb :

J'étais parti, en compagnie d'Umayya ibn Abû al-Salt, pour commercer en pays de Shâm. A chaque fois que nous nous arrêtions en un lieu, Umayya prenait un de ses livres et nous en faisait lecture. Il en fut ainsi jusqu'au jour où nous nous arrêtâmes dans un hameau de chrétiens. Ces derniers vinrent à lui, l'accueillirent généreusement, lui firent des présents. Il partit alors avec eux et resta chez eux jusqu'au milieu de la journée. Lorsqu'il revint vers nous, il ôta ses deux vêtements, endossa deux autres de couleur noire et me demanda :

— Veux-tu rencontrer un de ces sages chrétiens, à qui s'est dévoilée la science du Livre ? Tu pourras l'interroger à ton gré.

Je répondis :

— Je n'en ai nul besoin, par Dieu. S'il me dit des choses qui me plaisent, je me méfierai de lui et s'il me dit des choses qui me déplaisent, je lui en voudrai.

Umayya me quitta. Peu après, un vieux chrétien vint vers moi et me dit :

— Qu'est-ce qui t'empêche d'aller voir ce sage ?

Je dis :

— Nous ne sommes pas de sa religion.

— Quand bien même. Tu entendras de lui des choses étonnantes.

Puis il me demanda :

— Es-tu de Thaqîf ?

— Non, de Quraysh.

— Alors, pourquoi ne pas aller voir ce sage ? Par Dieu, il vous aime et vous veut du bien.

Le vieillard repartit et je restai sur place.

Umayya demeura chez les chrétiens jusqu'à ce que le soleil fût couché et la nuit avancée. Lorsqu'il revint vers nous, il ôta ses vêtements et s'allongea sur sa couche, sans pouvoir ni s'endormir ni se lever. Le jour venu, je le trouvai triste, absent, confondant soir et matin. Il ne nous ne parlait pas et nous ne lui parlions pas. Mais il finit par dire :

— Tu ne pars donc pas ?

— Es-tu prêt à partir ?

— Oui.

Nous reprîmes la route et Umayya passa les deux nuits suivantes dans le même état. Au cours de la troisième, il me demanda brusquement :

— Tu ne dis mot, Abû Sufyân ?

— Et toi donc ? Par Dieu, je n'avais encore jamais vu personne dans l'état où tu es revenu de chez ton ami.

— Tu n'es pas en cause C'est une chose qui touche à ma vie future et qui m'effraie…

— As-tu seulement une vie future ?

— Par Dieu, oui. Je mourrai, puis je serai ressuscité.

— Veux-tu me faire confiance ?

— A quel propos ?

— A propos de ceci : tu ne seras pas ressuscité et tu n'auras aucun compte à rendre.

Umayya éclata de rire :

— Par Dieu, si, Abû Sufyân. Nous serons tous ressuscités et aurons tous des comptes à rendre. Une partie d'entre nous ira au Paradis, l'autre en Enfer.

— Dans quelle partie te trouveras-tu ? Ton ami t'en a-t-il informé ?

— Mon ami n'en sait rien, ni pour ce qui me concerne ni pour ce qui le concerne lui-même.

Nous fûmes ainsi durant deux journées, lui s'étonnant de moi et moi me jouant de lui, jusqu'à ce que nous eûmes atteint Damas. Nous y séjournâmes deux mois, le temps de vendre toutes nos marchandises, puis nous prîmes la route du retour.

Nous nous arrêtâmes encore une fois dans un hameau de chrétiens. Dès que ces derniers aperçurent Umayya, ils accoururent vers lui et lui offrirent des présents. Il partit avec eux et resta dans leurs demeures jusqu'au milieu de la journée. Il revint pour changer de vêtements et repartit chez eux, où il demeura jusqu'à ce que le jour fût tombé et la nuit avancée. Puis il rentra, ôta ses deux vêtements et se jeta sur sa couche. Par Dieu, il ne put ni dormir ni se lever. Au matin, il était triste, abattu, ne nous parlant pas plus que nous ne lui parlions.

Il finit par dire :

— Ne veux-tu pas repartir ?

— Si, quand tu veux.

Nous reprîmes la route. Il resta plusieurs jours dans cet état de prostration, puis me dit tout à coup :

— Parlons.

— De quoi veux-tu que nous parlions ?

— Si nous pressions le pas pour devancer nos compagnons ?

— Est-ce ce que tu désires ?

— Oui.

Nous pressâmes le pas, jusqu'à perdre de vue nos compagnons. Alors il me dit :

— Parle-moi de 'Utba ibn Rabî'a *. N'est-il pas vrai qu'il se garde de commettre des injustices et de violer les interdits ?

— Oui, par Dieu.

— N'est-il pas vrai qu'il honore les liens de parenté et qu'il enjoint aux autres d'en faire autant ?

— Oui, par Dieu.

— N'est-il pas vrai qu'il est de noble ascendance et honoré dans son clan ?

— Oui.

— Connais-tu un Qurayshite plus éminent que lui ?

— Non, par Dieu, je n'en connais point.

— Est-il dans le besoin ?

— Bien au contraire, il possède de grandes richesses.

— De quel âge a-t-il été gratifié ?

— Il a dépassé les cent années.

— Eh bien, l'éminence, l'âge et la fortune le discréditent !

— Comment cela le discréditerait-il ? Cela ne peut au contraire que rehausser son prestige.

— Il en est ainsi, pourtant.

Il se tut un moment puis me dit :

— Veux-tu prendre quelque repos ?

— Je veux bien.

Nous nous étendîmes jusqu'à ce que la fatigue fût passée. Puis nous reprîmes la route. Le lendemain, à la tombée de la nuit, Umayya me dit :

— Écoute, Abû Sufyân…

— Je t'écoute.

— Si nous faisions comme hier ?

— Est-ce ce que tu souhaites ?

— Oui.

Nous nous élançâmes sur deux chamelles rapides et lorsque nous eûmes perdu nos compagnons de vue, Umayya me dit :

— Reprenons notre propos sur 'Utba ibn Rabî'a.

---

* 'Utba ibn Rabî'a : beau-père d'Abû Sufyân. Cf. 3e partie, chap. 4 et 9.

— Reprenons-le.

— N'est-il pas vrai qu'il se garde de violer les interdits et de commettre les injustices, qu'il honore les liens de parenté et enjoint aux autres d'en faire autant ?

— Par Dieu, c'est bien ainsi qu'il agit.

— N'est-il pas vrai qu'il a de la fortune ?

— Il a de la fortune.

— Connais-tu un Qurayshite qui lui soit supérieur en dignité ?

— Par Dieu, je n'en connais point.

— De quel âge a-t-il été gratifié ?

— Il a dépassé les cent années.

— L'âge, l'éminence et la fortune le discréditent.

— Certes non, cela ne peut le discréditer. Mais tu as quelque chose en tête. Dis-le donc !

— Soit. A condition que tu ne cites pas mon propos... avant que s'accomplisse ce qui est annoncé.

— Je m'y engage.

Alors Umayya dit :

— Le trouble qui m'a gagné, comme tu as pu le voir, remonte à ma rencontre avec le sage chrétien. Après l'avoir interrogé sur diverses choses, je lui ai demandé de me parler de ce prophète qu'on attend... Il m'a dit : « C'est un Arabe. » Je lui ai dit : « Je le sais, qu'il est arabe, mais de quelle tribu ? » Il m'a dit : « De ceux qui gardent un sanctuaire où les Arabes viennent en pèlerinage. » J'ai dit : « Nous avons, à al-Tâ'if, un sanctuaire où les Arabes viennent en pèlerinage. » Le savant m'interrompit : « Non. Le sanctuaire se trouve à La Mecque. Le prophète est l'un de vos frères de Quraysh. » Alors, par Dieu, Abû Sufyân, je fus bouleversé comme je ne l'avais jamais été auparavant... La consécration m'échappait en ce monde comme dans l'Autre... Car j'avais espéré être ce prophète ! Je dis au sage : « S'il est celui que tu dis, décris-le. » Il répondit : « C'est un homme jeune entré dans la maturité. Il se garde de commettre des injustices et de violer des interdits, il honore les liens de parenté et enjoint aux autres d'en faire autant. Il est pauvre, mais de noble ascendance et honoré dans son clan. La plupart de ses soldats sont des anges. » Je demandai : « Quel est le signe annonciateur de sa venue ? » Il répondit : « Le pays de Shâm a tremblé quatre-vingts fois depuis la mort de Jésus, fils de Marie, que la paix soit sur lui. Chaque tremblement s'est accompagné d'une calamité. Il reste un grand tremblement à venir, qui s'accompagnera de nombreuses calamités. »

Ne pouvant plus me retenir, je m'écriai :

— Cela est insensé. Si Dieu envoie un prophète, Il ne peut le choisir que d'âge avancé.

Mais Umayya insista :

— Par Dieu, Abû Sufyân, les choses sont comme elles sont. Le chrétien dit vrai. Veux-tu que nous prenions quelque repos ?

— Je veux bien.

Après une nuit de sommeil, nous repartîmes. Nous étions parvenus à une distance de deux journées de La Mecque, lorsque nous aperçûmes derrière nous un voyageur suivant la même route que nous. Nous l'attendîmes pour avoir des nouvelles fraîches du pays que nous avions quitté peu de temps avant lui. Quel ne fut notre trouble quand il nous apprit que, juste après notre départ, la terre de Shâm avait tremblé, causant de grandes destructions et infligeant aux habitants des maux terribles.

Entendant cela, Umayya s'approcha de moi et me dit :

— Que penses-tu des propos du chrétien ?

Je répondis :

— Par Dieu, il semblerait qu'il a dit vrai.

⋆

Khusrû, roi des Perses ⋆ avait trois cent soixante sages pour le conseiller, prêtres, devins et mages, parmi lesquels on comptait un Arabe dénommé al-Sâ'ib, qui prenait les augures et s'était rarement trompé dans ses prédictions. Chaque fois qu'une affaire préoccupait Khusrû, il convoquait prêtres, devins et mages et leur disait :

— Examinez cette affaire. Que faut-il en penser ?

Or, Khusrû avait fait construire sur le Tigre, non loin de la cité de Busra, un barrage pour lequel il avait dépensé des sommes incalculables. Par ailleurs, il s'était fait construire une salle du trône à nulle autre pareille, car il possédait une couronne si lourde que sa

⋆ Khusrû : il s'agit ici de Khusrû Parvîz, le petit-fils de Khusrû Anushirvân, déjà cité (cf. 1re partie, chap. 5).

tête ne pouvait en supporter le poids. La couronne avait donc été suspendue au plafond de la salle, au-dessus du trône et lorsqu'il donnait audience, on la rabaissait pour lui permettre d'y passer la tête.

Un jour, sans que l'on sût pourquoi, la voûte de la salle du trône où était suspendue la couronne se brisa en son milieu, tandis que le barrage était emporté par les eaux du Tigre. Voyant cela, Khusrû dit :

— C'est mon royaume qui vacille.

Il convoqua aussitôt prêtres, devins et mages, au nombre desquels se trouvait al-Sâ'ib l'Arabe, pour leur dire :

— Examinez cette affaire. Que faut-il en penser ?

Mais voilà que ces hommes commençaient à s'empêtrer dans leurs sciences. Ils ne parvenaient plus à distinguer les régions du Ciel et les signes sur la Terre leur devenaient obscurs. La magie déroutait le mage et la divination abusait le devin. Et les astres avaient cessé d'éclairer l'astrologue.

Alors al-Sâ'ib attendit une nuit sans lune et se mit en observation au sommet d'une colline. Du côté du Hijâz, il vit soudain jaillir une fulgurante lumière, qui traversa le Ciel et alla s'éteindre du côté du Mashriq. Le jour venu, il découvrit tout autour de lui un jardin verdoyant. Il se dit :

— Si ma vision est véridique, un monarque surgira du Hijâz, qui parviendra jusqu'au Mashriq. Et la terre, sous ses pieds, sera plus fertile qu'elle ne l'a été pour aucun monarque avant lui.

Lorsque les prêtres et les mages se retrouvèrent pour discuter de la question, et qu'al-Sâ'ib leur eut raconté ce qu'il avait vu, ils se dirent :

— Ainsi, ce qui s'interpose entre nous et notre science vient-il d'un décret céleste. Un prophète a été envoyé, qui dépossédera ce roi et brisera son pouvoir. Mais si nous annonçons à Khusrû la fin de son règne, il nous mettra à mort. Il vaut mieux lui proposer une autre explication et gagner le temps que nous pourrons...

Ils allèrent voir Khusrû et lui dirent :

— Nous avons examiné cette affaire et voici ce que nous avons trouvé : les calculs qui avaient dicté la forme de la salle du trône, ainsi que le poids du barrage, étaient liés à de mauvais présages. Les jours ont succédé aux nuits, les mauvais présages se sont vérifiés et les ouvrages conçus en fonction de ces calculs se sont effondrés. Nous ferons de nouveaux calculs, grâce auxquels les bâtiments reconstruits tiendront toujours.

Khusrû leur dit :

— Faites vos calculs.

Ils firent leurs calculs et revinrent voir Khusrû :

— C'est ainsi qu'il faut reconstruire.

Khusrû ordonna à ses ouvriers de reconstruire, sur le Tigre, un barrage pour lequel il dut à nouveau dépenser des sommes incalculables. Et les travaux durèrent six mois. Lorsque les ouvriers eurent terminé l'ouvrage, Khusrû convoqua ses prêtres, ses mages et ses devins, pour leur demander :

— Maintenant, puis-je m'asseoir sur la plate-forme du barrage ?

Ils répondirent :

— Oui.

Il ordonna qu'on recouvrît la plate-forme de tapis et qu'on la décorât de plantes odoriférantes. Puis il voulut qu'on y rassemblât les notables et les artistes. Enfin lui-même prit place sur la plate-forme.

C'est alors que le barrage s'effondra. Khusrû, emporté par les eaux, faillit se noyer et ne fut sauvé qu'à son dernier souffle. Lorsqu'il se fut remis, il convoqua ses prêtres, mages et devins et leur dit :

— Je vous ai écoutés, après vous avoir accueillis dans mon proche entourage et vous avoir gratifiés de mes biens. Et vous m'avez trahi. Vous vous êtes joués de moi.

Ils s'empressèrent de lui dire :

— Grand roi, nous nous sommes trompés, ainsi que s'étaient trompés ceux qui nous avaient précédés. Mais permets-nous de refaire nos calculs. Cette fois, ils seront exacts...

Il leur dit :

— Prenez garde à ce que vous dites. Cette fois, si vous échouez, vous serez tous mis à mort.

— Cette fois, nos calculs seront exacts.

— Faites vos calculs.

Ils se retirèrent, firent de nouveaux calculs et revinrent le voir :

— C'est ainsi que le barrage doit être reconstruit.

Khusrû ordonna de reconstruire le barrage, pour lequel il dépensa une nouvelle fois des sommes incalculables. Les travaux durèrent huit mois. Lorsqu'ils furent terminés, les sages vinrent lui dire :

— Grand roi, les travaux sont terminés.

Khusrû leur demanda :

— Puis-je m'asseoir sur la plate-forme ?

Ils dirent :

— Oui.

Mais le roi eut peur de s'asseoir. Il préféra enfourcher un cheval sauvage, qui s'élança au galop sur la plate-forme. Il avait à peine parcouru la moitié de la distance entre les deux rives, que le barrage s'effondra. Khusrû, emporté par les flots, faillit se noyer, mais il put être sauvé. Lorsqu'il sortit de son évanouissement, il dit à ses mages, prêtres et devins :

— Par Dieu, si vous ne me dites la vérité sur ce que vous me cachez, vous serez mis à mort du premier au dernier. Vous aurez les épaules écartelées et vous serez piétinés par les éléphants.

Ils lui dirent :

— Grand roi, nous ne te mentirons plus. Lorsque le barrage s'est effondré sous tes pieds et que la voûte de la salle du trône s'est fendue au-dessus de ta tête, tu nous as demandé d'user de notre science pour trouver la cause de ces malheurs. Nous avons cherché, mais les signes sur la Terre nous sont devenus obscurs et nous avons commencé à confondre les régions du Ciel. Notre science nous est devenue inutile. La magie a cessé de servir le mage et la divination le devin. Et l'astrologie n'a plus été d'aucun secours à l'astrologue. Nous avons su que cela répondait à un décret céleste. Un prophète a été envoyé ou le sera sous peu. Et cela explique le voile qui s'interpose entre notre science et nous. Nous avons craint, si nous t'annoncions la fin de ton pouvoir, que tu ne nous fasses tuer. Nous détestons la mort, comme tout le monde. Nous avons donc préféré te cacher la vérité.

Khusrû leur dit :

— Malheur à vous ! Vous auriez dû me dire la vérité, afin que je puisse juger par moi-même.

— La peur nous en a empêchés.

Khusrû leur pardonna, mais renonça à se mesurer au Tigre une nouvelle fois.

★

Une nuit, alors que Khusrû dormait en son palais de Madâ'in gardé par des sentinelles en armes, un homme appuyé sur une canne s'approcha de son lit et, se penchant sur son visage, lui dit :

— Khusrû, fils de Hurmûz, je suis le Messager de Dieu, à Qui tu dois te soumettre.

L'homme répéta trois fois ces paroles, tandis que Khusrû, allongé, le regardait sans répondre. Puis l'homme s'en alla. Khusrû se leva, fit convoquer le chef de sa garnison et lui demanda :

— C'est toi qui as autorisé cet homme à pénétrer dans ma chambre ?

Le chef de la garnison répondit :

— Majesté, je n'ai laissé personne entrer dans cette chambre.

Une année plus tard, jour pour jour, au moment d'aller se coucher, Khusrû eut une appréhension et fit dire au chef de sa garnison :

— Que le palais soit entièrement cerné. Que personne ne pénètre dans la chambre du roi.

Le chef de la garnison plaça des sentinelles aux aguets dans tous les coins du palais. Mais l'homme à la canne réapparut dans la chambre de Khusrû, à l'heure même où il était apparu l'année précédente et, se penchant sur le visage du roi, lui dit :

— Khusrû, je suis le Messager de Dieu, à Qui tu dois te soumettre. Soumets-toi, cela vaudra mieux pour toi.

L'homme répéta trois fois ces paroles, tandis que Khusrû le regardait sans répondre. Puis l'homme s'en alla et Khusrû, revenu de sa stupeur, fit convoquer le chef de sa garnison et lui dit :

— Ne t'avais-je pas ordonné de ne laisser personne entrer dans ma chambre ?

Le chef de la garnison répondit :

— Par Dieu, Majesté, je n'ai laissé entrer personne. Toutes les portes étaient fermées et toutes les fenêtres gardées. Si quelqu'un est entré dans ta chambre, il n'a pu venir que du Ciel.

L'année suivante, jour pour jour, au moment d'aller se coucher, Khusrû prit peur et fit dire au chef de la garnison qu'il devait entourer la chambre royale de gardes et en interdire l'accès aux femmes comme aux hommes. Ce qui fut fait. Mais à l'heure dite, l'homme à la canne était là, penché sur le visage de Khusrû, pour lui dire :

— Khusrû, fils de Hurmûz, je suis le Messager de Dieu, à Qui tu dois te soumettre. Soumets-toi, cela vaudra mieux pour toi.

Lorsqu'il eut répété trois fois ces paroles, Khusrû le regardant sans pouvoir prononcer un mot, l'homme dit :

— Par Dieu, Khusrû, tu as refusé de m'entendre. Dieu te brisera comme je brise ce bâton.

L'homme, ayant brisé son bâton, s'en alla. Aussitôt Khusrû fit convoquer le chef de sa garnison et lui dit :

— Ne t'avais-je pas ordonné de ne laisser entrer ni femme ni enfant ?

Le chef de la garnison répondit :

— Majesté, je n'ai laissé entrer personne.

★

Les gens de La Mecque avaient coutume de faire tous les ans une retraite dans le désert. Ils partaient s'isoler, pour un temps, sur les hauteurs de Harâ', où ils s'adonnaient à l'adoration de leurs divinités et se préoccupaient de nourrir les pauvres. Ils donnaient à cette coutume le nom de *tahannuth*, qu'ils pratiquaient ordinairement durant le mois de Ramadan. A l'apparition du croissant du mois de Shawwâl, ils quittaient Harâ' pour rentrer chez eux à La Mecque.

On raconte que le premier à avoir institué cette pratique fut 'Abd al-Muttalib. Puis de nombreux notables de La Mecque suivirent son exemple, dont son petit-fils, Muhammad ibn 'Abd Allâh. Les hommes de La Mecque faisaient cette retraite seuls ou en famille. Muhammad la faisait en famille, séjournant durant tout le mois de Ramadan dans une grotte.

Muhammad passait à réfléchir et à méditer beaucoup plus de temps que ses amis. Il avait, depuis des années, des visions qui ne ressemblaient en rien aux visions de ceux qui l'entouraient. Les siennes avaient la clarté de l'aurore. Il s'en était ouvert à sa femme Khadîja et lui avait confié qu'il craignait, parfois, de perdre l'esprit. Khadîja savait le rassurer, l'apaiser.

Puis Muhammad commença à entendre des voix, qui

s'adressaient à lui en l'appelant « Muhammad ». Il en cherchait l'origine mais ne trouvait rien. Il finissait par prendre peur et tentait de fuir au loin. Il dit à Khadîja :

— Je crains qu'on ne m'ait jeté un sort.

Elle lui dit :

— Comment cela ?

Il lui répondit :

— Dès que je me trouve seul, je suis appelé, j'entends des voix. Mais je ne vois rien. Je crains de perdre l'esprit.

Khadîja lui dit :

— Dieu ne te veut pas de mal. Parce que ta parole est vraie, que tu honores les liens de parenté et que tu tiens tes engagements.

★

Abû Bakr ★ était un ami de Muhammad, avec qui il avait effectué plusieurs voyages commerciaux au pays de Shâm. C'était un homme mince, au visage émacié, à la barbe peu fournie. Il avait les yeux enfoncés dans les orbites et le front proéminent, la chevelure blanche, abondante et crépue. Ses hanches étroites laissaient flotter sa robe sur ses jambes.

Avenant et proche des gens, il avait la parole et le geste aisés. Il était versé dans les lignages, dont il connaissait les qualités et les défauts et c'était un commerçant de haute moralité, bien qu'il ne comptât pas parmi les notables les plus riches ou les plus nobles de Quraysh. Les hommes de sa tribu allaient volontiers le trouver, pour apprendre de lui ou bénéficier de ses conseils. Ils prisaient aussi bien son savoir, son expérience, que la chaleur de sa compagnie.

Abû Bakr se rendit un jour chez Muhammad, alors que ce dernier n'était pas rentré. Il fut accueilli par Khadîja, qui, connaissant la force de l'amitié entre les deux hommes, lui fit part de la conversation qu'elle avait eue avec Muhammad, à propos de ses visions et des craintes qu'elles lui inspiraient. Puis elle lui dit :

— Lorsque Muhammad rentrera, emmène-le donc chez Waraqa ibn Nawfal.

★ Abû Bakr : sera l'un des tout premiers compagnons du Prophète et, après sa mort, son premier successeur, ou Calife.

Abû Bakr se souvint de sa conversation avec Waraqa ibn Nawfal, à propos d'un prophète annoncé ★. Dès que Muhammad fut rentré, il lui dit :

— Allons consulter Waraqa ibn Nawfal.

Ils marchèrent un moment côte à côte, à travers les sentiers de La Mecque, puis Muhammad lui demanda :

— Comment as-tu su ?

Abû Bakr répondit :

— C'est Khadîja qui me l'a appris.

Lorsqu'ils furent chez Waraqa ibn Nawfal, Muhammad lui dit :

— Chaque fois que je me trouve seul, dans un lieu retiré, j'entends une voix, derrière moi, qui m'appelle par mon nom : « Muhammad ». Alors je m'empresse de fuir sous terre.

Waraqa ibn Nawfal lui dit :

— Ne le fais plus. Lorsque tu entendras cette voix, reste où tu es et prête l'oreille à ce qu'elle te dit. Puis viens me le répéter.

A nouveau seul, Muhammad entendit la voix qui l'appelait par son nom. Il ne bougea pas et prêta l'oreille. Il entendit :

— O Muhammad, je suis Gabriel... Et toi, tu es le Messager de Dieu.

★

Lorsque la mission du Prophète de Dieu devint imminente, et que certains signes apparurent, le ciel se voila aux regards des démons. Ils ne purent plus y trouver les places qu'ils avaient l'habitude d'occuper, d'où ils surprenaient ce qui se passait et ce qui se disait dans les Cieux. Prenant connaissance d'un événement ou se saisissant d'un propos, ils s'empressaient alors de le rapporter aux devins, comme ils l'avaient entendu ou cru l'entendre. Et les devins le transmettaient à leur tour à qui les consultait, comme ils l'avaient entendu ou cru l'entendre.

Après que le Ciel se fut voilé à leurs regards, les démons furent lapidés à coups d'étoiles. Alors ils surent que Dieu préparait un grandiose événement à l'intention de Ses créatures. Et lorsqu'ils entendirent le Coran, ils comprirent pourquoi ils avaient été

★ Cf. 3e partie, chap. 12.

frappés par les étoiles avant qu'il fût révélé. C'était afin qu'ils ne pussent s'en saisir et le rapporter à leur manière aux devins, mêlant à la Révélation d'autres informations célestes et par là, obscurcissant dans l'esprit des hommes ce qui devait venir de Dieu, en toute certitude et sans doute possible. Les démons en furent convaincus et fortifiés dans leur foi.

★

La première des tribus arabes à voir la projection d'étoiles et à s'en émouvoir fut celle des Thaqîf d'al-Tâ'if. Remplis d'effroi, ils allèrent consulter un des leurs, un certain 'Amrû ibn Umayya, le plus fin et le plus rusé des Arabes. Ils lui dirent :

— O 'Amrû, que penses-tu de cette projection d'étoiles dans le ciel ?

Il répondit :

— Observez-les. Si les étoiles projetées sont celles qui guident les hommes sur terre et sur mer, et leur permettent de distinguer les pluies d'été des pluies d'hiver, pour leur plus grand bien, alors, par Dieu, c'est la fin du monde d'ici-bas et l'anéantissement de toutes les créatures qui le peuplent. Mais si ces étoiles demeurent à leur place, et que ce sont d'autres étoiles qui sont projetées, alors il s'agit d'un événement voulu par Dieu à l'intention de Ses créatures. Et je ne sais de quel événement il s'agit.

★

Le Messager de Dieu devait plus tard interroger à ce sujet un groupe de compagnons :

— *Que vous êtes-vous dit, alors, de cette projection d'étoiles ?*

Ils répondirent :

— *O Prophète de Dieu, nous nous sommes dit en la voyant : « Elle annonce la mort d'un roi, ou sa naissance, ou son accession au trône. Ou encore la naissance ou la mort d'un enfant. »*

Le Messager de Dieu leur dit :

— *Il ne s'agissait pas de cela. Lorsque Dieu – loué soit-Il et glorifié – décrète quelque chose pour Ses créatures, les porteurs du*

Trône l'entendent et chantent Ses louanges. Ceux qui sont placés au-dessous d'eux chantent à leur tour Ses louanges, suivis par ceux qui sont placés au-dessous d'eux. La louange descend ainsi de Ciel en Ciel, jusqu'au Ciel d'ici-bas. Les anges y chantent les louanges de Dieu puis se posent les uns aux autres la question :

— Pourquoi cette louange?

Ils se répondent les uns aux autres :

— Ceux qui sont placés au-dessus de nous ont chanté Sa louange et nous avons fait comme eux.

Alors ils se disent les uns aux autres :

— Demandez à ceux qui sont placés au-dessus de vous pourquoi cette louange.

Ils se transmettent ainsi la question de bas en haut, jusqu'aux porteurs du Trône, à qui est posée la question :

— Pourquoi cette louange?

Et les porteurs du Trône répondent :

— Dieu a décrété ceci ou cela pour Ses créatures.

La nouvelle descend ensuite d'un Ciel à l'autre, jusqu'au Ciel d'ici-bas. Les démons s'en saisissent au passage, en y introduisant la conjecture et la discorde. Ils en rapportent aux devins une version qui comporte une part de vérité et une part d'erreur. Les devins la propagent à leur tour, avec une part de vérité et une part d'erreur. C'est pourquoi Dieu – dans Sa puissance et Sa gloire – a voilé le regard des démons, en projetant sur eux ces étoiles. Depuis, la divination a cessé. Aujourd'hui, il n'y a plus de divination. (2)

CHAPITRE DEUXIÈME

Gabriel

Gabriel descend avec le Message, qu'il fait lire à Muhammad. Muhammad commence par éprouver de la peur. Khadîja le reconforte. La nouvelle de l'événement commence à se répandre parmi les Arabes. Un rabbi prédit aux juifs un massacre.

Muhammad avait atteint la quarantaine et Khadîja lui avait donné quatre filles, ainsi qu'un fils, al-Qâsim, qui était mort au berceau.

Cette année-là, au mois de Ramadan, Muhammad quitta La Mecque avec sa famille, pour faire retraite sur les hauteurs de Harâ'. Une nuit, Gabriel vint à lui avec le Message.

Gabriel est venu à moi pendant que je dormais. Il tenait une pièce de brocart contenant un écrit et me dit :

— Lis.

Je dis :

— Je ne sais lire. Je n'ai jamais lu et ne sais le faire. Je n'écris ni ne lis.

Il me serra très fort, au point que je crus la mort venue, puis il me lâcha et me dit :

— Lis

Je dis :

— Quoi lire? Je ne vois rien à lire et ne lis ni n'écris.

Je ne parlai ainsi que pour éviter qu'il ne m'inflige une deuxième fois ce qu'il venait de m'infliger. Alors il dit :

— Lis, au nom de ton Seigneur qui a créé l'homme d'un caillot. Lis. Ton Seigneur est le Très-Généreux, qui, avec le calame, a enseigné à l'homme ce qu'il ne savait pas.

Je lus après lui et il finit par me quitter.

Je me réveillai en sursaut. C'était comme si ses paroles avaient été inscrites dans mon cœur.

De toutes les créatures de Dieu, aucune ne m'était plus odieuse que le poète ⋆ *ou le possédé. Je ne supportais même pas la vue de l'un ou l'autre. Je me dis : « Muhammad ibn 'Abd Allâh, serait-il devenu un poète ou un possédé? Non, on ne me prendra jamais pour l'un ou l'autre. J'irai plutôt me jeter d'une hauteur. Je me tuerai et je serai délivré. »*

Je sortis dans l'intention de le faire mais, parvenu à mi-chemin, j'entendis une voix venant du ciel, qui me disait :

— O Muhammad, tu es le Messager de Dieu et je suis Gabriel.

Je levai la tête vers le ciel et vis Gabriel, sous la forme d'un homme dont les pieds barraient l'horizon, qui me disait :

— O Muhammad, tu es le Messager de Dieu et je suis Gabriel.

Je m'arrêtai pour le regarder, oubliant ce que j'avais résolu de faire, n'avançant ni ne reculant. Puis je tentai de détourner mon visage de lui, mais quelle que fût la direction dans laquelle j'orientai mon regard, je ne cessai de le voir, couvrant l'horizon. Alors je demeurai immobile à ma place, sans avancer ni reculer – et cela pendant si longtemps que Khadîja envoya à ma recherche des gens qui allèrent jusqu'à La Mecque et en revinrent, tandis que je demeurais immobile à ma place.

Puis Gabriel me quitta et je redescendis vers les miens. J'allai vers Khadîja et me blottis contre sa cuisse. Elle me dit :

⋆ Les poètes étaient considérés comme des êtres inspirés par les djinns.

— O Abû al-Qâsim *, *où donc étais-tu? Par Dieu, j'ai envoyé après toi des gens qui sont allés jusqu'à La Mecque et en sont revenus.*

Je lui dis .

— Muhammad est devenu un poète ou un possédé.

Elle dit :

— Dieu te préserve de cela, Abû al-Qâsim. Dieu ne te fera pas cela, sachant ce que je sais de la sincérité de ta parole, de ta scrupuleuse honnêteté, de ta haute moralité et de ta fidélité aux liens de parenté. Qu'est-ce donc qui te préoccupe, cousin? As-tu vu quelque chose?

Je lui dis :

— Oui.

Puis je lui racontai ce que j'avais vu. Elle me dit :

— Réjouis-toi, cousin, et reste ferme. Par Celui qui tient en Sa main l'âme de Khadîja, tu seras, je l'espère, le Prophète de cette nation. (1)

*

Les Arabes étaient persuadés que, comme les devins, les poètes étaient inspirés par les démons. Que chaque poète avait le sien, qui se manifestait à lui sous une forme visible. Les poètes pouvaient ainsi parler à leurs démons qui, de leur côté, ne se privaient pas de plaisanter avec leurs poètes ou même de leur jouer des tours.

Ce fut ce qui arriva un jour au poète al-A'sha en route pour le Yémen. A la faveur d'une halte, il voulut prendre un peu de repos et, apercevant une tente en poil de chameau, y pénétra. Il se trouva en présence d'un vieillard qui lui fit le meilleur accueil puis, après lui avoir offert à manger, s'enquit de ce qu'il savait faire. Al-A'sha lui ayant dit qu'il composait des poèmes, le vieillard lui demanda d'en réciter quelques-uns. Or, dès qu'al-A'sha commençait un poème, le vieillard appelait une servante et lui enjoignait de réciter la suite, ce qu'elle faisait sans hésiter. Al-

* Abû al-Qâsim : père d'al-Qâsim. Les hommes sont ainsi familièrement désignés comme pères d'un de leurs enfants.

A'sha en fut si troublé qu'il fut pris d'un violent tremblement. Lorsqu'il le vit dans cet état, le vieillard sourit et dit :

— Rassure-toi. Je suis ton inspirateur. C'est moi qui te dicte les vers que tu récites.

*

Khadîja se leva, s'enveloppa dans ses vêtements et sortit de la grotte. Puis elle s'élança vers La Mecque, pour aller voir son cousin Waraqa ibn Nawfal. Quand elle fut chez lui, elle lui dit :

— Qui est Gabriel ?

Revêtu de la robe des prêtres, Waraqa ibn Nawfal dit :

— Louange à Dieu, le Très-Saint. Gabriel est l'Archange de Dieu, Son délégué auprès de Ses Prophètes.

Khadîja lui rapporta ce que lui avait raconté son mari. Et Waraqa ibn Nawfal dit :

— Si ton compagnon a eu cette vision, c'est un Prophète. Je serai heureux qu'il en soit ainsi. Je serai alors pour lui un serviteur aussi bien qu'un cousin.

Khadîja quitta Waraqa ibn Nawfal, pour aller retrouver son mari et ses enfants à Harâ'. En chemin, elle croisa 'Addâs, l'esclave de 'Utba ibn Rabî'a. 'Addâs étant chrétien, Khadîja lui demanda :

— Parle-moi de Gabriel, 'Addâs.

Il lui dit :

— Par le Très-Saint, comment se fait-il que Gabriel soit cité en ce pays d'adorateurs d'idoles ? Gabriel est l'Archange de Dieu. Il ne peut être envoyé qu'à un Prophète.

Khadîja revint auprès de Muhammad et lui rapporta les paroles de Waraqa ibn Nawfal, puis celles de 'Addâs, ce qui soulagea quelque peu le Messager de Dieu.

Plus tard, Khadîja dit à son mari :

— Cousin, pourrais-tu me prévenir de la présence de ce compagnon, s'il revient te voir ?

Muhammad lui dit :

— Oui.

Lorsque Gabriel vint le retrouver, le Messager de Dieu dit à sa femme :

— Khadîja, Gabriel est revenu.

Sa femme lui dit :

— Cousin, viens t'asseoir sur ma cuisse gauche.

Muhammad vint s'asseoir sur sa cuisse gauche et elle lui demanda :

— Le vois-tu?

Il répondit :

— Oui.

— Déplace-toi pour t'asseoir sur ma cuisse droite.

Muhammad se déplaça pour s'asseoir sur sa cuisse droite et elle lui demanda :

— Le vois-tu?

Il répondit :

— Oui.

— Assieds-toi sur mes genoux.

Muhammad s'assit sur ses genoux et elle lui demanda :

— Le vois-tu?

Il répondit :

— Oui.

Alors Khadîja prit son mari entre elle et sa chemise et lui demanda :

— Le vois-tu?

Il répondit :

— Non.

*— Reste ferme, cousin et réjouis-toi. Par Dieu, c'est un ange et non pas un démon**. *(2)*

★

Lorsque le Messager de Dieu eut terminé sa retraite et quitté Harâ' pour La Mecque, il fit comme faisaient tous les siens après leur retraite, avant de rentrer chez eux, il alla tourner autour de la Ka'ba. Là il rencontra Waraqa ibn Nawfal, qui lui demanda :

---

* Contrairement à un démon, un ange ne s'immisçait pas entre un homme et une femme en état d'intimité.

— Dis-moi, cousin, l'ange est-il revenu te voir? Et s'il est revenu, qu'a-t-il dit?

Le Messager de Dieu lui raconta ce qu'il s'était passé durant sa retraite et Waraqa ibn Nawfal lui répéta ce qu'il avait déjà dit à Khadîja, ajoutant :

— Par Celui qui tient mon âme en Sa main, tu seras démenti, tu seras maltraité, tu seras chassé, tu seras combattu. Si je vis jusque-là, je me rangerai sans hésiter dans le camp de Dieu.

Puis il prit la tête du Messager de Dieu et la baisa. (3)

★

Gabriel dit au Messager de Dieu :

— O Messager de Dieu, Khadîja t'apporte de quoi manger et de quoi boire. Quand elle viendra vers toi, transmets-lui le salut de Dieu et le mien, et annonce-lui que l'attend au Paradis une demeure faite d'or, où elle ne connaîtra ni désagrément ni fatigue. (4)

★

Au dire de 'Â'isha ★ :

Le Messager de Dieu cessa de recevoir la Révélation pendant un certain temps. Voyant sa peine, Khadîja lui dit :

— On dirait que ton Dieu t'a abandonné.

Si grande était sa peine, qu'il fut plusieurs fois sur le point de se jeter du haut d'une colline. Mais chaque fois qu'il arrivait au sommet, Gabriel lui apparaissait pour lui dire :

— O Muhammad, tu es bien le Messager de Dieu.

Sa peine était alors effacée et son cœur apaisé. Il renonçait à se jeter. Mais la Révélation tardant à se manifester, il renouvelait sa tentative et Gabriel revenait pour le rassurer.

Alors, un jour qu'il était sorti avec l'intention de se jeter du haut d'une colline, Gabriel lui révéla : (5)

Par l'éclat du jour, par la nuit déployée, Ton Seigneur ne t'abandonne ni ne te hait. Oui, l'autre vie te sera meilleure que

---

★ 'Â'isha : fille d'Abû Bakr, elle sera plus tard l'épouse du Prophète.

celle-ci. Ton Seigneur te donnera et tu seras comblé. Ne t'a-t-Il pas trouvé orphelin, et prodigué un abri ? Trouvé dans l'errance, et guidé ? Trouvé pauvre, et enrichi ? (6)

★

Le Messager de Dieu dit :

Je fis à mon Seigneur une demande que j'aurais souhaité ne pas avoir faite. Je dis :

— Seigneur, parmi les Prophètes qui me précédèrent, il y en eut comme Salomon à qui Tu soumis le vent, comme Jésus, fils de Marie, qui ressuscita les morts, et d'autres encore...

Mon Seigneur dit :

« Ne t'ai-je pas trouvé orphelin et prodigué un refuge ? »

Je dis :

« Si. »

Mon Seigneur dit :

« Ne t'ai-je pas trouvé dans l'errance et guidé ? »

« Si. »

Mon Seigneur dit :

« Ne t'ai-je pas trouvé pauvre et enrichi ? »

— Si, Seigneur.

Mon Seigneur dit :

« Ne t'ai-je pas ouvert la poitrine et soulagé de ton fardeau ? »

— Si, Seigneur. (7)

★

Un jour où le Messager de Dieu se trouvait sur les hauteurs de La Mecque, Gabriel lui apparut sur une côte. Il frappa du pied le sol et une source jaillit. Il fit ses ablutions sous les yeux du Messager de Dieu, qui fit ensuite comme il l'avait vu faire. Puis Gabriel fit sa prière et le Messager de Dieu fit de même.

Le Messager de Dieu alla voir Khadîja, la première à avoir cru en lui. Il lui montra comment faire ses ablutions, puis sa prière. Elle fit ses ablutions, puis sa prière, comme elle avait vu faire le Messager de Dieu.

★

Au dire de 'Â'isha :

Au début le Messager de Dieu reçut l'ordre de faire deux prières par jour, comprenant chacune deux prosternations. Puis le Très-Haut ordonna de porter à quatre le nombre des prosternations en ville. Mais il retint le nombre de deux durant les voyages ★

★

Al-'Abbâs ibn 'Abd al-Muttalib, l'oncle du Messager de Dieu, était lié d'amitié avec Abû Sufyân ibn Harb. Il raconte :

J'étais parti en voyage d'affaires au Yémen, en compagnie d'Abû Sufyân ibn Harb. Lorsque nous fûmes arrivés à destination, nous convînmes de préparer chacun à tour de rôle le repas du soir et d'y convier nos amis communs. Un jour, alors qu'il m'incombait de préparer le repas, Abû Sufyân me dit :

— Veux-tu le préparer mais le faire porter dans ma tente ? Nous prendrons ce repas chez moi, aujourd'hui.

J'acceptai et fis porter les plats dans sa tente, où nous nous rendîmes tous. Après le repas, lorsque les autres convives se furent retirés, Abû Sufyân me retint seul et me dit :

— Sais-tu que ton neveu prétend être le Messager de Dieu ?

Je lui demandai :

— Lequel de mes neveux ?

Il dit :

— Tu ne vas pas jouer à ce jeu avec moi. Il n'y a qu'un seul de tes neveux qui puisse prétendre cela.

— Lequel donc ?

— Muhammad ibn 'Abd Allâh.

— Il ne ferait pas cela.

— Il l'a fait.

Il me montra une missive qu'il avait reçue de son fils Handhala, où il était écrit : « Muhammad ibn 'Abd Allâh est allé dire sur le

---

★ Au départ, deux prières étaient ordonnées, l'une avant le lever du soleil et l'autre après le coucher. Le passage à cinq prières, ordonné par Dieu lors de l'ascension du Prophète au Ciel, sera accompli une année avant l'Hégire.

mont al-Abtah : “Je suis le Messager de Dieu et je vous convie à suivre la voie de Dieu.” »

Je remarquai :

— Et s’il disait vrai ?

— Doucement. Je n’aime pas t’entendre dire cela. Par Dieu, je commence à me demander si tu n’es pas au courant de cette affaire. Quraysh a toujours pensé que vous autres, les Banû ‘Abd al-Muttalib, aviez de bons côtés, mais aussi des côtés malfaisants, dont nous tous n’avons cessé de subir les conséquences. Tu le sais bien.

Je reconnus :

— Oui, je sais.

Il dit :

— Par Dieu, cette affaire tient à vos côtés malfaisants.

— A moins qu’elle ne tienne à nos bons côtés.

Entre-temps, la nouvelle s’était répandue dans les assemblées du Yémen, ayant été rapportée par un voyageur plusieurs nuits auparavant. Les gens en parlaient entre eux.

Abû Sufyân fréquentait un rabbi yéménite, qui lui demanda :

— Quelle est cette nouvelle que j’ai entendue ?

— Qu’as-tu entendu ?

— Qui donc est l’oncle de cet homme ?

Abû Sufyân mentit et dit :

— C’est moi.

— Tu es le frère de son père ?

— Oui.

— Parle-moi donc de lui.

— Ne me demande pas cela. Je n’aurais jamais cru qu’il irait jusqu’à prétendre une telle chose. Je ne voudrais pas le dénigrer, mais je vois bien d’autres qui sont plus méritants que lui.

Le rabbi, rassuré, dit :

— Cet homme ne fera de tort ni aux juifs ni à la Torah de Moïse.

Le lendemain, le rabbi m’invita à me joindre à eux et j’acceptai. Quand nous fûmes assis, je lui dis :

— Tu as interrogé mon cousin, Abû Sufyân, à propos de cet homme qui prétend être le Messager de Dieu. Il t’a dit qu’il était son oncle, mais il ne l’est pas, il est son cousin. C’est moi qui suis son oncle.

Le rabbi me dit :

— Tu es le frère de son père ?

— Je suis le frère de son père.

Le rabbi se tourna vers Abû Sufyân :

— Dit-il vrai ?

Abû Sufyân dit :

— Il dit vrai.

Je m'adressai alors au rabbi :

— Interroge-moi. Si je mens, Abû Sufyân me démentira.

— Je t'adjure de me dire si ton neveu est connu pour être bizarre ou sot.

— Non. Élevé par son grand-père 'Abd al-Muttalib, il n'a jamais menti, il n'a jamais trahi un engagement. Quraysh l'a surnommé : le probe.

— Sait-il écrire de sa main ?

Je pensai qu'il était plus honorable pour Muhammad de savoir écrire de sa main et je fus sur le point de prétendre qu'il le faisait, mais je me souvins de la présence d'Abû Sufyân, qui m'aurait aussitôt démenti. Je dis :

— Non, il n'écrit pas de sa main.

Alors le rabbi bondit, laissa tomber sa cape et se mit à crier .

— Les juifs seront égorgés ! Les juifs seront massacrés * !

Lorsque nous fûmes rentrés, Abû Sufyân me dit :

— Le juif est terrifié par ton neveu !

Je lui dis :

— Tu as vu ce que j'ai vu. Pourquoi donc ne pas croire en lui ? S'il dit vrai, tu serais des premiers. Si c'est un imposteur, tu ne serais pas seul à avoir été trompé.

— Non, par Dieu, je ne croirai pas en lui… à moins de voir des chevaux sortir du mont Kadâ' !

— Que dis-tu ?

— Par Dieu, c'est une parole qui m'a échappé, sans que j'y prenne garde. Mais je sais que Dieu ne permettra pas que des chevaux sortent du mont Kadâ'.

---

* Selon la plupart des chroniqueurs musulmans, les juifs attendaient, et craignaient, la venue d'un prophète qui devait leur infliger de grandes souffrances. Abû Sufyân avait rassuré le rabbi en donnant de Muhammad une image qui ne concordait pas avec celle du prophète dont les juifs prévoyaient l'apparition. La description d'al-'Abbâs, au contraire, correspondait à cette image. D'où l'affolement du rabbi.

★

Au dire d'Abû Sufyân ibn Harb :

Lorsque je fus rentré à La Mecque, les gens vinrent à la maison pour me saluer et avoir des nouvelles de leurs affaires. Muhammad ibn 'Abd Allâh était parmi eux. Il s'approcha de moi tandis que ma femme Hind bint 'Utba jouait avec ses deux enfants, Mu'âwiya et Yazîd. Il me salua, me souhaita la bienvenue, me demanda comment s'étaient passés mon voyage et mon séjour. Mais il ne me posa aucune question concernant ses marchandises. Puis il prit congé et partit.

Je dis à Hind :

— Par Dieu, voilà qui est étrange ! Tous ceux de Quraysh qui m'avaient confié des affaires m'ont demandé de leurs nouvelles. Seul Muhammad ibn 'Abd Allâh ne l'a pas fait.

Hind me dit :

— Tu ne sais donc pas ce qu'on raconte à son propos ?

Je fis comme si je n'en savais rien :

— Quoi donc ?

— Il prétend être le Messager de Dieu !

Tout à coup me revint en mémoire la prédiction du sage chrétien, lors de mon voyage avec Umayya ibn Abû al-Salt ★. Je me mis à trembler. Hind me demanda :

— Qu'as-tu ?

Je me ressaisis et dis :

— Tout cela n'est que rumeur sans fondement. Muhammad est trop raisonnable pour prétendre une telle chose !

— Mais si ! Il le proclame et nous convie à le suivre. Et il a déjà des compagnons…

— Tout cela est sans fondement.

Je quittai la maison et me rendis à la Mosquée, où je retrouvai Muhammad ibn 'Abd Allâh. Je lui dis :

— Ta marchandise a gagné en valeur durant le voyage. Envoie donc quelqu'un la chercher. Je ne te décompterai pas ce que je décompte aux miens.

Il refusa cette faveur en disant :

★ Cf. 4e partie, chap. 1.

— Dans ce cas, je n'enverrai personne la chercher.

Je lui dis :

— C'est bien. Envoie quelqu'un la chercher. Je te décompterai ce que je décompte aux miens.

Il fit chercher sa marchandise et je lui décomptai ce que je décomptais aux autres.

Je me rendis peu après à al-Tâ'if, pour quelque affaire et descendis chez Umayya ibn Abû al-Salt. Lorsque nous fûmes assis, il me dit :

— Te souviens-tu, Abû Sufyân, de la prédiction du sage chrétien ?

— Certes. La prédiction s'est accomplie.

— De qui donc s'agit-il ?

— De Muhammad ibn 'Abd Allâh.

— Ibn 'Abd al-Muttalib ?

— Ibn 'Abd al-Muttalib.

Je lui rapportai les propos de Hind. Il se mit à suer à grosses gouttes, puis me dit :

— Par Dieu, Abû Sufyân, peut-être cela n'est-il pas sérieux. Mais s'il est dans le vrai, tu dois le suivre.

Je lui dis :

— Mais qu'est-ce donc qui t'empêche de le suivre toi-même ?

Il répondit :

— Ce qui m'en empêche, c'est la honte que j'en éprouverais devant les femmes de Thaqîf. Je leur avais dit que j'étais le prophète attendu. Que penseraient-elles de moi, maintenant, si elles me voyaient suivre un adolescent descendant des 'Abd Manâf ?

Puis Umayya me prédit :

— Je te vois, Abû Sufyân, t'opposer tout d'abord à Muhammad, mais aller ensuite vers lui tel un chevreau qu'on conduit au sacrifice et je le vois qui dispose de toi comme il l'entend.

La plupart des grands chroniqueurs considèrent que Gabriel est apparu plusieurs fois au Prophète, avant de lui faire lire le Message (cf. le chapitre « Signes ») On a, plus tardivement, pensé que Gabriel était porteur du Message dès sa première apparition. Quels furent les premiers versets révélés? Certains penchent pour les versets : « O toi, qui portes un manteau, Lève-toi et avertis, Glorifie ton Seigneur, Purifie tes vêtements, Fuis l'abomination! » (LXXIV, I-5). D'autres penchent pour les versets XCVI,1-5, qui sont cités dans ce chapitre.

CHAPITRE TROISIÈME

Les premiers compagnons

Après Khadîja, 'Ali, fils d'Abû Tâlib, Zayd, fils adoptif de Muhammad, et Abû Bakr, son ami, embrassent l'islam. Quelques autres les suivent. Un rabbi juif salue l'avènement du Prophète comme une bonne nouvelle.

C'était avant que le Prophète ne reçût la Révélation. Zayd ibn Hâritha, de la tribu des Banû Kalb, n'avait pas encore atteint l'âge de huit ans, lorsque sa mère l'emmena en voyage pour rendre visite à sa tribu. En route, la caravane fut attaquée par des Arabes qui capturèrent l'enfant et, selon la coutume d'alors, le vendirent au marché. Ce fut Hakîm ibn Hizâm, un des maîtres de Quraysh, qui acheta Zayd, en même temps que d'autres enfants, qu'il ramena à La Mecque.

Rentré chez lui, Hakîm reçut la visite de sa tante paternelle, Khadîja bint Khuwaylid, l'épouse du Messager de Dieu. Il lui dit :

— Ma tante, choisis celui de ces garçons que tu voudras, il est à toi.

Khadîja choisit Zayd et l'emmena. Lorsque le Messager de Dieu le vit, il demanda à Khadîja de le lui offrir, ce qu'elle fit. Et le Messager de Dieu l'emmena à son tour.

Peu de temps après, des gens de Kalb, parents de Zayd, vinrent à La Mecque en pèlerinage et pour affaires commerciales. Ils aperçurent Zayd, qu'ils reconnurent et qui les reconnut. De retour chez eux, ils en informèrent Hâritha, le père de Zayd, qui partit aussitôt pour La Mecque, accompagné de quelques-uns des siens. Arrivé dans la ville, il s'enquit du possesseur de son fils. On lui dit que c'était Muhammad ibn 'Abd Allâh. Il demanda où il pourrait le trouver, on lui répondit :

— A la Mosquée.

Hâritha se rendit à la Ka'ba, où il se fit guider jusqu'à Muhammad. Il l'aborda et lui dit :

— Je m'adresse au descendant de 'Abd al-Muttalib et de Hâshim, à la famille des protecteurs de la Mosquée de Dieu, qui soulagent celui qui souffre et nourrissent l'hôte de passage. Je viens chercher notre fils, qui est chez toi. Veuille nous le rendre et fixer pour cela une rançon raisonnable.

Muhammad répondit :

— Je vous propose autre chose. Je vais l'appeler et le laisser trancher. S'il vous choisit, il est à vous sans rançon. S'il me choisit, par Dieu, ce n'est pas moi qui ferai un autre choix que celui qui me choisit !

— Tes paroles nous comblent. Tu es un homme de bien.

Muhammad appela Zayd et lui demanda :

— Connais-tu ces hommes ?

Zayd répondit :

— Ce sont mon père, mon oncle et mon frère.

Muhammad dit :

— Quant à moi, tu sais qui je suis. Choisis entre eux et moi.

— Je ne choisirai personne d'autre que toi.

Hâritha s'écria :

— Malheur à toi ! Tu préfères la servitude à la liberté ?

Zayd répondit :

— Oui. J'ai vu quelque chose, en cet homme, à quoi je ne peux rien préférer.

Alors Muhammad dit à tous les présents :

— Soyez témoins que Zayd est mon fils. Je serai son héritier comme il sera le mien.

Entendant cela, le père, l'oncle et le frère de Zayd repartirent apaisés. Lorsque Muhammad recevrait la Révélation, Zayd serait l'un des tout premiers à croire en lui.

*

Abû Tâlib détenait le privilège de donner à boire et à manger aux pèlerins. Mais contrairement à son père et à son grand-père, Abû Tâlib ne comptait pas parmi les grandes fortunes qurayshites. Il avait beaucoup d'enfants et avait de plus adopté son neveu Muhammad ibn 'Abd Allâh, après la mort du grand-père de ce dernier 'Abd al-Muttalib.

La situation d'Abû Tâlib était allée s'aggravant. Il avait fini par demander à son frère al-Abbâs ibn 'Abd al-Muttalib de lui prêter dix mille dirhams. Al-'Abbâs, qui était très riche, y avait consenti. Mais au bout d'une année, ayant dépensé toute la somme, Abû Tâlib était revenu vers al-'Abbâs pour lui demander, cette fois, un prêt de quinze mille dirhams. Son frère lui avait dit :

— Tu ne m'as pas rendu l'argent que tu me dois. Je vais quand même t'accorder ce nouveau prêt, mais si tu ne me rends pas la totalité de la somme d'ici l'année prochaine, le privilège de donner à boire et à manger ne t'appartiendra plus.

Abû Tâlib avait accepté, mais n'avait pas su faire bon usage de cet argent. Ses affaires avaient continué de péricliter. Il avait cessé de pouvoir faire face à ses obligations. Alors Muhammad ibn 'Abd Allâh, qui n'avait pas encore reçu la Révélation, était allé voir son oncle al-'Abbâs, pour lui dire :

— Ton frère Abû Tâlib a beaucoup d'enfants. Il est frappé, comme tant d'autres, par la crise qui sévit ces jours-ci. Allons le voir ensemble et allégeons sa charge d'enfants. Je prendrai un de ses fils et toi un autre.

Son oncle avait accepté. Ils s'étaient rendus tous les deux chez Abû Tâlib et lui avaient dit :

— Nous voulons alléger ta charge d'enfants, jusqu'à ce que la situation s'améliore.

Abû Tâlib avait répondu :

— Laissez-moi 'Aqîl et faites comme bon vous semble.

Al-'Abbâs prit en charge Ja'far ibn Abû Tâlib, tandis que Muhammad prenait en charge 'Ali ibn Abû Tâlib *, qui n'était alors qu'un enfant.

* 'Ali ibn Abû Tâlib : sera l'un des tout premiers compagnons du Prophète et, après sa mort, le quatrième de ses successeurs.

Quelques années plus tard, après que le Messager de Dieu eut reçu la Révélation, 'Ali le vit prier, et Khadîja prier à ses côtés.. Il demanda .

— Que faites-vous là?

Le Messager de Dieu répondit .

— C'est la Religion que Dieu a choisie pour Sienne et qu'Il a révélée à Ses Prophètes. Je t'appelle à Dieu, l'Unique sans associé, je t'appelle à L'adorer et à renier al-Lât et al-'Uzza.

'Ali répondit :

— C'est une chose dont je n'ai jamais entendu parler avant ce jour. Je ne prendrai aucune décision avant de m'en être ouvert à mon père.

Mais le Messager de Dieu ne voulait pas que 'Ali dévoilât son secret avant que lui-même eût proclamé sa mission. Il dit à son cousin :

— Si tu ne te soumets pas à Dieu, garde Son secret.

Au cours de la nuit suivante, Dieu implanta l'islam dans le cœur de 'Ali, qui se rendit dès le lendemain auprès du Messager de Dieu et lui dit :

— Que m'as-tu proposé, Muhammad?

Le Messager de Dieu dit :

— De témoigner qu'il n'y a de dieu que Dieu, l'Unique sans associé, de renier al-Lât et al-'Uzza et d'abandonner les idoles.

'Ali embrassa l'islam mais, comme le lui avait demandé le Messager de Dieu, tint sa conversion secrète.

Un jour, cependant, Abû Tâlib surprit le Messager de Dieu et avec lui 'Ali, priant côte à côte. Il s'approcha d'eux et demanda :

— Que faites-vous là?

Le Messager de Dieu l'invita à se joindre à eux :

— Mon oncle, c'est la Religion de Dieu, celle de Ses anges et de Ses Prophètes. Dieu m'a donné mission de la transmettre à Ses serviteurs. Et tu es, mon oncle, le plus digne de ceux que j'appelle à s'engager sur la juste voie, le plus digne de me suivre et de m'aider.

Abû Tâlib répondit :

— Mon neveu, il n'y a pas de mal dans ce que vous faites. Mais mon âme répugne à abandonner la religion de mes ancêtres. Je ne pourrais tourner le dos à la voie que suivait 'Abd al-Muttalib. Mais poursuis ta mission et accomplis-la. Par Dieu, je te protégerai tant que je vivrai, jusqu'à ce que tu atteignes ton but.

Puis il se tourna vers son fils et dit :

— Quant à toi, mon fils, si tu le veux, tu peux te joindre à ton cousin dans la voie qu'il suit. (1)

Lorsque Abû Tâlib rentra chez lui, sa femme lui demanda :

— Où est ton fils ?

— Que lui veux-tu ?

— Mon esclave m'a dit qu'elle l'avait vu prier en compagnie de Muhammad. Ton fils aurait-il renié sa religion ?

— Tais-toi et laisse cela. Par Dieu, ton fils est le plus digne de ceux qui suivent son cousin. N'était que mon âme répugnât à abandonner la religion de 'Abd al-Muttalib, j'aurais aussi suivi Muhammad. Il est la charité, la loyauté, la pureté elles-mêmes.

La femme d'Abû Tâlib se tut.

★

Abû Bakr croisa Muhammad sur l'un des sentiers de La Mecque. Comme il avait entendu que ce dernier dénigrait les dieux de Quraysh, il lui dit :

— Est-il vrai, comme disent les gens de Quraysh, que tu as abandonné nos dieux, que tu méprises nos croyances, que tu insultes nos pères ?

— Certes, je suis le Messager et le Prophète de Dieu. Je suis celui qu'Il a chargé de transmettre Son Message. Je t'appelle à Dieu par la raison. Dieu est la Vérité. Je t'appelle à Dieu, Abû Bakr, à Dieu qui est l'Unique et qui n'a pas d'associé. Je t'appelle à n'adorer que Lui et à Lui obéir en tout.

Puis le Messager de Dieu récita quelques versets du Coran à Abû Bakr, qui n'acquiesça ni ne nia. Mais le lendemain, Abû Bakr revint voir le Messager de Dieu. Il répudia les idoles, renia les divinités et attesta la Vérité de l'islam.

Dès lors, il entreprit de gagner à la nouvelle religion ceux qui lui faisaient confiance ainsi que ceux qui recherchaient sa compagnie. Parmi les premiers musulmans, qui deviendraient les compagnons du Prophète, nombreux furent ceux qui embrassèrent l'islam par son intercession.

Le Messager de Dieu dit .

Tous ceux que j'ai appelés à l'islam ont connu un moment de recul, d'hésitation, de réflexion. A l'exception d'Abû Bakr, qui, lorsque je lui en ai parlé, n'a ni hésité ni tergiversé. Il a acquiescé à tout ce que je lui ai dit et s'y est fermement tenu. (2)

Sa'd ibn Abû Waqqâs fut l'un de ceux qui embrassèrent l'islam par l'entremise d'Abû Bakr. Son fils lui demanda un jour :

— Abû Bakr a-t-il été le premier d'entre vous à embrasser l'islam ?

Sa'd répondit :

— Non, il n'a pas été le premier, mais il a été le meilleur.

★

Au dire de 'Amrû ibn 'Abasa :

Je commençais à me lasser de nos divinités. A un juif de Taymâ' qui me demandait de lui parler de nos pratiques, je dis :

— Nous sommes des adorateurs de pierres. Nous prenons un jour la route, nous faisons halte quelque part, nous trouvons quatre pierres, nous en utilisons trois pour soutenir le récipient où nous faisons cuire notre repas et nous adoptons la quatrième comme divinité, que nous commençons à adorer.

Le juif me dit :

— Viendra de La Mecque un homme qui reniera les idoles. Si tu le vois, suis-le. Il annonce la meilleure religion ★.

J'allai trouver l'Envoyé de Dieu à La Mecque. Il en était au début de sa Mission, qu'il tenait encore secrète. Je lui dis :

— Qui es-tu ?

Il répondit :

★ Contrairement au rabbi rencontré par Abû Sufyân et al-'Abbâs – cf. 4e partie, chap. 2 – ce rabbi annonce la venue du Prophète comme une bonne nouvelle.

— Je suis un prophète.

— Qu'est-ce qu'un prophète ?

— Un messager de Dieu.

— Dieu t'a-t-il chargé d'un message ?

— Oui.

— De quel message t'a-t-il chargé ?

— Celui-ci : « Adore Dieu, qui est Unique et sans associé, brise les idoles et honore les liens de parenté. »

— J'acquiesce à ce Message. Qui sont ceux qui t'ont suivi jusqu'ici ?

— Un homme libre et un esclave.

J'embrassai l'islam, devenant ainsi le quatrième des musulmans. Plein d'enthousiasme, je demandai :

— Dois-je te suivre, Messager de Dieu ?

Il me dit :

— Tu ne peux le faire tout de suite. Ne vois-tu pas la situation dans laquelle je me trouve ? Retourne plutôt chez les tiens. Lorsque tu apprendras que je suis apparu au grand jour, rejoins-moi.

Je retournai chez les miens et prêtai une oreille attentive aux nouvelles.

⋆

Au dire d'Abû Dhar al-Ghifârî :

Avant de rencontrer le Prophète, je priais depuis trois années déjà. Mais je ne savais pas dans quelle direction me tourner. Je le faisais au gré des circonstances et, la nuit venue, je m'enveloppais dans mon manteau et m'endormais, pour me réveiller sous la chaleur du soleil.

Au début du mois sacré, nous nous rendîmes, mon frère Anîs, notre mère et moi-même, chez un oncle maternel, homme riche et influent. Il nous offrit une si généreuse hospitalité que les gens de sa tribu en furent jaloux. Ils lui dirent :

— Lorsque tu sors de chez ta femme, Anîs occupe ta place auprès d'elle.

Notre oncle, très troublé, nous rapporta ce propos. Je lui dis :

— Tout le bien que tu as fait, tu viens de l'effacer. Nous ne resterons pas un jour de plus chez toi.

Nous rassemblâmes notre troupeau et partîmes aussitôt, tandis que notre oncle, le visage caché dans son manteau, pleurait.

Nous arrivâmes dans les environs de La Mecque ayant égaré notre troupeau. Nous allâmes consulter un devin, qui nous indiqua le chemin à suivre pour le retrouver et Anîs put le ramener sain et sauf.

Anîs me dit :

— J'ai une affaire à La Mecque. Prends soin du troupeau jusqu'à mon retour.

Il s'absenta longtemps et, quand il revint, je lui demandai :

— Qu'est-ce donc qui t'a retardé ?

Il répondit :

— J'ai vu un homme qui prétend que Dieu l'a chargé de prêcher ta religion.

— Qu'en disent les gens ?

— Ils disent que c'est un poète, un mage, un devin...

Mais Anîs, qui composait des poèmes, ajouta :

— J'ai entendu parler les devins. Ce qu'ils disent ne ressemble pas à ce que dit cet homme. Et si je compare ses propos à ceux des poètes, personne ne me fera dire que c'est de la poésie. Par Dieu, la parole de cet homme est véridique et les gens qui la dénigrent sont des menteurs.

Je dis à Anîs :

— Veux-tu me remplacer ? Je voudrais aller voir cela par moi-même.

— Certes. Mais méfie-toi des gens de La Mecque. Ils détestent l'homme et l'agressent.

Arrivé à La Mecque, j'allai vers un habitant des plus démunis et lui demandai :

— Où se trouve celui que vous appelez le Sabéen * ?

Pour toute réponse, il me montra du doigt à ceux qui l'entouraient et dit :

— Un Sabéen !

Les gens se jetèrent sur moi, me frappant avec toutes les outres et tous les os qu'ils purent trouver, jusqu'à ce que je perdisse connaissance. Lorsque je me relevai, je vis que je ressemblais à ces

---

* Sabéen : qui a renié la religion de ses ancêtres, pour en embrasser une autre, teintée de christianisme.

idoles éclaboussées du sang des victimes qu'on leur immolait. Je me rendis au puits de Zamzam, bus de son eau et me lavai du sang dont j'étais couvert. Puis j'entrai dans la Ka'ba et m'abritai derrière ses tentures. Je restai là durant trente jours et trente nuits, où je n'eus d'autre nourriture que l'eau de Zamzam. Je n'éprouvai pourtant aucune faim. J'engraissai même jusqu'au point de voir ma peau se plisser sur mon ventre.

Au cours d'une nuit de pleine lune, où les Mecquois étaient sortis mais où Dieu les avait détournés de leurs idoles, seules deux femmes étaient venues faire les tours rituels de la Mosquée. Elles m'aperçurent alors qu'elles imploraient Asâf et Nâ'ila *. Je leur dis :

— Ces idoles étaient des humains comme vous.

Mes paroles ne les détournant pas de leur prière, j'ajoutai :

— Et maintenant ce ne sont plus que des morceaux de bois...

Elles s'éloignèrent en s'écriant :

— Ah s'il se trouvait ici un de nos hommes pour lui répondre !

En chemin elles croisèrent le Messager de Dieu et Abû Bakr, descendant de la montagne, qui leur demandèrent :

— Qu'avez-vous ?

Elles répondirent :

— Le Sabéen est abrité derrière les tentures de la Ka'ba.

— Que vous a-t-il dit ?

— Il nous a dit un mot qui écorche la langue.

L'Envoyé de Dieu, accompagné d'Abû Bakr, tourna autour de la Mosquée, puis fit ses prières. Je l'abordai et fus le premier à lui adresser le salut de l'islam :

— La paix soit sur toi.

Il me répondit :

— Et sur toi la paix et la miséricorde de Dieu.

Puis il me demanda :

— D'où es-tu ?

Je répondis :

— De Ghifâr.

Il eut un geste que je ne compris pas tout de suite. Il leva la

* Asâf et Nâ'ila, un homme et une femme, furent transformés en statues pour s'être unis dans l'enceinte de la Mosquée. Ce serait Qusayy, le fondateur de Quraysh, qui par la suite aurait fait d'eux des idoles.

main et la posa sur son front. Pensant qu'il déplorait mon appartenance à Ghifâr, je voulus prendre sa main. Mais Abû Bakr, qui, lui, savait la signification de ce geste, m'arrêta. Enfin le Prophète leva la tête et dit :

— Depuis quand es-tu là ?

— Depuis trente jours et trente nuits.

— Qui te donnait à manger ?

— Je n'ai eu d'autre nourriture que l'eau de Zamzam.

— C'est une eau bénie. Elle nourrit et guérit.

Alors Abû Bakr dit :

— Messager de Dieu, autorise-moi à le nourrir cette nuit.

Le Messager de Dieu y consentit et nous partîmes tous les trois. Quand nous fûmes arrivés chez Abû Bakr, ce dernier ouvrit une porte et nous fit entrer. Il nous offrit des raisins secs d'al-Tâ'if. Ce fut ma première nourriture depuis un mois. Je mangeai ce que je pus, puis le Messager de Dieu me dit :

— Sache que je finirai par me rendre dans une ville entourée de palmiers, qui ne peut être que Yathrib. Tu parleras de moi aux tiens. Dieu veuille les rendre justes à travers toi et te récompenser à travers eux.

Je le quittai et allai retrouver mon frère Anîs, qui me demanda :

— Qu'as-tu fait durant tout ce temps ?

— J'ai embrassé l'islam.

Alors notre mère vint vers nous et dit :

— Je vous rejoins dans votre religion.

Elle embrassa l'islam à son tour et nous partîmes retrouver nos gens de Ghifâr. La moitié d'entre eux se convertit mais l'autre moitié dit :

— Nous nous convertirons si le Prophète vient nous voir.

★

Au dire de Talha ibn 'Ubayd Allâh :

Je me trouvais au marché de Busra, lorsqu'un moine sortit de son ermitage et dit :

— Je demande aux pèlerins s'il se trouve parmi eux un homme de l'Enceinte Sacrée.

Je lui dis :

— Oui, moi.
— Ahmad est-il apparu ?
— Qui est Ahmad ?
— Le fils de 'Abd Allâh ibn 'Abd al-Muttalib. C'est le dernier des Prophètes. Il apparaîtra ce mois-ci dans l'Enceinte Sacrée, mais se rendra plus tard dans un pays de palmiers. Hâte-toi de le rejoindre.

Les paroles du moine firent sur moi une forte impression et je rentrai précipitamment à La Mecque. Là, je demandai à quelques-uns de mes amis :
— Y a-t-il eu un événement marquant ?
Ils dirent :
— Oui. Muhammad ibn 'Abd Allâh s'est proclamé Prophète et Abû Bakr l'a suivi.
J'allai trouver Abû Bakr et lui demandai :
— As-tu suivi cet homme ?
— Oui. A ton tour de le suivre.
Je lui racontai ce que m'avait dit le moine de Busra. Il m'emmena chez le Messager de Dieu et j'embrassai l'islam. Lorsque je lui eus répété les paroles du moine, le Messager de Dieu s'en réjouit.

★

Au dire de 'Uthmân ibn 'Affân ★ :
Je me trouvais chez ma tante Arwa bint 'Abd al-Muttalib, lorsque son neveu Muhammad ibn 'Abd al-Muttalib vint lui rendre visite. Je le regardai intensément, car des choses commençaient à se dire à son propos. Voyant que je le regardais ainsi, il me demanda :
— Qu'as-tu 'Uthmân ?
Je dis :
— Je suis intrigué par toi, par la place que tu occupes parmi nous, par ce qui se dit de toi.
Il dit :
— Il n'y a de dieu que Dieu.

★ 'Uthmân ibn 'Affân sera plus tard le troisième Calife, qui ordonnera la fixation de la Vulgate Coranique.

Dieu m'est témoin qu'en entendant ces mots, je frissonnai de tout mon être. Puis le Messager de Dieu dit :

Il y a dans le Ciel ce qui vous est attribué et ce qui vous est promis. Par le Seigneur du Ciel et de la Terre, cela est vrai, aussi vrai que vous parlez. (3)

Ayant dit cela, Muhammad se leva et partit. Je sortis à sa suite et embrassai l'islam.

Qui furent les tout premiers Musulmans? Si la question a suscité de vastes débats, c'est que ce statut confère un immense prestige à ceux qui le portent, comme à leurs descendants. Le problème fut d'abord soulevé, à la mort du Prophète, s'agissant de désigner son successeur. Par la suite, la polémique n'a fait que s'étendre, entre les deux principales branches de l'islam : les Sunnites, qui tiennent Abû Bakr pour le premier Compagnon, et les Chiites, qui désignent 'Ali à cet honneur. Un compromis a été proposé par certains, présentant Abû Bakr comme le premier Compagnon adulte, 'Ali comme le premier adolescent, et Zayd comme le premier affranchi.

CHAPITRE QUATRIÈME

Proclamation de la Prophétie

Nombre de nouveaux convertis sont des gens de condition sociale inférieure. Le sang est versé pour la première fois au nom de l'Islam.

Abû Uhayha ibn al-'Âsî jouissait d'un grand prestige à La Mecque. Lorsqu'il se coiffait d'un turban, personne d'autre ne portait un turban de même taille ou de même couleur et ce, en signe de respect. On l'appelait : l'homme à la couronne. Il avait beaucoup d'enfants et Khâlid était l'un d'eux.

Khâlid fit un songe. Il se vit au bord de la géhenne, devant un brasier si vaste que Dieu seul en connaissait les dimensions. Et son père était là, qui semblait vouloir le précipiter dans les flammes. Puis il vit Muhammad le retenir par son vêtement, pour l'empêcher de tomber. Il se réveilla en sursaut et s'écria :

— Je jure par Dieu que ce songe dit vrai.

Lorsque le jour fut venu, il sortit déambuler à travers les rues de La Mecque et le premier homme qu'il rencontra fut Abû Bakr. Sachant que ce dernier pouvait interpréter les rêves, il lui raconta celui qu'il venait de faire durant la nuit. Abû Bakr lui dit :

— Ce rêve te révèle la voie de ton salut. Muhammad est le

Messager de Dieu. Suis-le. Si tu le suis et que tu embrasses l'islam, l'islam te préservera du feu où ton père tombera.

Khâlid chercha le Messager de Dieu et lorsqu'il le trouva, lui demanda :

— O Muhammad, à quoi nous appelles-tu ?

Le Messager de Dieu dit :

— Je t'appelle à reconnaître que Dieu est Unique et sans associé et que Muhammad est Son Serviteur et Son Prophète. Je t'appelle à cesser d'adorer des pierres qui n'entendent ni ne voient, qui ne font ni de mal ni de bien, qui ne distinguent même pas ceux qui les adorent de ceux qui les ignorent.

Khâlid dit :

— Je témoigne qu'il n'y a de dieu que Dieu et que tu es le Messager de Dieu.

Le Prophète se réjouit de la conversion de Khâlid, qui, pour le suivre, déserta sur-le-champ la maison paternelle. Mais son père, ayant appris sa conversion, envoya quelqu'un le chercher, qui le trouva et le ramena chez lui. Abû Uhayha le réprimanda sévèrement :

— Tu as suivi Muhammad alors qu'il moque nos idoles et les coutumes de nos ancêtres.

Khâlid répliqua :

— Par Dieu, je l'ai suivi parce qu'il dit vrai.

Alors Abû Uhayha se mit en colère, injuria son fils et le frappa avec une canne qu'il finit par briser sur sa tête. Puis il dit :

— Va où tu voudras, vaurien. Par Dieu, je te dénie tout moyen de subsistance.

— Si tu me les dénies, c'est Dieu Tout-Puissant qui m'accordera les moyens de vivre.

Abû Uhayha le chassa de sa maison et prévint ses autres fils :

— Que personne d'entre vous ne lui adresse la parole, sous peine de subir le même sort que lui.

Khâlid rejoignit l'Envoyé de Dieu, demeura auprès de lui et l'accompagna partout où il allait.

Cependant Abû Uhayha, rencontrant des notables mecquois qui, sans appartenir à la tribu de Quraysh, se permettaient de railler Muhammad, leur disait :

— Laissez Muhammad en paix. Ne vous en prenez pas à lui. S'il dit vrai, sa religion nous profitera à tous. S'il ment, c'est à nous seuls, gens de Quraysh, qu'il revient de le sanctionner. N'encourez pas le reproche d'intervenir dans nos affaires.

Lorsqu'il croisait le Messager de Dieu, il disait .

— Voici celui qui reçoit des paroles du Ciel.

Mais un jour, al-Nadr ibn al-Hârith lui reprocha de parler ainsi .

— Il m'est parvenu que tu défends Muhammad. Comment cela se fait-il, alors qu'il insulte nos dieux, qu'il prétend que nos ancêtres sont jetés au feu et qu'il promet à qui ne le suit pas un tourment sans fin ?

Alors Abû Uhayha affirma une franche hostilité au Prophète :

— Ce qu'il dit, nous ne l'avons entendu ni de la bouche des juifs, ni de celle des chrétiens.

★

Peu de temps avant que Muhammad ibn 'Abd Allâh ne reçût la Révélation, Musaylama ibn Habîb, de la tribu des Hanîfa, avait prétendu être prophète. Il avait longtemps fréquenté les marchés où se croisaient les Perses et les Arabes, où les tribus se retrouvaient pour acheter et vendre. Il y avait appris de nombreuses ruses, s'était initié aux mouvements des étoiles et avait acquis une grande habileté.

Parmi les ruses dans lesquelles il était passé maître, il y avait celle qui consistait à verser du vinaigre sur une coquille d'œuf, afin qu'elle rétrécît, puis à la faire entrer dans une buire au col étroit. Il laissait ensuite la coquille sécher et reprendre sa taille initiale. Les gens d'al-Yamâma, qui étaient des bédouins incapables de comprendre ces choses, y voyaient un prodige que Musaylama présentait comme un signe divin. Ainsi nombre d'hommes de sa tribu crurent-ils en lui.

Voyant les gens prendre des paris sur des pigeons dont les ailes avaient été déplumées, il leur dit :

— Jusqu'à quand ferez-vous souffrir ces créatures de Dieu en déplumant leurs ailes ? Si Dieu n'avait pas voulu les voir voler, il ne leur aurait pas donné des ailes. Il vous est interdit de les priver de leurs ailes.

L'un des hommes lui dit :

— Demande donc à Celui qui t'a accordé le signe de l'œuf de faire repousser pour toi, sur l'heure, les plumes de ce pigeon.

Musaylama répondit :

— Si je le demande à Dieu, Il fera repousser sur l'heure les plumes du pigeon et le pigeon s'envolera devant vous. Si cela arrive, reconnaîtrez-vous que je suis l'Envoyé de Dieu auprès de vous ?

Ils lui dirent :

— Nous le reconnaîtrons.

Il leur dit :

— Je dois invoquer mon Seigneur. Et pour cela je dois rester seul. Laissez-moi. Si vous le voulez, faites-moi entrer dans cette maison avec le pigeon. Je le ferai ressortir tout à l'heure avec des ailes dont les plumes ont repoussé et il pourra voler.

Ils le laissèrent seul avec le pigeon. Alors il sortit des plumes qu'il avait apportées avec lui, qui étaient de la même couleur que celles du pigeon, et les enfonça par leurs bouts dans les cavités laissées par les plumes arrachées. Puis il sortit et lâcha le pigeon, qui, ayant retrouvé ses ailes, s'envola. Les gens autour de lui étaient naïfs et ignorants, ils n'avaient jamais vu cela auparavant. Ils crurent que c'était un autre signe divin.

Un jour il leur dit :

— Un ange descend vers moi. Les anges volent, ils ont des ailes. Quand ils arrivent, ils font grand bruit, on entend des froissements, des craquements. Ceux d'entre vous qui sont dehors doivent alors rentrer chez eux, car celui qui regarde les anges perd aussitôt la vue.

Puis Musaylama façonna une de ces bannières qu'affectionnaient les enfants, faites d'une pièce d'étoffe tendue sur un cadre rigide, attaché à une longue cordelette. On leur collait une queue et des ailes, on leur attachait des grelots, puis on les lançait par un jour de vent, en tenant le bout de la cordelette et les bannières s'envolaient. Musaylama en fit voler une par une nuit sans lune, afin que les gens ne pussent ni voir la cordelette ni distinguer la pièce d'étoffe. Ils entendirent seulement le bruit des grelots dans le ciel et crurent que les anges arrivaient. Ils prirent peur et se sauvèrent. Alors Musaylama s'écria :

— Ceux qui détournent leur regard et rentrent chez eux seront en sécurité !

Ainsi les gens d'al-Yamâma continuèrent-ils à croire en Musaylama et à le soutenir.

Ayant entendu parler de lui, les gens de Quraysh allèrent voir Muhammad :

— On nous a dit qu'un homme d'al-Yamâma te transmet son enseignement. Nous ne croirons jamais en lui.

Alors le Très-Haut révéla à Son Envoyé :

Nous t'avons envoyé à une nation succédant à bien d'autres, afin que tu lui récites ce que Nous t'avons révélé. Mais ils ne croient pas au Miséricordieux. Dis : « C'est Lui mon Seigneur. Il n'y a de Dieu que Lui. C'est à Lui que je fais confiance et à Lui que je demande pardon. » (1)

★

Lorsqu'il arrivait au Messager de Dieu de passer devant un groupe de Qurayshites, ces derniers parlaient entre eux à voix basse, en lui adressant un regard de commisération :

— C'est Muhammad ibn 'Abd Allâh. Il dit qu'il reçoit des paroles du Ciel et se prend pour le Messager de Dieu. Il raconte que Dieu lui envoie du Ciel un ange, pour lui apprendre la nouvelle religion.

Puis ils reprenaient le fil de leur conversation.

★

Cependant il y eut des hommes et des femmes, parmi les plus vulnérables, qui crurent très tôt en Dieu et en Son Prophète.

Yâsir était d'origine yéménite. Venu à La Mecque à la recherche d'un de ses frères, dont la trace avait été perdue à la suite d'une guerre, il avait pu y rester en se soumettant à un notable mecquois nommé Abû Hudhayfa. Des années plus tard, ce dernier l'avait marié à l'une de ses filles, Samiyya, et avait fini par lui rendre sa liberté à la naissance de leur fils 'Ammâr.

Ammâr vécut chez Abû Hudhayfa jusqu'à la mort de ce dernier. Lorsque fut proclamé l'islam, il fut l'un des premiers à se rendre chez al-Arqam, où le Messager de Dieu recevait ceux qui embrassaient la nouvelle religion. A la porte d'al-Arqam, il rencontra un homme, à qui il demanda :

— Que viens-tu chercher ?

— Et toi, que viens-tu chercher ?

— Je suis venu entendre la parole de Muhammad.

— Et moi de même.

Ils entrèrent ensemble chez le Prophète, qui les invita à embrasser l'islam. Ce qu'ils firent tous les deux, peu après suivis par le père et la mère de 'Ammâr.

L'homme qui était entré chez le Messager de Dieu en même temps que 'Ammâr s'appelait Suhayb ibn Sinân. Alors qu'il était encore un enfant, son père travaillant comme ouvrier de Khusrû dans une cité au bord de l'Euphrate, les Byzantins avaient envahi la région et Suhayb avait été pris comme esclave. Il avait grandi en pays romain. Puis un homme de la tribu de Kalb l'avait acheté, emmené à La Mecque et revendu à 'Abd Allâh ibn Jad'ân, qui avait fini par lui rendre sa liberté. Dès la proclamation de la Prophétie, ayant appris que le Messager de Dieu recevait chez al-Arqam, Suhayb s'y était rendu aussitôt.

D'origine éthiopienne, Bilal avait aussi été esclave avant d'embrasser l'islam. De même que Khabâb ibn al-'Irth, qui avait été amené au Hijâz par des gens de Rabî'a et revendu à une femme, qui lui avait rendu sa liberté. D'autres hommes, mais aussi plusieurs femmes esclaves, se convertirent à l'islam en ce temps-là. Les gens de La Mecque les appelaient les vulnérables, pour souligner le fait qu'ils n'étaient protégés par aucun clan.

Lorsque le Messager de Dieu s'asseyait dans la Mosquée, les faibles faisaient cercle autour de lui. Les Qurayshites se gaussaient d'eux en disant :

— Voici donc ses compagnons ! Voici ceux que Dieu, parmi nous, a choisis pour frayer la juste voie ! Si le Message de Muhammad avait été véridique, ces gens-là ne l'auraient pas compris avant nous. Dieu ne l'aurait pas destiné à ces gens-là plutôt qu'à nous !

Un petit nombre de Mecquois, parmi les proches du Prophète, avaient aussi cru en lui. Mais les idolâtres ne s'en inquiétaient pas. Ils y voyaient moins de raisons de s'en indigner que de se moquer d'eux.

Lorsque venait l'après-midi, le Prophète et ses compagnons se dispersaient. Ils s'en allaient discrètement par les sentiers de La Mecque, tout seuls ou par deux, vers les lieux où ils pouvaient se consacrer à la prière. Or, un jour que certains d'entre eux faisaient leurs ablutions et se préparaient à la prière, une bande d'idolâtres, qui les avait épiés et suivis, fit irruption au milieu d'eux.

Les idolâtres se moquèrent des musulmans et ridiculisèrent ce qu'ils faisaient. Ils poussèrent si loin la raillerie que Sa'd ibn Abû Waqqâs, excédé, finit par se saisir d'un os de chameau à portée de sa main et frappa l'un des idolâtres, qu'il blessa au visage. Une empoignade s'ensuivit, où les musulmans prirent le dessus, qui boutèrent les idolâtres hors de chez eux et les poursuivirent jusque dans les sentiers avoisinants.

Ce fut le premier sang versé au nom de l'islam.

★

Trente-huit Mecquois avaient embrassé la nouvelle religion.

Abû Bakr demanda au Prophète de la prêcher au grand jour. Le Prophète répondit :

— O Abû Bakr, nous sommes encore trop peu nombreux.

CHAPITRE CINQUIÈME

« Avertis tes proches »

Dieu enjoint à Muhammad de prêcher ouvertement l'islam, en commençant par les gens les plus proches de lui. Il réunit tous les descendants de 'Abd al-Muttalib, par deux fois. Aucun d'entre eux n'est prêt à le suivre. Mais Abû Tâlib, chef du clan, jure de le protéger. Cependant les musulmans non protégés sont soumis à la torture.

Trois années passèrent, durant lesquelles le Prophète ne prêcha l'islam qu'à ceux qui venaient vers lui et le lui demandaient ou à ceux de ses proches auxquels il faisait confiance.

Mais un jour le Très-Haut lui enjoignit :

« Avertis tes proches ! »

Lorsque ce verset fut révélé au Prophète et qu'il en pénétra le sens, il comprit que le Tout-Puissant lui ordonnait de prêcher désormais l'islam publiquement, d'appeler ouvertement les siens à renier leurs idoles et à adorer le Dieu Unique. Il craignit que la tâche ne fût au-dessus de ses forces, car elle ne pouvait manquer de provoquer le ressentiment des gens qui lui étaient le plus proches.

Alors le Messager de Dieu demeura chez lui durant près d'un mois, sans sortir ni rencontrer aucun de ses compagnons.

Ses tantes s'alarmèrent de sa longue réclusion et, craignant qu'il ne fût tombé malade, allèrent lui rendre visite. Il leur dit :

— Je ne me plains de rien. Mais Dieu m'ordonne de prêcher l'islam à mon clan. Je me prépare à réunir les Banû 'Abd al-Muttalib pour les appeler à Dieu.

Ses tantes lui dirent :

— Soit, mais n'invite pas 'Abd al-'Uzza.

Quelque temps auparavant, une violente querelle avait éclaté entre deux oncles paternels de Muhammad, Abû Tâlib et 'Abd al-'Uzza. Ce dernier s'était assis sur la poitrine de son frère et avait commencé à le frapper au visage. Muhammad, ne pouvant supporter de voir Abû Tâlib ainsi traité, avait pris 'Abd al-'Uzza par les épaules et l'avait jeté à terre. 'Abd al-'Uzza, dont deux des fils avaient épousé deux des filles du Prophète, s'était relevé furieux :

— Nous sommes tous les deux tes oncles paternels. Pourquoi prends-tu le parti d'Abû Tâlib contre moi ? Par Dieu, mon cœur te sera à jamais fermé.

Ayant dit ce qu'elles avaient à dire, les tantes du Prophète le quittèrent sur ces mots :

— Nous te donnons notre avis. Mais, certes, nous ne sommes que des femmes.

★

'Ali ibn Abû Tâlib raconte .

Lorsque fut révélé au Prophète le verset : « Avertis tes proches ! », il me dit :

— 'Ali, Dieu m'a commandé d'avertir mes proches. Cela m'a contrarié, car je sais que, si je les presse, ils agiront de manière détestable. J'ai feint de ne pas entendre, mais Gabriel est venu me dire : « Muhammad, si tu ne fais pas ce qui t'a été ordonné, Dieu te châtiera ! » Prépare-nous donc un plat de gruau avec un gigot de mouton et emplis une cruche de lait. Puis réunis ici les Banû 'Abd al-Muttalib, afin que je leur parle comme il m'a été ordonné.

Je fis ce que m'avait demandé le Messager de Dieu et invitai les Banû 'Abd al-Muttalib. Ils furent près de quarante à répondre, dont les quatre oncles du Prophète, Abû Tâlib, Hamza, al-'Abbâs et 'Abd al-'Uzza. Lorsqu'ils furent réunis, le Messager de Dieu me demanda d'apporter le plat que j'avais préparé. Il prit un morceau de viande, qu'il coupa avec les dents puis remit dans le plateau. Et il dit :

— Servez-vous, au nom de Dieu.

Ils mangèrent à satiété. Par Celui qui tient mon âme entre Ses mains, chacun d'entre eux mangea le plat entier. Puis le Messager de Dieu me dit :

— Donne-leur à boire.

J'apportai la cruche et ils burent jusqu'à étancher leur soif. Par Dieu, chacun d'entre eux but le contenu entier de la cruche.

Le Messager de Dieu s'apprêtait à prendre la parole, quand 'Abd al-'Uzza s'écria :

— Il nous a servi un repas ensorcelé.

Puis, se tournant vers le Prophète, il dit :

— Nous sommes tes oncles et tes cousins. Parle-nous de ce que tu veux, mais pas de ton message ! Sache que ton clan ne pourra pas s'opposer à l'ensemble des Arabes. Si tu persistes dans ton entreprise, il vaut mieux que ce soit les tiens qui t'arrêtent, plutôt que les autres clans de Quraysh qui s'en prennent à toi, soutenus par le reste des Arabes. Ah, neveu, je ne connais personne qui ait fait autant de mal aux siens que toi !

Ces paroles laissèrent le Messager de Dieu sans voix. Il renonça à parler ce soir-là et, les jours suivants, se referma sur lui-même, ne cessant de ruminer le propos de 'Abd al-'Uzza. Mais Gabriel redescendit le voir, lui rappela son devoir et le réconforta. Alors le Prophète me dit :

— 'Ali, 'Abd al-'Uzza a pris la parole à ma place et les gens sont partis avant que je n'aie pu dire ce que j'avais à dire. Prépare-nous un autre plat et invite-les à nouveau.

Je les invitai à nouveau. Ils revinrent et s'assirent autour du Prophète, qui me demanda d'apporter le plat. Il fit comme il avait fait la fois précédente. Ils mangèrent tous à satiété et, lorsqu'ils eurent fini, le Prophète me demanda de leur donner à boire. Je rapportai la cruche de lait et ils burent tous jusqu'à étancher leur soif. Puis le Messager de Dieu dit :

— Je rends grâce à Dieu. Je Le loue et implore Son aide. Je

crois en Lui et m'en remets à Lui. Je témoigne qu'il n'y a de Dieu que Lui, qu'Il est Unique et sans associé.

Il poursuivit :

— Le guide ne ment pas aux siens. Par Dieu, même si je mentais à tout le monde, je ne vous mentirai pas ! Même si je trompais tout le monde, je ne vous tromperai pas ! Par Dieu, qui est Unique et sans associé, je suis le Messager de Dieu. Il m'envoie à vous en particulier et aux gens en général. O Banû 'Abd al-Muttalib, je ne connais pas de jeune Arabe qui annonce à son peuple d'aussi bonnes nouvelles que moi. Je vous offre le meilleur de cette vie et de l'autre. Dieu m'a ordonné de vous convier à L'adorer. Par Dieu, vous mourrez comme vous dormez et vous ressusciterez comme vous vous réveillez. Vous répondrez de vos actions. Vous trouverez le bien pour le bien que vous avez fait, et le mal pour le mal. Ce sera le Paradis éternel ou l'Enfer éternel. Vous êtes les premiers avertis. Qui d'entre vous me soutiendra, qui sera mon frère, mon légataire et mon représentant ?

Aucun d'entre eux ne voulut répondre à son appel.

J'étais alors le plus jeune d'entre eux, je souffrais des yeux, j'avais un gros ventre et de maigres jambes. Mais je me levai et dis :

— O Messager de Dieu, je serai ton représentant.

Le Messager de Dieu me dit :

— Assieds-toi.

Il répéta son appel trois fois. Je me levai trois fois et il me dit deux fois :

— Assieds-toi.

A la troisième, il mit sa main sur la mienne et dit :

— C'est mon frère, mon légataire et mon représentant. Écoutez-le et obéissez-lui.

Alors Abû Tâlib dit :

— Nous aurions aimé pouvoir te soutenir et t'accompagner. Nous avons entendu ton exhortation, qui a renforcé notre foi en ta parole. Voici réunis les Banû 'Abd al-Muttalib. Je suis l'un d'eux, et le premier d'entre eux à aller au-devant de tes souhaits. Poursuis donc la tâche qui t'a été ordonnée. Par Dieu, je ne cesserai de te

protéger et de te défendre. Mais je ne puis renier la religion de 'Abd al-Muttalib. Je mourrai comme il est mort.

Tous les autres eurent des paroles aimables, à l'exception de 'Abd al-'Uzza, qui dit :

— Par Dieu, tout cela est grave. Ramenez-le plutôt à la raison, avant que d'autres ne s'en prennent à lui. Et dans ce cas, si vous l'abandonniez vous seriez humiliés et si vous le défendiez vous seriez tués.

Mais Abû Tâlib répliqua :

— Par Dieu, nous le protégerons tant que nous vivrons.

Les autres se levèrent en plaisantant :

— Ne t'a-t-il pas ordonné d'écouter ton fils et de lui obéir ? (1)

★

Le Prophète monta ensuite sur une des collines surplombant La Mecque, et éleva la voix pour se faire entendre des Mecquois :

— Gens de Quraysh !

Et les gens dirent :

— Muhammad nous appelle.

Les gens se rassemblèrent, certains ayant entendu son appel et d'autres ayant été prévenus. Ils lui dirent :

— Alors, Muhammad, qu'as-tu à nous dire ?

Le Messager de Dieu commença :

— Si je vous disais que je vois des cavaliers galoper sur les pentes de cette colline, me croiriez-vous ?

Ils répondirent :

— Oui, nous te croirions, car nous n'avons pas de méfiance à ton égard. Nous ne t'avons jamais entendu proférer un mensonge !

Le Messager de Dieu continua :

— Je dois vous avertir de l'imminence d'un châtiment terrible. O vous, les Banû 'Abd al-Muttalib, les Banû 'Abd Manâf, les Banû Zahra, Dieu m'a ordonné : « Avertis tes proches. » Je ne peux vous être d'aucune utilité en ce monde, ni d'aucun secours dans l'au-delà, si vous ne dites : « Il n'y a d'autre dieu que Dieu. »

Son oncle 'Abd al-'Uzza s'écria :

— Puisse-tu périr dans la journée ! Est-ce pour cela que tu nous as rassemblés ?

Alors Dieu fit la Révélation suivante :

Périssent les mains d'Abû Lahab. Périsse Abû Lahab lui-même. Ses biens ni ses gains ne lui serviront à rien. Il brûlera d'un feu ardent, auquel sa femme, portant une corde de fibre au cou, apportera du bois. (2)

Depuis 'Abd al-'Uzza fut appelé par les musulmans Abû Lahab ★.

★

Comme le Seigneur le lui avait ordonné, le Messager de Dieu continua d'appeler les siens à l'islam et les gens le laissèrent faire, sans le critiquer ni le blâmer, en se moquant plutôt de lui. Personne ne tenta de l'en empêcher. Jusqu'au jour où il insulta leurs dieux et affirma que leurs pères, morts dans l'erreur, brûlaient dans les feux de l'Enfer.

Cela provoqua la fureur des Mecquois. Les plus puissants et les plus éminents d'entre eux condamnèrent les propos du Prophète et s'unirent dans une commune hostilité à son égard. On commença à épier les croyants, à les maltraiter. On persécuta les plus vulnérables, s'acharnant sur eux parce qu'ils ne pouvaient compter sur la protection d'aucun clan. On leur fit porter des cuirasses de fer dans lesquelles on les exposa au soleil jusqu'à l'épuisement de leurs forces.

Furent ainsi torturés Yâsir, sa femme Samiyya et leurs deux fils 'Ammâr et 'Abd Allâh. Lorsque le Messager de Dieu vint les voir, 'Ammâr lui demanda :

— Cela va-t-il durer toujours ?

Le Messager de Dieu dit :

— Patience. Seigneur, j'implore Ta miséricorde pour la famille de Yâsir.

Les Mecquois continuèrent de torturer 'Ammâr en lui disant :

— Nous ne te lâcherons que si tu insultes Muhammad et que tu avoues qu'al-Lât et al-'Uzza sont supérieures au Dieu de Muhammad.

★ *Lahab* signifie flamme, en référence aux flammes de l'Enfer.

'Ammâr finit par faire ce qu'ils lui demandaient et ils le relâchèrent. Il alla voir le Messager de Dieu, qui lui dit :

— Ton visage exprime la satisfaction.

'Ammâr répondit :

— Non, par Dieu, pas la satisfaction.

— Pourquoi pas ?

— Parce que je viens de te renier et de prétendre qu'al-Lât et al-'Uzza étaient supérieures à ton Dieu.

— Et que disait ton cœur ?

— Il était éclairé par la foi, une foi plus solide que le fer.

— Alors, ne crains rien. S'ils reviennent à la charge, tu peux recommencer.

Khabâb raconta :

Après que nous eûmes subi les plus cruels traitements de la part des idolâtres, j'allai trouver le Prophète et lui demandai :

— O Messager de Dieu, n'invoques-tu pas le Seigneur pour qu'Il nous soulage ?

Le Messager de Dieu dit :

— Avant vous, certains ont eu leurs peaux arrachées à l'aide de peignes métalliques, qui transperçaient leurs chairs et leurs nerfs pour mettre à nu leurs os. Ils n'ont pas renié leur religion. Certains ont vu que l'on appuyait une scie sur le sommet de leur crâne, pour le fendre par le milieu. Ils n'ont pas renié leur religion. Il en sera ainsi jusqu'à ce que, de San'â' à Hadramawt, le voyageur ne craigne plus que Dieu en Sa grandeur et Sa gloire, et qu'il ne craigne plus pour ses moutons que l'agression du loup *.

Comme le soulignent les chroniqueurs, l'hostilité des seigneurs de La Mecque à l'égard de Muhammad reflète l'opposition entre polythéisme et monothéisme. Mais cette opposition comporte à son tour un enjeu de taille, qui nous apparaît aujourd'hui plus clairement qu'aux croyants de l'époque : l'islam inaugure une relation personnelle, directe, entre le Créateur et chacune de ses créatures. Chacune

* Lorsque le nom de Dieu seul prévaudra, les Arabes seront unifiés, les routes seront sûres, les tribus ne se feront plus la guerre et les troupeaux ne seront plus menacés que par les loups.

devient désormais individuellement responsable de ses actes et, devant Dieu, ses appartenances claniques ne lui servent de rien... « C'est le plus pieux d'entre vous qui occupe auprès de Dieu la place la plus éminente », leur aprend le Prophète. Ainsi l'islam vient-il déposséder les seigneurs de La Mecque des privilèges que leur confèrent, tout à la fois, leur appartenance à une tribu prestigieuse et leur statut personnel au sein de cette tribu.

CHAPITRE SIXIÈME

La protection d'Abû Tâlib

Abû Jahl se déclare ennemi de l'islam. D'autres seigneurs de Quraysh s'opposent à la nouvelle religion. Mais ils n'osent s'en prendre à Muhammad, tant qu'Abû Tâlib, chef de son clan, lui maintient sa protection. La menace d'un conflit entre les clans se profile.

Hishâm ibn al-Mughîra *, de la tribu des Banû Makhzûm avait été, en son temps, l'un des seigneurs de La Mecque. Chef de Quraysh, il était renommé pour sa générosité. On raconte qu'en voyage, il offrait à manger à tous ceux qui étaient partis avec lui. Il jouissait d'un tel respect que le jour de sa mort était resté dans toutes les mémoires. Un crieur public était passé dans les sentiers de La Mecque disant aux gens : « Venez assister aux funérailles de votre seigneur ! » On avait commencé à dater les événements à partir de cette date. Cela avait duré jusqu'à l'année où, les Qurayshites ayant reconstruit la Ka'ba, l'on se mit à dater les événements à partir de cette reconstruction.

Il avait eu deux fils, al-Hârith ibn Hishâm et 'Amrû ibn Hishâm.

* Hishâm ibn al-Mughîra, de la tribu des Banû Makhzûm. Le statut que lui prêtent ici les chroniqueurs suggère qu'à l'époque où naît Muhammad, la tribu des Banû Makhzûm avait acquis une préséance certaine sur les autres tribus de Quraysh. Cela permettrait d'expliquer le pouvoir de nuisance que possèdent alors les Banû Makhzûm, et qu'ils utilisent contre Muhammad. Leur chef Abû Jahl, fils de Hishâm ibn al-Mughîra, dévoile son point de vue plus loin dans ce chapitre.

Al-Hârith devint, à l'exemple de son père, célèbre pour sa générosité et son hospitalité. Sa maison restait ouverte, où les hôtes de passage trouvaient toujours des écuelles remplies de pain et de viande et lui-même, assis sur une couche, les incitant à manger.

On raconte qu'un jour Abû Dhar al-Ghifârî, arrivant à La Mecque en petit pèlerinage, demanda :

— Y a-t-il des hôtes par ici ?

On lui répondit :

— Certes, il y en a beaucoup. Celui dont la maison est la plus proche est al-Hârith ibn Hishâm.

Il s'y rendit et, devant la porte, s'écria :

— Peut-on m'accorder l'hospitalité ?

Une esclave vint lui dire :

— Oui.

Puis elle lui apporta une poignée de raisins secs dans la main. Abû Dhar s'étonna :

— Pourquoi ne les as-tu pas mis dans un plat ?

Elle comprit que c'était un hôte de marque et l'invita à l'intérieur. Il entra et vit al-Hârith assis devant une grande jatte pleine de pain, de viande et de raisins secs. Il dit à Abû Dhar :

— Mange.

Abû Dhar mangea à satiété, mais lorsqu'il voulut partir, al-Hârith insista :

— Continue. Mange encore.

Le frère d'al-Hârith, 'Amrû ibn Hishâm, était l'un des hommes les plus en vue des Banû Makhzûm. Voici ce qu'on raconte à son propos :

Deux frères de la tribu des Banû Salîm, venus à La Mecque en petit pèlerinage, s'étaient retrouvés sans nourriture ni gîte. Ils avisèrent soudain un groupe de gens avançant dans une même direction. Ils demandèrent :

— Où vont ces gens ?

On leur répondit :

— Ils vont manger.

Ils se joignirent aux autres et entrèrent dans une maison où ils se trouvèrent en présence d'un homme vêtu d'une robe noire, qui était assis sur un lit et dont les yeux louchaient. Devant eux, se trouvaient des écuelles pleines de viande et de pain. Ils s'assirent et mangèrent. L'un des deux frères, ayant terminé et voyant l'autre continuer, lui dit :

— Que vas-tu manger encore ? N'es-tu pas rassasié ?

Ils entendirent alors la voix de l'homme assis sur le lit .

— Mange. Cette nourriture est là pour être mangée.

Lorsqu'ils eurent terminé, ils sortirent tous par une porte qui, comme le voulait la coutume, n'était pas celle par où ils étaient entrés. Ils virent, non loin de là, plusieurs chameaux rassemblés. Les deux frères demandèrent :

— Pourquoi ces chameaux ?

On leur répondit :

— Ils sont destinés à être mangés.

— Et qui est donc le propriétaire de ces lieux ?

— C'est l'homme assis sur le lit.

— Comment se nomme-t-il ?

— 'Amrû ibn Hishâm.

'Amrû ibn Hishâm était par ailleurs un homme d'une grande cruauté. Et cette cruauté s'exerça contre les musulmans. Il lui arriva de torturer certains d'entre eux de ses propres mains, s'acharnant sur les plus vulnérables, qui ne pouvaient compter sur aucune protection clanique. Il fut aussi sans pitié avec les femmes musulmanes, rendant aveugle l'une d'entre elles et tuant plusieurs autres. Passant devant Samiyya, la femme de Yâsir, il l'insulta. Comme elle lui rendait l'insulte, il lui porta en plein cœur un coup de couteau mortel. Puis il précipita 'Abd Allâh, le fils de Yâsir, du haut d'une colline.

Lorsqu'il voyait un notable qui venait d'embrasser l'islam, il ne pouvait s'en prendre à lui, mais lui tenait ce langage :

— Comment peux-tu renier ta religion, qui est celle de ton père, qui est meilleur que toi ?

Et lorsqu'il voyait un commerçant qui s'était converti :

— Ton commerce va péricliter et ta fortune va fondre.

Il était brutal et malhonnête. Quand il en avait l'occasion, il n'hésitait pas à spolier un voyageur sans protection en ne lui donnant pas son dû.

Cet homme s'était fait appeler Père de la Sagesse. Le Messager de Dieu l'appela par dérision Père de l'Ignorance – Abû Jahl. Ce surnom se répandit si vite que, parmi les musulmans, l'homme ne fut plus désigné que comme cela.

★

Le Messager de Dieu croisa un jour Abû Jahl, qui était accompagné de son ami al-Mughîra ibn Shu'ba ★. Il dit :

— Il est temps, Abû Jahl, de croire en Dieu et en Son Prophète.

Abû Jahl répondit :

— Quand donc vas-tu cesser d'insulter nos divinités ? Cherches-tu à nous prouver que tu as délivré ton message ? Je témoigne que tu l'as délivré. Par Dieu, si j'étais convaincu que tu étais dans le vrai, je te suivrais.

Après qu'ils se furent quittés, Abû Jahl dit à son ami al-Mughîra ibn Shu'ba :

— Je sais que Muhammad est dans le vrai, mais quelque chose me retient de le reconnaître. Dans le passé, les descendants de Qusayy ont dit : « C'est à nous qu'incombe la garde de la Mosquée. » Nous avons accepté. Ils ont dit : « C'est à nous qu'incombe la charge de désaltérer les pèlerins. » Nous avons accepté. Ils ont dit : « C'est à nous qu'il incombe de convoquer la Nadwa ★★ . » Nous avons accepté. Ils ont dit : « C'est à nous que revient la bannière de la guerre. » Nous avons accepté. Puis nous avons commencé à offrir à manger autant qu'ils offraient et quand nous sommes devenus aussi prospères qu'eux, ils ont dit : « C'est de chez nous que vient un prophète. » Par Dieu, non, je n'accepte pas cela.

Peu après, Abû Jahl entra dans la Mosquée et vint s'asseoir près d'Abû Sufyân ibn Harb. Voyant le Messager de Dieu en train de prier non loin d'eux, Abû Jahl dit à Abû Sufyân :

— Voici donc le prophète de votre clan !

— Tu t'étonnes qu'un prophète soit issu de notre clan ? Un prophète peut venir de clans moins honorables que le nôtre.

— Je m'étonne de voir un prophète si jeune, qui prétend guider tant d'hommes vénérables.

Le Messager de Dieu les avait entendus. Il vint vers eux et dit :

★ Al-Mughîra ibn Shu'ba : les Arabes le citent comme exemple de ruse. Nous le retrouverons dans le volume II.

★★ La Nadwa : la réunion des chefs de famille.

— Toi, Abû Sufyân, tu n'as pas pris la défense de Dieu ou de Son Prophète, mais celle de ton clan. Quant à toi, Abû Jahl, je te prédis par Dieu de rire peu et de pleurer beaucoup.

Abû Jahl répondit :

— Me voici donc prévenu de ce qui m'attend en vertu de ta prophétie.

★

Al-Walîd ibn al-Mughîra était un grand seigneur de La Mecque. Son prestige était tel qu'il éclipsait celui de tous les autres Qurayshites réunis. Il arbitrait les conflits dans la ville et même ailleurs. Il était aussi riche que généreux. Les Quraysh ayant l'obligation rituelle de recouvrir la Ka'ba et devant se cotiser pour le faire, il lui arrivait d'acheter à lui tout seul toutes les tentures nécessaires. Il possédait à al-Tâ'if des biens, des champs et un jardin où l'on cultivait des fruits.

Comme les autres seigneurs de La Mecque, c'était un ennemi de l'islam.

Lorsque le Messager de Dieu lui proposa d'adhérer à la nouvelle religion, al-Walîd ne put accepter de suivre un homme moins riche et moins puissant que lui. Il entreprit de railler le Prophète et de dénigrer l'islam. Un jour qu'il devisait avec d'autres dans la Mosquée, il dit :

— Pourquoi Dieu aurait-Il révélé Son message à Muhammad et pas à moi, qui suis le plus puissant des seigneurs de Quraysh ? Pourquoi pas à Mas'ûd ibn 'Amrû, le seigneur de Thaqîf. Ne sommes-nous pas les chefs de nos deux villes ?

Al-Walîd était cependant un des rares notables de La Mecque à s'interdire le vin, allant jusqu'à frapper son fils Hishâm, parce qu'il s'y adonnait. Aussi le Messager de Dieu ne désespérait pas de le voir embrasser un jour l'islam. L'ayant croisé sur un sentier de La Mecque, il l'apostropha et engagea avec lui une conversation. Mais ils furent interrompus par l'arrivée d'un certain Ibn Umm Maktûm, qui était aveugle et qui, entendant la voix du Prophète mais ne sachant à qui il s'adressait, demanda :

— O Messager de Dieu, enseigne-moi de ce que Dieu t'a enseigné.

Ne recevant pas de réponse, il répéta plusieurs fois sa demande en insistant pour que le Prophète lui récitât des versets du Coran. Cela finit par agacer le Messager de Dieu, à tel point que son visage exprima de la colère et qu'il s'éloigna de l'aveugle pour pouvoir continuer de parler à al-Walîd.

Alors Dieu fit la Révélation suivante :
Il s'est renfrogné et détourné, parce que l'aveugle est venu à lui. Mais que sais-tu? Peut-être l'aveugle se purifiera-t-il, réfléchira-t-il et ne sera-t-il pas averti en vain. Auprès de quelqu'un dans l'aisance, tu t'empresses, sans te soucier de ce qu'il ne se purifie pas. Mais de quelqu'un venu à toi avec zèle et plein de crainte, tu te désintéresses. Attention. C'est là un rappel. S'en souvienne qui veut! (1)

Par la suite, le Prophète se montra d'une grande bienveillance avec Ibn Umm Maktûm. Le voyant, il s'adressait ainsi à lui :
— Salut à celui qui m'a valu d'être blâmé par mon Seigneur!

⋆

Le Messager de Dieu se trouvait dans la Mosquée avec al-Walîd, assis au milieu d'un groupe de Qurayshites. L'un d'entre eux, al-Nadr ibn al-Hârith, ayant commencé à le contredire, le Prophète lui opposa une réponse qui le confondit. Puis il récita à l'assistance le verset suivant :

Vous et ceux que vous adorez à la place de Dieu serez le combustible de la Géhenne. C'est vers elle que vous aboutirez. Si ceux-là étaient des dieux, ils n'y seraient pas conduits, mais ils y seront et pour l'éternité. Ils n'y feront que gémir et n'entendront plus rien. (2)

Ensuite le Prophète se leva et partit.
Peu après, 'Abd Allâh ibn al-Zab'arî vint rejoindre le groupe de Qurayshites. Al-Walîd lui dit :
— Par Dieu, al-Nadr ibn al-Hârith n'a cessé de critiquer Muhammad. Le fils de 'Abd al-Muttalib prétend que nous sommes, avec nos divinités, le combustible de l'enfer!

'Abd Allâh ibn al-Zab'arî répondit :

— Par Dieu, si je le trouve devant moi, je le prendrai à partie. Il faut lui demander : « Tous ceux qui ont été adorés en dehors de Dieu sont-ils en Enfer avec leurs adorateurs ? Nous, nous adorons les anges, les juifs adorent leur roi, les chrétiens adorent Jésus, fils de Marie. »

L'assistance fut frappée par la solidité des arguments que 'Abd Allâh ibn al-Zab'arî opposait à Muhammad. Certains des présents allèrent les répéter au Messager de Dieu, qui leur dit :

— Tous ceux qui ont aimé être adorés en dehors de Dieu se retrouvent en Enfer avec ceux qui les ont adorés.

Puis il récita le verset suivant :

Ceux qui auront reçu le beau salaire seront loin de la Géhenne. Ils n'entendront pas les bruits qui en émanent. Ils jouiront pour toujours de ce qu'ils auront souhaité. (3)

★

Parce qu'il bénéficiait de la protection et de la sauvegarde que lui assurait son oncle Abû Tâlib, le Messager de Dieu poursuivait son exhortation à l'islam sans que personne pût l'en empêcher ou l'en dissuader. Lorsque les seigneurs de Quraysh comprirent que le Prophète ne reviendrait pas sur son appel et qu'eux-mêmes ne pourraient rien contre lui tant que son oncle prendrait sa défense, ils décidèrent d'aller voir Abû Tâlib. Ils lui dirent :

— Abû Tâlib, ton neveu insulte nos dieux et flétrit notre religion. Il méprise nos devins et traite nos ancêtres d'égarés. Soit tu le retiens, soit tu nous laisses le contenir. Tu es, comme nous tous, en désaccord avec lui.

Abû Tâlib leur fit une réponse pleine d'amabilité et de finesse et ils le quittèrent rassurés. Mais l'oncle ne fit rien pour dissuader son neveu de poursuivre sa mission. Et le Prophète continua de prêcher la Parole de Dieu.

Le malaise s'accrut alors parmi les Qurayshites, qui commencèrent à s'opposer les uns aux autres. Ceux qui étaient allés voir Abû Tâlib une première fois se rendirent à nouveau chez lui et lui dirent :

— Abû Tâlib, tu occupes parmi nous une place éminente et tu jouis d'un grand prestige. Nous t'avons déjà demandé de retenir ton neveu, mais tu ne l'as pas fait. Par Dieu, notre patience a des limites, lorsque nos ancêtres sont insultés, nos devins méprisés, nos dieux bafoués. Soit tu empêches ton neveu de prêcher, soit nous le combattrons, et nous vous combattrons, toi et les tiens, avec lui, jusqu'à l'anéantissement de l'un des deux partis.

Ils s'en allèrent pleins de colère et Abû Tâlib fut profondément affecté par l'animosité que trahissaient leurs propos. Il commença à craindre pour son neveu et pour son clan. Mais il ne pouvait se résoudre à abandonner le Messager de Dieu. Il le fit appeler et lui dit :

— Mon neveu, les gens de notre peuple sont venus me dire du mal de toi. Préserve-moi, et préserve-toi, de leur malveillance. Ne me fais pas porter plus que je ne peux.

Le Messager de Dieu crut comprendre que son oncle avait faibli dans sa volonté de le protéger, et qu'il venait de l'abandonner aux Mecquois. Il dit :

— Par Dieu, mon oncle, même si l'on mettait le soleil dans ma main gauche et la lune dans ma main droite, pour m'inciter à renoncer à ma mission, je choisirais de mourir plutôt que de renoncer.

Disant cela, le Messager de Dieu ne put retenir ses larmes. Puis il se leva et prit congé de son oncle. Mais avant qu'il fût sorti, son oncle le rappela :

— Reviens, mon neveu.

Le Messager de Dieu revint sur ses pas et Abû Tâlib murmura :

— Va mon neveu, continue de dire ce que tu as à dire. Par Dieu, je ne t'abandonnerai pour rien au monde !

Apprenant qu'Abû Tâlib continuait de protéger son neveu, les Qurayshites surent que les Banû 'Abd al-Muttalib seraient soutenus par l'ensemble des Banû Hâshim. Comme ils voulaient éviter une guerre, les chefs de Quraysh se réunirent pour tenter de trouver une solution. Ils s'entendirent pour aller retrouver Abû Tâlib, accompagnés de 'Umâra ibn al-Walîd, l'un des jeunes hommes les plus beaux de Quraysh, pour lui dire :

— Abû Tâlib, voici 'Umâra ibn al-Walîd, le plus beau, le plus fort et le plus fin des jeunes hommes de Quraysh. Prends-le. Tu pourras compter sur son intelligence et son soutien. Adopte-le et livre-nous ton neveu, qui a renié ta religion et celle de tes ancêtres, qui a divisé ton peuple et méprisé ses devins. Nous le tuerons. Ce sera un homme en échange d'un homme.

Abû Tâlib répondit :

— Par Dieu, quelle misérable affaire vous me proposez là ! Vous me donnez votre fils, afin que je le nourrisse et je vous donne mon fils, afin que vous le tuiez ! Par Dieu, cela ne se fera pas !

Les chefs de Quraysh s'en allèrent, furieux, à l'exception de l'un d'entre eux, al-Mut'im ibn Nawfal, connu pour être le moins hostile au Messager de Dieu. Il resta auprès d'Abû Tâlib et lui dit :

— Par Dieu, Abû Tâlib, les gens de ton peuple s'efforcent de te faire des propositions équitables, afin de t'épargner des choses détestables. Et pourtant, je te vois refuser toutes leurs offres.

Abû Tâlib répondit :

— Par Dieu, non, ils ne me font pas de propositions équitables. Quant à toi, si tu veux t'associer à eux contre moi, agis comme bon te semble.

⋆

Peu après qu'Abû Tâlib eut rejeté la transaction proposée par Quraysh, 'Umâra ibn al-Walîd quitta La Mecque avec 'Amru ibn al-'Âs ⋆, pour un voyage d'affaires qui devait les mener en Abyssinie. Ils étaient tous les deux adorateurs d'idoles et sans scrupule. 'Umâra, beau et éloquent, était apprécié des femmes. C'est pourquoi 'Amru, qui était accompagné de la sienne, l'avait mise en garde contre les avances de 'Umâra. Les deux hommes s'adonnant à la boisson, 'Amru buvait peu et ajoutait de l'eau à son vin, de peur de s'enivrer et de laisser la voie libre à 'Umâra.

Lorsqu'ils furent sur le bateau, ils se trouvèrent un jour seuls sur le pont. 'Umâra profita d'un moment propice pour pousser 'Amru et le précipiter par-dessus bord. Tombé à la mer, 'Amru nagea, s'agrippa à un cordage et remonta sur le bateau. Le voyant devant lui, 'Umâra dit :

⋆ Amru ibn al-'Âs est considéré par les Arabes comme l'incarnation de la ruse. Après sa conversion, il passera à la postérité comme un des grands capitaines de l'islam.

— Par Dieu, ‘Amru, si je savais que tu nageais si bien, je n’aurais pas fait cela.

‘Amru se tut, mais résolut de faire à ‘Umâra ce que celui-ci avait tenté de lui faire.

Il commença, lorsqu’ils eurent débarqué en Abyssinie, par écrire à son père une missive, dans laquelle il lui disait : « Va voir les Banû Makhzûm * et libère-toi devant eux des obligations qui te lient à moi, afin de ne pas avoir à supporter les conséquences d’un crime que je pourrais commettre contre l’un des leurs. »

Après avoir reçu la missive, son père, accompagné de quelques-uns des siens, alla voir les Banû Makhzûm et leur dit :

— Nos deux fils sont partis ensemble là où vous savez. Ils sont tous les deux sans scrupule et maléfiques. Nous ne pouvons leur faire confiance et ne savons où ils peuvent nous entraîner. C’est pourquoi je viens devant vous me libérer des obligations qui me lient à mon fils ‘Amru.

Ils répondirent :

— Puisqu’il en est ainsi, nous nous libérons nous-mêmes des obligations qui nous lient à ‘Umâra. Laissons ces deux régler leurs affaires entre eux.

Le père de ‘Amru dit :

— Envoyons donc un crieur annoncer à La Mecque que chacun de nos deux clans se libère des obligations qui le lient à son fils et des conséquences qui pourraient découler de ses actes.

Ils envoyèrent un crieur annoncer la chose à La Mecque. Lorsque ce fut fait, al-Aswad ibn al-Muttalib dit à ses amis :

— Par Dieu, le sang de ‘Umâra ibn al-Walîd va bientôt couler sans que sa famille en touche le prix.

Car il savait l’habileté et la ruse de ‘Amru ibn al-‘Âs.

Entre-temps, ‘Umâra eut tôt fait de séduire une femme à la cour du Négus. Il alla raconter son aventure à ‘Amru, qui lui dit :

— Je ne te crois pas capable de séduire une femme d’un rang aussi élevé.

‘Umâra, froissé, s’engagea à lui apporter une preuve. Alors ‘Amru :

— Si tu dis vrai, tu dois pouvoir me rapporter un peu de

---

* Banu Makhzûm : la tribu à laquelle appartient ‘Umâra ibn al-Walîd.

l'onguent dont le Négus est seul à s'enduire. Je le reconnaîtrais, si tu m'en rapportais.

Quelques jours plus tard, 'Umâra lui apporta une fiole contenant de l'onguent royal. 'Amru la huma et dit :

— Je dois reconnaître que tu as pu faire ce qu'aucun Arabe n'a fait avant toi. Tu as obtenu de cette femme ce que, sans doute, personne d'autre n'a obtenu.

Il alla peu après voir le Négus et lui dit :

— Grand roi, mon cousin 'Umâra ibn al-Walîd est un impudent et je crains que par ses actes il ne porte préjudice à la réputation de tous les Arabes. Je suis venu te prévenir. On m'a dit qu'il fréquentait certaines des femmes de ton palais. Je n'ai voulu le croire que lorsque j'en ai eu la preuve. Voici une fiole contenant l'onguent que tu es seul à utiliser. Il n'a pu l'obtenir que par l'une de ces femmes.

Le Négus prit la fiole et la huma, puis dit :

— Tu dis vrai. Cet onguent ne peut venir que de chez moi.

Il fit amener 'Umâra devant lui. Les sorciers lui ôtèrent tous ses vêtements et soufflèrent dans son corps jusqu'à ce qu'il fût gonflé de partout. Puis ils le relâchèrent. Il courut se cacher dans les forêts d'Abyssinie et l'on dit que, depuis, personne ne le revit.

★

Assis dans la cour de la Mosquée, le Messager de Dieu vit 'Uthmân ibn Madh'ûn passant par là, qui le saluait. Il l'invita à se joindre à lui. 'Uthmân était de ceux qui avaient rejeté l'appel de l'islam. Il accepta néanmoins l'offre qui lui était faite et s'assit à côté du Messager de Dieu. Il l'écoutait avec attention lorsque, soudain, il le vit fixer un coin du Ciel, baisser les yeux vers le sol sur sa droite, se lever et s'arrêter là où il venait de poser les yeux, hochant la tête, comme pour se pénétrer de ce qu'il entendait, puis fixer à nouveau le Ciel, où son regard sembla se perdre un moment. Enfin, le Messager de Dieu revint s'asseoir à la place qu'il avait quittée. 'Uthmân ibn Madh'ûn lui dit :

— Muhammad, il m'est arrivé de passer des heures en ta compagnie, je ne t'ai jamais vu agir comme tu viens de le faire. Je t'ai vu fixer le Ciel, puis un coin du sol. Ensuite je t'ai vu te lever et fixer à nouveau le Ciel, comme si tu écoutais quelque chose qu'on te disait…

— L'as-tu remarqué ?

— Oui.

— Eh bien, Gabriel m'est apparu, pendant que nous étions assis.

— Que t'a-t-il dit ?

— Il m'a dit : « Dieu recommande la justice, la charité et la prévenance à l'égard des proches. Il interdit la bassesse, la turpitude et l'oppression. Il vous exhorte. A vous de vous en souvenir. »

Alors la foi emplit le cœur de 'Uthmân ibn Madh'ûn.

★

Un homme de Hadhîl, venu vendre ses moutons à La Mecque, se trouva en présence du Messager de Dieu, qui l'informa de la Vérité et l'appela à embrasser l'islam. Abû Jahl les vit de loin. Il attendit qu'ils eussent fini de se parler et que le Prophète fût parti, pour aborder l'homme et lui dire :

— Méfie-toi des sollicitations de Muhammad. Malheur à toi si tu l'écoutes et que tu t'appliques à faire ce qu'il dit. Il méprise nos devins et prétend que ceux d'entre nous qui mourront infidèles iront en Enfer…

L'homme de Hadhîl demanda :

— Mais pourquoi ne l'avez-vous pas chassé de votre pays ?

Abû Jahl répondit :

— S'il part d'ici, il se peut que des jeunes, ailleurs, soient tentés par ses beaux discours. Ils pourraient le suivre et, qui sait, le placer à leur tête et venir jusqu'ici pour nous combattre.

— Pourquoi les siens ne le contraignent-ils pas à cesser ?

— Les siens assurent sa sauvegarde.

La sauvegarde offerte par Abû Tâlib à son neveu Muhammad illustre les contradictions que traverse la société mecquoise : Abû Tâlib protège son neveu au nom du principe de solidarité clanique, tout

en refusant de le suivre dans une religion qui renie la tradition de leurs ancêtres. Ce n'est pas la notion d'un Dieu Unique qui choque Abû Tâlib, mais l'idée de trahir ses ancêtres.
Le jeu des solidarités et des dissentions inter-claniques va lui permettre de protéger efficacement Muhammad, alors même que son clan, celui des Banû 'Abd al-Muttalib, a beaucoup perdu de sa puissance à La Mecque. Il va notamment s'appuyer sur la rivalité entre Abû Jahl, chef des Banû Makhzûm, qui n'appartient pas à la descendance de Qusayy, et Abû Sufyân, chef des Banû Umayya, qui, tout en étant solidaire des grands seigneurs de Quraysh, se refuse à combattre Muhammad, du fait qu'il appartient, comme lui, à la desendance de Qusayy.

en refusant de le suivre [illegible] il mourut dans la foi de leurs ancêtres. [illegible] est pas à même [illegible] un Dieu Unique [illegible] chaque Abû Tâlib [illegible] résurrection.
Le jeu des [illegible] et des [illegible] mettre de [illegible] efficacement [illegible] même que [illegible] l'un, [illegible] Abd al-[illegible] beaucoup [illegible] plus [illegible] Abû Jahl [illegible] pas à [illegible] [illegible] qui tout en étant [illegible] combattre [illegible] [illegible]

CHAPITRE SEPTIÈME

Questions posées par les savants juifs

Appelés à la rescousse par les Qurayshites, les savants juifs de Yathrib posent à Muhammad trois questions, destinées à vérifier l'authenticité de sa prophétie : sur les Gens de la Caverne, sur Dhû al-Qarnayn et sur l'Esprit. Dieu lui inspire les trois réponses.

Al-Nadr ibn al-Hârith avait beaucoup voyagé. Il avait rencontré des seigneurs et des savants perses, fréquenté des moines et des devins, étudié les sciences anciennes, abordé la philosophie et la sagesse des Grecs. Il avait été initié par son père à la médecine et il avait lu les récits des rois de Perse et les contes de Rustum et d'Asfandyâr.

Souvent, lorsque le Prophète se réunissait avec des Mecquois, pour leur parler de Dieu et pour les instruire des châtiments encourus par les peuples qui avaient mérité Sa colère, al-Nadr ibn al-Hârith venait après son départ et disait aux gens :

— Par Dieu, j'ai à vous dire des choses plus dignes d'intérêt que celles de Muhammad ibn 'Abd Allâh. Approchez, je peux vous apprendre la parole des Anciens et vous raconter de belles histoires...

Il leur parlait de la Perse et de ses rois, puis il leur demandait :

— Ce que je dis n'est-il pas meilleur que ce que dit Muhammad ?

Il ajoutait même :

— Je révélerai des choses comparables à celles que Dieu a révélées.

Un jour il s'adressa à une assemblée des chefs de Quraysh en ces termes :

— Par Dieu, gens de Quraysh, il vous arrive une chose à laquelle vous n'avez pas encore trouvé de parade. Vous avez connu Muhammad alors qu'il était jeune, qu'il était le plus éloquent, le plus sincère, le plus honnête d'entre vous. Aujourd'hui sa chevelure blanchit, et il vient à vous avec son message. Vous criez aussitôt au sorcier. Non, par Dieu, Muhammad n'est pas un sorcier. Nous avons vu des sorciers, nous connaissons leurs ruses et leurs stratagèmes. Vous dites que c'est un devin. Non, ce n'est pas non plus un devin. Nous avons vu des devins, nous connaissons leurs gesticulations et leur prose. Alors vous le dites poète. Non, Muhammad n'est pas un poète, nous savons ce qu'est la poésie, nous avons entendu toutes sortes de poèmes, avec leurs rythmes et leurs rimes. Enfin vous le croyez fou. Non, ce n'est pas un fou, nous savons ce qu'est la folie, avec ses signes de confusion et ses divagations. Non, gens de Quraysh, réfléchissez bien, il vous arrive une affaire des plus grave.

Après avoir entendu ces paroles, les gens de Quraysh se concertèrent. Puis l'un d'entre eux demanda :

— N'y a-t-il pas à Yathrib des juifs qui disent posséder la science du Livre Premier ?

Al-Nadr ibn al-Hârith dit :

— Nous savons tous cela.

— Muhammad ne dit-il pas que son Livre descend du Ciel, comme le Livre des juifs ?

— Il prétend cela.

— Eh bien, pourquoi deux d'entre nous n'iraient-ils pas à Yathrib demander aux savants juifs ce qu'ils pensent de Muhammad et de ses prétentions ?

L'assemblée acquiesça et décida d'envoyer à Yathrib al-Nadr ibn al-Hârith et 'Uqba ibn Abû Mu'ît, en leur disant :

— Décrivez Muhammad aux savants juifs, citez-leur ses paroles et interrogez-les. Ils ont sur les prophètes des connaissances que nous n'avons pas.

Ainsi firent les deux envoyés de Quraysh. Lorsqu'ils furent arrivés à Yathrib, ils dirent aux savants juifs :

— Vous êtes les gens de la Torah, nous voudrions savoir ce que vous pensez de cet homme et de son affaire.

Les savants juifs répondirent :

— Posez-lui trois questions. Interrogez-le d'abord sur l'aventure vécue par un groupe de jeunes gens disparus au commencement des temps, une aventure surprenante. Interrogez-le ensuite sur un voyageur qui a parcouru la Terre depuis son orient jusqu'à son occident. Qu'il vous dise qui il est et quel est son statut. Interrogez-le enfin sur l'Esprit. Qu'il vous dise ce que c'est. S'il répond à ces trois questions, suivez-le. C'est un Prophète, un Messager de Dieu. S'il ne répond pas, c'est un imposteur. Ce sera à vous de décider de son sort.

Les deux envoyés revinrent à La Mecque et dirent à l'assemblée :

— Gens de Quraysh, nous savons comment trancher le différend entre Muhammad et vous.

Ils allèrent tous ensemble voir le Messager de Dieu et lui posèrent les trois questions. Il leur dit :

— Je vous répondrai demain.

Mais il omit de dire : « si Dieu veut ».

Aussi, il resta chez lui durant quinze nuits, sans que Dieu lui fît une révélation ni que Gabriel vînt le voir. Le Messager de Dieu en fut d'autant plus peiné que les Qurayshites commencèrent à s'impatienter et à dire : « Il nous a dit demain et voici quinze jours qu'il s'abstient de répondre à nos questions. »

Puis Gabriel lui apparut. Le Messager de Dieu lui dit :

— O Gabriel, tu t'es absenté si longtemps que j'ai eu des doutes...

Gabriel répondit :

— Je ne viens que sur ordre de ton Seigneur. Il sait ce qu'il y a devant nous, ce qu'il y a derrière nous et ce qu'il y a entre les deux. Ton Seigneur n'oublie rien.

Sur l'histoire des gens de la caverne, Dieu révéla à Son Prophète :

C'étaient des jeunes gens qui croyaient en leur Seigneur et Nous les avions affermis dans le chemin droit... Ils dirent : « Notre Seigneur est le Seigneur des Cieux et de la Terre, nous n'invoquerons jamais d'autres dieux que Lui, ce serait abominable. Les gens de notre peuple, là-bas, ont adopté d'autres divinités que Lui... » (1)

Les hommes de l'Evangile avaient quitté le droit chemin. Ils avaient commis d'innombrables péchés, leurs rois les avaient opprimés et ils avaient fini par adorer des idoles et leur offrir des sacrifices. Mais un petit nombre d'entre eux était resté fidèle à la religion du Messie et avait continué d'adorer Dieu et à ne reconnaître que Lui seul.

C'était au temps d'un roi romain nommé Decianus, qui, ayant adoré les idoles, n'hésitait pas à se rendre lui-même dans les villes et les villages pour traquer ceux qui restaient fidèles à la religion du Messie et les mettre à mort. C'est dans cette intention qu'il décida un jour de se rendre à Afsûs.

Apprenant que le roi s'apprêtait à entrer dans leur ville, un groupe de jeunes gens demeurés fidèles à la religion du Messie, qui ne reconnaissaient que Dieu l'Unique et qui L'adoraient, convinrent que chacun d'eux irait prendre dans la maison de son père une certaine somme d'argent, dont il offrirait une partie aux pauvres et garderait le reste, puis qu'ils se retrouveraient tous dans une caverne située dans une montagne des environs, où ils pourraient continuer à adorer le Tout-Puissant.

Chacun d'entre eux alla prendre dans la maison de son père une somme d'argent, dont il donna une partie en aumône et garda le reste, puis ils se rendirent tous à la grotte. Ils s'y installèrent, et le chien de l'un d'entre eux les suivit. Ils étaient au nombre de sept.

Un jour, le Très-Haut les plongea dans le sommeil et leur chien s'étendit à l'entrée de la caverne, plongé comme eux dans le sommeil. Ils demeurèrent ainsi trois siècles entiers.

Puis le Très-Haut, qui, doté du pouvoir et de la puissance, ressuscite les morts, leur permit de se réveiller et de se redresser.

Ils se regardèrent. La joie se lisait sur leurs visages, et la paix dans leurs âmes. Ils se saluèrent comme s'ils n'avaient dormi qu'une seule nuit et firent leur prière comme ils l'avaient toujours faite. Ils ne virent les uns chez les autres aucun signe de vieillissement.

Lorsqu'ils eurent fini de prier, ils dirent à celui qui tenait leurs dépenses :

— Va donc à la ville, pour entendre ce qui se dit de nous. Mais reste sur tes gardes. Et achète-nous quelque nourriture. Achètes-en un peu plus qu'hier, car il y en avait trop peu et nous avons faim aujourd'hui.

Le jeune homme fit comme il faisait auparavant. Il s'habilla, se déguisa, prit quelques pièces d'argent marquées au sceau de Decianus et sortit de la caverne. Arrivé devant l'une des portes de la ville, il leva les yeux et, à sa grande surprise, vit une inscription attestant la foi en Dieu. Il alla plus loin, jusqu'à une autre porte et vit la même inscription attestant la foi en Dieu. Perplexe, il se demanda s'il ne s'était pas trompé de ville et dit :

— Comme c'est étrange. Jusqu'à hier, les musulmans * n'étaient-ils pas forcés de dissimuler une telle inscription ?

Avisant un habitant de la ville, il lui dit :

— Quel est le nom de cette ville ?

— Afsûs.

Le jeune homme pensa : « Aurai-je perdu la raison ? Il faut que je me dépêche de quitter cette ville avant d'être frappé par quelque malheur. » Il lui restait à acheter de la nourriture. Il alla trouver un homme qui pouvait lui en procurer et lui tendit ses pièces d'argent. En les voyant, l'homme fut tout étonné. Il les prit et examina, avec la plus grande curiosité, le sceau qu'elles portaient. Puis il les montra à un autre, qui les montra à un troisième. Ils délibérèrent entre eux pour conclure :

— Cet homme a dû trouver un trésor.

Ils lui dirent :

— Montre-nous l'endroit où se trouve ce trésor et partage-le avec nous. Tu ne peux plus le garder pour toi seul.

Comme il ne répondait pas, ils le ligotèrent et l'emmenèrent

---

* Les musulmans : ceux qui sont « soumis à Dieu », en l'occurrence, des chrétiens.

devant le chef de la ville. Ce dernier l'interrogea sur son trésor et le jeune homme dit :

— Je n'ai trouvé aucun trésor. Les pièces viennent de cette ville, où on me les a données hier.

Certains dirent :

— Ce jeune homme est fou.

D'autres dirent :

— Il n'est pas fou. Il fait semblant de l'être pour nous échapper.

Un des habitants de la ville s'approcha de lui, le regarda fixement et dit :

— Tu voudrais nous faire croire que tu as pris ces pièces chez ton père… alors qu'elles n'ont plus cours depuis trois siècles !

Le jeune homme, ébahi, dit à ceux qui l'entouraient :

— J'aimerais vous poser une question. Si vous y répondez, je vous dirai tout ce que je sais.

Ils dirent :

— Pose toutes les questions que tu veux.

— Dites-moi donc : qu'est-il arrivé au roi Decianus ?

Ils se regardèrent les uns les autres, puis dirent :

— Il n'existe nulle part sur la terre un roi nommé Decianus. Il y en a eu un, jadis, qui est mort depuis très longtemps.

Alors le jeune homme leur raconta son histoire et celle de ses compagnons. Et le chef de la ville dit :

— Bonnes gens, cette histoire est sans doute un miracle. Dieu nous envoie un signe par le truchement de ce garçon. Suivons-le jusqu'à la caverne où se trouvent ses amis.

Ils le suivirent jusqu'à la caverne, où il entra d'abord seul. Il raconta à ses compagnons tout ce qu'il venait d'apprendre. Et ses compagnons comprirent qu'ils s'étaient endormis par la volonté de Dieu, durant toute cette période, et qu'ils avaient été réveillés pour porter témoignage, pour que les gens croient à la résurrection et au Jour du Jugement.

Les habitants de la ville entrèrent à leur tour dans la caverne et virent les jeunes gens assis, le visage rayonnant. Ils tombèrent à genoux et remercièrent Dieu de les avoir gratifiés de ce miracle. Et ils dépêchèrent l'un d'entre eux auprès de leur roi, pour lui demander de venir au plus tôt assister à ce miracle accompli au cours de son règne. Le roi s'empressa de les rejoindre et, les larmes aux yeux, prit chacun des jeunes gens dans ses bras. Puis ces derniers lui dirent :

— Nous allons, par la grâce de Dieu, prendre congé de toi. Dieu te garde et garde ton royaume et vous protège du mal des djinns et des hommes.

Ils se recouchèrent et s'endormirent et leurs âmes revinrent à Dieu.

Le roi se leva, étendit sur eux ses vêtements et ordonna que l'on mît chacun d'eux dans un cercueil en or. Mais la nuit même, ils vinrent à lui en songe et lui dirent :

— Nous n'avons été créés ni d'or ni d'argent. C'est de terre que nous avons été créés et à la terre que nous reviendrons. Laisse-nous comme tu nous as trouvés dans la caverne, à même la terre. Jusqu'à ce que Dieu nous ressuscite.

Le roi fit ce qu'ils lui demandaient.

⋆

Le Très-Haut révéla ensuite au Prophète que le voyageur qui avait parcouru la terre de son orient à son occident n'était autre que Dhû al-Qarnayn ⋆ :

Ils t'interrogent au sujet de Dhû al-Qarnayn. Dis : « Je vous parlerai de lui. Nous avions établi son pouvoir sur la Terre et lui avions donné accès à toute chose. » (2)

Dhû al-Qarnayn était un homme doué de volonté et d'autorité. Lorsqu'il monta sur le trône, à la mort de son père Philippe le Grec, il envahit le pays des Rûms et soumit ses rois, puis il s'attaqua aux Arabes et les vainquit. Ayant assis sa puissance, il défia le grand Darius, en refusant de lui envoyer l'œuf d'or que les rois grecs payaient comme tribut annuel aux rois de Perse.

Darius lui écrivit pour le réclamer et Dhû al-Qarnayn répondit :

— J'ai égorgé la poule qui pondait de tels œufs et je l'ai mangée.

⋆ Dhû al-Qarnayn n'est autre qu'Alexandre le Grand. Il est cité dans le Coran comme un homme élu de Dieu et Muhammad parle de lui comme d'un frère. Les chroniqueurs le considèrent comme un prophète, ou, à tout le moins, comme un homme porteur de lumière, de sagesse, divines. Ils divergent entre eux sur la signification de son surnom, Dhû al-Qarnayn – les uns le traduisant littéralement par Celui qui a deux cornes, les autres par Celui qui est parvenu aux deux extrémités de la Terre.

Darius exprima sa colère dans une lettre à laquelle il joignit une quille, une balle et une mesure de sésame. Il réprimanda Dhû al-Qarnayn comme on réprimande un enfant, lui conseilla de jouer avec la balle et la quille, plutôt que de jouer au roi et lui enjoignit d'acquitter au plus tôt le tribut. A défaut de quoi, ses soldats fussent-ils aussi nombreux que les grains de sésame contenus dans la mesure, il serait fait prisonnier et amené, pieds et poings liés, jusqu'en Perse.

Dhû al-Qarnayn répliqua :

— J'ai compris ce que signifient la balle, la quille et la mesure de sésame. J'y vois une représentation de la Terre qu'il m'appartient de conquérir. Je commencerai par envahir tes territoires et m'emparer de ton royaume, que j'annexerai au mien. Je joins à ma lettre une mesure de sénevé, dont l'amertume est égale à celle que laissent mes soldats sur les champs de bataille.

Peu après, l'armée de Dhû al-Qarnayn fit mouvement vers la Perse, où celle de Darius s'apprêta à la recevoir. Les deux armées s'affrontèrent dans le Khurasân. A l'issue de terribles combats, les Grecs eurent le dessus.

Avant l'assaut final, Dhû al-Qarnayn donna à ses soldats l'ordre d'épargner la vie de Darius et de le faire prisonnier. Mais lorsque l'armée perse se trouva encerclée, deux officiers proches de Darius, croyant ainsi gagner les faveurs de Dhû al-Qarnayn, se retournèrent contre leur roi et le transpercèrent d'une lance. Dhû al-Qarnayn, apprenant la nouvelle, se précipita vers Darius. Il vit qu'il était près de rendre l'âme. Il descendit de cheval, prit sa tête sur ses genoux et lui parla. Il lui dit qu'il n'avait pas souhaité le tuer, que sa mort n'était due qu'à une trahison dans le camp perse. Et il ajouta :

— Si tu as une faveur à me demander, je te l'accorderai.

Darius dit :

— Je te demande deux faveurs : venge-moi des deux hommes qui m'ont trahi et épouse ma fille Rushank.

Dhû al-Qarnayn exauça les deux volontés de Darius. Avant d'épouser Rushank, il fit venir les deux hommes qui avaient tué son père et les condamna à être crucifiés, disant :

— Ainsi doit être sanctionné qui frappe son roi et trahit son peuple.

Il établit son pouvoir à la place de celui de Darius et, dans toute la Perse, les gens se soumirent à lui. Il fit détruire les temples dédiés au feu et les sanctuaires où l'on adorait des idoles.

Puis il eut un songe. Il se vit qui prenait le soleil par les cornes et allait jusqu'aux confins de la Terre d'orient en occident.

Et le Très-Haut lui révéla :

« O Dhû al-Qarnayn, voici la signification de ton songe : "Je fais de toi Mon Envoyé à toutes les créatures qui peuplent la Terre, d'une extrémité à l'autre. Tu seras auprès d'elles Ma preuve. Je t'envoie à l'ensemble des nations du monde, qui sont au nombre de sept et qui parlent des langues différentes. Deux d'entre elles sont séparées par la longueur de la Terre, deux autres sont séparées par la largeur de la Terre et les trois dernières sont situées au centre de la Terre." »

Ayant reçu ce message, Dhû al-Qarnayn s'adressa au Très-Haut en ces termes :

— Seigneur, la mission dont Tu me charges est écrasante et Toi seul peux la mener à bien. Aussi je Te demande de m'informer sur ces nations auxquelles Tu m'envoies. Avec quelles forces vais-je les défier ? Avec quelles troupes, et quelles ruses, les affronter ? Avec quelle patience me mesurer à elles ? En quelles langues m'adresser à elles et comment entendre ce qu'elles auront à me dire, comment voir ce qu'elles auront à me montrer ? Avec quels arguments les convaincre, avec quelle raison les comprendre ? Au nom de quelle morale prendrai-je leurs affaires en main, au nom de quelle justice trancherai-je leurs différends ? De quels rêves vais-je nourrir leur patience, de quelle main leur imposer mon autorité, de quelle bienveillance apaiser leurs colères ?

Il est vrai, Seigneur, que je ne possède aucune des qualités nécessaires pour m'imposer à ces nations. Mais Tu es le Compatissant, le Miséricordieux, Tu ne charges les âmes que de ce qu'elles peuvent porter.

Le Très-Haut lui dit :

« Oui, Je te donnerai la force d'accomplir ce dont je Te charge. J'ouvrirai ton intelligence et ton cœur. Tu entendras et verras toute chose et Je permettrai à ta langue de parler toutes les langues. J'affermirai ton pouvoir afin que nul n'y échappe, J'affermirai ton courage afin que tu n'aies plus de crainte.

J'affermirai ton pas afin que tu puisses vaincre tous tes ennemis et Je te vêtirai d'une autorité à laquelle nul ne résistera. Je te donnerai pouvoir sur la lumière et sur l'obscurité, qui seront les auxiliaires de tes armées, la lumière éclairant la route devant toi et l'obscurité venant derrière toi pour te protéger. »

A ces mots, Dhû al-Qarnayn ordonna à ses gens de s'apprêter à partir. Ils tentèrent de l'en dissuader, mais il leur dit :

— J'obéis au Très-Haut.

Il passa en revue ses armées. Elles comptaient mille milliers et quatre cents milliers d'hommes, dont huit cents milliers constituant ses troupes propres et six cents milliers ayant constitué les troupes de Darius, outre quarante milliers de pauvres gens. Il partit à la tête de ces armées vers la nation du Couchant.

Lorsqu'il y parvint, il y trouva des populations innombrables, que seul le Très-Haut peut recenser, et des armées dont la force et le courage défient toute autre volonté que celle de Dieu. Et les hommes parlaient de multiples langues et suivaient des coutumes différentes. Voyant cela, Dhû al-Qarnayn les entoura de tous côtés de ténèbres, qui les forcèrent à se regrouper en un seul endroit. Puis il braqua sur eux un faisceau de lumière et les invita à l'adoration du Très-Haut. Certains crurent en Lui et d'autres s'en détournèrent.

Sur ces derniers il envoya des ténèbres si épaisses qu'elles emplirent leurs maisons et leurs sanctuaires, qu'elles pénétrèrent leurs corps, par la bouche, le nez, les oreilles, qu'elles les enveloppèrent par en haut et par en bas, de toutes parts. Ils furent pris de panique et, pensant leur mort toute proche, gémirent et crièrent et implorèrent pitié d'une seule voix. Alors Dhû al-Qarnayn retira l'obscurité, ramena la lumière et obtint leur adhésion à son message.

Les troupes de la nation du Couchant se joignirent à ses propres troupes et il en fit une seule immense armée, à la tête de laquelle il se dirigea vers la nation du côté droit de la Terre. L'obscurité les suivait, les protégeant par-derrière et la lumière les précédait, guidant les pas de Dhû al-Qarnayn. Et Dieu exalta son cœur et sa vue et son discernement, en sorte qu'il ne se trompait pas dans les actions qu'il entreprenait.

Ainsi, lorsqu'il arrivait avec ses gens au bord d'une mer ou d'un fleuve, faisait-il construire des bateaux avec de petites planches, assemblées en peu de temps et sur lesquelles il embarquait tous ses hommes. Après la traversée, ces bateaux étaient démontés aussi vite qu'ils avaient été montés et chaque homme se chargeait d'une planche, qu'il n'avait pas de peine à porter.

Parvenu au côté droit de la terre, il traita cette nation comme il avait traité celle du Couchant et obtint son ralliement. Il poursuivit sa route vers la nation du Levant, où il agit de la même manière et remporta le même succès. Enfin, il conduisit ses armées jusqu'au côté gauche de la Terre, où il boucla victorieusement le tour des nations situées aux confins de la Terre. Après quoi, il s'élança vers le centre de la Terre.

Sur sa route, il croisa un peuple d'humains vertueux, qui lui dirent :

— O Dhû al-Qarnayn, derrière ces deux montagnes, là-bas, vivent des créatures de Dieu qui ne ressemblent pas aux humains mais aux bêtes. Ils dévorent les animaux comme les lions dévorent leurs proies, mais ils mangent aussi de l'herbe, des insectes, des serpents, des scorpions, toutes sortes de créatures de Dieu, qui n'arrivent plus à croître et à se multiplier naturellement. N'en doute pas, ces gens finiront par emplir la Terre, chasser ses habitants et y répandre partout le mal. Depuis que nous sommes leurs voisins, nous vivons dans la crainte de les voir un jour franchir ces montagnes et venir vers nous. Veux-tu nous protéger de cette menace en élevant entre eux et nous un mur infranchissable ?

Dhû al-Qarnayn répondit :

— Dieu ne m'a pas confié de plus haute mission que celle de secourir les gens. Il faudra cependant que vous m'aidiez à construire ce mur.

Ils dirent :

— Comment pouvons-nous t'aider ?

— En me fournissant des ouvriers habiles, capables d'utiliser des instruments. Il me faudra aussi des quantités de fer et de cuivre.

— Où trouverons-nous les quantités nécessaires de fer et de cuivre ?

— Je vous indiquerai les mines d'où vous pourrez les extraire.

Avec les masses de minerai recueillies, Dhû al-Qarnayn commença par fabriquer de grands blocs de fer. Il mesura la distance entre les deux montagnes et vit qu'elle était de cent lieues. Sur toute cette distance, il fit déposer du bois, qu'il fit recouvrir par des blocs de fer. Puis il fit remettre du bois, puis du fer, puis du bois, ainsi de suite jusqu'à ce que l'espace entre les deux montagnes fût comblé. Puis il alluma un immense feu, qui brûla le bois en même temps qu'il faisait fondre le cuivre, de telle sorte que le cuivre fondu prenait la place du bois et se soudait au fer. La muraille ainsi construite ne pouvait être ni escaladée ni percée.

*

Dhû al-Qarnayn avait pour confident un ange nommé Raphaël, qui venait souvent le voir et lui parler. Un jour il lui demanda :

— Parle-moi de l'adoration telle que vous la pratiquez dans le Ciel.

Raphaël en eut les larmes aux yeux et dit :

— Que sont vos prières comparées aux nôtres ! Dans le ciel, il est des anges qui se tiennent debout et ne s'assoient jamais. Il en est d'autres qui sont prosternés, ou agenouillés, et ne lèvent jamais la tête. Ils disent tous : « Gloire au Très-Saint, Seigneur des anges et de l'Esprit ! Seigneur, nous ne T'avons pas voué l'adoration que nous Te devons ! »

Dhû al-Qarnayn, tout ému d'entendre ces paroles, dit :

— J'aimerais pouvoir vivre assez longtemps pour vouer à mon Seigneur l'adoration que je lui dois !

— Tu aimerais vraiment cela ?

— Oui.

— Dieu a voulu que se trouve sur la Terre une source, dite source de vie. Par décret du Très-Haut, quiconque boit à cette source ne meurt que lorsqu'il en fait lui-même la demande à son Seigneur.

— Sais-tu où se trouve cette source ?

— Non. Cependant il existe une terre que Dieu a couverte de ténèbres si épaisses que nul, ni homme ni djinn, ne l'a jamais foulée. Il nous arrive, au Ciel, de penser que là se trouve la source de vie.

Aussitôt Dhû al-Qarnayn réunit les savants de toute la Terre, ainsi que les gens qui avaient étudié les livres et les recueils de prophéties, et il leur dit :

— En lisant les Livres de Dieu Tout-Puissant, en recoupant les dits prophétiques, ou en interrogeant les savants qui vous ont précédés, avez-vous appris que Dieu a créé sur la Terre une source nommée source de vie ?

Ils répondirent :

— Non.

Mais l'un d'entre eux finit par dire :

— J'ai lu dans le Testament d'Adam, paix sur lui, que le Très-Haut a créé une terre plongée dans d'épaisses ténèbres, où les hommes ni les djinns ne peuvent pénétrer. C'est là, peut-être, qu'Il a situé la source de vie.

Dhû al-Qarnayn demanda :

— Où se trouve cette terre ?

L'homme répondit :

— Elle se trouve dans la région de la corne du soleil.

Dhû al-Qarnayn rassembla les troupes nécessaires, ainsi que les rois, les grands et les érudits, et partit avec eux vers l'occident. Il mit douze ans pour parvenir à la lisière des ténèbres et il observa qu'elles ne ressemblaient pas à l'obscurité de la nuit, mais qu'elles étaient faites de vapeurs noires. Ayant établi son camp, il réunit les savants de sa suite et leur dit :

— J'entends défier ces ténèbres.

Ils lui répondirent :

— Grand roi, aucun des rois ou des prophètes qui t'ont précédé ne les a défiées. Ne le fais pas. Nous craignons qu'il ne t'arrive un malheur, qui causerait la ruine de la Terre et de tous ceux qui la peuplent.

Il dit :

— Je dois les traverser.

— Grand roi, détourne ta pensée de ces ténèbres.

— Je dois y aller.

— Soit, si telle est ta volonté.

— Dites-moi quelle monture voit le mieux dans l'obscurité.

— Le cheval.

— Lequel des chevaux voit le mieux dans l'obscurité ?

— La jument.

— Laquelle des juments voit le mieux dans l'obscurité ?

— La jument vierge.

Il ordonna de réunir six mille juments vierges, choisit parmi ses soldats six mille des plus valeureux et des plus intelligents, et attribua à chacun d'eux une jument. Plaçant en première ligne deux mille d'entre eux, il se mit à la tête des quatre mille suivants. Il remit le commandement des premiers à al-Khidr *. Puis il dit au reste de son armée :

— Attendez-nous dans ce camp. Si nous revenons, nous vous retrouverons ici. Si, au bout de douze années, nous ne sommes pas de retour, levez le camp et rentrez chez vous.

Al-Khidr lui dit :

— Grand roi, nous entrons dans une obscurité où nous ne saurons ni comment nous orienter ni comment nous retrouver les uns les autres. Si nous nous égarons, que devons-nous faire ?

Dhû al-Qarnayn lui tendit une perle rouge et lui dit :

— Dans ce cas, jette cette perle à terre. Elle fera du bruit en tombant et tous ceux qui seront perdus se dirigeront vers l'endroit d'où leur parviendra ce bruit.

Al-Khidr fut le premier à entrer dans les ténèbres et il continua d'avancer jusqu'à ce qu'un torrent croisât sa route. L'idée lui vint que la source pouvait se trouver en amont du torrent et cette idée fut confirmée dans son cœur. Il jeta la perle en sens inverse du courant et attendit qu'elle fût retombée. Puis il se dirigea à pied vers l'endroit d'où lui était parvenu le bruit de sa chute. Quand il y arriva, il sut qu'il avait trouvé la source de vie.

Il ôta aussitôt ses vêtements et plongea dans l'eau, qui était plus blanche que le lait et plus sucrée que le miel. Il but, se lava, fit ses ablutions et se rhabilla. Puis il lança la perle en aval du courant et, au bruit qu'elle fit en tombant, put retrouver ses compagnons. Il remonta sur sa jument et leur dit :

— Que le Nom de Dieu nous guide.

Cependant Dhû al-Qarnayn, entré dans les ténèbres à la suite d'al-Khidr, ne croisa pas le torrent. Il erra avec ses compagnons durant quarante jours. Puis ils émergèrent de l'obscurité dans une

* Le personnage d'al-Khidr, cité dans le Coran, est des plus mystérieux : sans être un ange, il est plus sage que les prophètes ; sans être immortel, il traverse le temps.

lumière qui n'était ni celle du soleil ni celle de la lune, sur une terre rouge dont le sable crissait sous leurs pas.

Devant eux, se dressait un immense palais, vers lequel Dhû al-Qarnayn s'avança seul.

Le portail de ce palais était ouvert et, dans son encadrement de fer, comme suspendu entre ciel et terre, se tenait un oiseau semblable à une hirondelle. Entendant le sable crisser sous les pas de Dhû al-Qarnayn, l'oiseau dit :

— Qui va là ?

— Je suis Dhû al-Qarnayn.

— O Dhû al-Qarnayn, tout ce que tu as vu jusqu'ici ne t'a donc pas suffi ! Parle.

— Interroge-moi.

— O Dhû al-Qarnayn, le plâtre et l'argile se sont-ils répandus sur la Terre ?

— Oui.

L'oiseau tressaillit puis s'enfla pour emplir un tiers de l'espace de l'encadrement. Puis il dit :

— O Dhû al-Qarnayn, le faux témoignage s'est-il répandu sur la Terre ?

— Oui.

L'oiseau tressaillit encore et s'enfla au point d'emplir tout l'espace de l'encadrement.

Dhû al-Qarnayn en éprouva une grande frayeur, mais l'oiseau le rassura :

— Ne crains rien. Parle.

— Interroge-moi.

— Les gens ont-ils renié la profession de foi selon laquelle il n'y a de dieu que Dieu ?

— Non.

L'oiseau se désenfla pour perdre les deux tiers de sa taille. Puis il demanda :

— Les gens ont-ils délaissé la pureté corporelle ?

— Non.

L'oiseau reprit sa taille première et dit :

— O Dhû al-Qarnayn, monte les marches de cet escalier, l'une après l'autre jusqu'au sommet du palais.

Dhû al-Qarnayn monta les marches une à une, craintivement,

ne sachant où il allait ni ce qui l'attendait. En haut de l'escalier, il déboucha sur une terrasse qu'il commença à explorer du regard. Il mit un moment à distinguer la silhouette d'un homme jeune, vêtu de blanc, qui avait le visage tourné vers le Ciel et une main posée sur la bouche. Ayant entendu les pas de Dhû al-Qarnayn, l'homme demanda :

— Qui va là ?

— Je suis Dhû al-Qarnayn.

— O Dhû al-Qarnayn, l'heure approche. J'attends que mon Seigneur m'ordonne de sonner du cor *.

Puis l'homme prit un objet qui ressemblait à une pierre et le tendit à Dhû al-Qarnayn :

— Tiens, prends cela. S'il est rassasié, tu seras rassasié et s'il a faim, tu auras faim.

Dhû al-Qarnayn prit l'objet, redescendit l'escalier et alla rejoindre ses compagnons. Il rassembla les savants de sa suite, leur répéta les paroles de l'homme au cor et leur dit :

— Expliquez-moi cet objet.

Ils lui demandèrent de répéter les paroles de l'homme au cor. Il répéta :

— Il a dit : « S'il est rassasié, tu seras rassasié et s'il a faim, tu auras faim. »

Les savants apportèrent une balance et posèrent l'objet sur l'un des deux plateaux. Sur l'autre, ils posèrent une pierre de même taille. L'objet s'avéra plus lourd. Ils ajoutèrent une deuxième pierre, puis une troisième, à la première. L'objet pesait plus lourd. Ils répétèrent l'opération, jusqu'à ce que le nombre de pierres atteignît un millier. Alors seulement la balance pencha du côté des pierres. Les savants dirent à Dhû al-Qarnayn :

— Notre science s'arrête là. Nous ne savons pas s'il s'agit de magie ou d'un art que nous ignorons.

Alors al-Khidr s'avança et dit :

— Moi je sais.

Il posa l'objet sur l'un des deux plateaux de la balance et une pierre sur l'autre plateau. Puis il prit une poignée de terre et la mit sur l'objet. Les deux plateaux s'équilibrèrent. Et al-Khidr dit à Dhû al-Qarnayn :

---

* Le cor doit sonner pour annoncer le Jugement Dernier.

— Grand roi, le pouvoir de Dieu sur Ses créatures est absolu. Sa volonté est toute-puissante et Ses décrets irrévocables. Il éprouve Ses créatures en les confrontant les unes aux autres. Ainsi confronte-t-Il le savant au savant et l'ignorant à l'ignorant, mais aussi le savant à l'ignorant et l'ignorant au savant. Ainsi m'a-t-Il confronté à toi et toi à moi.

Dhû al-Qarnayn dit :

— Cela est vrai. Mais qu'en est-il de cet objet?

— Cet objet symbolise tous les bienfaits que le Très-Haut t'a accordés. Il t'a conféré sur la Terre un pouvoir qu'Il n'a conféré à nul autre avant toi, Il t'a permis de fouler des territoires que nul autre, ni homme ni djinn, n'a foulés avant toi. Mais cela ne t'a pas suffi. Tu as cédé aux penchants maléfiques de ton âme. L'homme au cor a voulu dire que les fils d'Adam ne sont jamais satisfaits, jusqu'au jour où la terre les recouvre et emplit leur corps.

A ces mots Dhû al-Qarnayn pleura longtemps, puis il déclara :

— Tu as dit vrai, sans nul doute. Après cette expédition et jusqu'au jour de ma mort, je ne convoiterai plus rien.

Ils pénétrèrent à nouveau dans l'obscurité et atteignirent une vallée dont le sol était jonché d'émeraudes. Ses compagnons entendirent les émeraudes crisser sous les sabots de leurs juments et demandèrent :

— Grand roi, qu'y a-t-il sous les pas de nos montures?

Il leur répondit :

— Prenez-en. Ceux qui n'en prendront pas le regretteront, de même que ceux qui en prendront.

Certains d'entre eux en prirent et d'autres n'en prirent point. Lorsqu'ils furent enfin à l'air libre et qu'ils purent voir ce qu'ils avaient entre les mains, découvrant qu'il s'agissait d'émeraudes, ceux qui n'en avaient point pris le regrettèrent, de même que ceux qui en avaient pris.

★

Dieu révéla enfin à Son Prophète :

Ils t'interrogent sur l'Esprit. Dis : « L'Esprit procède d'un ordre de mon Seigneur. A vous il n'est donné qu'une petite part de science. » (3)

L'Esprit est une admirable création du Tout-Puissant. Il dit à l'Esprit : « Sois » et l'Esprit fut. Quant à vous, vous n'avez pas à connaître de tout ce qu'Il crée, ni à l'expliquer.

Lorsque les savants juifs entendirent ces mots, ils s'écrièrent :

— Comment peut-on dire que nous n'avons reçu que peu de science, alors que nous avons reçu la Torah ? Qui a reçu la Torah a reçu beaucoup de science !

Alors Dieu révéla à Son Prophète :

Dis : « Si la Mer était faite d'encre pour écrire les paroles de mon Seigneur, elle serait tarie avant que ne tarissent les paroles de mon Seigneur, même si nous lui ajoutions une autre Mer égale à elle. » (4)

Le Prophète Muhammad a commenté l'épisode de la vallée des émeraudes et les dernières paroles de Dhû al-Qarnayn, en disant : « La clémence de Dieu soit sur mon frère Dhû al-Qarnayn. S'il avait atteint cette vallée aux premiers temps de sa vie, il aurait extrait toutes les émeraudes qui s'y trouvaient, pour les donner aux gens. Car il prisait les biens de ce monde. Mais il n'y est parvenu qu'après avoir renoncé à tout désir ici-bas. » (Th. p. 332)

CHAPITRE HUITIÈME

Nouvelles conversions

Les Qurayshites s'efforcent d'unifier leur discours contre Muhammad. Mais ils ne font qu'amplifier les échos de son Message. Nouvelles conversions. 'Utba ibn Rabî'a tente de corrompre Muhammad. Muhammad jette le trouble dans son esprit.

Les Qurayshites allèrent voir al-Husayn, pour lequel ils avaient un grand respect, même après que son fils 'Umrân eut embrassé la religion de Muhammad. Ils lui dirent :

— Va donc parler à cet homme qui insulte nos divinités.

Accompagné de certains d'entre eux, al-Husayn se rendit chez le Messager de Dieu, qu'il trouva en compagnie de 'Umrân et de quelques autres musulmans. Les Qurayshites dirent avec dédain aux musulmans :

— Écartez-vous pour faire place à notre seigneur !

Al-Husayn s'assit et dit au Messager de Dieu :

— Est-il vrai que tu insultes nos divinités, toi dont le père était un homme raisonnable, imbu de la foi de ses ancêtres ?

Le Messager de Dieu répondit :

— Mon père et ton père sont en Enfer, al-Husayn. Dis-moi combien de dieux tu adores.

— Sept sur Terre et un dans le Ciel.

— Lequel d'entre eux implores-tu si tu es frappé par le sort ?

— Celui qui est au Ciel.

— Et lequel, si tu as un revers de fortune ?

— Celui qui est au Ciel.

— Il est seul à pouvoir exaucer tes prières et pourtant tu lui associes les autres ! T'adresses-tu à lui avec gratitude ou avec crainte ?

Al-Husayn se rendit compte qu'il n'avait encore jamais parlé à un homme tel que le Prophète. Il dit :

— Ni gratitude… ni crainte…

Alors le Messager de Dieu lui dit :

— O al-Husayn, embrasse l'islam et tu es sauvé.

— Et mon clan ? Et les miens ? Comment les affronter ? Quoi dire ?

— Dis : « Seigneur, guide-moi sur le droit chemin et accorde-moi un savoir bénéfique. »

Al-Husayn implora Dieu comme l'y engageait le Prophète et, à la fin de leur conversation, déclara qu'il embrassait l'islam. Alors son fils 'Umrân se leva et vint lui baiser le front, les mains et les pieds. Le Messager de Dieu versa des larmes de joie et dit :

— Lorsque al-Husayn est entré ici, il était incroyant, son fils ne s'est pas levé pour l'accueillir. A peine al-Husayn a-t-il embrassé l'islam, que son fils s'acquitte de son devoir filial. J'en suis très ému.

Puis al-Husayn se leva pour partir. Le Messager de Dieu dit à ses compagnons :

— Accompagnez-le jusque chez lui.

Dès qu'al-Husayn sortit, les Qurayshites qui l'attendaient sur le seuil de la porte virent la lumière de la foi qui éclairait son visage. Ils dirent :

— Il a renié notre religion.

Et ils lui tournèrent le dos.

⋆

Lorsque la période du pèlerinage fut proche et que La Mecque commença à s'y préparer, al-Walîd ibn al-Mughîra réunit une assemblée de Qurayshites pour leur dire :

— Gens de Quraysh, la période du pèlerinage est proche. Des

délégations d'Arabes viendront ici de partout. Elles auront entendu parler de Muhammad. Convenons d'un discours unique, que nous devrons tous leur tenir sur cette affaire. Sans quoi, nous ne cesserons de nous contredire les uns les autres et notre parole n'aura pas de poids.

Ils demandèrent :

— Que penses-tu de Muhammad ?

— Quel est votre avis ? Je vous écoute.

— Disons que c'est un devin.

— Par Dieu, non, ce n'est pas un devin. Nous côtoyons les devins. Ils ne s'expriment pas comme lui.

— Disons que c'est un fou.

— Ce n'est pas un fou non plus. Nous savons ce qu'est la folie. Il n'y a aucun signe, chez lui, de l'agitation ou de la divagation des fous.

— Disons que c'est un poète.

— Non, ce n'est pas un poète. Nous connaissons tous les accents de la poésie, de la plus mordante à la plus lancinante, de la plus dense à la plus éloquente. Nous ne retrouvons aucun de ces accents chez lui.

— Disons que c'est un sorcier.

— Il ne ressemble en rien à ces sorciers qui viennent nous étonner avec leurs cordes et leurs bâtons.

— Mais que dirais-tu, toi ?

— Par Dieu, ce qu'il dit est éloquent, sincère, respectable. Vos accusations ne tromperont personne. Mais puisqu'il faut bien en choisir une, celle de sorcellerie me semble la plus acceptable. Après tout, la parole de Muhammad est bien un sortilège, au moyen duquel il brise les liens entre fils et père, entre mari et femme, entre frère et frère, entre membres d'une même tribu.

Les Qurayshites se séparèrent et, le moment venu, se répandirent sur les sentiers qu'empruntaient les pèlerins, pour aborder chacun d'eux et lui dire ce qu'ils pensaient de Muhammad. De la sorte, lorsque les pèlerins repartirent chez eux, toutes les contrées arabes entendirent parler du Messager de Dieu et de l'islam.

⋆

Parmi ceux qui vinrent à La Mecque, se trouvait un certain Damâd. C'était un homme qui savait exorciser les possédés et soigner les malades. Il entendit un Mecquois lui dire :

— Muhammad est un fou !

Il répondit :

— J'irai voir cet homme. Dieu voudra peut-être que je sois l'instrument de sa guérison.

Il alla trouver Muhammad et lui dit :

— J'exorcise les possédés et Dieu guérit qui Il veut. Il voudra peut-être que je sois l'instrument de ta guérison.

Muhammad répondit :

— Louange à Dieu, à Qui nous rendons grâce et Que nous implorons. Celui que Dieu guide ne peut en tirer nul orgueil et celui que Dieu égare ne peut être guidé par personne. J'atteste qu'il n'y a de dieu que Dieu, Dieu seul sans associé et que Muhammad est Son Serviteur et son Messager.

Alors Damâd dit :

— Par Dieu, j'ai entendu parler les devins, et les sorciers, et les poètes. Je n'ai entendu personne dire ce que tu dis. Ta parole est profonde comme la mer. Donne-moi la main. Je fais acte d'allégeance à l'islam.

Le Messager de Dieu tendit la main et demanda :

— Cela inclut-il tes gens ?

Damâd répondit :

— Cela inclut mes gens.

*

Al-Tufayl ibn 'Amr raconte :

Je quittai Daws pour aller à La Mecque en pèlerinage.

Dès mon arrivée, des Qurayshites m'abordèrent pour me dire :

— Tu sais, Tufayl, il y a parmi nous cet homme, Muhammad, qui nous cause de plus en plus de soucis. Il nous fait du tort. Il divise nos rangs et tourmente nos esprits. Ses paroles, comme celles d'un sorcier, séparent le fils du père, le frère du frère, le mari de la femme. Nous craignons que tu ne sois atteint, toi et tes gens, par le mal qui nous frappe. Il ne faut pas lui parler et surtout pas l'écouter.

Par Dieu, ils ne me quittèrent que lorsque je les eus assurés que je ne lui parlerai ni ne l'écouterai. Je mis même de la gesse dans mes oreilles, avant de me rendre à la Mosquée, de peur que ne m'atteignent des paroles que je ne voulais pas entendre.

Mais devant la Ka'ba, voyant Muhammad en train de prier, je m'approchai de lui et Dieu voulut que j'entendisse en partie ce qu'il disait. Ses paroles étaient si belles que je pensai :

— Par Dieu, pourquoi m'interdirai-je d'écouter ce que cet homme dit ? Si ce qu'il dit est bon, je l'accepterai et si c'est mauvais, je le rejetterai.

J'attendis que le Messager de Dieu eût quitté la Mosquée pour sortir après lui. Je le suivis à distance jusqu'à sa maison, puis j'entrai à sa suite et dis :

— O Muhammad, les gens de ton peuple n'ont cessé de me mettre en garde contre toi. J'ai bouché mes oreilles avec de la gesse pour ne pas t'entendre. Mais Dieu a voulu que j'entende quand même certaines de tes paroles. Et je les ai trouvées belles. Quel est ton message ?

Le Messager de Dieu me récita des versets du Coran et, par Dieu, jamais je n'entendis paroles meilleures, ni propos plus justes. Le Messager de Dieu m'invita à embrasser l'islam. Je le fis, j'attestai qu'il n'y a de dieu que Dieu et je dis :

— Prophète de Dieu, je suis un homme respecté de mon peuple, les gens de Daws. Je m'en vais les retrouver pour les inviter à embrasser l'islam. Prie Dieu de m'accorder un signe qui m'aide à les convaincre.

Le Messager de Dieu dit :

— Seigneur, accorde-lui un signe !

Je repris le chemin du retour et lorsque je parvins en vue de Daws, une lumière jaillit d'entre mes yeux. Je dis :

— O Dieu, pas sur mon visage ! Les gens pourraient croire que c'est une tare, apparue pour me châtier d'avoir renoncé à leur religion !

La lumière quitta mon visage pour se fixer au bout d'un fouet que je tenais à la main. Les gens me virent arriver ainsi, comme si une lanterne avait été accrochée au fouet. Lorsque je fus au milieu d'eux, mon père, qui avait atteint un âge avancé, vint vers moi. Je le repoussai disant :

— Éloigne-toi de moi, père. Je ne suis plus des tiens, ni toi des miens.

— Pourquoi donc, mon fils ?

— J'ai embrassé l'islam, la religion de Muhammad !

— Ta religion sera la mienne, mon fils !

— Va faire tes ablutions, laver tes vêtements et reviens pour que je t'apprenne ce que j'ai appris.

Il fit ses ablutions, lava ses vêtements et revint vers moi pour embrasser l'islam.

Puis ma femme se présenta et je lui dis :

— Éloigne-toi de moi. Je ne suis pas des tiens, ni toi des miens !

— Pourquoi dis-tu cela, toi qui m'es aussi cher que mon père et ma mère ?

— L'islam nous sépare désormais. J'ai embrassé la religion de Muhammad.

— Que ta religion soit la mienne.

— Va donc te purifier à la source de Dhû al-Shura.

Dhû al-Shura était une idole de Daws, à laquelle était consacrée une eau rare ruisselant de la colline. Ma compagne me dit :

— Ne crains-tu pas pour moi la colère de Dhû al-Shura ?

— Non, je ne crains rien.

Elle s'en alla, se purifia et revint vers moi pour embrasser l'islam.

Mais la plupart des gens de Daws rechignèrent à faire de même. Excédé, j'allai retrouver le Messager de Dieu à La Mecque et lui dis :

— Prophète de Dieu, les gens de Daws refusent de renoncer à l'adultère pour embrasser l'islam. Prie Dieu de les punir !

Le Messager de Dieu dit :

— Seigneur, veuille inspirer les gens de Daws !

Puis il se tourna vers moi et dit :

— Va retrouver les tiens. Appelle-les à embrasser l'islam, mais traite-les avec tolérance.

★

'Abd Allâh ibn Mas'ûd raconte :

Adolescent, je gardais les brebis d'un seigneur de La Mecque. Je vis venir vers moi le Messager de Dieu et Abû Bakr, qui fuyaient les idolâtres. Ils me dirent :

— As-tu un peu de lait pour étancher notre soif?

Je répondis :

— Ce troupeau m'a été confié, je ne peux pas vous offrir le lait de ses brebis.

— As-tu une brebis qui n'ait pas encore donné de lait?

— Oui.

Je leur montrai la brebis. Abû Bakr lui entrava les pattes et le Prophète saisit l'une de ses mamelles et pria. La mamelle enfla. Abû Bakr vint avec une pierre creuse et se mit à traire la brebis. Ils burent tous les deux et me donnèrent à boire. Puis le Messager de Dieu dit à la mamelle :

— Rétrécis.

La mamelle désenfla et ils repartirent.

Plus tard j'allai voir le Messager de Dieu et lui demandai :

— Apprends-moi de ces bonnes paroles!

Il dit :

— Tu es un garçon ouvert au savoir.

J'appris de sa bouche soixante-dix sourates*, un savoir que personne ne me contesta.

*

Khabâb ibn al-Arath, un compagnon du Messager de Dieu, était forgeron à La Mecque. Après avoir forgé pour al-'Asî ibn Wâ'il plusieurs épées, il alla voir ce dernier pour se faire payer. Al-'Asi lui dit :

— Je ne te paierai que si tu renies Muhammad.

Khabâb répondit :

— J'attendrai pour cela que tu meures et que tu ressuscites!

— Je ressusciterai donc après ma mort?

— Oui.

— C'est ce que prétend Muhammad?

— Oui.

* Les sourates (chapitres) rassemblent une série plus ou moins grande des versets du Coran. Elles sont au nombre de 114.

— Ne prétend-il pas aussi que ceux qui vont au Paradis ont tout ce qu'ils désirent, or, argent, vêtements, serviteurs ?

— Si.

— Eh bien, Khabâb, tu attendras que je revienne après le Jour du Jugement, pour te payer ce que je te dois.

Puis, parlant du Prophète, al-'Âsî dit :

— C'est un homme sans postérité, sans héritier mâle. Lorsqu'il mourra, sa mémoire s'éteindra et nous en serons débarrassés.

Le Très-Haut révéla à cette occasion :

C'est celui qui te hait qui sera sans postérité. (1)

★

Suwayd ibn al-Sâmit avait chez les Arabes la renommée d'un homme parfait, qu'il devait à son égalité d'âme, à son sens de l'honneur et à son éloquence. On raconte que, lorsqu'il vint à La Mecque en pèlerinage, le Messager de Dieu alla le trouver pour l'exhorter à embrasser l'islam. Suwayd lui dit :

— Ce que tu as vaut-il ce que j'ai?

Le Messager de Dieu dit :

— Qu'est-ce donc que tu as?

— Les Sentences de Luqmân ★.

— Que disent ces sentences?

Suwayd présenta les sentences au Messager de Dieu, qui lui dit :

— Ce sont de bonnes paroles. Mais ce que j'ai est encore meilleur. Le Coran que Dieu m'a révélé est la Voie et la Lumière.

Il récita à Suwayd des versets du Coran et l'exhorta à embraser l'islam. Suwayd l'écouta jusqu'au bout et dit :

— Ce sont de bonnes paroles.

Puis il partit. (2)

★

Un jour, tandis que le Messager de Dieu priait seul à la Mos-

---

★ Luqmân : sage, cité dans le Coran comme un adorateur de Dieu l'Unique.

quée, les seigneurs de La Mecque se réunirent et ‘Utba ibn Rabî‘a leur dit :

— Gens de Quraysh, j’irai voir Muhammad, je lui parlerai et lui proposerai différentes choses. Peut-être acceptera-t-il certaines d’entre elles. Nous les lui donnerons et il nous laissera tranquilles.

Ils dirent :

— Oui, va lui parler !

‘Utba se leva et alla trouver Muhammad au pied de la Ka‘ba. Il s’assit près de lui et dit :

— Neveu, tu es des nôtres. Tu te distingues par ta dignité dans le clan et ton rang dans le lignage. Et cependant tu causes un grand tort à tes gens. Tu as brisé leur unité et décrié leurs songes, tu as médit de leurs dieux et de leur religion, tu as calomnié leurs ancêtres. Ecoute ce que j’ai à te dire. Je vais te proposer plusieurs choses. Réfléchis. Peut-être certaines de ces choses te conviendront-elles.

Le Messager de Dieu dit :

— Parle, je t’écoute.

— Dis-moi, Muhammad, de toi ou de ton père ‘Abd Allâh, qui est le meilleur ?

Le Prophète ne répondit pas. ‘Utba ibn Rabî‘a demanda :

— Dis-moi, Muhammad, de toi ou de ton grand-père ‘Abd al-Muttalib, qui est le meilleur ?

Le Prophète ne répondit pas. ‘Utba ibn Rabî‘a demanda encore :

— Muhammad, si tu prétends être meilleur qu’eux, dis-le, afin que nous sachions ce que tu penses.

Le Prophète ne répondit pas. Alors ‘Utba ibn Rabî‘a dit :

— Neveu, si par ton message tu vises la fortune, nous te donnerons de nos richesses, de quoi être le plus riche d’entre nous. Si tu vises le rang, nous ferons de toi notre chef et ne trancherons aucun différend sans ton accord. Si tu vises le trône, nous ferons de toi notre roi. Si enfin tu es impuissant à repousser ces visions qui te viennent des djinns, nous dépenserons ce qu’il faut pour te soigner et te guérir.

Lorsque ‘Utba eut parlé, le Messager de Dieu, qui l’avait écouté, lui dit :

— As-tu fini de parler ?

— Oui, j'ai fini.

— Alors, écoute ce que j'ai à te dire.

— Parle.

Le Messager de Dieu récita :

Révélation du Miséricordieux Très-Miséricordieux. Voici un Livre aux versets explicites, un Coran arabe, destiné à ceux qui comprennent bonne nouvelle et avertissement. Mais la plupart se détournent et n'entendent pas. Ils disent : « Nos cœurs ne parviennent pas à entendre ce à quoi Tu nous appelles. Nos oreilles restent sourdes. Un écran s'interpose entre nous et Toi. Agis de Ton côté, nous agirons du nôtre. » Dis : « Je ne suis qu'un homme comme vous, mais il m'est révélé que votre Dieu est unique. Allez droit à Lui et demandez-lui pardon. Malheur à ceux qui associent des dieux à Dieu ! » (3)

Le Messager de Dieu continua de réciter le Coran et 'Utba de l'écouter, en s'appuyant sur ses deux mains qu'il avait repliées derrière son dos. Quand il eut fini, le Messager de Dieu se prosterna, puis se releva et dit :

— Tu as entendu ce que tu as entendu. A toi de voir.

'Utba répondit :

— Tu n'as rien d'autre à dire ?

— Non.

'Utba quitta le Prophète et alla retrouver ses amis. Le voyant s'approcher d'eux, ces derniers se dirent :

— Par Dieu, 'Utba n'a plus le même visage !

Ils attendirent qu'il eût pris place parmi eux, pour lui demander :

— Alors, que nous rapportes-tu ?

Il répondit :

— Je lui ai parlé de tout ce qui nous préoccupe, sans rien omettre.

— A-t-il répondu ?

— Oui.

— Qu'a-t-il dit ?

'Utba se tut un moment, puis dit :

— Par celle dont la statue est aussi haute qu'un édifice, je n'ai rien compris à ce qu'il m'a dit... Si ce n'est qu'il nous met en garde contre une foudre qui nous frappera comme elle a frappé 'Âd et Thamûd...

— Il t'a parlé en arabe et tu n'as rien compris à ce qu'il a dit ?

— Non, par Dieu, rien. Si ce n'est l'annonce de cette foudre...

Il se tut encore, puis il dit :

— Par Dieu, j'ai entendu des choses qui ne ressemblent à rien de ce que j'ai entendu auparavant. Non, ce n'est pas de la poésie, ce n'est pas de la sorcellerie, ce n'est pas de la divination. Gens de Quraysh, suivez ce conseil et citez-le comme venant de moi : « Nous devons laisser cet homme suivre son chemin et nous tenir à l'écart. Les paroles que j'ai entendues de la bouche de Muhammad retentiront au loin. Si les Arabes le tuent, nous serons débarrassés de lui par d'autres. S'il l'emporte sur les Arabes, son triomphe sera le nôtre, et sa gloire. Et nous serons très heureux de l'avoir avec nous. »

Ils lui dirent :

— Par Dieu, il t'a ensorcelé par sa parole.

'Utba répondit :

— Tel est mon avis sur lui. Faites comme il vous semblera.

CINQUIÈME PARTIE

Le temps des épreuves

CHAPITRE PREMIER

La mise au ban

Les persécutions s'abattent sur les musulmans non protégés. Muhammad invite ceux qui le veulent à s'exiler provisoirement en Abyssinie. Les seigneurs de La Mecque décident de mettre le clan de Muhammad au ban de Quraysh. Quelques courageux Qurayshites se révoltent contre cette mesure exceptionnelle.

Les persécutions s'appesantirent davantage sur les musulmans sans défense, esclaves et clients. Leurs maîtres leur infligeaient des coups répétés, les soumettaient à la faim et à la soif, les maintenaient ligotés sous le soleil brûlant de La Mecque. Ils imposaient aux plus faibles les épreuves les plus dures, pour les forcer à renier l'islam. Certains des esclaves ou des clients finirent par céder et Dieu préserva les autres.

Bilâl fut tout particulièrement torturé. Musulman au cœur pur et à la foi ardente, c'était un esclave métis. Son maître, Umayya ibn Wahab, le faisait sortir dans la suffocante chaleur de midi, ordonnait qu'on le couchât sur le dos et qu'une énorme pierre fût posée sur sa poitrine, puis disait :

— Ce sera tous les jours ainsi, jusqu'à ce que tu meures ou que tu rejettes Muhammad et reviennes à al-Lât et al-'Uzza.

Bilâl se contentait de répéter :

— Unique, Il est l'Unique.

Abû Bakr passa un jour par là. Il ne comptait pas parmi les hommes les plus riches de Quraysh, mais le commerce lui avait permis d'amasser quelques biens et il en dépensait beaucoup pour sauver ceux qu'il pouvait, parmi les musulmans sans protecteur. Il s'arrêta et dit à Umayya ibn Wahab :

— Ne dois-tu pas craindre Dieu pour les tourments que tu infliges à ce malheureux ? Jusqu'à quand ?

Umayya répondit :

— C'est toi qui l'as corrompu. Sauve-le si tu peux.

— Je peux. J'ai un esclave noir plus robuste et plus fort que lui et qui est de ta religion. Je te le donne en échange.

— J'accepte.

Ils firent l'échange et Abû Bakr emmena Bilâl, puis l'affranchit.

Un autre jour, Abû Bakr croisa une femme possédant deux esclaves, une mère et sa fille, qui s'étaient converties à l'islam. Leur maîtresse en fut si contrariée qu'elle alla partout répétant : « Je ne les affranchirai jamais. » Elle venait de les envoyer à la meule pour moudre son grain, lorsque Abû Bakr lui dit :

— Comment te délier de ton serment ?

— Dis-le-moi, puisque c'est toi qui les as corrompues.

— Combien valent-elles toutes les deux ?

— Elles valent tant.

— Je te les achète et je les affranchis.

Puis il s'adressa à la mère et à sa fille :

— Rendez-lui son grain.

Elles répondirent :

— O Abû Bakr, permets-nous d'aller le moudre avant de le lui rendre.

— Si vous le voulez.

Plus tard, Abû Bakr vit 'Umar ibn al-Khattâb qui battait une esclave musulmane pour la forcer à se renier. 'Umar, qui deviendrait plus tard un des plus proches compagnons du Prophète et l'ami intime d'Abû Bakr, était encore à l'époque un idolâtre. Lorsqu'il se fut lassé de frapper, il s'arrêta et dit :

— Je n'en peux plus. Je te lâche par lassitude.

L'esclave répondit :

— C'est ainsi que Dieu s'est lassé de toi.

Alors Abû Bakr l'acheta à 'Umar et l'affranchit.

Voyant Abû Bakr agir de la sorte, son père lui dit :

— Mon fils, je te vois acheter et affranchir de frêles esclaves. Pourquoi pas des hommes solides, qui, en retour, te protégeraient et te défendraient ?

— Père, ce que je fais, je le fais pour Dieu Tout-Puissant.

★

On demanda plus tard à Ibn 'Abbâs ★ :

— En torturant les fidèles du Messager de Dieu, les idolâtres parvenaient-ils à forcer certains d'entre eux à renier l'islam ?

Ibn 'Abbâs répondit :

— Oui, par Dieu. Lorsqu'ils affamaient l'un d'entre eux, l'assoiffaient, le frappaient jusqu'à ce qu'il ne puisse plus s'asseoir et qu'ils lui demandaient : al-Lât et al-'Uzza ne sont-elles pas meilleures que Dieu ? il finissait par dire : « Oui. » Ce malheureux en arrivait à un tel point d'épuisement que les idolâtres pouvaient lui demander : « Ce scarabée qui passe n'est-il pas meilleur que Dieu ? » il disait : « Oui », de peur d'être encore torturé.

★

Le Messager de Dieu savait ce que subissaient les croyants autour de lui, alors qu'il était lui-même sous la sauvegarde de Dieu et sous la protection de son oncle Abû Tâlib. Ne pouvant faire cesser les persécutions, il craignit de voir de plus en plus de musulmans détournés de leur foi par leurs propres familles. Il leur dit :

— Allez en Abyssinie. Il y a là-bas un roi qui n'opprime personne. C'est une terre de foi. Allez-y, jusqu'à ce que Dieu vous délivre des souffrances que vous endurez.

★ Ibn 'Abbâs : cousin du Prophète. Fils d'al-'Abbâs, dont les descendants établiront en 750 la dynastie des Abbassides. Ibn 'Abbâs a été, malgré son jeune âge, très proche du Prophète, qui a dit de lui : « C'est le savant de la nation [de l'islam]. » Ses témoignages constituent l'une des sources privilégiées des chroniqueurs.

Les musulmans l'écoutèrent et choisirent de quitter La Mecque, afin de fuir l'oppression de Quraysh et de pouvoir librement pratiquer leur foi.

★

Au dire de 'Â'isha :

Le roi d'Abyssinie n'avait qu'un seul fils, alors que son frère en avait douze. Et le fils du roi, le Négus, était en bas âge. Certains seigneurs de ce pays pensèrent :

— Si nous tuons notre roi et mettons son frère sur le trône, il aura une imposante descendance et le royaume d'Abyssinie sera assuré de durer longtemps.

Ils tuèrent leur roi et mirent son frère sur le trône et des années passèrent. Mais, le Négus grandissant auprès de son oncle, les seigneurs craignirent qu'un jour il n'apprît la vérité sur l'assassinat de son père et ne veuille se venger. Ils allèrent dire à son oncle :

— Tu dois tuer ce jeune homme ou alors l'exiler. Tant qu'il vivra parmi nous, nous craindrons pour nos vies.

Le roi dit :

— Malheur à vous ! Hier vous avez tué le père, aujourd'hui vous voulez tuer le fils ! S'il le faut, qu'il soit chassé d'ici.

Ils s'emparèrent du Négus et le vendirent, pour six cents dirhams, à un commerçant qui le jeta au fond d'une cale en attendant le départ de son bateau. Le soir même, un gros nuage d'automne vint couvrir le ciel. L'oncle du Négus sortit pour prier Dieu de faire tomber la pluie, la foudre le frappa et il mourut. Les seigneurs se tournèrent vers ses fils et eurent tôt fait de découvrir qu'ils étaient sots et incapables de faire le bien. Ils en furent atterrés. Alors certains d'entre eux dirent :

— Par Dieu, celui qui est digne d'être roi est celui-là même que nous venons de vendre. Si nous voulons sauver l'Abyssinie, nous devons nous presser de le ramener !

Le bateau n'avait pas encore levé l'ancre. Ils retrouvèrent le Négus, l'emmenèrent et le couronnèrent roi. Mais le commerçant vint voir les seigneurs aussitôt après et leur dit :

— Rendez-moi mon argent ou je vais raconter des choses au roi !

Ils lui dirent :

— Mais nous n'avons pas pris d'argent de toi. Nous n'avons rien à te rendre.

— Par Dieu, je vais donc parler au roi !

— Va lui parler !

Le commerçant alla voir le roi et lui dit :

— O roi, j'ai acheté un garçon au marché pour six cents dirhams. Ils me l'ont vendu, ils ont pris mes dirhams et sont partis. Puis ils sont revenus, ils ont repris le garçon, mais ils ne m'ont pas rendu mes dirhams !

Le Négus dit :

— Qu'on lui rende ses dirhams ou qu'on lui rende le garçon !

Ils rendirent au commerçant ses dirhams.

★

Lorsque le Messager de Dieu proposa aux musulmans d'aller en Abyssinie, ils s'apprêtèrent à partir. Une des femmes terminait ses préparatifs, lorsque 'Umar ibn al-Khattâb passa devant elle. Il s'arrêta et dit :

— C'est bientôt le départ, Umm 'Abd Allâh !

Elle répondit :

— Oui, par Dieu, nous allons vers une terre de croyants, jusqu'à ce que Dieu accorde à Sa religion des jours meilleurs. Vous nous avez causé de grandes souffrances, ici.

'Umar dit :

— Dieu vous accompagne !

Puis il s'en alla.

La femme crut voir dans le regard de 'Umar une douceur qu'elle n'y avait jamais vue auparavant. Lorsque son mari revint, elle lui dit :

— O Abû 'Abd Allâh, si tu avais vu 'Umar tout à l'heure ! Son regard était chargé d'une telle douceur, d'une telle tristesse...

— Tu ne crois tout de même pas qu'il puisse embrasser l'islam ?

— Pourquoi pas ?

— 'Umar n'embrassera l'islam que lorsque son âne l'aura fait.

Le nombre des musulmans était alors de quarante et quelques hommes et de onze femmes. Ceux d'entre eux qui partirent pour l'Abyssinie étaient au nombre de onze hommes et de quatre femmes, certains allant à pied et d'autres à dos de chameau. Lorsqu'ils furent arrivés sur la côte, Dieu voulut que deux bateaux de commerce fussent près de lever l'ancre, sur lesquels ils embarquèrent pour l'Abyssinie. Là, ils trouvèrent le meilleur voisinage et purent adorer Dieu, sans entendre de parole malveillante ni subir le moindre préjudice.

On rapporte que 'Uthmân ibn 'Affân, gendre du Messager de Dieu, fut de ce premier groupe, accompagné de sa femme Ruqayya, fille du Messager de Dieu, et de plusieurs proches compagnons.

Un deuxième groupe suivit, qui comprit Ja'far ibn Abû Tâlib, fils d'Abû Tâlib, accompagné de sa femme. Et l'on dit que ce groupe fut plus nombreux que le premier *.

Abû Bakr lui-même finit par partir. Il était arrivé à une halte, à cinq nuits de La Mecque, lorsqu'il rencontra Ibn al-Dughinna, seigneur d'al-Ahabîsh, un allié de Quraysh, qui lui demanda :

— Où vas-tu, Abû Bakr ?

— Mon peuple me force à partir. Je m'en vais devant moi, adorant Dieu.

— Un homme comme toi, Abû Bakr, ne peut être forcé au départ, ni accepter de partir. Tu es généreux envers les démunis, tu honores les liens du sang, tu es plein de prévenance pour tes hôtes et de sollicitude pour les victimes du sort. Je serai ton protecteur ! Reviens sur tes pas et adore ton Dieu chez toi.

Ibn al-Dughinna alla voir les seigneurs de Quraysh et leur dit :

— Abû Bakr ne peut être banni ! Allez-vous bannir un homme généreux envers les démunis, qui honore les liens du sang, qui est plein de prévenance pour ses hôtes et de sollicitude pour les victimes du sort ?

Quraysh ne contesta pas la protection offerte par Ibn al-Dughinna à Abû Bakr, mais les seigneurs dirent :

— Soit. Qu'il adore son Dieu dans sa maison, où il pourra prier et réciter le Coran comme il voudra. Mais il ne devra pas nous faire du tort en pratiquant sa religion devant les gens, car nous craignons pour nos femmes et nos fils !

Abû Bakr revint à La Mecque et cessa de prier Dieu ou de réci-

---

* Selon la liste donnée par les chroniqueurs, la majorité des personnes qui ont pu quitter La Mecque pour se rendre en Abyssinie appartenait à de grandes familles qurayshites.

ter le Coran hors de chez lui. Mais il le fit dans la cour de sa maison et lorsqu'il commença d'y pratiquer sa religion, les femmes et les enfants des idolâtres se pressèrent autour de lui, émus de le voir pleurer en récitant le Coran. Les seigneurs de La Mecque, effarés, firent dire à Ibn al-Dughinna :

— Nous avons sommé Abû Bakr d'adorer son Dieu chez lui, mais il a construit une mosquée dans la cour de sa maison, où nos femmes et nos enfants peuvent le voir prier et réciter. Nous craignons qu'il ne les envoûte. Cela ne peut continuer. Soit Abû Bakr s'engage à adorer son Dieu hors de la vue des gens, soit il s'entête à continuer d'agir comme il le fait. Dans ce cas, demande-lui de te rendre ta caution et retire-lui ta protection. Nous ne voulons pas rompre le pacte qui nous lie à toi, mais nous ne céderons pas à Abû Bakr.

Ibn al-Dughinna vint voir Abû Bakr et lui dit :

— Tu sais à quelles conditions j'ai engagé ma parole pour te protéger. Soit tu agis comme convenu, soit tu me rends ma caution. Je ne veux pas que l'on dise, parmi les Arabes, qu'un pacte conclu par moi a été rompu, du fait de la protection que j'ai offerte à un homme.

Abû Bakr lui répondit :

— Je te rends ta protection. Je me contenterai de celle du Tout-Puissant.

★

Un soir, derrière la Ka'ba, plusieurs seigneurs de Quraysh tinrent conseil, parmi lesquels se trouvaient 'Utba ibn Rabî'a, Abû Sufyân ibn Harb, 'Amrû ibn Hishâm et d'autres. Ils se dirent :

— Convoquons Muhammad, parlons-lui, discutons avec lui, afin d'être absous de tout reproche.

Ils firent dire au Messager de Dieu :

— Les seigneurs de ton peuple se sont réunis pour te parler. Viens les voir.

Le Messager de Dieu, espérant qu'ils auraient changé d'avis sur l'islam et sur lui, vint aussitôt les rejoindre. Ils lui répétèrent ce que 'Utba ibn Rabî'a lui avait déjà dit : qu'il causait beaucoup de tort à son peuple et que, s'il recherchait par là la fortune, le pouvoir, ou même la royauté, ils étaient prêts à lui accorder ce qu'il désirait, à condition qu'il abandonnât l'islam. Le Messager de Dieu répondit :

— Je n'ai que faire de ce que vous m'offrez. Je ne viens pas à vous cherchant fortune, pouvoir ou royauté. Dieu m'a désigné comme Son Messager auprès de vous. Il m'a révélé Son Livre et m'a ordonné de vous porter de bonnes nouvelles et des avertissements. Je vous ai transmis le Message de mon Seigneur et je vous ai prodigué mes conseils. Si vous acceptez ce Message, ce sera pour votre bien ici-bas comme dans l'au-delà. Si vous le rejetez, je n'aurai plus qu'à attendre le décret de Dieu, qui tranchera entre moi et vous.

Ils dirent :

— Si tu n'acceptes aucune de nos propositions, reconnais que nous sommes dotés du pays le plus défavorisé qui soit, où l'eau est la plus rare et la vie la plus rude. Demande donc à ton Dieu de nous venir en aide, de repousser ces collines qui nous étouffent, d'élargir nos terres, d'y faire jaillir des fleuves comme ceux de Syrie et d'Irak. Demande-lui aussi de rendre à la vie quelques-uns de nos ancêtres, et parmi eux notre ancêtre commun, Qusayy, qui était un homme de vérité. Nous les interrogerons sur ton message et nous leur demanderons de nous dire si tu es dans le vrai ou dans l'erreur. Si tu peux accomplir cela et si nos ancêtres te donnent raison, nous saurons dans quelle estime te tient ton Dieu et que tu es vraiment Son Messager, comme tu dis.

Le Messager de Dieu dit :

— Dieu ne m'a pas envoyé vers vous à cette fin. Il m'a seulement chargé de vous transmettre Son Message et je vous l'ai transmis. Si vous l'acceptez, ce sera pour votre bien ici-bas et dans l'au-delà. Si vous le rejetez, je n'aurai plus qu'à attendre le décret de Dieu, qui tranchera entre moi et vous.

Ils répondirent :

— Si tu ne peux rien accomplir pour nous, alors accomplis ceci pour toi-même : demande à ton Dieu d'envoyer un ange qui confirme ce que tu dis et qui soit pour nous une référence. Demande-lui aussi de te gratifier de jardins et de palais, de t'envoyer de l'or et de l'argent, qui t'épargnent l'effort que nous te voyons faire, sur les marchés, pour gagner ta subsistance. Qu'il accomplisse cela et nous saurons le rang qui est le tien chez ton Dieu et que tu es vraiment Son Messager.

Le Messager de Dieu dit :

— Non. Je ne demande rien de tel à mon Seigneur.

— Eh bien, alors, ordonne au ciel de tomber sur nos têtes, puisque tu prétends que ton Dieu peut tout. Nous ne croirons à toi que si nous voyons cela.

— Cela ne tient qu'à la volonté de Dieu. S'il le veut, cela sera.

— Ton Dieu savait sûrement que nous allions te parler et ce que nous allions te demander. Eh bien, qu'il t'informe de ce que tu dois faire et de ce qu'Il fera de nous si nous rejetons ton message. Car on nous a dit que ton maître est cet homme de Yamâma qu'on nomme al-Rahmân ⋆ et, par Dieu, nous ne croirons jamais à cet homme. Te voilà prévenu, Muhammad. Nous ne te lâcherons plus, jusqu'à ce que nous triomphions de toi ou que tu triomphes de nous.

Après avoir entendu ces paroles, le Messager de Dieu se leva et partit. L'un de ses cousins le suivit et lui dit :

— O Muhammad, les gens de ton peuple t'ont fait différentes propositions, que tu as toutes refusées. Puis ils t'ont demandé des signes qui montrent l'estime dans laquelle ton Dieu te tient, afin qu'ils puissent te croire et te suivre. Tu as refusé. Enfin ils t'ont demandé d'apporter des preuves des souffrances dont tu les menaces. Tu as encore refusé. Par Dieu, je ne croirai jamais en toi. A moins que tu ne prennes une échelle pour grimper devant moi jusqu'au Ciel, puis en redescendre avec quatre anges qui confirment tout ce que tu nous dis. Mais non, même si tu fais cela, par Dieu, je pense que je ne te croirai pas.

Son cousin s'en alla et le Messager de Dieu poursuivit sa route en proie à une grande tristesse. Il avait voulu croire, en recevant l'invitation des siens, qu'ils commençaient à se rapprocher de lui. Il se rendait compte qu'ils n'avaient cessé de s'éloigner.

⋆

Al-Tâ'if fournissait La Mecque en fruits, en huile, en miel et en légumes. C'était aussi un lieu de résidence estivale pour nombre

⋆ Il s'agit de Musaylama ibn Habîb, le prétendu prophète. Cf. 4e partie, chap. 4.

de riches Qurayshites, qui y avaient acheté des maisons et des jardins et qui s'associaient aux Thaqîf, habitants d'al-Tâ'if, dans des opérations commerciales.

Les Thaqîf avaient fondé leur prospérité sur l'agriculture et l'artisanat. Ils vendaient leurs produits aux Arabes et même au-delà. Ce fut ainsi qu'ils se lancèrent dans des affaires communes avec les commerçants mecquois. Avec les bénéfices qu'ils en tirèrent, ils commencèrent à pratiquer le prêt à usure, sillonnant le pays à la recherche de gens qui avaient besoin d'emprunter de l'argent.

Venant souvent à La Mecque, les seigneurs d'al-Tâ'if y entendirent parler de Muhammad et des insultes qu'il proférait à l'endroit de leurs divinités. Cela les rendit furieux. Ils se réunirent et demandèrent aux gens qui leur obéissaient de les aider à pourchasser tous ceux qui suivaient le Prophète. Ils exercèrent sur ces derniers de si fortes pressions que la plupart d'entre eux se rétractèrent, à l'exception de quelques-uns, que Dieu protégea.

★

Encouragés par les Thaqîf, les Qurayshites redoublèrent de cruauté à l'encontre des musulmans. Puis, un jour, ils décidèrent de tuer le Messager de Dieu.

Apprenant la nouvelle, Abû Tâlib s'empressa de réunir les descendants de Hâshim et leur demanda de garder le Messager de Dieu dans leurs propres maisons. A l'exception d'Abû Lahab, tous les Banû Hâshim, qu'ils fussent musulmans ou incroyants, acceptèrent, les uns par esprit de clan et les autres en vertu de leur foi.

Abû Tâlib recommanda au Messager de Dieu de rester couché dans son lit toute la journée, afin que ceux qui cherchaient à l'assassiner fussent informés de la chose et, chaque nuit, il ordonnait à l'un de ses frères ou de ses fils de prêter son lit au Messager de Dieu et de venir dormir dans le sien.

Voyant que les Banû Hâshim resserraient les rangs autour d'Abû Tâlib et maintenaient la protection du Messager de Dieu, les seigneurs de Quraysh décrétèrent la mise au ban des Banû Hâshim. Ils décidèrent de cesser de les fréquenter, de ne plus conclure de pacte, ni engager d'affaire, ni contracter de mariage, avec eux. A moins qu'ils ne leur livrassent le Messager de Dieu, ils déclarèrent qu'ils n'accepteraient jamais de se réconcilier avec les Banû Hâshim, pas plus qu'ils n'auraient la moindre indulgence à l'égard du Messager de Dieu. Ils allèrent jusqu'à mettre par écrit cette mise au ban, sous la forme d'un document qu'ils déposèrent à l'intérieur de la Ka'ba, afin que tous les gens de Quraysh fussent tenus de s'y conformer. Les Banû Hâshim furent dès lors isolés dans leurs quartiers et Quraysh leur interdit l'accès aux marchés, ce qui allait ruiner leur commerce et accroître leurs malheurs.

★

Ce fut en ces circonstances qu'Abû Jahl croisa un jour Hakîm ibn Hizâm, accompagné d'un jeune esclave portant un sac de blé. Ce sac était destiné à la tante de Hakîm, Khadîja bint Khuwaylid, qui résidait avec le Messager de Dieu dans les quartiers où étaient confinés les Banû Hâshim. Abû Jahl s'en prit violemment à Hakîm :

— Portes-tu cette nourriture aux Banû Hâshim ? Par Dieu, tu n'iras pas plus loin avec ta nourriture. Je vais te dénoncer aux Qurayshites.

Abû al-Buhturî passait par là. Il s'arrêta et dit à Abû Jahl :

— Que lui veux-tu ?

— Il porte de la nourriture aux Banû Hâshim.

— C'est de la nourriture que sa tante avait laissée chez lui et qu'elle a demandée. Vas-tu l'empêcher de porter à sa tante cette nourriture qui est à elle ? Allons, laisse-le partir.

Abû Jahl refusa et l'injuria. Ils en vinrent aux mains. Abû al-Buhturî prit une mâchoire de chameau et frappa Abû Jahl à la tête. Il le blessa, le fit tomber à terre et lui donna des coups de pied. Non loin de là, Hamza ibn 'Abd al-Muttalib, oncle du Messager de Dieu, assistait à la querelle. Lorsque Abû Jahl s'aperçut de sa présence, il préféra mettre aussitôt fin à une dispute qui le plaçait en fâcheuse posture, sachant que Hamza ne manquerait pas de la rapporter au Messager de Dieu. Ainsi Hakîm put-il passer avec son sac de blé.

★

Hishâm ibn ‘Amrû était un homme fort respecté au sein de Quraysh. Mais il continuait d'entretenir en secret des liens avec les Banû Hâshim et ne supportait pas de les voir souffrir du fait de la mise au ban. Certaines nuits, afin de leur fournir une nourriture qui commençait à leur manquer, il conduisait un chameau aux yeux bandés jusqu'à l'entrée d'un sentier menant chez eux. Puis il levait le bandeau et poussait le chameau, qui allait droit devant lui vers les Banû Hâshim.

Un jour, n'y tenant plus, il se rendit chez Zuhayr ibn Abû Umayya, cousin du Messager de Dieu, et lui demanda :

— Dis-moi, Zuhayr, comment peux-tu continuer à prendre de la nourriture, à porter des vêtements, à connaître des femmes, alors que tes oncles ne peuvent ni vendre, ni acheter, ni se marier, ni marier leurs filles ?

Zuhayr répondit :

— Par Dieu, s'il se trouve un homme qui accepte de venir avec moi, je suis prêt à dénoncer la mise au ban.

— Cet homme existe.

— Qui est-ce ?

— C'est moi.

— Tâchons de trouver un troisième.

Hishâm alla voir al-Mut‘im ibn ‘Udayy et lui demanda :

— Dis-moi, al-Mut'im, acceptes-tu de continuer à obéir à Quraysh, alors que les femmes de Banû Hâshim meurent sous tes yeux ? Par Dieu, si nous laissons faire ces gens, ils ne sauront plus où s'arrêter.

— Que puis-je faire, à moi tout seul ?

— Tu as un second.

— Qui donc ?

— Moi.

— Il serait bon d'avoir un troisième.

— Je l'ai trouvé.

— Qui est-ce ?

— Zuhayr ibn Abû Umayya.

— Tâchons de trouver un quatrième.

Hishâm alla voir al-Buhturî ibn Hishâm, qui lui dit :

— Quelqu'un d'autre est-il prêt à y aller ?

— Oui, moi, Zuhayr ibn Abû Umayya et al-Mut'im ibn 'Udayy.
— Tâchons de trouver un cinquième.

Hishâm se rendit chez Zum'a ibn al-Aswad, qui lui dit :
— Quelqu'un d'autre est-il prêt à s'associer à cette action ?
Hishâm lui cita les noms des autres et Zum'a acquiesça. Les cinq décidèrent alors de se réunir de nuit, sur l'une des collines entourant La Mecque. Ils s'y retrouvèrent, discutèrent de la chose et s'engagèrent à tout faire pour dénoncer la mise au ban. Zuhayr dit :
— Je serai le premier à prendre la parole.
Le lendemain, ils allèrent à la Mosquée et prirent place au sein de différents groupes de discussion. Zuhayr, vêtu d'une robe, commença par faire sept fois le tour de la Demeure Sacrée, puis il vint s'adresser aux gens :
— Gens de La Mecque, comment pouvons-nous manger alors que les Banû Hâshim meurent de faim, parce qu'ils ne peuvent ni vendre ni acheter ? Par Dieu, je n'aurai plus de repos, tant que cette mesure inique ne sera pas dénoncée !
Abû Jahl, qui était assis là, se leva d'un bond et cria :
— Tu mens, cette mesure n'est pas inique. Elle ne sera pas dénoncée !
Alors Zum'a ibn al-Aswad se leva à son tour et dit à Abû Jahl :
— C'est toi qui mens. C'est une mesure inique, dont nous n'avons jamais voulu !
Puis al-Buhturi dit :
— Zum'a a raison. Nous n'approuvons pas cette mesure.
Puis al-Mut'im ibn 'Udayy dit :
— Vous avez raison tous les trois. Menteur est celui qui dit le contraire. Nous nous affranchissons devant Dieu de la mise au ban et de ce qu'elle contient !

★

Dieu avait entre-temps dirigé des termites sur la feuille de parchemin portant le texte de la mise au ban. Ils avaient rongé toutes ses dispositions qui exprimaient l'idolâtrie et l'iniquité. Ils n'avaient rien laissé d'autre que le nom de Dieu.

Le Messager de Dieu en fut informé et l'apprit à son oncle Abû Tâlib. Ce dernier dit :

— Tu ne m'as jamais trompé.

Puis il sortit, accompagné d'un groupe de Banû 'Abd al-Muttalib et se dirigea vers la Mosquée, où se poursuivait la querelle entre Qurayshites. Ces derniers contestant sa prétention à se mêler à eux, Abû Tâlib leur dit :

— Apportez le parchemin où vous avez inscrit les mesures décidées contre nous. Peut-être pourrons-nous parvenir à une réconciliation.

Les seigneurs de Quraysh répondirent :

— Il est temps que vous reveniez à des sentiments qui permettent de refaire l'unité de notre peuple. Celui qui nous sépare, c'est un seul homme, devenu un danger pour tous.

Abû Tâlib dit :

— Je suis venu avec une proposition équitable. Mon neveu, qui ne ment jamais, m'informe que Dieu désapprouve la mise au ban des Banû Hâshim. C'est pourquoi il en a effacé le texte, ne laissant sur la feuille de parchemin que Son nom. Si ce qu'a dit mon neveu est vrai, c'est à vous de vous réveiller ! Par Dieu, nous ne vous le remettrons jamais, dussions-nous mourir jusqu'au dernier. Par contre, si ce qu'a dit mon neveu est faux, nous vous le remettrons.

Quraysh accepta la proposition et ils allèrent chercher la feuille de parchemin. Lorsqu'ils la rapportèrent, ils virent que ce qu'avait dit le Messager de Dieu était vrai. Ils déclarèrent :

— Ce ne peut être que de la sorcellerie.

Les Banû 'Abd al-Muttalib répondirent :

— Le mensonge et la sorcellerie ne sont pas notre fait. N'est-ce pas plutôt le pacte que vous avez conclu contre nous qui tient de la sorcellerie ? Si ce pacte n'était pas une œuvre de sorcellerie, le document n'aurait pu être modifié à votre insu, alors qu'il était entre vos mains. Où donc sont les sorciers ?

Alors les cinq qui s'étaient réunis la veille se levèrent et déclarèrent :

— Nous nous affranchissons de ce pacte !

Abû Jahl dit :

— Tout cela a été ourdi dans la nuit, hors de cette enceinte !

★

Depuis que Quraysh avait décidé de le tuer, le Messager de Dieu prenait des précautions pour sortir et Abû Tâlib envoyait avec lui plusieurs hommes des Banû Hâshim chargés de le protéger. Ce qui limitait sa liberté de mouvement. Jusqu'au jour où fut révélé le verset :

Prophète, transmets ce que t'a révélé ton Seigneur. Si tu ne le fais pas, tu n'auras pas fait connaître Son message. Dieu te protégera des hommes. (1)

Par la suite, lorsque Abû Tâlib voulut envoyer des hommes chargés de veiller sur lui, le Messager de Dieu dit :

— Non, mon oncle. Dieu me protège des hommes comme des djinns.

Et il sortit seul.

A la Mosquée, il rencontra Umayya ibn Abû al-Salt, le poète d'al-Tâ'if, qui revenait du Bahrayn où il s'était retiré après la mort de son ami 'Abd Allâh ibn Jad'ân. Il dit au Messager de Dieu :

— O Ibn 'Abd Allâh ibn 'Abd al-Muttalib, quel est ton message ?

Le Prophète répondit :

— Je dis qu'il n'y a d'autre dieu que Dieu et que je suis le Messager de Dieu.

— J'aimerais en parler. Veux-tu demain ?

— Demain.

— Veux-tu que je vienne seul ou avec quelques compagnons ? Viendras-tu seul ou avec quelques compagnons ?

— Comme tu veux.

— Je viendrai avec mes compagnons, viens avec les tiens.

Ils se retrouvèrent le lendemain au pied de la Ka'ba. Umayya était accompagné de gens de Thaqîf ainsi que de Quraysh. Il prit la parole, récita des vers et dit au Messager de Dieu :

— Réponds-moi, Ibn 'Abd Allâh ibn 'Abd al-Muttalib.

Le Messager de Dieu commença par les mots :

— Au nom de Dieu, le Clément, le Miséricordieux...

Puis il récita la sourate de Ya Sîn :

Révélation du Tout-Puissant, du Miséricordieux, pour avertir un peuple dont les ancêtres ne furent pas avertis et restèrent insouciants. La Parole s'est accomplie contre la plupart d'entre eux et ils ne croient pas. Nous leur mettrons le carcan au cou, jusqu'au menton et leur tête ne bougera plus. Nous placerons une barrière devant eux et une barrière derrière, nous les envelopperons de toutes parts et ils ne verront plus rien... N'avertis que celui qui suit le rappel et craint le Miséricordieux dans Son mystère. Annonce-lui un pardon et une généreuse récompense. C'est Nous qui rendons la vie aux morts, Nous qui inscrivons tout ce qu'ils ont fait, ainsi que les traces qu'ils ont laissées, car Nous tenons compte de tout dans un Livre explicite... Que les hommes sont affligeants ! Aucun prophète ne vient à eux qu'ils ne se rient de lui ! Ne voient-ils pas combien de générations précédentes nous avons détruites ? Elles ne reviendront plus chez elles, mais comparaîtront toutes devant Nous... La trompette sonnera et, de leurs tombeaux, ils se précipiteront vers leur Seigneur. Ils diront : « Malheur, qui nous arrache à notre couche ? C'était la promesse du Miséricordieux. Les prophètes disaient vrai... » (2)

Lorsqu'il eut fini, Umayya se leva et s'éloigna sans rien dire, plongé dans ses pensées. Ses compagnons le suivirent et, l'ayant rejoint, lui demandèrent :

— Que dis-tu, Umayya ?

Il répondit :

— Il est dans le vrai.

— Le suivras-tu ?

— J'ai besoin d'y réfléchir.

Il quitta La Mecque et partit pour la Syrie.

Les chroniqueurs nous ont transmis peu de détails sur les effets pratiques de la mise au ban et sur les souffrances endurées alors par les Banu Hâshim. Mais il est clair que ce véritable « blocus » auquel ils ont été soumis les frappait à la fois moralement et matériellement. L'épisode de la feuille de parchemin a été retenu par les chroni-

queurs dans deux versions différentes. Selon Ibn Ishâq, les termites ont rongé les passages du texte où le nom de Dieu était mentionné. Selon Ibn Sa'd, ce sont, au contraire, ces seuls passages que les termites ont laissés intacts. Ce qui paraît plus logique.

CHAPITRE DEUXIÈME

La mort d'Abû Tâlib

Muhammad tente de convaincre Abû Tâlib, sur son lit de mort, d'embrasser l'islam. Son oncle s'y refuse. Le Prophète invoque en vain en sa faveur le pardon de Dieu.

Abû Tâlib tomba malade. Le voyant souffrir, certains de ses proches lui dirent :

— Demande donc à ton neveu de te faire parvenir un remède de ce Paradis dont il nous parle tant !

Abû Tâlib envoya l'un d'entre eux chercher le Messager de Dieu, qui se trouvait à la Mosquée avec Abû Bakr. L'homme lui dit :

— O Muhammad, ton oncle te transmet ceci : « Je suis vieux, faible et malade. Fais-moi parvenir, de ce Paradis dont tu parles, quelque nourriture ou quelque boisson qui m'apporte la guérison. »

Abû Bakr intervint :

— Le Tout-Puissant a interdit cette nourriture aux infidèles.

L'homme revint vers Abû Tâlib et dit :

— J'ai transmis ton message à Muhammad. Il n'a prononcé aucune parole, mais Abû Bakr, qui était à ses côtés, a prononcé celles-ci : « Le Tout-Puissant a interdit cette nourriture aux infidèles. »

Sur l'insistance de ceux qui l'entouraient, Abû Tâlib dépêcha un autre homme, porteur du même message, auprès du Messager de Dieu, qui cette fois répondit de sa propre bouche :

— Dieu a interdit aux infidèles toute nourriture ou boisson venant du Paradis.

Puis le Messager de Dieu décida d'aller voir Abû Tâlib. Lorsqu'il arriva chez lui, il vit que la maison était pleine d'hommes. Il leur dit :

— Laissez-moi seul avec mon oncle.

Ils répondirent :

— Nous n'en ferons rien. Tu n'es pas plus proche de lui que nous. Nous avons les mêmes liens de parenté.

Il n'insista pas, s'assit près de son oncle et lui dit :

— Mon oncle, puisses-tu être récompensé pour tout ce que tu as fait en ma faveur. Tu m'as élevé et puis tu m'as protégé. Puisses-tu en être récompensé. Veuille dire une parole, une seule, afin que je puisse plaider ta cause auprès de Dieu au Jour du Jugement.

Abû Tâlib demanda :

— Quelle est cette parole, neveu ?

— Dis : « Il n'y a de dieu que Dieu, qui n'a pas d'associé. »

— Tu as toujours été pour moi de bon conseil. Par Dieu, si je ne craignais que Quraysh n'aille dire que j'ai tremblé devant la mort, je ferais cela pour toi.

Ses proches, autour de lui, s'écrièrent :

— O Abû Tâlib, tu es l'aîné dans la religion de nos ancêtres…

Abû Tâlib dit au Messager de Dieu :

— Que les femmes de Quraysh ne puissent pas dire que ton oncle a tremblé devant la mort !

Le Messager de Dieu répondit :

— Je ne cesserai de demander pour toi le pardon de Dieu, à moins qu'il ne m'interdise de le faire.

*

Le mal d'Abû Tâlib s'aggravait. Certains des seigneurs de Quraysh se dirent :

— Allons voir cet homme. Qu'il nous délivre, pendant qu'il en est encore temps, du souci que nous cause son neveu. Après la mort d'Abû Tâlib il sera indigne de tuer Muhammad. Les Arabes diront : « Son oncle le protégeait, ils ne l'ont tué que quand son oncle est mort. »

Ils se rendirent chez Abû Tâlib, qui était sur son lit de mort et lui dirent :

— Tu es notre aîné et notre seigneur. Parle à ton neveu, qui nous fait tant de mal en diffamant notre religion. Demande-lui de cesser de dénigrer nos divinités et nous le laisserons libre d'adorer son Dieu.

Abû Tâlib envoya chercher le Messager de Dieu et lui dit :

— Muhammad, ce sont-là tes proches, tes cousins. Écoute-les.

Le Messager de Dieu demanda :

— Que me voulez-vous ?

Ils répondirent :

— Nous voulons que tu nous laisses à nos divinités et nous te laisserons à ton Dieu.

Abû Tâlib intervint :

— Tes gens te font une proposition équitable. Accepte-la.

Le Messager de Dieu dit aux seigneurs de Quraysh :

— Pourquoi ne feriez-vous pas plutôt une profession de foi qui vous donnerait pouvoir sur les Arabes et mettrait les Perses à votre merci * ?

'Amrû ibn Hishâm dit :

— Certes, par ton père, nous ferions une telle profession et dix fois plutôt qu'une. Quelle est-elle ?

Le Messager de Dieu dit :

— Il vous faut prononcer ces mots : « Il n'y a de dieu que Dieu », et cesser d'adorer tout autre que Lui.

Ils répondirent :

— Tu voudrais faire de tous les dieux un seul. C'est une bien étrange idée !

Ils devisèrent entre eux et se dirent :

— Cet homme ne nous donnera pas ce que nous demandons. Partons et poursuivons dans la religion de nos pères, jusqu'à ce que Dieu tranche entre nous et lui.

Abû Tâlib intervint encore :

---

* Le Prophète pressent que si les Arabes s'unissent sous la bannière de l'islam, ils pourront songer à défier la puissance perse.

— Demande-leur autre chose, mon neveu, cette profession de foi les a déroutés.

Le Messager de Dieu lui dit :

— Je ne ferai jamais une autre profession. Même si on venait mettre le soleil dans ma main, je n'en ferai pas d'autre.

Abû Tâlib dit :

— Par Dieu, mon neveu, je reconnais que tu ne leur as rien demandé d'absurde.

Entendant ces mots, le Messager de Dieu se prit à espérer que son oncle était enfin prêt à embrasser l'islam. Il lui dit :

— Mon oncle, prononce ces mots et il me sera permis d'intervenir en ta faveur au Jour du Jugement.

Abû Tâlib, ému de voir combien son neveu se souciait du sort de son âme, lui dit :

— O mon neveu, Quraysh irait dire que j'ai prononcé ces paroles par peur de la mort et tu serais couvert de honte, ainsi que tes cousins. Si je ne craignais pour vous cette honte, par Dieu, j'aurais fait cette profession. Je l'aurais faite pour toi.

Puis Abû Tâlib mourut et le Messager de Dieu implora son Seigneur de pardonner à son oncle et d'étendre sur lui Sa miséricorde.

Les musulmans se dirent alors :

— Qu'est-ce donc qui nous empêche, à notre tour, d'implorer le pardon de Dieu pour nos propres parents ? Abraham l'a fait pour son père et Muhammad le fait pour son oncle, alors qu'Azar et Abû Tâlib n'ont pas été éclairés par la foi ?

Et ils se mirent à implorer Dieu de prendre pitié de leurs ancêtres qui étaient morts sans embrasser l'islam – et sans le connaître.

Mais Dieu révéla au Prophète un verset qui lui interdisait, comme au reste des musulmans, une telle imploration :

Il n'appartient ni au Prophète ni aux croyants de demander à Dieu le pardon des adorateurs d'idoles – fussent-ils leurs proches – sachant que ces gens seront les hôtes de la Géhenne. (1)

Alors les musulmans cessèrent d'implorer Dieu en faveur de leurs ancêtres morts dans l'incroyance.

L'implacable décret divin, rejetant tout pardon aux adorateurs d'idoles, même à un homme tel qu'Abû Tâlib (qui a pourtant rendu à l'islam l'immense service de protéger son Prophète, à une époque où ce dernier était particulièrement vulnérable), a laissé perplexes nombre de chroniqueurs et de commentateurs. Mais il ne s'agit pas là d'une décision de Muhammad – lequel, au contraire, a d'abord imploré le pardon divin en faveur de son oncle. Il s'agit d'un verset du Coran, révélé sous une forme absolument péremptoire. Il n'y avait donc pas matière à discussion.

CHAPITRE TROISIÈME

L'histoire de Bahiyya

Bahiyya accepte d'épouser un grand seigneur arabe, mais pose ses conditions avant de l'accueillir sous sa tente.

Al-Hârith ibn 'Awf, de la tribu des Hawâzin, était un grand seigneur arabe. Il dit un jour à son ami al-Khârija ibn Sinân :

— Y a-t-il un Arabe à qui je demanderais la main de sa fille et qui me la refuserait ?

Son ami répondit :

— Oui.

— Qui donc ?

— Aws ibn Hâritha, de la tribu de Tayy'.

Al-Hârith dit alors à son ami :

— Allons-y.

Ils se mirent en route pour aller voir Aws dans sa tribu et le trouvèrent assis à la porte de sa maison. Lorsqu'il les vit, il dit :

— Bienvenue à toi, al-Hârith !

— Salut à toi.

— Quel est l'objet de ta visite ?

— Je viens te demander la main d'une de tes filles.

— Je ne puis te l'accorder.

Al-Hârith tourna les talons et repartit sans un mot, suivi de son ami al-Khârija. Aws rentra furieux dans sa maison. Sa femme lui demanda :

— Qui était cet homme venu te voir et à qui tu n'as presque pas adressé la parole ?

— C'est al-Hârith ibn 'Awf.

— Comment se fait-il que tu ne l'aies pas invité chez toi ?

— Il a agi sottement.

— Comment cela ?

— Il est venu me demander la main d'une de mes filles.

— Tu ne veux pas marier tes filles ?

— Si.

— Si tu les refuses à un grand seigneur arabe, à qui les accorderas-tu ?

— C'est fait. Je n'y puis plus rien.

— Tu peux revenir sur ce que tu as fait.

— Comment ?

— Va le rejoindre et ramène-le.

— Après ces paroles qui m'ont échappé, comment ferai-je ?...

— Tu lui diras : « J'étais contrarié par une affaire où tu n'es pour rien. Ces paroles m'ont échappé. Reviens et tu auras tout ce que tu désires. » Il reviendra.

Aws enfourcha sa monture et partit sur les pas d'al-Hârith et al-Khârija. Ce dernier le vit en premier et dit son ami :

— Aws nous suit.

Al-Hârith, le visage fermé, dit :

— Qu'avons-nous à faire de lui ? Continuons d'avancer.

Voyant qu'ils ne s'arrêtaient pas, Aws cria très fort :

— Attends-moi, al-Hârith et parlons.

Ils s'arrêtèrent et il les rejoignit pour dire à al-Hârith ce que sa femme lui avait conseillé de dire. Al-Hârith, tout content, s'en revint avec lui accompagné d'al-Khârija. Aws les fit asseoir dans sa maison, puis il alla voir sa femme et lui dit :

— Appelle-moi l'aînée des filles.

Lorsque l'aînée des filles fut venue, il lui dit :

— Ma fille, al-Hârith ibn 'Awf, l'un des grands seigneurs arabes, est ici pour me demander la main d'une de mes filles. Je voudrais te marier à lui. Qu'en penses-tu ?

Elle répondit :

— Ne le fais pas.

— Pourquoi donc ?

— J'ai des défauts, au visage et ailleurs. Cet homme, n'étant pas mon cousin, ne serait pas tenu avec moi d'honorer les liens de parenté. Habitant loin de chez toi, rien ne le retiendrait de me maltraiter. Et quand il verra mes défauts, je ne suis pas sûre qu'il ne me répudie pas. Ce qui me remplirait de honte.

Aws lui dit :

— Va, Dieu te bénisse, ma fille.

Puis il demanda à sa femme d'appeler sa deuxième fille, à qui il tint le même langage. Elle lui répondit :

— Je suis sotte et ne sais rien faire de mes mains. Je crains que, voyant mes défauts, il ne tarde pas à me répudier. Ce qui me remplirait de honte. Il n'est pas mon cousin, pour devoir honorer mes droits et il habite trop loin de toi pour se retenir de me maltraiter.

— Va, ma fille, Dieu te bénisse. Appelle Bahiyya.

Bahiyya était la plus jeune de ses filles. Il lui tint le même langage qu'aux deux premières. Elle lui répondit :

— J'accepte.

— J'ai fait la même proposition à tes deux sœurs, qui ont toutes deux refusé.

— Mais moi, par Dieu, je suis belle de visage, habile des mains et, par mon père, de noble ascendance. Si cet homme me répudie, Dieu le châtiera.

Aws se leva et dit :

— Dieu te bénisse.

Puis il alla retrouver al-Hârith ibn 'Awf et lui dit :

— Je te donne en mariage ma fille Bahiyya.

— J'accepte.

Aws demanda à sa femme d'apprêter leur fille et fit dresser une tente où il invita al-Hârith à attendre Bahiyya, qui, une fois prête, vint le rejoindre pour la nuit. Mais peu de temps après, al-Hârith sortit de la tente pour aller voir son ami al-Khârija. Ce dernier lui demanda :

— As-tu fait ce que tu avais à faire ?

Al-Hârith répondit :

— Par Dieu, non.

— Pourquoi donc ?

— Lorsque je me suis approché d'elle, elle a dit : « Tu voudrais faire cela chez mon père et mes frères ? Par Dieu, ce n'est pas possible. »

Al-Hârith donna l'ordre du départ et ils prirent la route. Après de longues heures de marche, ils firent halte et al-Hârith vint retrouver sa femme sous la tente. Il en sortit peu après et alla voir son ami al-Khârija, qui lui demanda :

— Est-ce fait ?

— Non, par Dieu.

— Pourquoi donc ?

— Elle m'a dit : « Tu voudrais faire cela comme si j'étais une esclave ou une captive ? Par Dieu, cela ne se fera que lorsque tu auras égorgé les moutons, invité les Arabes et donné la fête qui convient à une personne de ma qualité. »

— Par Dieu, je lui trouve de la fierté et de l'intelligence. Dieu veuille qu'elle te donne des enfants.

Ils repartirent et arrivèrent au pays d'al-Hârith, où ce dernier fit amener chameaux et brebis pour la fête. Puis il entra sous sa tente. Mais il en ressortit presque aussitôt et alla voir son ami, qui lui demanda :

— Est-ce fait ?

— Non.

— Pourquoi ?

— Je suis entré chez elle et lui ai dit : « Ce que j'ai fait suffit-il ? » Elle m'a répondu : « Tu m'as parlé d'honneur et tu en es dépourvu. » Je lui ai demandé : « Que dis-tu là ? » Elle a répondu : « Comment peux-tu songer à une femme alors que les Arabes s'entre-tuent ? » Elle voulait parler de la guerre entre Dâhiz et al-Ghabrâ'. Je lui ai dit : « Qu'attends-tu de moi ? » Elle a répondu : « Va vers ces gens et réconcilie-les. Quand tu reviendras, tu auras ce que tu désires. »

Al-Khârija répéta :

— Par Dieu, je lui vois de la fierté et de l'intelligence. Elle parle de raison.

Al-Hârith dit :

— Allons-y.

La guerre durait depuis plus de quarante années et les deux

camps étaient épuisés. Al-Hârith ibn 'Awf fut chaleureusement accueilli par eux et en particulier par le clan des 'Abs, auquel appartenait sa femme. Il n'eut pas de peine à les réconcilier. Après quoi il alla retrouver Bahiyya et s'unit à elle.

L'histoire de Bahiyya est une parabole doublement révélatrice, d'un rejet croissant des interminables guerres tribales de l'époque et du rôle que pouvaient jouer certaines femmes, au caractère bien trempé, pour infléchir le cours des choses.

CHAPITRE QUATRIÈME

Solitude du Prophète

Après la mort d'Abû Tâlib, son frère Abû Lahab, ennemi de l'islam, prend la tête du clan. Khadîja meurt à son tour. Provocations et agressions se multiplient contre le Prophète, qui souhaite pacifier le débat avec Quraysh. Des paroles, inspirées par Satan, sont effacées par Dieu.

Après la mort d'Abû Tâlib, les affaires des Banû 'Abd al-Muttalib furent confiées à son frère 'Abd al-'Uzza, surnommé Abû Lahab.

Oncle paternel du Prophète, Abû Lahab avait été l'un des tout premiers à s'opposer à lui et à réfuter le Message qu'il recevait de Dieu. Lorsque fut révélé le verset « Avertis tes proches » et que le Messager de Dieu invita chez lui tous les Banû 'Abd al-Muttalib, Abû Lahab vint avec l'espoir de le voir renoncer à la prophétie. Il lui dit :

— … Sache que ton clan ne pourra pas s'opposer à l'ensemble des Arabes. Si tu persistes dans ton entreprise, il vaut mieux que ce soient les tiens qui t'arrêtent plutôt que les autres clans de Quraysh qui s'en prennent à toi, soutenus par le reste des Arabes.

Ces paroles laissèrent le Messager de Dieu sans voix. Il invita une deuxième fois les Banû 'Abd al-Muttalib et, cette fois, leur parla. Il fut réconforté par Abû Tâlib et d'autres de ses oncles et cousins. Mais Abû Lahab dit :

— ... Ramenez-le plutôt à la raison, avant que d'autres ne s'en prennent à lui. Et dans ce cas, si vous l'abandonniez vous seriez humiliés et si vous le défendiez vous seriez tués !

A quoi Abû Tâlib répondit au nom du clan :

— Par Dieu nous le protégerons tant que nous vivrons.

Safiyya bint 'Abd al-Muttalib, sœur d'Abû Lahab, vint alors lui dire :

— O mon frère, pourquoi t'en prendre à ton neveu et au message qu'il apporte ? Par Dieu, les gens qui savent continuent d'annoncer la venue d'un prophète issu des Banû 'Abd al-Muttalib. Ce doit être lui !

Abû Lahab répondit :

— Par Dieu, ce ne sont là que vains bavardages de femmes ! Si tous les autres clans de Quraysh se soulèvent contre nous et que les Arabes s'associent à eux, quelle force pourrons-nous leur opposer ? Ils ne feront de nous qu'une bouchée !

Puis le Messager de Dieu monta sur le mont al-Safâ et appela les gens de Quraysh à l'écouter. Il les avertit de l'imminence d'un châtiment terrible et qu'il ne pourrait rien pour eux s'ils ne proclamaient : « Il n'y a de dieu que Dieu. » Abû Lahab était là, qui s'écria :

— Puisses-tu périr dans la journée. Est-ce pour cela que tu nous as rassemblés ?

Alors le Très-Haut révéla :

Périssent les mains d'Abû Lahab. Périsse Abû Lahab lui-même... (1)

★

La mort de Khadîja bint Khuwaylid survint cinq jours après celle d'Abû Tâlib et le Messager de Dieu eut à porter les deux deuils à la fois. Il demeura chez lui, sans sortir. Et Quraysh crut pouvoir aller plus loin qu'auparavant dans les vexations qu'elle lui infligeait. Mais Abû Lahab alla voir le Messager de Dieu et lui dit :

— O Muhammad, continue de faire ce que tu faisais du vivant d'Abû Tâlib. Par al-Lât, personne ne te fera de mal jusqu'au jour de ma mort.

Peu après, un homme de Quraysh ayant insulté le Messager de Dieu, Abû Lahab alla le voir pour l'insulter en retour. L'homme partit en criant :

— Gens de Quraysh, Abu 'Utba * a renié nos divinités !

Les seigneurs de Quraysh s'en inquiétèrent. Abû Lahab leur dit :

— Non, je n'ai pas renié la religion de 'Abd al-Muttalib. Je ne fais que défendre le fils de mon frère contre ceux qui voudraient lui faire du mal.

Ils acquiescèrent :

— Tu fais bien. Tu honores les liens du sang.

Le Messager de Dieu cessa d'être inquiété pour un temps, par respect pour Abû Lahab. Puis un jour ce dernier reçut la visite de 'Uqba ibn Abû Mu'ît et Abû Jahl, qui lui dirent :

— – Ton neveu t'a-t-il dit où ton père 'Abd al-Muttalib est allé après sa mort ?

— Non.

— Eh bien, demande-lui.

Abû Lahab posa la question à son neveu :

— O Muhammad, où se trouve 'Abd al-Muttalib ?

Le Messager de Dieu répondit :

— Avec son peuple.

Abû Lahab le quitta et alla porter la réponse :

— Il a dit : avec son peuple.

Abû Jahl hocha la tête :

— Il prétend que c'est en Enfer.

Abû Lahab revint vers le Messager de Dieu et dit :

— O Muhammad, est-il vrai que 'Abd al-Muttalib est en Enfer ?

Le Messager de Dieu répondit :

— Tous ceux qui sont morts dans la religion de 'Abd al-Muttalib sont en Enfer.

Alors Abû Lahab s'écria :

— Par Dieu, je ne puis qu'être de tes ennemis !

---

* Abu 'Utba : père de 'Utba. Manière familière de désigner un homme comme le père de l'un de ses enfants.

★

Peu après, Abû Lahab se rendit au chevet du gardien de l'idole al-'Uzza, qui était mourant et qui lui dit :

— O Abû 'Utba, je crains qu'al-'Uzza ne soit délaissée après moi.

Abû Lahab répondit :

— Non. C'est moi qui veillerai sur elle. Si Muhammad triomphe, ce que je ne crois pas, c'est tout de même mon neveu qui triomphera. Si al-'Uzza triomphe, ce que je crois, j'aurai pris des gages auprès d'elle.

Sur ces entrefaites, Abû Lahab rencontra Hind bint 'Utba, l'épouse d'Abû Sufyân, et lui dit :

— O bint 'Utba, sache que je m'oppose à Muhammad et à son Message et que je défends fermement al-Lât et al-'Uzza.

Hind lui dit :

— O Abû 'Utba, puisses-tu en être récompensé.

★

La femme d'Abû Lahab était la sœur d'Abû Sufyân ibn Harb, grand seigneur de La Mecque. Deux de ses fils ayant épousé deux des filles du Prophète, ce fut elle qui, lorsque la guerre contre l'islam fut ouverte, demanda à ses fils de répudier leurs épouses. Ce qu'ils firent.

Lorsqu'elle entendit la Révélation condamnant son mari, qui se terminait par les mots : ***Il brûlera d'un feu ardent, auquel sa femme, portant une corde de fibre au cou, apportera du bois (2),*** elle se rendit à la Ka'ba, tenant à la main un pilon. Là se trouvait le Messager de Dieu, auprès duquel s'étaient assis Abû Bakr et 'Umar ibn al-Khattâb. Elle se dirigea vers eux, mais lorsque son regard se porta sur le Messager de Dieu, le Très-Haut lui voila les yeux et elle ne put le voir. Elle s'adressa à Abû Bakr et dit :

— Où est ton ami ?

Abû Bakr répliqua :

— Que lui veux-tu ?

— J'ai appris qu'il a dit des vers qui me tournent en dérision. Par Dieu, si je le vois, je le frapperai au visage avec ce pilon.

'Umar ibn al-Khattâb dit :

— Que dis-tu là, ce n'est pas un poète !

— Toi, 'Umar, je ne t'ai pas parlé !

Puis, fixant Abû Bakr, elle dit :

— Oui, par les étoiles, Muhammad est un poète, comme je suis une poétesse.

★

Un jour, Abû Lahab croisa le Messager de Dieu sur un sentier de La Mecque. Il lui dit :

— Qu'aurais-je à gagner si je croyais en toi ?

Le Messager de Dieu répondit :

— Ce que gagnent tous les musulmans.

— N'aurais-je rien de plus qu'eux ?

— Que veux-tu de plus ?

— Périsse cette religion ! Que je périsse moi-même plutôt que d'être l'égal de ces gens !

Abû Lahab prit l'habitude de jeter des déchets et des immondices devant la porte du Messager de Dieu. Son frère Hamza ibn 'Abd al-Muttalib, l'ayant surpris pendant qu'il commettait cette indignité, vint prendre quelques-uns de ces déchets et en coiffa Abû Lahab. Ce dernier se nettoya comme il put et dit :

— Sot de Sabéen !

Par la suite il cessa de faire la chose lui-même, mais envoya d'autres la faire à sa place.

Le Messager de Dieu dit :

— J'avais les pires des voisins, d'un côté Abû Lahab et de l'autre 'Uqba ibn Abû Mu'ît, qui venaient tous les deux jeter des immondices sur le pas de ma porte.

Puis Abû Lahab incita son fils 'Utba à aller faire de même. En s'y rendant, 'Utba entendit le Messager de Dieu réciter des versets du Coran. Il dit à voix haute :

— Je me moque de ton Dieu !

Le Messager de Dieu répliqua :

— Que Dieu t'envoie un de ses chiens !

Quelque temps plus tard, 'Utba partit en voyage d'affaires. Une nuit, alors qu'il était endormi au milieu de ses compagnons, un lion vint les renifler l'un après l'autre. Lorsqu'il arriva sur 'Utba, il lui broya les os. Avant de pousser son dernier soupir, 'Utba dit à ses compagnons :

— Je le savais, qu'il fallait prendre Muhammad au mot.

★

Les Qurayshites redoublèrent de méchanceté à l'égard du Messager de Dieu. Ils lui firent subir des outrages qu'ils ne se seraient pas permis avant la mort d'Abû Tâlib. Un jour un insolent alla jusqu'à déverser un sac de poussière sur sa tête. Il rentra chez lui et lorsque sa fille le vit tout sali, elle fondit en larmes. Il lui dit :

— Ne pleure pas, ma fille. Dieu protège ton père.

Mais il ajouta :

— Quraysh n'aurait pas osé me faire cela du vivant d'Abû Tâlib.

★

Selon al-Tabarî (3) :

Al-Walîd ibn al-Mughîra et quelques autres grands de Quraysh, croisant le Messager de Dieu sur un sentier, lui dirent :

— O Muhammad, pourquoi ne nous entendrions-nous pas? Nous pourrions adorer ce que tu adores et tu adorerais ce que nous adorons. Si ce que tu adores est meilleur, nous y aurons gagné et si ce que nous adorons est meilleur, tu y auras gagné.

Le Messager de Dieu souffrait de voir les hommes de son peuple se détourner de lui et il était cruellement éprouvé par leur refus, si obstiné, d'entendre le Message qu'il s'efforçait de leur transmettre. Il espérait, au fond de lui, que Dieu finirait par lui révéler un verset permettant un rapprochement avec eux. Ce sentiment était dicté par l'amour qu'il ressentait pour les siens, aussi bien que par le désir de les voir adoucir à son égard leurs actes et leurs paroles. Il se pénétra de cette idée et l'espéra profondément.

Ce fut dans ces conditions que le Très-Haut révéla :

Par l'étoile à son couchant, votre compagnon n'est pas égaré, il n'est pas dans l'erreur, il ne parle pas sous l'empire de la passion. C'est une Révélation qui lui a été faite... (4)

Puis vint le verset concernant les principales divinités du panthéon mecquois :

Avez-vous considéré al-Lât, al-'Uzza et l'autre troisième, Manât... (5)

Satan fit alors peser sur sa langue ces mots, qui répondaient à son espoir de voir les siens se rapprocher de lui : « Oui, ce sont des guides célestes et leur intercession est souhaitée. »

Le Messager de Dieu alla à la Mosquée, récita la sourate sous cette forme et se prosterna. On vit alors se prosterner derrière lui, non seulement les musulmans qui ne doutaient pas de la véracité de ses paroles, mais aussi les idolâtres, qui se réjouissaient de les entendre pour la première fois. De la sorte, tous les présents se prosternèrent en même temps, à l'exception d'al-Walîd ibn al-Mughîra, trop vieux pour pouvoir se joindre à eux, qui prit une poignée de terre et la porta à son front pour mimer une prosternation symbolique.

Puis les gens quittèrent la Mosquée et les Qurayshites se répandirent partout disant :

— Muhammad a traité nos divinités de la meilleure manière. Il a reconnu que c'étaient des guides célestes, dont l'intercession était souhaitable !

Alors l'Ange Gabriel vint voir le Messager de Dieu et lui dit :

— Qu'as-tu fait, Muhammad ? Tu as récité des paroles que je ne t'ai pas transmises, qui ne sont pas celles du Tout-Puissant !

Le Prophète fut accablé de tristesse et craignit la colère de Dieu. Mais le Tout-Puissant fut d'une grande clémence à son égard. Il le soulagea de sa peine. Il lui apprit que tous les prophètes qui, avant lui, avaient formulé des désirs aussi fervents que les siens, avaient vu Satan peser sur leurs langues et leur faire dire des paroles qui étaient les siennes :

Nous n'avons jamais envoyé avant toi de Messager ou de Prophète sans que Satan, lorsque l'un d'eux éprouvait un espoir, ne pesât sur sa formulation. Mais Dieu abroge ce que lance Satan, puis Dieu rend péremptoires Ses versets. Il est le Sage. (6)

Après l'injonction : « Avez-vous considéré al-Lât, al-'Uzza et l'autre troisième, Manât... », Dieu abrogea les paroles de Satan en révélant :

Ce ne sont que des noms, que vous leur avez attribués, vous et vos pères. Mais Dieu ne leur a accordé aucun pouvoir. Vos pères ne suivent que conjectures et passions. Et pourtant il leur est venu de leur Seigneur un guide. (7)

Ainsi le Très-Haut leva-t-il la tristesse et la crainte qui subsistaient dans le cœur de Son Prophète, en même temps qu'Il effaçait toute trace des paroles que Satan avait prononcées par sa bouche.

*

Cependant, quelques-uns des musulmans partis en Abyssinie, ayant entendu dire que les notables de La Mecque s'étaient prosternés avec le Messager de Dieu et ayant déduit par là que Quraysh avait embrassé l'islam, s'étaient empressés de rentrer chez eux. Ils étaient parvenus aux abords de La Mecque, lorsqu'ils apprirent que la nouvelle était fausse. Ne purent alors entrer dans la ville que ceux d'entre eux qui obtinrent la protection de l'un des seigneurs de Quraysh.

'Uthmân ibn Madh'ûn fut l'un de ceux qui entrèrent car il bénéficiait de la protection d'al-Walîd ibn al-Mughîra. Mais lorsqu'il vit les souffrances endurées par le Prophète et ses compagnons, il dit :

— Par Dieu, je peux aller et venir en bénéficiant de la protection d'un idolâtre, alors que les gens de ma religion endurent pour Dieu toutes les souffrances qui me sont épargnées. Je ressens cela comme une indignité.

Il alla trouver al-Walîd ibn al-Mughîra et lui dit :

— Mon oncle, je viens te libérer de ta parole et te rendre ta protection.

— L'un des miens t'aurait-il fait du tort, mon neveu ?

— Non, mon oncle. Mais j'entends me suffire de la protection de Dieu.

— Eh bien, allons de ce pas jusqu'à la Mosquée. C'est là que je t'ai offert ma protection, c'est là que je dois la reprendre.

— Soit.

Ils se rendirent ensemble à la Mosquée, où al-Walîd ibn al-Mughîra dit à l'assistance :

— 'Uthmân est venu me rendre ma protection.

'Uthmân confirma :

— Al-Walîd dit vrai. Il a été fidèle à sa parole et sa protection m'a été précieuse. Mais je la lui rends pour me contenter de celle de Dieu.

Puis ils se séparèrent.

*

Lubayd ibn Rabî'a, l'un des plus grands poètes de la Jâhiliyya, vint un jour à La Mecque, s'assit dans la cour de la Mosquée et, répondant à la demande de l'assistance, se mit à réciter des vers. 'Uthmân ibn Madh'ûn était présent, qui entendit Lubayd dire :

— Tout ce qui n'est pas Dieu est vain…

'Uthman acquiesça à voix haute :

— Tu dis vrai.

Lubayd poursuivit :

— Et tout bonheur inéluctablement prend fin…

'Uthmân le coupa :

— Tu mens. Le bonheur du Paradis n'a pas de fin.

Lubayd se tourna vers l'assistance et demanda :

— Gens de Quraysh, vos hôtes n'étaient pas importunés jusqu'ici. Que vous est-il arrivé ?

Un Qurayshite :

— C'est un de ces insolents qui ont renié notre religion. Ne prête aucune attention à ses propos.

'Uthmân répliqua et une querelle s'ensuivit. Le Qurayshite, sachant que 'Uthmân ne bénéficiait plus de la protection d'al-Walîd ibn al-Mughîra, le frappa au visage et le blessa à l'œil. Voyant cela, al-Walîd dit :

— O mon neveu, ton œil était jusque-là intouchable, protégé par ma parole.

'Uthmân répondit :

— O mon oncle, mon œil valide aspire à se joindre à mon œil blessé pour le bien de Dieu. La protection de Dieu m'est plus chère et plus précieuse que la tienne.

Al-Walîd insista :

— Tu peux encore retrouver la mienne, neveu.

— Non, mon oncle.

★

Abû Jahl, croisant le Messager de Dieu sur un sentier de La Mecque, le défia :

— Pourquoi ne ressuscites-tu pas deux ou trois de nos ancêtres? Dieu est si complaisant à ton égard. Tu ne lui es pas moins cher que Jésus, dis-tu. Eh bien, Jésus a ressuscité des morts!

Le Messager de Dieu répondit :

— Dieu ne m'a pas donné ce pouvoir.

Abû Jahl reprit :

— Eh bien, commande donc aux vents de nous transporter en un jour jusqu'en Syrie, puis en un jour de nous en ramener ici. La longueur de cette traversée nous épuise. Tu n'es pas moins cher à Dieu que Salomon, n'est-il pas vrai? Lui pouvait effectuer en un jour un voyage d'un mois.

Le Messager de Dieu dit :

— Je ne peux pas cela.

Abû Jahl répliqua :

— Si tu ne peux rien faire de ce que je te demande, cesse donc de dénigrer nos idoles!

Sur ce, les rejoignit 'Abd Allâh ibn Umayya, qui dit au Prophète :

— Montre-nous quelle dignité Dieu t'accorde. Aie une maison richement décorée, un jardin planté de palmiers et de vignes, où coulent les ruisseaux. Fais pour nous jaillir une fontaine, qui remplace ce puits de Zamzam, dont l'usage devient si pénible à nos bras. Ou alors, fais tomber sur nos têtes des débris de Ciel…

Le Messager de Dieu répéta :

— Cela n'est pas en mon pouvoir, mais en celui de mon Créateur.

— Ou alors monte au Ciel et rapporte-nous un Livre que nous puissions lire, mais fais tout cela sous nos yeux.

— Ce n'est pas en mon pouvoir.
Puis le Messager de Dieu leur tourna le dos et partit. (8)

Et le Très-Haut révéla :
Ils ont dit : « Nous ne croirons pas en toi, tant que tu n'auras pas pour nous fait jaillir de la terre une source, ou que tu ne posséderas pas un jardin de palmiers et de vignes, dans lequel tu feras couler en abondance des ruisseaux, ou que tu n'auras pas fait tomber, comme tu nous l'annonces, des pans de Ciel sur nos têtes, ou que tu n'auras pas fait venir Dieu et ses anges à ton secours... » Réponds : « Gloire à mon Seigneur. Je ne suis qu'un mortel, un prophète. Rien ne les empêche de croire, une fois qu'un guide leur a été envoyé. » Mais ils disent : « Dieu envoie-t-il un mortel pour prophète ? » Si les anges marchaient en paix sur la terre, nous leur enverrions un ange pour prophète... Au Jour de la Résurrection, nous les traînerons tous sur la face, aveugles, sourds et muets. La Géhenne sera leur demeure, dont la flamme brûlante sera ranimée chaque fois qu'elle s'éteindra... (9)

L'épisode du faux verset inspiré par Satan, au sujet des idoles mecquoises, a été rapporté par Ibn Ishâq, dans la première Sîra. Ibn Hishâm l'a supprimé dans sa version expurgée. Al-Tabarî l'a repris en se référant à la copie originale d'Ibn Ishâq. Il n'est pas le seul. Al-Wâhidi et al-Dahhâk, entre autres, le rapportent sans le mettre en doute. Au cours des premiers siècles d'élaboration de la Sîra, l'épisode ne semble pas avoir été contesté. C'est plus tard qu'on a commencé à discuter de sa vraisemblance. Puis certains ont commencé à nier son existence, le Prophète étant prémuni par Dieu contre la possibilité d'être ainsi abusé.

CHAPITRE CINQUIÈME

Hamza ibn 'Abd al-Muttalib

Les provocations se poursuivent contre le Prophète. Son oncle Hamza ibn 'Abd al-Muttalib prend sa défense et embrasse l'islam. Abû Bakr est brutalement agressé dans la Mosquée. Nouvelles conversions.

Un homme d'Arâsh vint à La Mecque avec un troupeau de chameaux, qu'il vendit à Abû Jahl. Ce dernier tardant à lui donner son argent, l'homme d'Arâsh finit par se rendre à la Mosquée, lieu de rencontre habituel des Qurayshites et dit :

— Je suis un étranger, un homme de passage. 'Amrû ibn Hishâm a acheté mes chameaux et ne me paie pas. Je ne puis partir sans être payé et me vois forcé de rester où je n'ai que faire. Y a-t-il un homme, ici, qui accepte de venir avec moi pour obtenir mon dû ?

Le Messager de Dieu était assis non loin de là. Certains le montrèrent du doigt et dirent, sur le ton de l'ironie :

— Voici ton homme. Va avec lui, il te rapportera ton dû.

L'homme demanda :

— Qui est-il ?

— Muhammad ibn 'Abd Allâh.

— Est-il puissant ?

— Va, tu verras bien.

L'homme alla vers le Messager de Dieu et dit :

— O Muhammad, je suis un étranger dans ce pays...

Il raconta son histoire au Messager de Dieu, qui saisit aussitôt le dessein des Qurayshites. Il se leva, demanda à l'homme de le suivre et se rendit avec lui chez Abû Jahl. Il frappa à la porte. Avant d'ouvrir, Abû Jahl demanda :

— Qui est-ce ?

Le Prophète dit :

— Je suis Muhammad ibn 'Abd Allâh, ouvre-moi.

Abû Jahl ouvrit la porte et sortit. Le Messager de Dieu dit :

— Donne à cet homme son dû.

Abû Jahl répondit :

— Oui.

Le Messager de Dieu insista :

— Je ne repartirai que quand tu lui auras donné son dû.

Abû Jahl rentra chez lui et revint avec la somme, qu'il remit à l'homme d'Arâsh. Puis le Messager de Dieu repartit de son côté et l'homme revint à la Mosquée où l'attendaient les Qurayshites pleins de curiosité. Il leur dit :

— Dieu vous le rende en bien et le rende en bien à Muhammad. Il a obtenu mon dû de la manière la plus aisée.

Il les laissa stupéfaits et s'en alla.

Abû Jahl vint plus tard les rejoindre et ils lui demandèrent :

— Que s'est-il donc passé ? Par Dieu nous avions poussé l'homme vers Muhammad par goût de la plaisanterie !

Il répondit :

— Ah, par Dieu, ne m'en parlez pas ! Dès que j'ai ouvert ma porte à Muhammad, mon courage m'a quitté. J'ai vu se dresser au-dessus de sa tête un étalon furieux, ouvrant une bouche aux dents menaçantes, toute prête à m'engloutir si je ne rendais à l'homme son dû. Ce que je m'empressai de faire.

Ils dirent :

— C'est encore un de ses artifices de sorcier.

★

Abû Jahl se vengea peu après, lorsqu'il rencontra le Messager de Dieu sur un sentier de La Mecque, en le couvrant d'insultes et d'injures. Le Messager de Dieu ne répondit pas et Abû Jahl finit par le quitter pour aller rejoindre ses amis à Dâr al-Nadwa. Mais une servante affranchie de ʻAbd Allâh ibn Jadʻân, habitant non loin de là, avait entendu les propos proférés par Abû Jahl. Elle s'en ouvrit à l'oncle du Prophète, Hamza ibn ʻAbd al-Muttalib, qui rentrait alors de la chasse :

— Ah, si tu avais vu ce que ton neveu Muhammad vient de subir de la part d'Abû Jahl ! Il l'a trouvé là, il lui a dit les choses les plus insultantes et Muhammad ne lui a pas répondu.

Rentrant de la chasse, Hamza avait l'habitude d'aller tourner autour de la Mosquée et de converser avec les gens qu'il y rencontrait. Mais ce qu'il venait d'entendre l'emplit d'une froide colère. Il alla droit vers Dâr al-Nadwa, où il savait qu'il trouverait Abû Jahl et, levant l'arc qu'il tenait toujours à la main, le frappa violemment au visage. Puis il lui dit :

— Tu as insulté Muhammad. Moi qui suis devant toi, j'ai embrassé sa religion et je me rallie à son message. Réponds-moi donc si tu oses !

Certains proches d'Abû Jahl se levèrent pour riposter. Abû Jahl leur dit :

— Laissez. Il est vrai, par Dieu, que j'ai méchamment insulté son neveu.

La nouvelle de la conversion de Hamza se répandit aussitôt. Le Messager de Dieu venait de gagner un protecteur avec lequel Quraysh comprit qu'il lui faudrait désormais compter.

Cependant l'oncle du Prophète, rentrant chez lui, trouva Satan qui l'attendait et qui lui dit :

— Toi, un des seigneurs de Quraysh, suivre ce Sabéen et pour lui, renier la religion de tes ancêtres ! La mort vaut mieux que ce forfait !

Hamza se demanda :

— Qu'ai-je fait ? Seigneur, si je suis dans la voie juste, fortifie-la dans mon cœur. Sinon, offre à mon trouble une issue.

Il passa une nuit terrible, en proie à ce que lui chuchotait Satan.

Au matin, il alla voir le Messager de Dieu et lui dit :

— O neveu, je suis dans un désarroi dont je ne sais comment me tirer. Je ne distingue plus ce qui est juste de ce qui est erroné. Parle-moi neveu, parle-moi. J'ai besoin de t'entendre me parler.

Alors le Messager de Dieu parla à son oncle Hamza. Il lui dit la voie juste, et l'admonition de Dieu, et Sa promesse. Et Dieu fit entrer dans le cœur de Hamza la foi que les paroles du Prophète lui transmettaient. Et Hamza dit :

— J'atteste que tu dis vrai, que tu es le véridique. O neveu, ta religion est la plus haute. Par Dieu, pour rien au monde je n'aurais voulu mourir dans celle qui fut la mienne jusqu'ici !

★

Peu après, quelques hommes de Quraysh vinrent dire au Messager de Dieu :

— O Muhammad, tu nous as appris que Moïse avait un bâton, avec lequel il a fendu un rocher pour en faire jaillir douze sources ; et que Jésus a ressuscité les morts ; et que Sâlih a fait apparaître la chamelle que demandaient les Thamûd. Fais-nous quelques miracles comme ceux-là et nous te croirons !

Le Messager de Dieu leur demanda :

— Quelle sorte de miracle voulez-vous que je fasse ?

Ils répondirent :

— Que le mont al-Safâ se change en or !

— Et si je le fais, me croirez-vous ?

— Oui, par Dieu, nous te croirons tous, si tu le fais.

Le Messager de Dieu pria le Très-Haut pour que s'accomplît ce miracle. Gabriel le visita et lui dit :

— Lorsque le Très-Haut ordonne un miracle et qu'à sa suite les gens demeurent incroyants, le châtiment du Très-Haut est terrible. Il les anéantit ★*. Mieux vaut laisser ces gens dans l'incroyance, jusqu'à ce que se repentent ceux d'entre eux qui se repentiront.*

Le Messager de Dieu dit :

— Qu'ils restent dans l'incroyance, jusqu'à ce que se repentent ceux d'entre eux qui se repentiront. (1)

★ Cet avertissement renvoie au châtiment que Dieu a précédemment fait descendre sur d'autres peuples, lorsqu'Il les a gratifiés de miracles et qu'ils n'ont quand même pas cru en Lui. cf. 4e partie, chap. 1.

★

Sur un sentier de La Mecque, le Messager de Dieu fut assailli par Abû Jahl et un groupe de ses amis. Passant par là, Tulayb ibn 'Umayr, cousin du Messager de Dieu, se précipita au secours de ce dernier, frappa Abû Jahl au visage et le blessa. Les amis d'Abû Jahl se saisirent de Tulayb et voulurent le punir, mais Abû Lahab, oncle maternel de Tulayb, intervint pour le protéger.

Apprenant cela, Urwa bint 'Abd al-Muttalib, mère de Tulayb et sœur d'Abû Lahab, dit :

— Ce que mon fils Tulayb a fait de mieux, jusqu'ici, c'est de se porter au secours de son cousin Muhammad !

Les gens allèrent dire à Abû Lahab :

— Ta sœur a renié nos divinités.

Abû Lahab alla voir sa sœur et lui reprocha ses paroles. Elle lui dit :

— Fais plutôt comme Tulayb, défends Muhammad. S'il triomphe, tu seras du bon côté. S'il est vaincu, personne ne pourra te reprocher d'avoir soutenu ton neveu.

Il lui répondit :

— Nous ne pourrons affronter tous les Arabes. Muhammad prône une religion bizarre, qu'ils n'accepteront pas !

Ayant appris les propos qu'avait tenus sa mère, Tulayb alla lui dire :

— J'ai embrassé l'islam et suivi Muhammad. Pourquoi ne fais-tu pas de même ? Ton frère Hamza ne vient-il pas d'embrasser l'islam ?

Elle répondit :

— J'attends de voir ce que feront mes sœurs, nous agirons ensemble.

Il insista :

— Je te demande, par Dieu, de suivre Muhammad, de croire en lui et de témoigner qu'il n'y a d'autre dieu que Dieu.

Alors sa mère répéta après lui :

— Je témoigne qu'il n'y a d'autre dieu que Dieu et que Muhammad est le Messager de Dieu.

★

Les seigneurs de La Mecque étaient un jour réunis dans l'enceinte de la Ka'ba et disaient de Muhammad :

— Cet homme nous inflige des choses terribles, que personne avant lui ne nous avait infligées. Il insulte nos pères, se moque de nos dieux, brise l'unité de notre peuple. Notre patience est à bout.

Tandis que ces hommes parlaient de lui, le Messager de Dieu apparut, qui tournait autour de la Ka'ba. Lorsqu'il passa près d'eux, ils eurent des mots désobligeants à son égard. Son visage se contracta, mais il ne dit rien et poursuivit le tour qu'il faisait. Il passa une deuxième fois près d'eux et ils reprirent leurs sarcasmes. Il ne dit rien et continua son tour. La troisième fois, passant près d'eux et entendant leurs moqueries, il s'arrêta et dit :

— Ecoutez-moi, gens de Quraysh. Par Celui qui tient l'âme de Muhammad entre Ses mains, j'ai pour mission de couper des têtes.

L'expression les stupéfia et ils restèrent un moment abasourdis. Puis ceux qui avaient eu à son égard les mots les plus durs s'efforcèrent de lui adresser des paroles apaisantes. Certains dirent :

— Allons, Muhammad, va en paix. Par Dieu, tu n'as pas voulu dire cela.

Le Messager de Dieu se retira et les seigneurs de Quraysh se dispersèrent. Mais lorsqu'ils se retrouvèrent, le lendemain, dans l'enceinte de la Ka'ba, ils se dirent :

— Que nous est-il est arrivé hier ? Nous lui reprochions ce que nous lui reprochons, mais aussitôt qu'il a proféré sa menace, nous l'avons laissé en paix.

Aussi, dès que le Messager de Dieu arriva, ils se ruèrent sur lui comme un seul homme, disant :

— C'est toi qui dis ceci et cela sur nos divinités et notre religion !

Le Messager de Dieu répondit :

— Oui, c'est moi qui le dis.

L'un d'entre eux le saisit par sa robe. Alors Abû Bakr s'interposa entre le Messager de Dieu et eux, repoussant l'un, secouant un autre, frappant un troisième et répétant :

— Malheur à vous ! Vous harcelez un homme qui dit : « Dieu est mon Seigneur ! »

La dispute s'envenima et gagna tous les présents. Les infidèles infligèrent aux croyants, qui étaient beaucoup moins nombreux qu'eux, une correction sévère. A la faveur de la mêlée, 'Utba ibn Rabî'a renversa Abû Bakr, l'immobilisa sous son pied et le frappa violemment de sa sandale. Le sang d'Abû Bakr jaillit et coula partout, de sorte qu'on ne distinguait plus ses traits.

Les Banu Taym *, alertés, accoururent en nombre. Ils repoussèrent les infidèles, écartèrent 'Utba ibn Rabî'a et s'emparèrent d'Abû Bakr. Ils le soulevèrent et le portèrent jusque chez lui. Le voyant toujours inanimé, ils le crurent sur le point de mourir. Ils revinrent à la Mosquée et dirent :

— Par Dieu, si Abû Bakr meurt, nous tuerons 'Utba ibn Rabî'a ** !

Abû Bakr demeura inerte jusqu'au soir. Puis il reprit connaissance et ses premières paroles furent :

— Comment se porte le Messager de Dieu ?

Agacés par la question, les hommes de Banu Taym ne répondirent pas. Ils dirent à la mère d'Abû Bakr :

— Donne-lui quelque chose à manger, ou à boire.

Et ils s'en allèrent. Lorsque sa mère fut seule avec lui, Abû Bakr répéta sa question :

— Comment se porte le Messager de Dieu ?

Sa mère répondit :

— Par Dieu, je ne sais pas comment se porte ton ami.

Il dit :

— Va donc chez Umm Jamîl, fille d'al-Khattâb. Et demande-lui des nouvelles du Messager de Dieu.

Sa mère alla voir Umm Jamîl et lui dit :

— Abû Bakr te demande des nouvelles de Muhammad ibn 'Abd Allâh.

Umm Jamîl répondit :

— Je ne connais ni Abû Bakr ni Muhammad ibn 'Abd Allâh. Mais si tu le veux, je t'accompagnerai chez ton fils.

— Je veux bien.

Elles partirent ensemble et lorsque Umm Jamîl se trouva devant Abû Bakr et le vit dans l'état d'épuisement où il était, elle laissa échapper :

---

* Les Banu Taym – le clan d'Abû Bakr – se portent à son secours par solidarité clanique.

** Selon la coutume consistant à prendre une vie pour une autre, de même rang.

— Par Dieu, ceux qui t'ont fait cela ne peuvent être que des infidèles corrompus. J'espère que Dieu te vengera d'eux.

Abû Bakr dit simplement :

— Comment se porte le Messager de Dieu ?

Umm Jamîl, méfiante, lui dit :

— Mais ta mère nous écoute !

Il la rassura :

— Tu n'as rien à craindre d'elle.

Alors Umm Jamîl dit les mots qu'Abû Bakr brûlait d'entendre :

— Le Messager de Dieu est sain et sauf.

— Où se trouve-t-il en ce moment ?

— Dans la maison d'al-Arqam.

— Dieu m'est témoin que je ne pourrai ni manger ni boire avant d'avoir revu le Messager de Dieu !

Lorsque la nuit fut venue et que l'agitation autour de lui eut cessé, Abû Bakr se mit debout et, s'appuyant sur sa mère et Umm Jamîl, se porta péniblement jusqu'à la maison d'al-Arqam. Là, le Messager de Dieu le serra longuement dans se bras et l'embrassa et les autres présents le prirent à leur tour dans leurs bras. Puis Abû Bakr dit :

— O Messager de Dieu, je ne souffre de rien de plus que des blessures que tu vois sur mon visage. Ce n'est rien. Mais voici ma mère, qui est pleine de tendresse pour son fils. Toi dont la parole est bénie, appelle-la à Dieu et demande à Dieu de la guider, afin de lui épargner les souffrances de l'Enfer.

Le Messager de Dieu appela sur elle la bénédiction de Dieu et l'appela à Dieu. Et elle embrassa l'islam.

CHAPITRE SIXIÈME

'Umar ibn al-Khattâb

'Umar ibn al-Khattâb embrasse l'islam à son tour. Le Prophète tient cette conversion pour une grande victoire de la cause de Dieu.

'Umar ibn al-Khattâb était grand et fort, plutôt chauve et de peau très blanche. Il avait une barbe clairsemée, mais de grosses moustaches aux pointes rousses, qu'il lissait quand il était dans l'embarras. C'était un homme doté d'une force de caractère peu commune, dont les musulmans souffrirent tant qu'il persista dans l'idolâtrie.

Il raconte :

Je m'opposais à l'islam. J'aimais le vin et m'y adonnais sans retenue, en la compagnie d'une bande de Qurayshites que je rejoignais souvent la nuit venue. Ce soir-là, je les cherchai sans les trouver. Je me dirigeai vers le marchand de vin, espérant boire chez lui. Je ne le trouvai pas non plus. Je pensai alors aller à la Mosquée, pour en faire sept fois, ou soixante-dix fois, le tour.

Le Messager de Dieu était là, entre le coin noir et le coin yéménite, priant face à la Ka'ba, le visage tourné dans la direction de la Syrie. Je me dis : « Et si, ce soir, je l'écoutais ? » Je voulus m'approcher pour l'entendre, mais sans qu'il s'aperçût de ma présence. Je me glissai sous les tentures qui recouvraient la Ka'ba et avançai lentement dans la direction du Messager de Dieu, jusqu'à me trouver face à lui, mais soustrait à sa vue par les tentures. Je l'entendis réciter le Coran et mon cœur s'attendrit. Je pleurai. Ce fut ainsi que j'entrai en islam.

Je restai à ma place jusqu'à ce que le Messager de Dieu eût fini de prier et quitté la Mosquée. Je sortis de ma cachette et le suivis à quelque distance, ne l'abordant que lorsqu'il arriva devant sa maison. Quand il entendit ma voix, croyant que je m'apprêtais à lui faire du mal, il me dit sur un ton de reproche :

— Que viens-tu faire ici à cette heure ?

Je répondis :

— Je viens faire allégeance à Dieu, à Son Prophète et à Sa Parole.

Il rendit grâce à Dieu et dit :

— Dieu t'a éclairé, ʻUmar.

Il passa la main sur ma poitrine et me souhaita de rester ferme. Puis il rentra chez lui.

Je cherchai alors dans mon esprit celui des Mecquois qui était le plus farouchement opposé au Messager de Dieu et je pensai que c'était Abû Jahl. Je décidai de lui annoncer moi-même la nouvelle de ma conversion. J'allai frapper à sa porte. Il sortit et m'accueillit chaleureusement :

— Bienvenue à toi, neveu. Qu'est-ce qui t'amène ?

— Je suis venu t'annoncer que je crois en Dieu et en Son Prophète Muhammad et que je tiens pour vrai son Message.

Il referma violemment sa porte disant :

— Honte à toi et à la nouvelle que tu m'apportes !

★

Rappelant plus tard ses souvenirs, ʻUmar ibn al-Khattâb donna une version différente des circonstances de sa conversion.

Un jour qu'il s'était mis à la recherche du Messager de Dieu et de ses compagnons, il rencontra Nu'aym ibn ʻAbd Allâh, qui, le voyant ceint de son épée, lui demanda :

— Où vas-tu ainsi, ʻUmar ?

— Je cherche Muhammad, ce Sabéen qui a semé la discorde au sein de Quraysh, qui a méprisé ses songes, insulté sa religion et dénigré ses divinités. Je vais le tuer.

— Par Dieu, tu présumes de tes forces, ‘Umar ! Crois-tu que les Banû ‘Abd Manâf te laisseront en vie un seul instant, si tu tues Muhammad ? Rentre donc chez toi et commence par mettre de l’ordre dans ta propre maison !

Surpris, ‘Umar demanda :

— Que se passe-t-il dans ma maison ?

— Ta sœur Fâtima et son mari ont embrassé l’islam et suivent Muhammad. Va donc t’occuper d’eux !

‘Umar se rendit aussitôt chez sa sœur, qui se trouvait avec son mari et un de leurs amis, Khabâb ibn al-Arath. Celui-ci tenait à la main une feuille de parchemin sur laquelle était inscrite une sourate coranique qu’il était en train de leur lire. Lorsqu’ils entendirent la voix de ‘Umar, Khabâb partit se mettre à l’abri, tandis que Fâtima dissimulait la feuille en s’asseyant dessus. ‘Umar entra et demanda :

— Qu’est-ce que ce murmure que j’ai entendu en entrant ?

Fâtima et son mari répondirent :

— Il n’y avait pas de murmure.

— Si, par Dieu. De plus, on m’a appris que vous avez adhéré à la religion de Muhammad.

Il frappa violemment le mari de sa sœur et, lorsque celle-ci voulut s’interposer pour le défendre, il la frappa à son tour et la blessa. Alors ils lui dirent tous les deux :

— Eh bien oui, nous avons embrassé l’islam, nous croyons en Dieu et en Son Prophète. Fais ce que bon te semble.

‘Umar, voyant le sang couler sur le visage de sa sœur, en éprouva de la peine et regretta son geste. Il dit :

— Montre-moi cette feuille de parchemin. Je veux savoir ce que dit Muhammad.

‘Umar ibn al-Khattâb était du petit nombre d’hommes, ne dépassant pas la vingtaine, qui savaient lire et écrire à La Mecque. Sa sœur lui dit :

— Je crains que tu ne la détruises.

— Ne crains rien.

Il jura par ses divinités qu’il lui rendrait la feuille après l’avoir lue. Fâtima, enhardie, répliqua :

— Tu as les mains impures, mon frère. Tu ne peux la toucher.

‘Umar alla se laver les mains et revint. Alors sa sœur lui tendit la feuille et il commença à la lire. Avant même d'en avoir terminé, il dit :

— Que ces paroles sont belles et nobles !

Entendant ces paroles, Khabâb sortit de sa cachette et s'écria :

— O 'Umar, j'espère que Dieu t'a choisi pour répondre à la prière de Son Messager. J'ai entendu hier le Prophète demander à Dieu d'offrir à l'islam le renfort de ta conversion ou de celle de 'Amrû ibn Hishâm. Hâte-toi vers Dieu, 'Umar !

— Conduis-moi donc vers le Prophète, Khabâb, afin que je fasse ma profession de foi entre ses mains.

— Il se trouve dans une maison à al-Safâ, avec quelques-uns de ses compagnons.

'Umar prit son épée et partit vers al-Safâ. Arrivé devant la maison, il frappa et fit entendre sa voix. L'un des compagnons sortit pour lui ouvrir mais prit peur lorsqu'il le vit, à travers une fissure de la porte, ceint de son épée. Il revint vers le Messager de Dieu et dit :

— C'est 'Umar ibn al-Khattâb, qui vient portant son épée.

Hamza ibn 'Abd al-Muttalib, qui était présent, s'écria :

— Qu'il entre ! S'il veut le bien, nous le lui donnerons. S'il veut le mal, nous le tuerons avec sa propre épée.

Le Messager de Dieu dit à son compagnon :

— Fais-le entrer.

Lorsque la porte fut ouverte, 'Umar entra dans la maison. Alors le Messager de Dieu se leva et alla au-devant de lui. L'empoignant par les pans de sa robe, il le secoua violemment et dit :

— Qu'est-ce donc qui t'amène, fils d'al-Khattâb ? Par Dieu, ne t'arrêteras-tu que lorsque Dieu te frappera de Sa colère ?

'Umar répondit :

— Messager de Dieu, je viens te dire que je crois en Dieu, en Son Prophète et en Sa Parole révélée.

Alors le Prophète glorifia Dieu à voix haute : « Dieu est le plus Grand ! »

De la pièce où ils se trouvaient, ses compagnons comprirent que 'Umar venait d'embrasser l'islam. Ils se sentirent aussitôt plus forts et plus confiants.

*

Le Messager de Dieu avait plus d'une fois souhaité que Dieu renforçât les musulmans par la conversion de 'Umar ibn al-Khattâb ou de 'Amru ibn Hishâm, dit Abû Jahl. Dieu avait choisi d'éclairer 'Umar et de laisser Abû Jahl dans l'ignorance.

Il révéla à cette occasion :

Dieu égare qui Il veut et guide qui Il veut. Ne te répands pas en vains regrets sur eux. Dieu sait bien ce qu'ils font. (1)

Le souhait, exprimé plus d'une fois par le Prophète, de voir Dieu inspirer à 'Umar ibn al-Khattâb la foi dans l'islam, souligne la connaissance qu'il avait des hommes et le pressentiment des qualités que certains d'entre eux pourraient mettre au service de la nouvelle religion. 'Umar sera en effet l'un des plus précieux compagnons de Muhammad et, après la mort de ce dernier, le deuxième Calife des musulmans.

CHAPITRE SEPTIÈME

L'envol vers Jérusalem et l'ascension au ciel

Muhammad est transporté de nuit, durant son sommeil, à Jérusalem. Puis l'Ange Gabriel lui fait traverser les sept Cieux, où il est successivement accueilli par les grands prophètes cités dans la Bible. Il est élevé jusqu'au Lotus des Confins, où il entend la voix de Dieu.

Selon Umm Hâni', fille d'Abû Tâlib :

Le Messager de Dieu fut transporté de nuit, alors qu'il dormait dans ma maison. Il était allé se coucher après avoir fait la dernière prière du soir. Peu avant le lever du soleil, il se leva pour la prière de l'aube, que nous fîmes avec lui. Puis il dit :

— Comme tu l'as vu hier, Umm Hâni', j'ai fait avec vous, dans cette vallée, la dernière prière du soir. Puis je suis allé à Jérusalem pour y prier. Et je suis revenu pour faire avec vous, tout à l'heure, la prière de l'aube.

Lorsqu'il se leva pour sortir, je le retins en tirant sur sa tunique, au point de découvrir son ventre, qui ressemblait à une étoffe de lin plissée. Je lui dis :

— O Messager de Dieu, ne raconte pas cela aux gens. Ils te traiteront de menteur et te feront du mal.

Le Messager de Dieu dit :

— Par Dieu, je le raconterai.

Alors je dis à l'une de mes esclaves abyssines :

— Malheur ! Suis les pas du Messager de Dieu, pour entendre ce qu'il va dire aux gens et ce qu'ils vont lui dire. (1)

⋆

La Mecque s'éveilla pour apprendre la surprenante nouvelle.

Abû Jahl, croisant le Messager de Dieu, lui demanda sur un ton ironique :

— S'est-il passé quelque chose ?

Le Messager de Dieu répondit :

— Oui.

— Quoi donc ?

— J'ai été transporté cette nuit.

— Où ?

— A Jérusalem.

— Pour te retrouver ce matin parmi nous ?

— Oui.

— Si je rassemble tes gens, leur diras-tu ce que tu viens de me dire ?

— Oui.

Abû Jahl réunit une foule de Mecquois autour du Prophète. Puis il dit à ce dernier :

— Parle-leur.

Le Messager de Dieu dit :

— J'ai été transporté la nuit dernière.

Ils demandèrent :

— Où ?

— A Jérusalem.

— Et tu te retrouves parmi nous ce matin ?

— Oui.

Certains applaudirent, d'autres sifflèrent et d'autres encore mirent les mains sur la tête en signe d'étonnement. Quelques-uns d'entre eux étaient allés à Jérusalem. Ils demandèrent :

— Peux-tu nous décrire la Mosquée *?

Le Messager de Dieu décrivit en détail la Mosquée. Ils dirent :

— Par Dieu, la description est exacte.

La nouvelle se répandit parmi les musulmans, dont certains furent si troublés qu'ils renièrent leur foi. Ils se rendirent chez Abû Bakr et lui dirent :

— Sais-tu ce que ton ami raconte? Il prétend qu'il a été transporté cette nuit à Jérusalem et qu'il y a prié avant de revenir ce matin à La Mecque.

Abû Bakr répondit :

— Vous mentez.

— C'est ce qu'il est en train de dire, en ce moment.

— Eh bien, s'il le dit, c'est que c'est vrai. Pourquoi cela vous étonne-t-il? Par Dieu, lorsqu'il me dit que les nouvelles lui parviennent du ciel jusqu'à la terre en une heure, de jour comme de nuit, je le crois. C'est pourtant plus étonnant que ce qui vous trouble aujourd'hui.

Abû Bakr alla voir le Messager de Dieu et lui demanda :

— As-tu dit à ces gens que tu te trouvais cette nuit à Jérusalem?

— Oui.

— Décris-la moi, puisque j'y suis déjà allé.

Le Messager de Dieu lui décrivit la ville et Abû Bakr acquiesça à chacun des détails qu'il entendait. Puis il dit :

— J'atteste que tu es le Messager de Dieu.

— Et toi, Abû Bakr, tu es celui qui proclame la Vérité.

★

Le Messager de Dieu raconta :

Je m'approchai d'al-Burâq, une monture blanche, élancée, d'une espèce située entre l'âne et le mulet, qui se dressa sur ses sabots. Je l'enfourchai et partis, accompagné par Gabriel, qui me dit au bout d'un certain temps :

— *Descends et prie.*

* La Mosquée de Jérusalem : le terme Mosquée désigne ici un sanctuaire voué à Dieu l'Unique.

J'obéis. Il me dit alors :

*— Sais-tu où tu viens de prier? A Tîba *, terre de l'Exil.*

Plus loin, il me dit encore :

— Descends et prie.

Je fis ma prière et il me dit :

— Sais-tu où tu viens de prier? Sur le Mont Sinaï, où le Tout-Puissant s'est adressé à Moïse, la paix soit sur lui.

Plus loin, il répéta :

— Descends et prie.

Lorsque j'eus fini, il me dit :

— Sais-tu où tu viens de prier? A Bethléem, où est né Jésus, la paix soit sur lui.

Enfin nous arrivâmes à Jérusalem. J'attachai al-Burâq à l'anneau qu'utilisent à cette fin les prophètes et j'entrai dans la Mosquée. Je fis une prière à deux prosternations et je sortis. Gabriel vint à moi avec deux cruches, l'une remplie de vin et l'autre de lait. Je pris celle remplie de lait et Gabriel dit :

— Tu as fait le choix juste, celui de la science infuse.

Puis Gabriel réunit pour moi les prophètes et, me plaçant devant eux, me fit conduire la prière. Après quoi il s'éleva avec moi jusqu'au premier ciel.

Gabriel demanda qu'on nous ouvrît. Une voix dit :

— Qui es-tu?

— Gabriel.

— Qui t'accompagne?

— Muhammad.

— A-t-il été appelé?

— Il a été appelé.

Alors on nous ouvrit et je me trouvai devant Adam, qui me souhaita la bienvenue et fit des vœux pour moi. Après quoi Gabriel s'éleva avec moi jusqu'au deuxième Ciel, où il demanda qu'on nous ouvrît. Une voix dit :

— Qui es-tu?

* Tîba : Yathrib, qui deviendra plus tard Médine.

— Gabriel.
— Qui t'accompagne?
— Muhammad.
— A-t-il été appelé?
— Il a été appelé.

On nous ouvrit et je me trouvai en présence des cousins Jésus, fils de Marie, et Jean, fils de Zacharie. Ils me souhaitèrent la bienvenue et firent des vœux pour moi. Puis Gabriel s'éleva avec moi jusqu'au troisième Ciel, où il demanda qu'on nous ouvrît. Une voix dit :
— Qui es-tu?
— Gabriel.
— Qui t'accompagne?
— Muhammad.
— A-t-il été appelé?
— Il a été appelé.

On nous ouvrit et je me trouvai en présence de Joseph, à qui fut donnée en partage la beauté. Il me souhaita la bienvenue et fit des vœux pour moi. Puis Gabriel s'éleva avec moi jusqu'au quatrième ciel, où il demanda qu'on nous ouvrît. Une voix dit :
— Qui es-tu?
— Gabriel.
— Qui t'accompagne?
— Muhammad.
— A-t-il été appelé?
— Il a été appelé.

On nous ouvrit et je me trouvai en présence d'Enoch, qui me souhaita la bienvenue et fit des vœux pour moi. Puis Gabriel s'éleva avec moi jusqu'au cinquième Ciel, où il demanda qu'on nous ouvrît. Une voix dit :
— Qui es-tu?
— Gabriel.

— Qui t'accompagne?
— Muhammad.
— A-t-il été appelé?
— Il a été appelé.

On nous ouvrit et je me trouvai en présence d'Aaron, qui me souhaita la bienvenue et fit des vœux pour moi. Puis Gabriel s'éleva avec moi jusqu'au sixième Ciel, où il demanda qu'on nous ouvrît. Une voix dit :
— Qui es-tu?
— Gabriel.
— Qui t'accompagne?
— Muhammad.
— A-t-il été appelé?
— Il a été appelé.

On nous ouvrit et je me trouvai en présence de Moïse, qui me souhaita la bienvenue et fit des vœux pour moi. Puis Gabriel s'éleva avec moi jusqu'au septième Ciel, où il demanda qu'on nous ouvrît. Une voix dit :
— Qui es-tu?
— Gabriel.
— Qui t'accompagne?
— Muhammad.
— A-t-il été appelé?
— Il a été appelé.

On nous ouvrit et je me trouvai en présence d'Abraham, adossé à la Maison Fréquentée ★, que soixante-dix mille anges visitent chaque jour, une seule fois sans retour. Puis Gabriel s'éleva avec moi au-delà des sept Cieux. Nous atteignîmes le Lotus des Confins. Une brume me recouvrit et je me prosternai. J'entendis alors :
« Le jour où j'ai créé les Cieux et la Terre, Je t'ai assigné ainsi

★ La Maison Fréquentée : lieu du Paradis dont la Mosquée de La Mecque est le pendant sur la Terre.

qu'à ta communauté, cinquante prières quotidiennes. A toi et ta communauté de les accomplir. »

Je revins vers Abraham, qui ne me demanda rien. Mais lorsque je retrouvai Moïse, il me demanda :

— Combien de prières le Seigneur t'a-t-Il assignées, ainsi qu'à ta communauté ?

Je répondis :

— Cinquante.

Il me dit :

— Vous ne pourrez pas vous en acquitter. Je connais mieux que toi les gens. J'ai eu fort à faire avec les fils d'Israël. Ta communauté ne supportera pas tant de prières. Va retrouver le Seigneur et demande-Lui d'en diminuer le nombre.

Je retournai vers le Seigneur et obtins dix de moins. Mais, Moïse m'ayant dit de revenir à la charge, je le fis et obtins encore dix de moins, puis dix autres. Je finis par obtenir qu'il n'y eût plus que cinq prières. Moïse dit cependant :

— Va retrouver le Seigneur et demande-Lui d'en diminuer encore le nombre. Il a assigné aux fils d'Israël deux prières et ils ne les font pas.

Je retournai vers le Seigneur, qui, cette fois, me dit :

« Le jour où J'ai créé les Cieux et la Terre, Je t'ai assigné ainsi qu'à ta communauté cinquante prières. Elles ont été réduites à cinq. A toi et ta communauté de les accomplir. »

Lorsque Moïse me suggéra une nouvelle tentative, je m'y refusai et dis :

— J'aurais honte d'insister encore auprès de Dieu. (2)

★

Nombre de ceux qui entendirent le Messager de Dieu lui demandèrent :

— Donne-nous des preuves, Muhammad. Nous n'avons jamais entendu de telles choses.

Le Messager de Dieu dit :

— *Voici des preuves. Alors que j'allais vers le pays de Shâm, j'ai survolé le troupeau d'Ibn Fulân. Ma monture a effrayé un des chameaux, qui a pris la fuite. De la voix, j'ai indiqué aux gens comment le retrouver. Au pied du mont Sahfân, j'ai vu des gens endormis, près desquels se trouvait un récipient empli d'eau sur lequel était posé un couvercle. J'ai soulevé le couvercle, bu l'eau et remis le couvercle à sa place. Ces gens descendent en ce moment d'al-Baydâ' vers le défilé d'al-Tan'im, précédés d'un chameau gris portant deux sacs, l'un noir et l'autre bariolé. (3)*

Ceux qui entendirent ces paroles se dirigèrent vers le défilé d'al-Tan'im. Ils virent le chameau que leur avait décrit le Messager de Dieu. Ils questionnèrent ensuite les gens, qui racontèrent qu'ils avaient rempli leur récipient d'eau avant de s'endormir, mais qu'au réveil ils l'avaient trouvé vide, quoique le couvercle fût toujours posé dessus. Enfin ils interrogèrent les gens d'Ibn Fulân, qui venaient d'arriver à La Mecque et ces derniers confirmèrent les paroles du Messager de Dieu :

— Par Dieu, il dit vrai. Nous étions dans la vallée qu'il a citée, lorsque l'un de nos chameaux, effrayé, a pris la fuite. Alors nous avons entendu une voix qui nous a guidés vers lui et nous a permis de le retrouver.

« Gloire à Celui qui a fait voyager de nuit son serviteur, de la Mosquée Sacrée à la Mosquée Lointaine, dont nous avons béni l'enceinte, afin de lui montrer certains de Nos signes. » (XVII, 1.) Le voyage nocturne, signalé en ces termes par le Coran, marque la consécration de Muhammad comme ultime Messager de Dieu, prolongeant la mission des Prophètes qui l'ont précédé, mais ayant préséance sur eux puisqu'il conduit la prière devant eux à la Mosquée de Jérusalem. La confraternité prophétique est ensuite confirmée par les rencontres que Muhammad fait, du premier au septième Ciel, avant de s'élever vers le trône de Dieu.

CHAPITRE HUITIÈME

‘Â’isha

Muhammad épouse ‘Â’isha, fille d’Abû Bakr.

Quelque temps après la mort de Khadîja bint Khuwaylid, première épouse du Prophète, Khawla bint Hakîm, qui était une marieuse, vint voir ce dernier et lui dit :

— O Messager de Dieu, ne vas-tu pas te marier ?

— Avec qui ?

— Ce peut être une fille vierge, ce peut être une femme qui n’a plus sa virginité.

— Qui est la fille et qui est la femme ?

— La première est ‘Â’isha, la fille de l’homme qui t’est cher entre tous, Abû Bakr. La seconde est Sawda bint Zum‘a. Elle croit en toi depuis longtemps. Elle a été de ceux qui ont émigré en Abyssinie avec son mari. Elle est veuve aujourd’hui.

— Parle-leur de moi.

Khawla proposa le mariage à Sawda, qui répondit :

— Mon sort est entre les mains du Messager de Dieu.

Alors le Messager de Dieu vint la voir et lui dit :

— Demande à un homme de ta famille de te marier à moi.

Ce qui fut fait.

Puis Khawla alla frapper chez Abû Bakr. Elle trouva son épouse et lui dit :

— O Umm Rumân, sais-tu quelle bénédiction Dieu réserve à ta maison ?

— Laquelle ?

— Le Messager de Dieu souhaite épouser ʻÂ'isha.

— Attends le retour d'Abû Bakr.

Lorsque Abû Bakr fut de retour et entendit la proposition, il dit à Khawla :

— 'A'isha peut-elle convenir au Messager de Dieu, alors qu'elle est la fille de son frère ?

Après le départ de Khawla, Umm Rumân dit à son mari :

— Al-Mutʻim ibn ʻUdayy t'a déjà demandé ʻÂ'isha pour son fils. Et tu ne t'es jamais dédit jusqu'à ce jour...

Abû Bakr se contenta de répondre :

— Attends-moi.

Puis il sortit.

Cependant Khawla était allée rapporter les propos d'Abû Bakr au Messager de Dieu, qui dit :

— Je suis son frère et il est mon frère et je peux épouser sa fille.

Il se dirigea vers la maison d'Abû Bakr et, en chemin, vit ʻÂ'isha qui jouait avec quelques amies sur une balançoire. Elle avait six ans. Elle lui plut. Quand il arriva chez Abû Bakr, Umm Rumân lui demanda :

— O Messager de Dieu, que désires-tu ?

— Je viens demander ʻÂ'isha en mariage.

— Mais nous avons des filles plus âgées qu'elle.

— C'est ʻÂ'isha que je veux.

Pendant ce temps, Abû Bakr se trouvait chez al-Mut'im ibn ʻUdayy, qui avait demandé ʻÂ'isha pour son fils. La femme d'al-Mut'im dit tout à coup :

— O Abû Bakr, si nous marions notre fils à ta fille, nous craignons qu'elle ne l'amène à adopter ta religion.

Abû Bakr se tourna vers al-Mut'im et demanda :

— Ai-je bien entendu ce que dit cette femme ?

— Tu as bien entendu.

Abû Bakr repartit d'un cœur léger, car Dieu venait de le délier de la promesse qu'il avait faite à al-Mut'im. Rentré chez lui, il fit appeler Khawla et lui dit :

— Demande au Messager de Dieu de venir me voir.

Le Messager de Dieu vint le voir et il lui donna 'Â'isha en mariage.

⋆

'Â'isha eut plus tard ces propos :

J'épousai le Messager de Dieu alors que je jouais aux poupées avec mes amies. Je ne me rendis compte de la chose que quand ma mère m'interdit de sortir. Ce fut ainsi que je ressentis le fait d'être mariée. Je ne posai pas de question à ma mère, ce fut elle qui me parla de mariage.

Lorsque le Messager de Dieu venait me voir, mes amies s'éloignaient pour nous laisser seuls. En repartant, il me renvoyait à mes compagnes de jeu.

Gabriel était venu voir le Prophète et, lui montrant une image de moi, lui avait dit : « Celle-ci est ta femme. » Le Prophète m'épousa alors que je n'étais qu'une enfant en robe courte. Mais après mon mariage, en dépit de mon jeune âge, je commençai à éprouver de la pudeur.

... de Dieu ...

... message ...

... a eu plus tard ... propos ...

... je jouais aux poupées avec mes amies, je ne me rendais compte de la chose que quand ... Et ... aussi ... je savais ... être mariée. Je ne posai pas la question à ma mère, ce fut elle qui me parla de mariage.

... me voir, ... je ... en ... il me ...

... et lui montrant une image ... est ta ... Le Prophète ... que ... toute ... mon jeune âge ...

CHAPITRE NEUVIÈME

Nouveaux défis

Abû Sufyân se pose des questions. Abû Jahl commet des actes de plus en plus odieux.

'Uqba ibn Abû Mu'ît ne rentrait jamais de voyage sans préparer un repas auquel il conviait les grands de son peuple. Il lui arrivait aussi de discuter avec le Messager de Dieu, qu'il invita un jour à l'un de ces repas. Le Messager de Dieu lui dit :

— Je ne mangerai de ta nourriture que si tu proclames : « Il n'y a de dieu que Dieu et Muhammad est Son Messager. »

'Uqba dit :

— Je témoigne qu'il n'y a de dieu que Dieu et que Muhammad est Son Messager.

Alors seulement le Messager de Dieu goûta à la nourriture offerte par 'Uqba. Les présents racontèrent la chose à Ubayy ibn Khalaf, qui était absent ce jour-là. Ubayy était l'ami et l'allié de 'Uqba. Il alla le voir et lui demanda :

— O 'Uqba, aurais-tu renié nos divinités ?

'Uqba lui dit

— Pourquoi me demandes-tu cela ?

— N'as-tu pas déclaré qu'il n'y a de dieu que Dieu et que Muhammad est Son Messager ?

— Cet homme est venu chez moi et m'a dit qu'il ne pourrait

toucher à ma nourriture à moins que je ne prononce ces mots. Je n'ai pu faire autrement que de les prononcer et il a mangé. Voilà tout.

— Eh bien, c'est moi qui romprai avec toi, si tu ne vas lui cracher au visage et lui mettre ton pied sur la nuque.

'Uqba se rendit à la Mosquée, alla vers le Messager de Dieu qui était en train de prier et répandit sur lui les entrailles d'un mouton. Lorsqu'il se releva, le Messager de Dieu dit :

— Si je te retrouve hors de La Mecque, ce sera pour te trancher la tête d'un coup d'épée.

★

Al-Walîd ibn al-Mughîra ★ allait voir de temps en temps le Messager de Dieu, pour l'écouter réciter des versets du Coran et pour converser avec lui. Abû Jahl, apprenant cela et craignant qu'al-Walîd ne finît par s'attacher au Messager de Dieu, alla le voir et lui dit sur un ton ironique :

— Les gens de Quraysh sont en train de ramasser un peu d'argent pour te le donner. Comme ils te voient fréquenter Muhammad et Abû Bakr, ils pensent que tu le fais pour avoir quelque chose à manger.

Al-Walîd répliqua :

— Je suis l'un des hommes les plus fortunés de Quraysh, qui le sait bien.

— Mais il te faut rassurer les tiens, dire quelque chose qui leur montre que tu détestes Muhammad et que tu réprouves ce qu'il dit.

— Quoi dire ? Le traiter de poète ? Par Dieu, je sais mieux qu'aucun d'entre vous ce qu'est la poésie. Ce que dit Muhammad ne ressemble en rien à cela. Ses paroles sont toutes de beauté et de grâce. Ce sont des gouttes de pluie qui tombent des hauteurs pour recouvrir les bassesses. Elles se situent au-dessus de tout et au-dessous de rien.

Abû Jahl hocha la tête et dit :

— Ton peuple ne te pardonnera pas de dire de telles choses sur Muhammad, au lieu de l'insulter.

★ Al-Walîd ibn al-Mughîra est celui qui a osé donner les premiers coups de pioche au mur d'enceinte de la Ka'ba. Cf. 3e partie, chap. 11.

— Vous prétendez qu'il est fou ! L'avez-vous jamais vu commettre un acte qui tient de la folie ?

— Par Dieu, non.

— Vous prétendez que c'est un devin ! L'avez-vous jamais entendu faire des prédictions ?

— Non.

— Vous prétendez que c'est un menteur ! L'avez-vous jamais pris sur le fait d'un mensonge ?

— Non.

Ils restèrent tous les deux sans mot dire pendant un moment. Puis Abû Jahl rompit le silence :

— Ton peuple attend de toi que tu l'insultes.

Al-Walîd prit le temps de la réflexion, puis dit :

— Le sorcier est celui qui agit sur l'esprit des autres. Muhammad est donc un sorcier et ce qu'il dit est de la sorcellerie.

Rencontrant peu après le Messager de Dieu, en présence d'Abû Jahl et de quelques autres Mecquois, al-Walîd dit :

— O Muhammad, cesse donc d'insulter nos divinités, ou nous t'insulterons et insulterons celui à qui tu obéis.

Abû Jahl acquiesça :

— C'est bien dit.

Un cousin maternel du Messager de Dieu, qui se trouvait là, acquiesça à son tour.

Ce fut alors que descendit le verset :

N'insultez pas ceux qu'ils invoquent à la place de Dieu, afin qu'ils n'insultent pas Dieu, par rancune ou par ignorance. (1)

Depuis, les musulmans cessèrent d'insulter les divinités de Quraysh.

★

Un soir, tandis que le Messager de Dieu priait et récitait des versets du Coran, Abû Sufyân vint l'écouter en se dissimulant dans un coin sombre. Abû Jahl avait fait de même, ainsi qu'al-Akhnas ibn Shurayq, chacun d'eux étant venu à l'insu des autres. Lorsque le Messager de Dieu eut fini, ils se levèrent, chacun de son côté, pour renter chez eux et se rencontrèrent tous les trois sur le chemin du retour. Ils se reprochèrent mutuellement d'être allés entendre le Messager de Dieu et se dirent :

— Il ne faut pas recommencer, car si un sot nous surprend, il va être troublé et croire des choses.

Ils rentrèrent chez eux mais revinrent plusieurs fois, par la suite, pour se retrouver encore sur le chemin du retour. Alors al-Akhnas alla voir Abû Sufyân et lui demanda :

— Dis-moi ce que tu penses des propos de Muhammad.

Abû Sufyân répondit :

— Par Dieu, j'ai entendu des choses que je comprends et dont je saisis le sens et d'autres que je ne comprends pas et dont je ne saisis pas le sens.

Al-Akhnas dit :

— Par celui que tu viens d'invoquer, il en est de même pour moi.

Puis il alla voir Abû Jahl et lui demanda :

— Que penses-tu des propos de Muhammad ?

Abû Jahl répondit :

— Nous avons disputé aux 'Abd Manâf les honneurs et le prestige. Nous avons, comme eux, donné à boire et à manger. Nous sommes presque devenus leurs égaux. Alors ils ont dit : « Oui, mais nous, nous avons un prophète à qui la révélation tombe du Ciel. Comment rivaliser avec eux sur une telle chose ? Par Dieu, c'en est trop. Nous n'accepterons pas cela. »

Al-Akhnas se leva et partit.

★

Abû Sufyân sortit de chez lui, accompagné de sa femme Hind, qu'il avait prise en croupe sur une chamelle, et de leur jeune fils Mu'âwiya, juché sur une ânesse. En chemin, ils passèrent à côté du Messager de Dieu, qui allait à pied dans la même direction. Abû Sufyân dit à son fils :

— Mu'âwiya, descends de l'ânesse et laisse monter Muhammad.

Mu'âwiya descendit de l'ânesse et le Messager de Dieu monta à sa place. Il avança lentement aux côtés d'Abû Sufyân et de Hind puis, au bout d'un moment de silence, il se tourna vers eux et dit :

— O Abû Sufyân ibn Harb, ô Hind bint 'Utba, par Dieu vous mourrez et vous serez ressuscités. Ensuite, celui qui a fait le bien ira au Paradis et celui qui a fait le mal ira en Enfer. Je vous dis ce qui est vrai et vous êtes les premiers avertis.

Puis le Messager de Dieu récita :

S'ils se détournent, dis-leur : « Je vous avertis d'une foudre semblable à celle qui frappa les 'Âd et les Thamûd. » Les prophètes vinrent de toutes parts leur dire : « N'adorez que Dieu. » Ils répondirent : « Si notre Seigneur l'avait voulu, Il aurait fait descendre des anges. Non, nous ne croyons pas au message dont vous êtes porteurs. » Les Ad présumèrent sans raison de leur force sur la Terre. Ils dirent : « Qui donc est plus fort que nous ? » Ne voyaient-ils pas que Dieu, qui les créa, était plus fort qu'eux ? Ils nièrent nos signes. Alors nous déchaînâmes contre eux un vent qui mugit durant des jours néfastes, pour leur faire goûter la souffrance de la honte dans la vie d'ici-bas. Mais la souffrance dans l'autre vie est encore plus honteuse. Et ils y seront sans recours. (2)

Lorsqu'il eut fini, Abû Sufyân lui demanda :

— As-tu fini, ô Muhammad ?

Le Messager de Dieu répondit :

— Oui.

Il descendit de l'ânesse et Mu'âwiya prit sa place.

Lorsque le Messager de Dieu se fut éloigné, Hind dit à Abû Sufyân :

— Est-ce pour ce sorcier que tu as fait descendre mon fils ?

Abû Sufyân répondit :

— Par Dieu, ce n'est ni un sorcier ni un menteur...

★

Dans la cour de la Mosquée, le Messager de Dieu priait, se prosternant longuement. Abû Jahl se trouvait là, entouré de quelques amis, à qui il dit soudain :

— On vient d'égorger des bêtes. Qui d'entre vous ira chercher le contenu de leurs entrailles pour le déverser sur Muhammad ?

'Uqba ibn Abû Mu'ît s'empressa d'obéir et vint jeter un tas d'immondices sur les épaules du Prophète. Ce dernier poursuivit sa prière mais les Qurayshites, contents d'eux-mêmes, partirent d'un long éclat de rire. Fâtima, la fille du Messager de Dieu n'était pas loin. Elle s'approcha de son père et enleva les immondices qu'il avait sur les épaules, puis, se tournant vers les Qurayshites, se mit à les insulter. Ils ne lui répondirent pas. Enfin, le Prophète termina sa prière, se releva et dit :

— Seigneur, je T'implore contre Quraysh, je T'implore contre 'Utba, 'Uqba, Abû Jahl et Shayba.

Et il sortit sans un regard pour eux. A l'entrée de la Mosquée, il fut abordé par Abû al-Buhturî, qui tenait à la main un fouet. Frappé par l'expression qu'il vit sur le visage du Prophète, Abû al-Buhturî lui demanda :

— Qu'as-tu ?

Le Prophète dit seulement :

— Laisse-moi.

— Par Dieu, je ne peux te laisser partir avant de savoir ce que tu as. Tu souffres de quelque chose…

Voyant qu'al-Buhturî ne le laisserait pas partir, le Prophète dit :

— Abû Jahl a incité quelqu'un à déverser sur mon dos des immondices.

Al-Buhturî dit :

— Nous allons de ce pas le retrouver.

Ils rentrèrent tous les deux dans la Mosquée et al-Buhturî alla droit vers Abû Jahl :

— C'est toi qui as fait déverser des immondices sur son dos ?

Abû Jahl répondit :

— Oui.

Al-Buhturî leva son fouet et frappa Abû Jahl à la tête. Une empoignade s'ensuivit entre les hommes présents, jusqu'à ce qu'Abû Jahl s'écriât :

— Arrêtez ! Muhammad veut semer la discorde entre nous, tandis que lui et ses compagnons s'en tirent sans dommage.

★

Puis Abû Jahl dit à des amis :

— Par Dieu, si Muhammad revient prier à la Mosquée, il recevra mon pied sur la nuque.

Peu de temps après, ayant vu le Messager de Dieu priant à la Mosquée, quelques Mecquois s'empressèrent de prévenir Abû Jahl, qui accourut et dit :

— Toi, Muhammad, ne t'avais-je pas interdit de venir prier ici ?

Le Messager de Dieu répondit en l'admonestant. Alors Abû Jahl dit :

— Quoi, tu m'admonestes, moi, l'homme le plus vénérable qui soit !

Al-'Abbâs ibn 'Abd al-Muttalib, l'oncle du Messager de Dieu, était présent. Rendu furieux par ce qu'il venait d'entendre, il intervint pour dire à Abû Jahl :

— Tu mens !

Ce fut à la suite de cette altercation que le Très-Haut révéla :

Attention, l'homme se rebelle dès qu'il se trouve dans l'aisance. Mais c'est vers ton Seigneur que se fait le retour. Que penser de celui qui interdit à un adorateur de prier ? Qu'en penser ? Qu'il est dans la bonne voie ? Qu'il ordonne la piété ? Ou qu'il crie au mensonge et se détourne ? Ne sait-il pas que Dieu voit tout ? Attention, s'il ne cesse, nous le traînerons par son toupet, un toupet menteur et coupable ! (3)

[illegible] le Messager de Dieu [illegible] quelques [illegible] de [illegible] qu'accomplit [illegible]

Toi, Muhammad [illegible] je [illegible]

le Messager de Dieu répondit [illegible]. Alors Abû [illegible] dit :

— Quoi, [illegible] l'homme le plus [illegible] qui soit ?

Al-'Abbâs ibn 'Abd al-Muttalib, l'oncle du Messager de Dieu, [illegible] présent, heureux par ce qu'il venait d'entendre. Il intervint pour dire : Abû Tâlib [illegible]

— [illegible] c'est [illegible]

Ce fut la suite de cette altercation [illegible] l'homme se rebella [illegible] il se [illegible] est [illegible] qu'il [illegible] de [illegible] Qu'il [illegible] qu'il ordonne [illegible] et se [illegible] que Dieu [illegible] pas [illegible] et [illegible] (1).

CHAPITRE DIXIÈME

A la recherche d'alliés extérieurs

Le Prophète tente de rallier à sa cause des tribus non mecquoises. Il essuie de graves revers, mais reçoit de nouveaux appuis.

A la tête des Banû 'Abd al-Muttalib se trouvait désormais un ennemi de l'islam. Et la situation du Messager de Dieu à La Mecque ne cessait d'empirer. Il décida de se rendre à al-Tâ'if pour proposer aux Thaqîf la Parole du Très-Haut et leur demander protection. Il partit seul.

Lorsqu'il arriva à al-Tâ'if, il se rendit auprès des seigneurs et chefs de Thaqîf, les trois fils d'Ibn 'Amrû. Il les exhorta à suivre la Voie de Dieu et leur proposa de se ranger avec lui contre ceux de son peuple qui le combattaient. Après l'avoir écouté, l'un des trois frères dit :

— Si Dieu te choisissait comme Messager, j'arracherais les tentures qui recouvrent la Ka'ba ! Tu viens nous voir parce que les gens de ton peuple te haïssent, qu'ils ont rejeté ton message. Eh bien, sache que nous sommes plus hostiles à ton égard et plus méfiants qu'eux.

Un autre frère dit :

— Dieu n'a-t-il trouvé personne d'autre que toi comme Envoyé ?

Et le dernier frère dit :

— Par Dieu, nous n'avons plus rien à nous dire. Si tu es un Envoyé de Dieu, comme tu le prétends, je ne suis pas digne de débattre avec toi. Et si tu mens, tu ne mérites pas que je t'adresse la parole.

Ayant perdu tout espoir de les convaincre, le Messager de Dieu n'avait plus qu'à partir. Avant de les quitter, il leur dit :

— Faites comme vous voudrez, mais je vous demande de garder le secret de cette rencontre.

Il aurait voulu éviter que Quraysh n'apprît les raisons pour lesquelles il était venu, ainsi que la manière dont il avait été reçu – toutes choses qui ne pouvaient qu'aiguiser contre lui la colère des Qurayshites. Mais les seigneurs de Thaqîf ne voulurent pas garder le secret. Ils incitèrent des voyous et des esclaves à courir derrière lui et à l'insulter, de sorte qu'il y eut bientôt une foule de gens le pourchassant et vociférant contre lui. Il finit par trouver refuge dans un jardin appartenant aux deux frères 'Utba et Shayba ibn Rabî'a. Ces derniers étant présents, la foule s'arrêta, recula puis se dispersa.

Le Messager de Dieu, épuisé, s'assit à l'ombre d'une vigne. Puis il pria Dieu en ces termes :

— *Seigneur, je Te prends à témoin de ma faiblesse, de la pauvreté de mes moyens, du mépris dans lequel me tiennent les gens. Tu es le plus miséricordieux des miséricordieux, Tu es le Seigneur des faibles, Tu es mon Seigneur. A qui me livres-Tu? A un étranger qui me jette un regard dur? Ou à un ennemi à qui Tu donnes pouvoir sur moi? Tant que Tu ne m'en veux pas, je n'ai pas de souci. Mais ta faveur peut m'ouvrir un plus vaste horizon. Je cherche refuge dans la lumière de Ta face – où s'illuminent les ténèbres, où s'ordonnent les choses d'ici-bas et de l'au-delà – afin que tu ne fasses pas descendre sur moi Ta colère et que Ton courroux me soit épargné. Mais il T'appartient de blâmer lorsque Tu n'agrées pas nos actions. Il n'y a de pouvoir ni de force qu'en Toi. (1)*

Descendants de 'Abd Manâf, 'Utba et Shayba avaient un lien de parenté avec le Messager de Dieu. Emus de le voir ainsi malmené par les gens d'al-Tâ'if, ils appelèrent un de leurs serviteurs, un jeune chrétien nommé 'Addâs * et lui dirent :

— Prends cette grappe de raisin, pose-la sur ce plat et va la donner à l'homme que tu vois là-bas.

'Addâs alla vers le Messager de Dieu, lui remit le plat et lui dit :

— Mange.

Le Messager de Dieu prit la grappe entre ses mains et, avant de la porter à sa bouche, prononça les paroles :

— Au nom de Dieu.

'Addâs scruta son visage, puis dit :

— Par Dieu, ce ne sont pas là des paroles que prononcent les gens de ce pays.

Le Messager de Dieu répliqua :

— Et toi, 'Addâs, de quel pays viens-tu et de quelle religion es-tu?

— Je suis chrétien et je viens de Ninive.

— La ville de cet homme de bien, Jonas, fils de Mathieu!

— D'où connais-tu Jonas, fils de Mathieu?

— C'est mon frère. Il fut prophète comme je le suis.

A ces mots, 'Addâs se mit à baiser la tête du Messager de Dieu et ses mains et ses pieds. Le voyant de loin faire cela, l'un des deux frères dit à l'autre :

— Muhammad a-t-il déjà corrompu notre serviteur?

Lorsque 'Addâs revint vers eux, ils lui dirent :

— Malheur à toi! Pourquoi t'es-tu mis à baiser la tête et les mains et les pieds de cet homme?

— Je ne connais personne sur cette terre qui soit meilleur que lui. Il m'a appris ce que seul un prophète peut savoir. (2)

*

Revenant d'al-Tâ'if et craignant les représailles de Quraysh, le Messager de Dieu décida de s'arrêter sur le mont Harâ'. De là il envoya un émissaire à al-Akhnas ibn Sharîq, allié au clan de sa mère, pour lui demander sa protection. Ce dernier fit répondre

* 'Addâs : cf. 4e partie, chap. 2.

qu'il n'était qu'un allié du clan et ne pouvait accorder une protection engageant le clan tout entier. Le Messager de Dieu fit alors la même requête auprès de Suhayl ibn 'Amr, qui lui fit dire :

— Les Banû 'Amr ne peuvent t'offrir de protection.

Alors le Messager de Dieu s'adressa à al-Mut'im ibn 'Udayy, l'un des cinq hommes qui, quelque temps auparavant, avaient fait annuler la mise au ban du clan des Banû Hâshim. Al-Mut'im accepta d'accorder sa protection et, paradant à la tête de sa famille en armes aux abords de la Mosquée, fit dire au Messager de Dieu qu'il pouvait rentrer à La Mecque. Ce dernier se dirigea aussitôt vers la Ka'ba, tourna autour, fit sa prière et revint dans sa maison.

★

Durant les saisons de pèlerinage, il allait voir les différentes tribus arabes, les appelait à Dieu, leur annonçait qu'il était Son Envoyé et leur demandait de le suivre et de le soutenir dans sa mission. Il se présentait devant leurs campements et leur disait :

— Je suis le Messager que Dieu vous envoie, pour vous commander de L'adorer, de ne rien Lui associer, de renier les idoles que vous adorez à sa place, de croire en moi et de me protéger, afin que je puisse transmettre le message dont Dieu m'a chargé.

Parfois son oncle Abû Lahab venait derrière lui et, lorsque le Messager de Dieu avait fini de parler, disait aux gens :

— Cet homme vous incite à renier al-Lât et al-'Uzza, pour adopter de trompeuses innovations. Ne le suivez pas. Ne l'écoutez pas.

Le Messager de Dieu s'adressa tour à tour à la tribu de Kinda, à l'un des clans de la tribu de Kalb, aux Banû Hanîfa. Tous refusèrent son message.

★

'Abd al-Rahmân al-'Âmirî rapporte ce propos de quelques anciens de son clan :

Le Messager de Dieu vint nous voir au marché de 'Ukâz et nous dit :

— De quelle tribu êtes-vous ?

Nous répondîmes :

— Celle des Banû 'Âmir ibn Sa'sa'a.

— De quel clan ?

— Celui des Banû Ka'b ibn Rabî'a.

— Quelle protection offrez-vous ?

— Nos flèches sont sans pitié et notre bravoure sans tache.

— Je suis le Messager de Dieu. Voulez-vous m'offrir votre protection, afin que je puisse porter le Message dont mon Seigneur m'a chargé ? Je ne force aucun de vous à me suivre.

— De quel clan de Quraysh es-tu ?

— Celui des Banû 'Abd al-Muttalib.

— Qu'en est-il de tes liens avec les Banû 'Abd Manâf ?

— Ils sont les premiers à réfuter mon Message et à me pourchasser.

— Nous ne te pourchasserons pas. Nous ne croyons pas en toi, mais nous ne t'empêcherons pas de porter le Message de ton Seigneur.

Mais Bajra ibn Qays le Qurayshite vint vers nous peu après et nous dit :

— Qui est cet homme que je vois avec vous ?

Nous répondîmes :

— C'est Muhammad ibn 'Abd Allâh le Qurayshite.

— Qu'avez-vous à faire avec lui ?

— Il prétend être l'Envoyé de Dieu et nous a demandé notre protection afin de pouvoir porter le Message de son Seigneur.

— Qu'avez-vous répondu ?

— Qu'il serait le bienvenu chez nous et que nous le protégerions comme nous nous protégeons nous-mêmes.

— Je ne connais personne dans ce marché qui ait fait une plus mauvaise affaire que vous. Si vous tenez parole, les gens vous rejetteront et les Arabes uniront leurs flèches contre vous. Ceux de son peuple connaissent cet homme mieux que quiconque. S'ils avaient décelé le bien en lui, ils seraient devenus grâce à lui les plus heureux des hommes ! Mais vous accueillez un sot malveillant que son peuple a rejeté et chassé. Quelle malheureuse idée vous avez eue !

Puis Bajra chassa le Messager de Dieu :

— Va t'en retrouver ton peuple. Par Dieu, si tu n'avais pas été un des miens, je t'aurais déjà tranché le cou.

Comprenant que les Banû 'Âmir lui retiraient leur protection, le Messager de Dieu se leva pour partir. Il monta sur sa chamelle mais celle-ci, excitée par un geste de Bajra, fit un bond qui jeta le Messager de Dieu à terre.

★

Dubâ'a bint 'Âmir * venait de perdre son troisième mari, Hishâm ibn al-Mughîra, dont elle avait eu un fils, Salma ibn Hishâm. La mère et le fils avaient embrassé l'islam.

Le Messager de Dieu était allé voir Salma et lui avait dit :

— Donne-moi ta mère en mariage.

Salma avait répondu :

— Je vais la consulter, ô Messager de Dieu.

Il avait aussitôt informé sa mère :

— Le Messager de Dieu t'a demandée en mariage.

— Alors, que lui as-tu répondu ?

— Je lui ai dit que j'allais te consulter.

— Me consulter sur le Messager de Dieu ? Quelle erreur de jugement ! Va vite le retrouver, avant qu'il ne change d'avis.

Or, le Messager de Dieu avait changé d'avis, après avoir appris que Dubâ'a avait atteint un âge avancé. Lorsque Salma était revenu le voir pour lui dire que sa mère consentait au mariage, le Messager de Dieu s'était tu.

Dubâ'a était présente au marché de 'Ukâz au moment où Bajra ibn Qays fit tomber le Prophète de sa chamelle, sous les yeux des hommes de Banû 'Âmir. A ces derniers, qui étaient ses cousins, Dubâ'a dit :

— O Banû 'Âmir, on maltraite ainsi le Messager de Dieu en votre présence et personne d'entre vous ne prend sa défense ?

Trois de ses cousins allèrent aider le Messager de Dieu à se relever, puis ils se jetèrent sur Bajra et deux de ses amis, qui continuaient à l'accabler de leurs sarcasmes. Et ils les rouèrent de coups. Le Messager de Dieu dit :

— Seigneur, bénis ceux-ci et maudis ceux-là.

Puis il quitta les Banû 'Âmir.

---

* Dubâ'a : cf. 3e partie, chap. 6.

Lorsque ces derniers rentrèrent chez eux, ils se rendirent auprès de l'un des leurs, qui était devenu trop vieux pour faire le déplacement jusqu'à 'Ukâz. Il leur demanda de lui raconter ce qu'il s'était passé sur le marché. Ils lui dirent :

— Un homme de Quraysh est venu nous voir, disant qu'il appartenait au clan des Banû 'Abd al-Muttalib. Il a prétendu qu'il était prophète et nous a demandé de lui offrir notre protection et de l'emmener avec nous jusqu'ici.

Le vieillard mit la main sur la tête et dit :

— Et vous lui avez refusé votre protection ! Une telle erreur peut-elle être réparée ? Par celui qui tient mon âme entre ses mains, ne saviez-vous pas que tous les descendants d'Ismaël qui ont prétendu être prophètes l'étaient vraiment ? Où était donc votre jugement ?

★

Dans ses visites aux différentes tribus, le Messager de Dieu se faisait parfois accompagner par Abû Bakr et 'Ali ibn Abû Tâlib. Ainsi arrivèrent-ils un jour, tous les trois, devant une assemblée empreinte d'une grande dignité, comprenant nombre d'hommes âgés, d'allure respectable. Abû Bakr s'avança, salua et demanda :

— De quel clan êtes-vous ?

Ils répondirent :

— Celui de Shibân ibn Tha'laba.

Abû Bakr dit à voix basse au Messager de Dieu :

— Par Dieu, il n'y a pas de clan plus puissant que le leur au sein de leur peuple.

Portant deux longues tresses qui lui tombaient sur la poitrine, Mafrûq ibn 'Amrû était l'homme le plus beau et le plus éloquent de cette assemblée. Abû Bakr, qui se trouvait à ses côtés, lui demanda :

— Combien d'hommes comptez-vous ?

— Plus de mille. Ce qui n'est pas un petit nombre.

— Quelle protection offrez-vous ?

— Nous faisons de notre mieux. Mais à chaque peuple ses moyens et ses limites.

— Comment faites-vous la guerre ?

— Nous sommes le plus redoutables lorsque nous sommes

provoqués. Nous préférons les chevaux aux enfants et les armes aux chamelles. Mais la victoire est entre les mains de Dieu. Il nous la donne parfois et parfois nous la refuse. Serais-tu ce frère de Quraysh... ?

— Si vous avez entendu parler d'un prophète, c'est lui.

— Nous avons entendu parler d'un homme qui se présente ainsi.

Le Messager de Dieu s'assit et, tandis qu'Abû Bakr se tenait derrière lui pour lui faire de l'ombre, il s'adressa en ces termes à l'assemblée :

— Je vous appelle à témoigner qu'il n'y a d'autre dieu que Dieu, seul et sans associé et que je suis le Messager de Dieu. Je vous demande de me soutenir et de me défendre pour me permettre de remplir la mission dont Dieu m'a chargé. Les gens de Quraysh se sont dressés contre la Parole de Dieu et ont démenti Son Prophète, ils ont préféré le mensonge à la vérité. Mais Dieu seul détient la Puissance et la Gloire.

Mafrûq ibn 'Amrû dit :

— A quoi d'autre nous convies-tu, frère de Quraysh?

Alors le Messager de Dieu récita :

Dis : « Venez, je vais énoncer ce que votre Seigneur vous interdit. Ne lui associez rien et soyez bons à l'égard de vos père et mère. Ne tuez pas vos enfants dans la disette, Nous pourvoirons à leur subsistance comme à la vôtre. Ecartez-vous des turpitudes, patentes ou latentes. Ne tuez personne injustement, Dieu l'interdit. Voilà ce que Dieu commande, afin que vous agissiez en toute sagesse. Ne touchez pas non plus à la fortune de l'orphelin, jusqu'à ce qu'il ait atteint sa majorité, si ce n'est pour le meilleur usage. Donnez la mesure et le poids justes, Nous n'imposons à l'âme que ce qu'elle peut porter. Si vous parlez, soyez équitables, même à l'égard d'un proche. Soyez fidèles au pacte de Dieu. Voilà ce qu'Il commande, afin que vous vous en souveniez. Tel est Mon chemin droit. Suivez-le, ne suivez pas les chemins qui s'en écartent. Voilà ce que Dieu commande, afin que vous restiez dans la voie juste. » (3)

Mafruq ibn 'Amrû dit encore :

— A quoi d'autre nous convies-tu, frère de Quraysh?

Le Messager de Dieu récita :

Dieu commande l'équité, la bienfaisance et la libéralité envers les proches. Il interdit la turpitude, l'acte blâmable et l'outrage. Il vous exhorte. Peut-être réfléchirez-vous. (4)

Mafruq ibn 'Amru dit :

— Par Dieu, frère de Quraysh, tu nous convies aux vertus les plus élevées et aux actes les plus nobles. Les gens qui t'ont démenti et renié sont dans leur tort.

Puis il désigna un homme dans l'assistance et dit :

— Hâni' ibn Qubaysa, que voici, est notre chef.

Ce dernier prit la parole :

— Frère de Quraysh, j'ai écouté tes propos et je les approuve. Mais je pense que si nous délaissions sur-le-champ notre religion pour la tienne, nous irions au-devant de difficultés sans fin. Ce serait une erreur de jugement, un acte irréfléchi, une imprudence coupable. L'erreur serait due à la précipitation. Il y a des gens qui nous suivent et nous nous refusons à prendre ainsi des décisions qui les engagent. Prends ton temps et nous prendrons le nôtre, réfléchis et nous réfléchirons.

Puis il désigna un autre homme et dit :

— Al-Muthanna ibn Hâritha, que voici, est notre chef de guerre.

Ce dernier prit à son tour la parole :

— Frère de Quraysh, j'ai écouté tes propos et apprécié tes paroles. Ce que tu as dit m'a plu. Mais la réponse est celle que t'a faite Hâni' ibn Qubaysa. Frère de Quraysh, nous vivons entre deux régions où l'eau coule en abondance.

Le Messager de Dieu demanda :

— Où se trouvent-elles ?

— L'une se trouve en terre arabe et l'autre en terre perse. Or, nous sommes liés à Khusrû par un pacte qui nous interdit, en terre perse, de faire des changements ou de protéger ceux qui prêchent des changements. Le changement auquel tu nous convies pourrait déplaire au roi de Perse, ce qui entraînerait de graves conséquences. S'il ne s'agissait que de déplaire aux Arabes, nous n'hésiterions pas à te protéger...

Le Messager de Dieu dit :

— Votre réponse vaut par sa sincérité. Ne soutient la religion de Dieu que celui qui est prêt à affronter tous ses ennemis.

Puis il ajouta :

— Et si Dieu vous offrait la terre des Perses et leurs richesses, chanteriez-vous Ses louanges et Le glorifieriez-vous ?

Al-Nu'mân ibn Sharîk répondit :

— Par Dieu, frère de Quraysh, comment ne le ferions-nous pas ?

Le Messager de Dieu récita :

Prophète, Nous t'avons envoyé pour témoigner, pour porter la bonne nouvelle et pour donner l'alarme, pour appeler à Dieu avec Sa permission, pour être le flambeau qui répand la lumière. (5)

Sur la route du retour, le Messager de Dieu prit la main d'Abû Bakr et dit à 'Ali ibn Abû Tâlib :

— Vois-tu, 'Alî, alors-même qu'ils sont dans l'ignorance, les Arabes ont de nobles sentiments. Par là le Tout-Puissant les prémunit contre le mal qu'ils peuvent se faire les uns aux autres et leur permet de compter les uns sur les autres dans la vie d'ici-bas.

CHAPITRE ONZIEME

Yathrib

Yathrib est une ville prospère. Les tribus des Aws et des Khazraj s'y livrent des combats incessants, souvent arbitrés par les tribus juives de la ville.

Une nuit, le Messager de Dieu eut un songe où il se vit partant vers une terre arrosée d'eaux abondantes, couverte de palmiers et d'arbres fruitiers. Il raconta son rêve à ses compagnons et ceux-ci s'en réjouirent, car ils y virent un présage heureux : celui d'une délivrance prochaine mettant fin aux souffrances qu'ils enduraient à La Mecque.

Ils attendirent quelque temps et, ne voyant rien venir, dirent :

— O Messager de Dieu, quand partirons-nous vers le pays que tu as vu en songe?

Le Messager de Dieu ne répondit pas.

Puis le Tout-Puissant révéla :

Dis : « Je ne suis pas une nouveauté parmi les prophètes. J'ignore ce qui sera fait de moi comme de vous. Je ne fais que suivre ce qui m'est révélé. Je suis celui qui donne l'alarme. » (1)

Le Messager de Dieu dit alors à ses compagnons :

— Ce que j'ai vu m'est apparu en songe. Je ne me conforme qu'à ce qui m'est révélé. (2)

★

Yathrib avait prospéré, et s'était largement étalée, grâce à l'abondance des eaux qui l'arrosaient. Elle était recouverte de plantations, à l'instar des nombreuses agglomérations du Nord de la Péninsule et de la Palestine où s'étendaient jardins et vergers, généreusement irrigués par l'eau des fontaines et des puits.

Yathrib était entourée de vastes palmeraies, plantées par les seigneurs de la ville et représentant la source la plus importante de leurs revenus. Comme ils cultivaient aussi divers légumes, à l'ombre de leurs palmiers, ils pouvaient à la fois satisfaire leurs besoins et vendre sur les marchés ce qu'ils avaient en surplus.

Ceux qui possédaient de grandes plantations habitaient des palais, protégés par des murailles à l'abri desquelles ils vivaient avec leurs familles, gardaient leurs richesses et déposaient leurs récoltes. Mais la plupart des gens habitaient de simples maisons, dont certaines avaient cependant deux étages.

Yathrib n'était ni fortifiée ni ceinte de tranchées. Face à une agression, sa population ne pouvait que barrer ses accès et, le cas échéant, se défendre à partir des terrasses de maisons ou se battre dans les multiples sentiers de la ville.

Les commerçants mecquois passaient souvent par Yathrib, lorsqu'ils allaient vers le pays de Shâm ou qu'ils en revenaient pour rentrer chez eux.

★

Lorsque, devant la menace d'effondrement du barrage de Ma'rib, 'Amrû ibn 'Âmir avait quitté le Yémen à la tête de sa tribu et de ses alliés, la tribu d'Azd s'était jointe à lui. Au cours de leur marche commune vers le nord, différents clans avaient en chemin quitté le gros des troupes, pour s'installer dans telle ou telle des villes qu'ils croisaient. Les Aws et les Khazraj, deux des clans d'Azd, s'étaient arrêtés à Yathrib.

Ils ne possédaient ni chevaux ni biens, rien qui pût égaler la force et la richesse des habitants juifs de Yathrib, les Banû Qaynuqâ‘, les Banû Quraydha et les Banû al-Nadîr. Aussi les Aws et les Khazraj ne purent se fixer que dans les environs de Yathrib, où ils vécurent pauvrement sous le joug des tribus juives qui leur imposaient un tribut foncier.

Il en fut ainsi jusqu'à ce qu'un des hommes de Khazraj, nommé Mâlik, allât trouver les gens de Ghassân, qui avaient aussi quitté le Yémen avec ‘Amru ibn ‘Âmir, mais qui avaient eu une plus heureuse fortune que les Aws et les Khazraj, en remontant plus au nord, jusqu'au pays de Shâm, où ils étaient devenus les vassaux des rois byzantins.

Mâlik descendit chez le seigneur ghassanide Abû Jubayla, lui parla du sort misérable qui était celui des Aws et des Khazraj et lui demanda de venir les délivrer de l'oppression qu'ils subissaient. Abû Jubayla accepta, prit la tête d'une troupe imposante de gens de son clan et marcha sur Yathrib. Il vint rapidement à bout de la résistance des tribus juives, tua la plupart de leurs chefs et remit la ville aux Aws et aux Khazraj. Puis il repartit avec ses hommes vers le pays de Shâm.

A ce qu'on dit, les Aws et les Khazraj connurent alors une période de bonne entente, mais qui ne dura pas.

Mâlik avait accueilli chez lui, et accepté comme allié, un nommé Ka‘b al-Tha‘labi. Ce dernier sortit un jour au marché et vit un homme qui, tenant en laisse un cheval, disait aux gens :

— J'offre ce cheval au seigneur le plus estimé de Yathrib ! Quel est-il ?

Plusieurs noms furent lancés par la foule, que l'homme ignora. Alors Ka‘b s'enhardit et, malgré son statut subalterne, osa dire :

— Mon allié Mâlik ibn ‘Ajlân, du clan de Khazraj, est le seigneur le plus estimé de Yathrib !

L'homme acquiesça et lui remit le cheval.

Cela provoqua la colère de Samîr ibn Yazîd, du clan des Aws. Profitant du statut subalterne de Ka‘b, il se mit à l'insulter. Il le laissa ensuite partir, mais le suivit à distance, le surprit dans un lieu isolé et le tua.

Lorsque Mâlik apprit la nouvelle, il fit dire aux Aws :

— Vous avez tué l'un des nôtres. Remettez-nous celui qui l'a tué.

Les Aws refusèrent en disant :

— Il y avait foule au marché, nul ne sait qui a tué Ka‘b.

Mâlik s'assura qu'il ne pouvait s'agir que de Samîr et fit dire aux gens de ce dernier, les Banû ‘Amrû :

— C'est Samîr qui a tué Ka‘b. Livrez-le-moi, afin que je le tue.

Ils répondirent :

— Tu ne peux tuer Samîr sans preuve.

La discussion se prolongea et se durcit. Puis les Banû ‘Amrû, préférant éviter que leur différend avec Mâlik ne débouchât sur une guerre entre les Aws et les Khazraj, firent dire à Mâlik :

— Ka‘b n'était qu'un allié. Nous sommes prêts à payer pour sa mort la moitié de la dette du sang.

Mâlik refusa et exigea le paiement de la dette entière. Alors les Banû ‘Amrû proposèrent de faire arbitrer leur différend par ‘Amrû ibn Imrû' al-Qays. Ce dernier appartenant au clan des Khazraj, Mâlik accepta. Mais l'arbitrage lui fut défavorable, ‘Amrû ibn Imru' al-Qays ayant conclu que la mort d'un allié ne valait que la moitié de la dette du sang. Mâlik rejeta cette conclusion. Les deux camps n'avaient plus qu'à se préparer à la guerre. Chacun d'eux battit le rappel des siens et ils convinrent du jour où aurait lieu l'affrontement.

Ce jour-là, les Khazraj s'aperçurent que l'un de leurs clans, celui des Banû al-Hârith, manquait à l'appel. C'était le clan de ‘Amrû ibn Imru' al-Qays, qui ne pardonnait pas à Mâlik d'avoir rejeté son arbitrage. Par contre, les Aws avaient non seulement rassemblé toutes leurs forces, mais s'étaient de plus assuré le soutien des tribus juives de Banû Quraydha et de Banû al-Nadîr. Au bout de deux jours de combats sanglants, les Aws prirent l'avantage sur les Khazraj. Un répit s'ensuivit, qui fut de courte durée, les combats reprenant peu après. Et la guerre se prolongea ainsi, donnant tantôt l'avantage à un camp et tantôt à l'autre, et les épuisant tous les deux.

Voyant cela, Suwayd ibn al-Sâmit * dit aux Aws :

— O gens, donnez satisfaction à Mâlik. Ne poursuivez pas cette guerre contre vos frères, qui fait le jeu de vos ennemis communs. Donnez-lui satisfaction, même si vous vous sentez lésés.

---

* Suwayd ibn al-Sâmit : un Hanîf. Détenteur d'un exemplaire des Sentences de Luqmân, il l'avait montré au Messager de Dieu avant que ce dernier ne l'invitât à embrasser l'islam. Cf. 4e partie, chap. 8.

Les Aws se laissèrent convaincre et proposèrent à Mâlik de recourir une nouvelle fois à l'arbitrage. Ils avancèrent le nom de Thâbit ibn al-Mundhir, appelé par certains l'homme complet, parce qu'il savait écrire, qu'il avait des dons de poète et qu'il était habile au tir à l'arc. Mâlik accepta et ils allèrent voir Thâbit pour lui dire :

— Nous t'avons choisi pour arbitre.

Il répondit :

— Je n'en ferai rien.

— Pourquoi cela ?

— Je crains que vous ne me désavouiez comme vous avez désavoué 'Amrû ibn Imru' al-Qays.

— Cela ne se reproduira plus.

— Prenez des engagements et donnez-moi des garanties.

Les deux parties s'exécutèrent. Alors seulement il émit son avis.

A titre exceptionnel, il accorda à Mâlik le paiement de la dette entière. Par contre, pour tous les morts de la guerre, Thâbit maintint le principe traditionnel du paiement de la dette entière pour le sang d'un membre du clan et de la moitié d'une dette pour le sang d'un allié. Aussi, lorsque le décompte des pertes fut fait, ce fut selon ce principe que la mort des uns fut compensée par celle des autres et que le camp qui en avait en surplus se vit payer la différence.

Quelque temps après, cependant, la guerre reprit, lorsqu'un homme de Khazraj, Ka'b ibn 'Amrû, fut assailli aux abords de la ville par une bande de jeunes des Banû Jahjabî, l'un des clans des Aws, qui le laissèrent presque mort sur la route. Son frère déclara aussitôt la guerre aux Banû Jahjabî et leur infligea une sévère défaite. Un de leurs chefs, Uhayha ibn al-Jallâh, put s'enfuir, se retrancha dans sa maison fortifiée et se prépara à prendre sa revanche en attaquant par surprise les Banû al-Najjâr*, qui appartenaient au clan de Khazraj.

La veille du jour où il s'apprêtait à les attaquer, l'une de ses femmes, qui était elle-même de Banû Najjâr, usa d'un stratagème pour l'endormir, quitter la maison, et aller prévenir les siens. Ces derniers étant sur leurs gardes, la manœuvre d'Uhayha échoua.

* Banû al-Najjâr : le clan des oncles maternels du Prophète.

La guerre se ralluma encore lorsque Hâtib ibn Qays, un seigneur de Aws, vit un de ses amis, qu'il hébergeait chez lui, humilié en plein marché par un juif qui lui donna un coup de pied au derrière. Prévenu, Hâtib vint avec son épée et fendit la tête du juif. Or, celui-ci n'avait commis son méfait qu'à l'instigation d'un homme de Khazraj, qui fut tué à son tour par un homme de Aws. La guerre devenant inévitable, certains firent une ultime tentative de conciliation, qui échoua.

Au bout de féroces combats, les Khazraj prirent l'avantage.

★

Une délégation des Aws se rendit alors à La Mecque pour solliciter le soutien de Quraysh contre les Khazraj. Le Messager de Dieu alla voir son chef et lui dit :

— Je peux vous proposer bien mieux que ce que vous êtes venus demander.

— Eh quoi donc ?

— Je suis le Messager de Dieu, qui m'envoie à Ses créatures pour les appeler à L'adorer et n'adorer que Lui. Il m'a révélé Son Livre…

Il leur parla de l'islam et leur récita des versets du Coran.

L'un des membres les plus jeunes de la délégation dit :

— C'est vrai qu'il nous offre bien mieux que ce que nous sommes venus demander !

Le chef prit une poignée de terre, la jeta au visage du jeune homme et dit :

— Tais-toi. Nous sommes venus pour autre chose.

Le jeune homme se tut et le Messager de Dieu se leva et partit. La délégation s'en revint à Yathrib et la guerre reprit entre les Aws et les Khazraj.

★

Les Aws s'étaient assuré le soutien de deux tribus juives, les Banû Quraydha et les Banû al-Nadîr. Apprenant cela, les Khazraj leur firent dire :

— Les Aws ont demandé votre aide contre nous. Nous pouvons, quant à nous, demander l'aide d'Arabes encore plus nombreux que vous. Si nous vainquons, les conséquences seront pour vous détestables. Si vous vainquez, nous n'aurons de cesse de chercher à nous venger et vous aurez constamment en tête, nous concernant, un souci qui vous est aujourd'hui épargné. Il vaut bien mieux vous tenir en dehors de cette guerre et ne pas vous interposer entre nous et nos frères.

Les Banû Quraydha et les Banû al-Nadîr furent frappés par la justesse de cet argument et firent dire aux Khazraj :

— Il est vrai que les Aws ont demandé notre soutien, mais nous n'avons jamais pensé nous allier à eux contre vous.

Alors les Khazraj leur demandèrent un gage de loyauté :

— Si vous dites vrai, envoyez-nous des otages que nous garderons chez nous.

Les deux tribus juives leur envoyèrent quarante de leurs enfants mâles, que les Khazraj répartirent dans différentes maisons.

Peu après, un homme de Khazraj, 'Amrû ibn al-Nu'mân, dit aux siens :

— Nos pères nous ont laissé de pauvres maisons, sur des terres arides et salées. Par Dieu, je ne me laverai la tête que quand nous vivrons dans ces belles demeures, où l'eau s'écoule généreuse au milieu d'une profusion de palmiers, les demeures des Banû Quraydha et des Banû al-Nadîr !

Puis il fit dire à ces derniers :

— Soit vous nous cédez vos demeures, soit nous tuons les otages.

Banû Quraydha et Banû al-Nadîr s'apprêtaient à quitter leurs demeures, lorsque leur chef, Ka'b ibn Asad, leur dit :

— Gardez vos demeures. S'ils tuent les otages, une nuit suffira à chacun de vous pour s'unir à son épouse et donner naissance à un nouvel enfant.

Ils firent dire à 'Amrû ibn al-Nu'mân :

— Nous ne quitterons pas nos demeures. Pour ce qui est des otages, il vous faut respecter les engagements que vous avez pris à notre égard.

'Amrû ibn al-Nu'mân tua les otages qu'il avait chez lui. Les gens qui le suivaient firent de même. Mais d'autres s'y refusèrent. Ainsi de 'Abd Allâh ibn Ubayy, l'un des seigneurs des Khazraj, qui dit à 'Amrû :

— Ton acte est déloyal et injuste. Je ne m'y associe pas et les gens qui me suivent non plus.

'Abd Allâh ibn Ubayy et les siens relâchèrent les garçons qu'ils avaient chez eux en otages. Mais Banû Quraydha et Banû al-Nadîr avaient choisi leur camp. Ils se tournèrent vers les Aws et leur proposèrent une alliance pour venir à bout des Khazraj. Les Aws acceptèrent leurs conditions et ils s'entendirent pour préparer ensemble une nouvelle guerre.

Apprenant cela, les Khazraj se réunirent chez 'Abd Allâh ibn Ubayy et certains dirent :

— Les Aws s'allient contre nous aux Banû Quraydha et aux Banû al-Nadîr. Nous devrons nous battre. Si nous sommes vainqueurs, nous ne devrons leur laisser aucun répit, aucun refuge. Que personne n'en sorte vivant.

'Abd Allâh ibn Ubayy refusa :

— C'est indigne et déloyal. Certains ici veulent n'arrêter les combats que lorsqu'il ne restera plus qu'eux. Mais de l'autre côté, ils disent de vous : « Ces gens nous empêchent de vivre dignement, ils ne nous empêcheront pas de mourir dignement. » Ainsi, du fait de votre déloyauté, sont-ils tentés de se battre eux aussi jusqu'au bout. Non. Nous devons continuer à nous battre comme nous l'avons toujours fait : celui qui est vaincu et qui reconnaît sa défaite doit pouvoir rentrer chez lui.

'Amrû ibn al-Nu'mân lui dit :

— La peur emplit ton cœur, par Dieu, depuis que tu as appris la nouvelle de l'alliance entre les Aws et les tribus juives…

'Abd Allâh ibn Ubayy répondit :

— Par Dieu, je ne suis pas des vôtres et ceux qui me suivent non plus. Quant à toi, 'Amrû, je te vois déjà mort, porté par quatre de tes hommes dans un manteau.

Puis il se retira, suivi de tous ceux qui lui faisaient confiance. Ceux qui restèrent choisirent 'Amrû ibn al-Nu'mân comme chef.

Les préparatifs de guerre durèrent quarante jours, mis à profit par chacun des deux camps pour rallier à sa cause toutes les tribus auxquelles il était lié. Puis les Aws se réunirent une dernière fois. Certains d'entre eux eurent la même pensée que certains d'entre les Khazraj. Ils dirent :

— Nous ne devons plus combattre les Khazraj comme nous

l'avons fait jusqu'ici. Si nous sortons vainqueurs, nous devons les poursuivre jusqu'à ce qu'il n'en reste pas un seul d'entre eux vivant.

Ils prirent des dattes et commencèrent à en manger. L'un dit :

— Parmi les gens de Yathrib, nous avons réuni des troupes bien plus nombreuses que celles des Khazraj. Que devrons-nous faire si nous l'emportons sur eux ? Les pourchasser ou les épargner ?

Un autre dit :

— Gens de Aws, vous avez ainsi été nommés parce que vous appréciez la juste mesure des choses.

Mais ils ne purent s'accorder entre eux.

Lorsque vint le jour du combat, les deux armées se retrouvèrent et les Aws eurent la surprise de voir, rangées derrière les Khazraj, des troupes beaucoup plus nombreuses qu'ils ne l'avaient prévu. La bataille se termina par la défaite des Aws, qui prirent la fuite. Mais tandis que les Khazraj les poursuivaient, emmenés par ʻAmrû ibn al-Nuʻmân, ce dernier fut atteint d'une flèche en pleine tête et tomba raide mort. ʻAbd Allâh ibn Ubayy, qui ne participait pas à la bataille, vit venir vers lui quatre hommes portant un corps inerte dans un manteau. Il leur demanda :

— Qui est-ce ?

Ils répondirent :

— 'Amrû ibn al-Nuʻmân.

Il dit :

— Ainsi récolte-t-il les fruits de la déloyauté.

Pendant ce temps, un seigneur juif aveugle, de la tribu des Banû Quraydha, se trouvait dans sa demeure fortifiée et demandait à l'une de ses filles :

— Monte sur la terrasse et dis-moi ce que font nos gens.

Elle monta et revint lui dire :

— J'entends une voix crier très fort : « Gens de Khazraj, frappez ! »

Son père dit :

— Les Khazraj ont donc le dessus.

Quelque temps après, il demanda à sa fille de remonter sur la terrasse et elle revint lui dire :

— J'entends des voix qui crient : « O gens de Aws » et d'autres qui crient : « O gens de Khazraj ».

Son père dit :

— Maintenant le combat fait rage.

Une heure plus tard, il envoya encore une fois sa fille aux nouvelles et elle revint lui dire :

— J'entends des voix crier : « Nous sommes les Banû Sakhra, combattants de la première heure ! »

Alors son père s'écria :

— Les Aws ont remporté la victoire !

En effet les Khazraj, ayant vu mourir leur chef, avaient perdu courage et s'étaient dispersés, tandis que les Aws se regroupaient pour reprendre le dessus. Tandis qu'ils poursuivaient les Khazraj en leur décochant des flèches mortelles, l'un des Aws dit :

— Ce sont vos frères, cessez de les harceler !

Ils cessèrent de tirer, mais certains se mirent à brûler les maisons et les palmeraies des Khazraj, alors que les Banû Quraydha et les Banû al-Nadîr commençaient à les piller. Les dissensions apparurent dans le camp des vainqueurs. Ainsi un seigneur des Aws, Sa'd ibn Mu'âz, alla se placer devant la porte des Banû Salma, de Khazraj, pour empêcher que leur maison fût pillée.

Un autre seigneur des Aws, Ka'b ibn Asad, se dirigea vers la demeure de 'Abd Allâh ibn Ubayy dans l'intention de l'humilier en lui rasant les cheveux. Il lui cria :

— Descends, ennemi de Dieu !

'Abd Allâh répondit :

— N'ai-je pas refusé de participer à ce combat ?

Ka'b se renseigna et sut qu'il disait vrai. Il repartit et le laissa en paix.

Deux autres des vainqueurs voulurent revenir sur le sort à réserver aux vaincus. Hudayr al-Katâ'ib dit Abû al-Qays :

— Je continue de penser qu'il faut poursuivre les Khazraj dans leurs maisons, qu'il faut tuer et détruire, jusqu'à ce qu'il ne reste plus un seul des leurs en vie.

Abul Qays répondit :

— Par Dieu, il ne faut pas faire cela.

Hudayr se mit en colère :

— Je sais que les Aws sont ainsi nommés parce qu'ils apprécient la juste mesure des choses. Mais je sais aussi que si les Khazraj avaient été vainqueurs, ils ne nous auraient pas épargnés !

Il ordonna à ses hommes de rentrer chez eux et se retira dans sa maison. Blessé durant les combats, il mourut quelques jours plus tard.

Les Aws et les Khazraj avaient, selon les chroniqueurs, une même origine yéménite. Pourtant, ayant pris le pouvoir à Yathrib, les deux tribus se sont lancées dans une interminable guerre, qui ne cessait un moment, que pour reprendre quelque temps après. Certains chroniqueurs pensent que les tribus juives de la ville ont, par intérêt, alimenté ce conflit. D'autres y retrouvent, plus simplement, le schéma classique des guerres fratricides arabes d'avant la Révélation.

CHAPITRE DOUZIÈME

Les serments d'allégeance d'Al-'Aqaba

Six hommes venus de Yathrib embrassent l'islam. Douze hommes prêtent le premier serment d'allégeance d'al-'Aqaba. Soixante-treize hommes et deux femmes prêtent le deuxième serment. L'islam commence à s'implanter à Yathrib.

Au cours du pèlerinage qui suivit ces faits, le Messager de Dieu alla comme à son habitude au-devant des tribus arabes pour leur proposer un pacte. A al-'Aqaba il rencontra, venant de Yathrib, six hommes de Khazraj à qui Dieu voulut du bien. Le Messager de Dieu leur demanda :

— Qui êtes-vous ?

— Nous sommes de Khazraj.

— Avez-vous pour alliés des juifs ?

— Oui.

— Ne voulez-vous pas vous asseoir ? J'ai à vous parler.

— Si.

Ils s'assirent autour de lui et il leur parla. Il les appela à se tourner vers le Tout-Puissant, leur exposa l'islam et leur récita des versets du Coran.

Les Khazraj, qui étaient des adorateurs d'idoles, vivaient au milieu des juifs, qui étaient des gens du Livre. Chaque fois qu'ils avaient entre eux des démêlés, les juifs disaient aux Khazraj : un prophète est annoncé, dont la venue est imminente. Nous le suivrons et nous vous tuerons avec son aide, comme ont été tués les gens de 'Âd à Irâm.

Aussi, lorsque le Messager de Dieu se fut présenté aux hommes de Khazraj et qu'il les eut conviés à Dieu, ils se dirent :

— C'est donc lui le prophète que nous annoncent les juifs. Ne les laissons pas nous devancer auprès de lui.

Ils répondirent à son appel, crurent en lui et embrassèrent l'islam. Avant de repartir ils lui dirent :

— Nous avons laissé nos gens en proie à de telles dissensions qu'ils ne cessent de se déchirer entre eux. Dieu veuille les réunir à travers toi ! Nous allons les retrouver, nous les appellerons à croire en toi et nous leur exposerons cette religion que nous venons d'embrasser. Si Dieu veut qu'autour d'elle nos gens se rassemblent, aucun homme n'aura préséance sur toi.

Ils rentrèrent à Yathrib, commencèrent à parler du Prophète et quelques-uns des leurs embrassèrent à leur tour l'islam. Ainsi se constitua le premier noyau des Ansârs ★.

★

Ce fut alors qu'Abû Salma choisit de quitter La Mecque pour Yathrib. Il fut sans doute le premier à le faire.

Umm Salma, son épouse, raconte :

Lorsqu'il décida de s'exiler à Yathrib, Abû Salma sella son chameau, me hissa dessus avec mon fils Salma dans mon giron et, conduisant le chameau par la bride, nous emmena hors de la ville. Mais des gens de mon clan, celui des Banû al-Mughîra, nous ayant vus partir, nous suivirent et nous assaillirent. Ils dirent à Abû Salma :

— Toi, tu peux faire ce que tu veux. Mais nous ne te laisserons pas emmener cette femme loin du pays.

Ils lui arrachèrent la bride des mains et me ramenèrent avec

★ Ansârs : partisans, ou féaux. Tous ceux de Yathrib qui embrassèrent l'islam entrèrent dans l'Histoire sous ce qualificatif.

eux. Mais les gens de son clan, celui des Banû 'Abd al-Asad, se fâchèrent et vinrent leur dire :

— Par Dieu, nous ne laisserons pas notre enfant avec elle, puisque vous l'avez séparée de son mari.

Ils se disputèrent mon fils jusqu'à lui tordre le bras. Puis les Banû 'Abd al-Asad finirent par le prendre et l'emmener avec eux, me laissant captive des Banû al-Mughîra, tandis qu'Abû Salma continuait seul sa route jusqu'à Yathrib. Ainsi moi-même, mon fils et mon mari fûmes-nous séparés les uns des autres.

★

Lors de la saison de pèlerinage qui suivit ces faits, douze Ansârs vinrent voir le Prophète à al-'Aqaba et lui firent le serment d'allégeance connu comme le premier serment d'al-'Aqaba.

Ils jurèrent de n'associer aucun dieu à Dieu, de ne pas voler, de ne pas commettre d'adultère, de ne pas tuer leurs enfants, de ne pas se parjurer, de ne pas désobéir au Prophète en suivant le droit chemin. Leur fidélité leur vaudrait le Paradis mais s'ils trahissaient ce serment, sur quelque point que ce fût, leur sort serait entre les mains de Dieu Tout-Puissant, qui les tourmenterait ou leur pardonnerait, selon Son Vouloir.

Lorsque vint le temps de rentrer chez eux, le Messager de Dieu envoya avec eux Mus'ab ibn 'Umayr, l'un de ses tout premiers compagnons, en lui enjoignant de leur faire réciter le Coran et d'approfondir leur compréhension de l'islam. A Yathrib, Mus'ab fut bientôt surnommé « Celui qui fait réciter ».

Un jour Mus'ab ibn 'Umayr et l'un des premiers Ansârs, As'ad ibn Zurâra, entrèrent dans un jardin appartenant à deux seigneurs des Aws. Ils s'assirent près du puits et furent peu à peu rejoints par d'autres musulmans. Apprenant cela, Sa'd ibn Mu'âdh et Usayd ibn Hudayr, les maîtres des lieux, tous les deux idolâtres, se mirent en colère. Le premier dit au second :

— Va vers ces deux hommes qui sont entrés dans notre jardin et s'emploient à corrompre les plus faibles de nos gens. Chasse-les et interdis-leur de revenir chez nous. Je l'aurais fait moi-même, si As'ad ibn Zurâra n'était le fils de ma tante maternelle et qu'il ne m'était interdit de le maltraiter.

Usayd ibn Hudayr prit sa lance et alla vers le groupe de musulmans. Lorsque As'ad le vit venir vers eux, il dit à Mus'ab :

— C'est l'un des chefs de son peuple qui vient vers toi. Reste fidèle à Dieu face à lui.

Mus'ab répondit :

— S'il s'assied, je lui parlerai.

Usayd s'arrêta devant eux et, s'adressant à Mus'ab d'un air courroucé, dit :

— Pourquoi viens-tu chez nous corrompre nos esprits les plus faibles ? Si tu tiens à la vie, va-t'en !

Mus'ab répondit :

— Ne veux-tu pas t'asseoir et écouter ? Si ce que tu entends te plaît, tu l'accepteras. Si cela te déplaît, tu le rejetteras.

Usayd dit :

— C'est équitable.

Il planta sa lance dans le sol et s'assit au milieu d'eux. Et Mus'ab parla de la religion de Dieu et récita des versets du Coran. L'assistance vit alors rayonner l'islam sur le visage d'Usayd, avant même qu'il eût prononcé une parole. Puis il dit :

— Qu'elles sont bonnes et belles, ces paroles ! Comment faire pour embrasser cette religion ?

Mus'ab répondit :

— Tu te laves, tu purifies tes vêtements, tu prononces le témoignage de la Vérité : « Il n'y a de Dieu que Dieu et Muhammad est Son Messager » et tu fais la prière.

Usayd se lava, purifia ses vêtements, prononça le témoignage de la vérité et fit deux génuflexions. Puis il dit ;

— Je vais de ce pas parler à un homme qui, s'il vous suit, sera suivi par tout son peuple.

Il se dirigea aussitôt vers Sa'd ibn Mu'âdh, qui, le voyant venir, dit à ses amis :

— Par Dieu, Usayd nous revient avec un autre visage que celui qu'il avait en nous quittant !

Il demanda à Usayd :

— Qu'as-tu fait ?

— J'ai parlé aux deux hommes. Par Dieu, je n'ai vu chez eux aucune malveillance. Je les ai grondés et ils ont répondu qu'ils feraient ce que je leur demanderais de faire. Mais on m'a appris que les Banû Hâritha menaçaient de tuer As'ad ibn Zurâra, sachant qu'il est le fils de ta tante maternelle et qu'il bénéficie de ta protection...

Sa'd se leva, furieux de ce qu'il venait d'entendre. Il prit la lance des mains de Usayd et dit :

— Par Dieu, je ne vois pas ce que tu as fait de bon !

Puis il se dirigea vers le groupe de musulmans. Le voyant arriver, As'ad dit à Mus'ab :

— Voici venir le seigneur de son peuple. S'il adhère à l'islam, tout son peuple fera de même.

Lorsqu'il s'approcha d'eux et les trouva calmement assis, il comprit qu'Usayd avait fait en sorte qu'il vînt les voir pour écouter ce qu'ils avaient à dire. Il s'adressa à As'ad :

— Par Dieu, si tu n'étais mon cousin, tu n'aurais pu agir ainsi ! Venir jusque chez nous pour faire des choses que nous réprouvons !

Mus'ab intervint :

— Ne veux-tu pas t'asseoir et écouter ? Si ce que tu entends te plaît, tu l'accepteras. Si cela te déplaît, tu le rejetteras.

— C'est équitable.

Il planta sa lance dans le sol et s'assit au milieu d'eux. Et Mus'ab parla de la religion de Dieu et récita des versets du Coran. Et l'assistance vit rayonner l'islam sur le visage de Sa'd avant même qu'il eût prononcé une parole. Puis il dit :

— Que faut-il faire pour embrasser cette religion ?

Mus'ab répondit :

— Tu te laves, tu purifies tes vêtements, tu prononces le témoignage de la Vérité et tu fais la prière.

Sa'd se leva, se purifia, purifia ses vêtements, prononça le témoignage de la Vérité et fit deux génuflexions. Puis il reprit sa lance et revint vers ses amis.

Le voyant s'approcher, ils dirent :

— Par Dieu, Sa'd nous revient avec un autre visage que celui qu'il avait en partant !

Il s'arrêta devant eux et dit :

— Gens de Banû 'Abd al-Ashhal, quelle est la place que je tiens parmi vous ?

Il répondirent :

— Tu es notre seigneur, tu possèdes le meilleur avis et l'esprit le plus résolu.

Alors il dit :

— Il m'est désormais interdit de vous parler, hommes ou femmes, avant que vous n'ayez cru en Dieu et en Son Prophète.

A la nuit tombée, il n'était plus homme ou femme des Banû 'Abd al-Ashhal qui n'eût embrassé l'islam.

Usayd et Sa'd se rendirent chez As'ad et, joignant leur parole à la sienne, appelèrent les gens de Yathrib à la religion de Dieu.

*

L'année suivante, une délégation de Ansârs quitta Yathrib pour La Mecque, afin de rencontrer le Prophète et lui prêter serment d'allégeance. En chemin l'un d'entre eux, nommé al-Barâ', dit à ses compagnons :

— Il me vient une idée. Par Dieu, je ne sais si vous pourrez l'accepter.

— Laquelle ?

— Je ne veux plus, en priant, donner le dos à la Ka'ba, mais me tourner vers elle.

— Par Dieu, ce que nous savons c'est que notre Prophète prie en direction de la Syrie. Nous ne voulons pas nous dissocier de lui.

— Pour ma part je prierai en direction de la Ka'ba.

— Mais nous n'en ferons rien.

A l'heure de la prière, al-Barâ' se tourna vers La Mecque tandis que les autres se tournaient vers la Syrie.

Lorsqu'ils arrivèrent à La Mecque, al-Barâ' et son neveu Ka'b cherchèrent à voir le Messager de Dieu pour l'interroger sur cette affaire. Ils arrêtèrent un Qurayshite et lui demandèrent où ils pourraient trouver Muhammad ibn 'Abd Allâh. L'homme leur dit :

— Le connaissez-vous ?

— Non.

— Connaissez-vous son oncle al-'Abbâs ?

— Oui. Il vient souvent à Yathrib pour son commerce.

— Eh bien, quand vous entrerez dans la Mosquée, vous verrez un homme assis près d'al-'Abbâs. C'est Muhammad ibn 'Abd Allâh.

Ils se rendirent à la Mosquée et, reconnaissant al-'Abbâs, allèrent vers lui. Le Messager de Dieu demanda à son oncle :

— Connais-tu ces deux hommes ?

Al-'Abbâs répondit :

— Ce sont al-Barâ' ibn Ma'rûr, seigneur de son clan, et Ka'b ibn Mâlik son neveu.

— Ka'b le poète ?

— Oui.

Alors al-Barâ' dit :

— O Messager de Dieu, j'ai fait ce voyage après que Dieu m'a conduit vers l'islam. En venant, j'ai pensé que je ne devrais pas prier en donnant le dos à la Ka'ba, mais au contraire en me tournant vers elle. Mes compagnons ne m'ont pas suivi et cela a jeté en moi un trouble. Quel est ton avis ?

Le Prophète répondit :

— Tu as la *qibla* *. Garde-la et prends patience

Alors al-Barâ' recommença à prier en direction de Jérusalem.

A la fin du pèlerinage, le groupe des Ansârs se rassembla de nuit pour rencontrer en secret le Messager de Dieu. Il comptait soixante-treize hommes et deux femmes, qui devaient faire le deuxième serment d'allégeance d'al-'Aqaba. Le Messager de Dieu était accompagné de son oncle al-'Abbâs, qui s'adressa aux Ansârs en premier :

— Muhammad occupe parmi nous la place que vous savez. Nous l'avons protégé contre ceux de son peuple qui rejettent sa religion. Il est bien défendu au sein de son peuple et dans sa ville. Cependant il entend vous rejoindre et se lier à vous. Si vous comptez lui rester fidèles et le protéger contre ses contradicteurs, prenez-en l'engagement. Si par contre vous êtes susceptibles de l'abandonner à la première difficulté, alors laissez-le parmi nous, dans cette ville où il se trouve en sécurité.

Les Ansârs répondirent :

— Nous t'avons bien entendu. Maintenant, ô Messager de Dieu, parle-nous.

Le Prophète récita des versets du Coran et convia chacun à suivre la voie de Dieu, puis :

---

* *Qibla* : direction de la prière.

— Je conclus avec vous un pacte en vertu duquel vous vous engagez à me protéger comme vous protégez vos femmes et vos enfants.

Alors al-Barâ' ibn Ma'rûr prit la main du Prophète et dit :

— Par Celui qui t'envoie comme Messager de la Vérité, nous jurons de te protéger comme nous protégeons nos femmes et nos enfants. Oui, conclus ce pacte avec nous, ô Messager de Dieu. Nous sommes, de pères en fils, combattants et gens d'armes.

Un autre des Ansârs s'avança et dit :

— O Messager de Dieu, nous sommes rattachés à d'autres par certains liens. Si nous rompons ces liens pour nous allier à toi et que Dieu te donne la victoire, ne vas-tu pas revenir vers ton peuple, à La Mecque, et nous abandonner?

Le Messager de Dieu sourit et dit :

— C'est une alliance à la vie à la mort. Je suis des vôtres et vous êtes des miens. Je combattrai ceux que vous combattez et j'offrirai la paix à ceux qui sont en paix avec vous.

Ils dirent :

— Que recevrons-nous, ô Messager de Dieu, si nous tenons nos engagements?

Il répondit :

— Le Paradis.

— Alors, tends la main.

Il tendit la main et ils lui firent serment d'allégeance. Puis il leur dit :

— Retournez maintenant à votre caravane.

L'un d'entre eux dit :

*— Par Celui qui t'a envoyé comme Messager de la Vérité, si tu le veux, nous irons dès demain pourfendre de nos épées les gens de Mîna *.*

— Cela n'a pas été ordonné. Retournez à votre caravane.

Ils retournèrent à leur caravane et s'endormirent. (1)

---

* Les gens de Mîna : il veut parler des gens venus en pèlerinage, mais pour adorer les idoles.

★

Le lendemain, des notables de Quraysh vinrent interroger les pèlerins venant de Yathrib :

— On nous rapporte que certains d'entre vous sont allés voir cet homme, Muhammad, dans notre dos et qu'ils ont fait serment de le soutenir contre nous. Vous êtes pourtant, parmi les Arabes, ceux auxquels nous sommes le moins enclins à faire la guerre.

Il y avait dans la caravane des gens de Yathrib venus pour le pèlerinage, mais qui étaient des idolâtres et qui ignoraient tout du serment d'allégeance fait par les musulmans au cours de la nuit précédente. Ils jurèrent par Dieu qu'il ne s'était rien passé, tandis que les musulmans se regardaient sans rien dire.

Parmi les Qurayshites se trouvait al-Hârith ibn Hishâm, portant une paire de sandales toutes neuves. L'un des musulmans dit à haute voix à son chef :

— O Abû Jâbir, toi qui es un de nos chefs, tu ne pourrais pas porter d'aussi belles sandales que ce jeune homme ?

Al-Hâshim l'entendit. Il ôta ses sandales, les jeta à l'homme et dit :

— Tiens, par Dieu, porte-les.

Un autre musulman vint dire à l'homme :

— Par Dieu, tu as provoqué ce Qurayshite. Rends-lui ses sandales !

L'homme répondit, cette fois à voix basse :

— Non, je ne les rendrai pas. Par Dieu, j'y vois un bon présage. Bientôt, nous reviendrons les combattre, nous les vaincrons et nous leur prendrons le reste.

Les Qurayshites laissèrent repartir la caravane. Mais, poursuivant leur enquête, ils finirent par découvrir la vérité sur la rencontre des Ansârs avec le Prophète. Ils se mirent à la recherche des gens de Yathrib qui avaient prêté serment et capturèrent l'un d'entre eux, Sa'd ibn 'Ubâda. Ils lièrent ses deux mains à son cou avec la courroie de selle de son chameau et le ramenèrent à La Mecque. En route, ils ne cessèrent de lui donner des coups et de lui tirer sur les cheveux, qu'il avait abondants.

Tandis qu'il était traité de la sorte, Sa'd vit venir vers lui un homme grand et beau, à la peau blanche, au visage rayonnant. Il se dit :

— S'il est un homme, parmi ces gens-là, dont je puisse espérer du bien, ce doit être celui-ci.

L'homme s'approcha, leva la main et le frappa de son poing. Sa'd se dit :

— Décidément, non, il ne faut rien espérer de ces gens-là.

Mais il se trompait encore, car il se trouva un homme pour le prendre en pitié, qui vint près de lui et lui dit :

— Dis-moi, malheureux, n'y a-t-il aucun pacte qui te lie à un Qurayshite ?

Sa'd dit :

— Mais si. Je suis lié à Jubayr ibn Mut'im et aussi à al-Hârith ibn Harb… Je protégeais leurs marchands lorsqu'ils venaient en affaires à Yathrib !

— Eh bien, crie-le très fort !

Tandis que Sa'd répétait à voix haute qu'il était lié par un pacte à deux Qurayshites, l'homme alla trouver ces derniers à la Mosquée et leur dit :

— Il y a un homme de Khazraj qui est en train d'être torturé et qui dit qu'il est lié à vous par un pacte de protection.

Ils demandèrent :

— Qui est-ce ?

— Sa'd ibn 'Ubâda.

— Il dit vrai. Il protégeait nos marchands à Yathrib…

Ils se levèrent et allèrent sur-le-champ faire libérer Sa'd.

★

De retour à Yathrib, les Ansârs manifestèrent publiquement leur nouvelle foi et l'islam se répandit très vite dans la ville. Certains s'accrochèrent cependant à leurs idoles. Parmi eux, 'Amrû ibn al-Jamûh, l'un des seigneurs de Banû Salâma, continua de vénérer dans sa maison une idole en bois nommée Manât. Il ne savait pas que son fils, Mu'âdh ibn 'Amrû, était de ceux qui avaient fait le serment d'allégeance au Prophète à al-Aqaba.

Mu'âdh et quelques autres jeunes gens, qui avaient comme lui embrassé l'islam, venaient toutes les nuits prendre l'idole et la jeter dans une fosse à excréments. Le lendemain à son réveil, 'Amrû la ramassait, la lavait, la purifiait, la parfumait et se demandait :

— Qui donc a fait subir cet outrage à ma divinité ? Si seulement je le savais, je sévirais...

Mais la nuit suivante, le même outrage était commis et il ne savait que faire. Un soir, avant d'aller dormir, il suspendit son épée au cou de la statue et lui dit :

— Je ne sais vraiment pas qui te fait cela. Mais si tu es bonne à quelque chose, défends-toi. Je te laisse cette épée.

Les jeunes gens vinrent dans la nuit, écartèrent l'épée, prirent la statue, l'attachèrent au cadavre d'un chien qui venait de mourir et la jetèrent dans un ancien puits plein de déchets. 'Amrû chercha longtemps son idole, avant de la retrouver toute souillée. Il revint chez lui et dit à sa femme :

— Ne permets à aucun membre de ton clan de venir ici, jusqu'à ce que j'éclaircisse cette affaire...

Sa femme, qui avait en secret embrassé l'islam à l'instar de son fils, dit à 'Amrû :

— Soit. Mais ne veux-tu pas entendre ce que ton fils rapporte à propos de Mus'ab ibn 'Umayr ?

— Ton fils a-t-il renié nos idoles ?

— Il est de ceux qui ont rencontré Muhammad.

'Amrû fit appeler son fils et lui demanda :

— Dis-moi ce que t'a appris cet homme.

Son fils lui récita l'Ouverture :

Louange à Dieu, Seigneur des Mondes, le Clément, le Miséricordieux, le Maître du Jour du Jugement. C'est Toi que nous adorons, c'est Toi que nous implorons. Conduis-nous dans le chemin droit, le chemin de ceux que Tu combles de bienfaits, non de ceux qui encourent Ta colère ni de ceux qui s'égarent. (2)

'Amrû s'écria :

— Que ces paroles sont bonnes et belles ! Tout ce qu'il dit est-il aussi beau ?

— O père, le reste est encore plus beau. Ne veux-tu pas prêter serment à ton tour ? La plupart des tiens l'ont déjà fait...

— Je ne peux le faire avant de consulter Manât.

Il alla s'incliner devant son idole et dit :

— Voici qu'un homme vient nous interdire de t'adorer et nous ordonne de te renier. Je ne voudrais pas lui prêter serment sans ton accord…

Lorsque les gens interrogeaient Manât, au cours de cérémonies prévues à l'avance, une vieille femme venait se mettre derrière la statue et parlait en son nom. La vieille femme n'était pas là et ʻAmrû parla longtemps sans recevoir de réponse. A la fin, excédé, il dit :

— Je vois que tu m'en veux, alors que je n'ai rien fait.

Il brisa la statue et embrassa l'islam.

*

Ce fut à cette époque qu'un groupe des Ansârs alla trouver Asʻad ibn Zurâra et lui dit :

— Les juifs ont un jour par semaine où ils se réunissent et se recueillent. Il en va de même pour les chrétiens. Décidons, nous aussi, d'un jour où nous nous réunirons, où nous prierons et Lui rendrons grâce.

Asʻad acquiesça et ils se réunirent chez lui pour prier. C'était un vendredi, nommé jour des Arabes. Asʻad fit égorger une brebis et ils en mangèrent tous, aux repas de midi et du soir. Ils étaient au nombre de quarante.

CHAPITRE TREIZIÈME

Les musulmans quittent La Mecque

Les musulmans de La Mecque sont invités à se rendre à Yathrib. Ils y vont par groupes successifs. Seuls restent, avec Muhammad, 'Ali ibn Abû Tâlib et Abû Bakr. Les seigneurs de Quraysh décident de mettre à mort le Prophète. Il leur échappe, en quittant La Mecque de nuit, accompagné d'Abû Bakr.

Après le deuxième serment d'allégeance d'al-'Aqaba, le Très-Haut permit aux Musulmans de quitter La Mecque et d'aller rejoindre les Ansârs à Yathrib.

Le Messager de Dieu dit à ses compagnons :

— Le Très-Haut vous a donné des frères et une demeure où vous serez en sécurité.

Alors les musulmans partirent, par groupes successifs, vers Yathrib, où ils furent appelés les Muhâjirûn *. Quant au Messager de Dieu, il attendit que le Seigneur l'autorisât à partir à son tour.

*

* Muhâjirûn : ceux qui ont émigré. Vient de *Hijra*, qui a donné en français « l'Hégire ».

L'un de ces Muhâjirûn, Suhayb, fut poursuivi par une troupe de Mecquois idolâtres. Lorsqu'il se vit cerné, il descendit de son chameau, tira les flèches de son carquois et leur dit :

— Vous savez qu'avec chacune de ces flèches, j'atteindrai l'un de vous. Quand je n'aurai plus de flèches, j'utiliserai mon épée, jusqu'à ce qu'il n'en reste plus rien dans mes mains. Ensuite, ceux d'entre vous qui survivront feront de moi ce qu'ils voudront.

Ils répondirent :

— Tu es venu chez nous sans aucun bien et tu t'en vas avec beaucoup d'argent. Par Dieu, cela ne peut se faire.

— Et si je vous laisse mon argent, me laisserez-vous partir ?

— Oui.

Ils prirent son argent et il fut libre de poursuivre son chemin jusqu'à Yathrib.

Lorsque le Messager de Dieu apprit la nouvelle, il dit :

— Suhayb a gagné au change !

Et le Très-Haut révéla :

Parmi les hommes, il s'en trouve qui paient sans compter le désir de plaire à Dieu. Dieu est bon pour ses adorateurs. (1)

★

Umm Salma raconte ★ :

Tous les matins, je sortais dans la vallée d'al-Abtah et m'asseyais pour pleurer. Des mois passèrent, près d'une année. Puis l'un de mes cousins paternels, passant par là, me vit et eut pitié de moi. Il dit aux Banû al-Mughîra :

— Laissez partir cette malheureuse ! Vous l'avez séparée à la fois de son mari et de son fils.

Alors ils me dirent :

— Tu peux rejoindre ton mari, si tu le désires.

J'allai chez les Banû al-Asad, qui me rendirent mon fils. Je le pris dans mon giron, me hissai sur le chameau et partis rejoindre mon mari à Yathrib. Je n'avais personne d'autre avec moi.

Arrivée à al-Tan'îm, je trouvai 'Uthmân ibn Talha, qui me demanda :

★ Cf. le début de son récit, 5e partie, chap. 12.

— Où vas-tu donc toute seule, Umm Salma ?

— Je vais retrouver mon mari à Yathrib.

— Personne ne t'accompagne ?

— Personne, excepté Dieu et mon fils que voici.

— Par Dieu, je ne peux te laisser seule ainsi.

Il prit la bride du chameau et se mit en route avec moi.

Par Dieu, je n'ai jamais approché d'Arabe aussi noble que lui. A chacune de nos haltes, il faisait agenouiller le chameau et s'éloignait jusqu'à ce que j'en descendisse, puis il venait reprendre le chameau, lui ôtait sa selle, l'attachait à un arbre et se retirait lui-même pour dormir. Au moment du départ, il sellait à nouveau le chameau et se retirait en attendant que je l'eusse monté, puis il revenait, prenait la bride et me conduisait jusqu'à la halte suivante.

Lorsque nous atteignîmes les environs de Yathrib, il me dit :

— Ton mari est là. Va le rejoindre avec la bénédiction de Dieu.

Puis il repartit en direction de La Mecque.

★

'Umar ibn al-Khattâb raconte :

Lorsque nous décidâmes de partir pour Yathrib, nous convînmes de nous retrouver, moi-même, 'Ayyâsh ibn Abû Rabî'a et Hishâm ibn al-'Âs sur les hauteurs de Sarf. Nous nous dîmes :

— Si l'un de nous ne se trouve pas à Sarf demain matin, c'est qu'il aura été empêché de venir. Les autres partiront sans lui.

Le lendemain matin, Hishâm ne vint pas. Pressé par les siens, il avait renié sa foi. Je partis donc avec le seul 'Ayyâsh.

Peu de temps après notre arrivée à Yathrib, nous vîmes arriver Abû Jahl et son frère al-Hârith, qui étaient cousins de 'Ayyâsh. Ils lui dirent :

— Ta mère a fait le vœu de ne plus peigner ses cheveux et de ne plus se protéger du soleil, tant qu'elle ne t'aura pas vu.

Ces paroles troublèrent 'Ayyâsh. Je lui dis :

— Écoute, ces deux-là ne cherchent qu'à te détourner de ta religion. Méfie-toi d'eux. Par Dieu, lorsque les cheveux de ta mère seront pleins de poux, elle se peignera et lorsque les rayons du soleil se feront trop brûlants, elle se mettra à l'ombre

— Non. J'irai à La Mecque pour exaucer le vœu de ma mère et

j'en profiterai pour ramener avec moi des biens que j'ai laissés là-bas.

— Je suis l'un des hommes les plus riches de Quraysh. Je te donne la moitié de mes biens, si tu ne reprends pas la route avec ces deux-là.

Mais il s'était mis en tête de repartir. Je lui dis alors :

— Puisque tu as décidé d'aller à La Mecque, prends donc ma chamelle. Elle est rapide et facile à conduire. Reste sur son dos. Si tu éprouves quelque soupçon à l'égard de tes compagnons, elle te permettra de te sauver.

'Ayyâsh monta sur la chamelle et partit avec Abû Jahl et al-Hârith.

Lorsqu'ils furent à mi-chemin, Abû Jahl lui dit :

— Cousin, je suis fatigué de mon chameau. Ne veux-tu pas me prendre derrière toi sur ta chamelle ?

'Ayyâsh acquiesça, fit agenouiller sa chamelle et mit pied à terre. Ses deux cousins, ayant fait de même, se jetèrent sur lui, le ligotèrent et le ramenèrent captif à La Mecque. Là, pressé par les siens, il renia sa foi.

★

Le Prophète resta à La Mecque en attendant que Dieu lui permît de la quitter à son tour. La plupart des musulmans étaient déjà partis, les autres étant retenus malgré eux ou s'étant parjurés – à l'exception des deux fidèles compagnons, Abû Bakr et 'Ali ibn Abû Tâlib, qui restaient de leur plein gré. Abû Bakr avait plus d'une fois demandé à partir, mais le Prophète lui avait dit :

— Patience, Dieu te destine peut-être un compagnon de voyage.

Cependant les Qurayshites s'inquiétaient de voir se renforcer loin d'eux une communauté de compagnons du Prophète qui n'étaient ni mecquois ni qurayshites, auxquels s'étaient joints la plupart des Mecquois convertis à la nouvelle religion. Ainsi l'islam avait-il trouvé à Yathrib un sanctuaire. Les seigneurs de Quraysh s'avisèrent que, si le Prophète s'y rendait à son tour, il serait en mesure de faire la guerre à La Mecque. Ils décidèrent qu'il était temps d'agir pour s'assurer qu'il ne le pourrait pas.

Ils fixèrent un jour pour se réunir à Dâr al-Nadwa, où, depuis que l'ancêtre Qusayy l'avait construite, Quraysh avait coutume de traiter toutes les affaires d'importance. Au jour dit, ils trouvèrent Satan debout devant la porte, qui les attendait sous les traits d'un imposant vieillard, portant une robe d'étoffe grossière. Ils lui demandèrent :

— Qui es-tu ?

Il répondit :

— Je suis de Najd. J'ai su que vous alliez vous réunir et de quoi vous alliez parler. Je suis venu vous écouter, peut-être vous donner avis et conseil.

— Entre donc.

Une fois assis, les Qurayshites dirent :

— Après avoir commis tout ce qu'il a commis, Muhammad menace désormais notre sécurité, puisqu'il peut prendre la tête de gens qui ne sont pas des nôtres, pour nous attaquer. Il nous faut arrêter une décision à son sujet.

L'un d'eux dit :

— Enchaînons-le, enfermons-le et attendons qu'il meure comme les poètes qui l'ont précédé.

L'homme de Najd prit la parole pour dire :

— Par Dieu, ce n'est pas une bonne idée. Si vous le maintenez captif, sa cause sortira par la porte que vous aurez refermée sur lui. Elle ira émouvoir ses fidèles, qui se dresseront contre vous. Ils viendront le délivrer puis reviendront, encore plus forts, pour finir par l'emporter sur vous. Non, il vous faut trouver une autre idée.

Un Qurayshite dit :

— Chassons-le de chez nous, exilons-le hors de notre pays. Nous n'aurons plus à nous soucier de savoir ce qu'il fait ni où il va. Nous serons débarrassés de lui et nous retrouverons l'unité et la solidarité que nous avons perdues de son fait.

L'homme de Najd reprit la parole pour dire :

— Par Dieu, pourquoi donc vous êtes-vous réunis, si c'est pour le laisser partir ? Non, ce n'est pas une bonne idée. N'avez-vous pas perçu la beauté de ses propos, la force de son éloquence, l'emprise qu'il possède sur le cœur des hommes ? N'avez-vous pas vu comme il a gagné les esprits à Yathrib ? Par Dieu, si vous le relâchez, il ira vers d'autres tribus arabes, qu'il séduira aussi par ses paroles. Et il finira par se retourner contre vous, il vous battra et vous soumettra à sa volonté. Non, il vous faut trouver une autre idée.

Alors Abû Jahl dit :

— J'ai une idée que vous n'avez pas encore envisagée.

— Laquelle ?

— Je propose de choisir dans chacun des clans de Quraysh un jeune homme, fort et de noble lignée, à qui nous donnerons une épée tranchante. Tous ensemble iront chez Muhammad et le frapperont comme un seul homme. Ils le tueront et nous serons débarrassés de lui. De cette manière, son sang retombera sur tous les clans à la fois. Les 'Abd Manâf ne pourront pas faire la guerre à l'ensemble de leur peuple. Ils devront se contenter du prix du sang et nous le leur donnerons.

L'homme de Najd prit une dernière fois la parole pour dire :

— L'idée qu'il faut retenir est celle de cet homme. Il n'y en a pas d'autre.

Ils se dispersèrent après s'être tous accordés sur cette idée.

L'Ange Gabriel prévint aussitôt le Messager de Dieu :

— Ne dors pas cette nuit sur le lit où tu dors d'habitude.

⋆

Lorsque Abû Bakr avait demandé au Messager de Dieu l'autorisation de partir pour Yathrib et que ce dernier lui avait dit d'attendre, Dieu lui destinant peut-être un compagnon de voyage, Abû Bakr s'était permis d'espérer que ce compagnon serait le Messager de Dieu lui-même. Il avait acheté deux chamelles, les avait gardées chez lui et les avait nourries dans l'attente de ce voyage.

⋆

'Â'isha raconte :

Le Messager de Dieu venait tous les jours chez mon père Abû Bakr, au matin ou en fin d'après-midi. Le jour où Dieu lui permit de se séparer de son peuple de La Mecque et de s'exiler, il vint dans la chaleur de midi, à une heure où il ne venait jamais. Dès qu'il le vit, Abû Bakr dit :

— Si le Messager de Dieu vient à cette heure, c'est pour une affaire d'importance.

Mon père céda sa place sur le lit et le Messager de Dieu s'y assit. Il n'y avait avec eux dans la maison que moi-même et ma sœur Asmâ'. Le Messager de Dieu dit :

— Fais sortir tous ceux qui se trouvent chez toi.

Abû Bakr répondit :

— Messager de Dieu, il n'y a que mes deux filles. Qu'y a-t-il donc ?

Le Messager de Dieu dit :

— Dieu m'a permis de quitter La Mecque.

— Partirons-nous ensemble, ô Messager de Dieu ?

— Nous partirons ensemble.

Je n'avais jamais pensé qu'un homme pût pleurer de joie, jusqu'à ce jour où je vis Abû Bakr le faire. Il dit ensuite :

— O Messager de Dieu, j'avais préparé deux chamelles dans l'attente de ce voyage.

Ils engagèrent comme guide un idolâtre en qui ils avaient confiance, et lui confièrent la garde des deux montures.

★

A la tombée de la nuit, les jeunes choisis par Quraysh pour tuer le Messager de Dieu se rassemblèrent devant sa porte. Le Messager de Dieu dit alors à 'Ali ibn Abû Tâlib :

— Couche-toi sur mon lit, couvre-toi de mon manteau vert du Hadramawt et dors. Ils ne pourront te faire aucun mal.

Abû Jahl, qui se tenait au milieu des jeunes de Quraysh, leur dit :

— Muhammad prétend que si vous le suivez dans sa religion, vous deviendrez les rois des Arabes et des Perses, que vous serez ressuscités après votre mort et que vous vivrez dans des jardins aussi beaux que ceux du Jourdain. Par contre, si vous refusez de le suivre, il vous égorgera et, ressuscités après votre mort, vous serez jetés dans un feu où vous ne cesserez de brûler.

Le Messager de Dieu sortit de chez lui mais, le Très-Haut ayant obscurci les sens de ceux qui le guettaient, ceux-ci ne purent le voir qui prenait une poignée de terre, ni l'entendre qui disait :

— Oui, c'est bien ce que j'affirme et toi, Abû Jahl, tu seras l'un de ceux-là.

Puis le Messager de Dieu commença à jeter un peu de terre sur la tête de chacun des jeunes de Quraysh, en récitant ces versets :

Par le sage Coran, oui, tu es l'un des Envoyés sur le droit chemin. Cette Révélation t'a été faite par le Tout-Puissant et Miséricordieux, afin que tu avertisses un peuple dont les ancêtres ne furent pas avertis et qui demeure insouciant. La parole s'accomplit contre la plupart de ces gens, qui ne croient pas. Nous avons mis à leur cou des chaînes qui montent jusqu'au menton, afin que leur tête ne bouge plus. Nous avons mis une barrière devant eux et une barrière derrière et nous les avons enveloppés de telle sorte qu'ils ne voient plus. Que tu les avertisses ou pas leur est indifférent, ils ne croiront pas. (2)

Lorsque le Messager de Dieu eut fini de jeter un peu de terre sur le dernier des jeunes de Quraysh, il s'éloigna.

Peu après, un homme passa devant les jeunes attroupés et leur demanda :

— Que faites-vous ici ?

— Nous attendons Muhammad.

— Quelle doit être votre déconvenue ! Muhammad a trompé votre vigilance et s'en est allé, non sans avoir jeté un peu de terre sur vos têtes...

Ils passèrent la main dans leurs cheveux et y trouvèrent de la terre. Inquiets, ils jetèrent un regard à l'intérieur de la maison. Voyant un homme endormi, enveloppé dans le manteau vert du Messager de Dieu, ils se rassérénèrent et dirent :

— Par Dieu, Muhammad est ici enveloppé dans son manteau.

Au matin, ils pénétrèrent dans la maison, où ils virent 'Ali ibn Abû Tâlib. Ils le reconnurent et lui demandèrent :

— Où est ton ami ?

— Je n'en sais rien. Il est sorti.

Furieux, ils le frappèrent et l'emmenèrent à la Mosquée, où ils le retinrent quelque temps, avant de le relâcher.

*

De nombreux Mecquois, connaissant l'honnêteté et la loyauté du Messager de Dieu, avaient jusqu'au bout continué de déposer chez lui des objets dont ils craignaient la perte. Au moment de partir pour Yathrib, le Messager de Dieu avait chargé 'Ali ibn Abû Tâlib de restituer aux Mecquois ces objets, avant de quitter lui-même la ville. Pour s'acquitter de cette mission, 'Ali allait rester à La Mecque trois jours et trois nuits après le départ du Messager de Dieu. Puis il allait partir à son tour pour Yathrib.

De nombreux Mecquois, connaissant l'honnêteté et la droiture du Messager de Dieu, avaient jusqu'ici continué de déposer chez lui des objets dont ils craignaient la perte. Au moment de partir pour Yathrib, le Messager de Dieu a chargé Ali ibn Abû Tâlib de restituer aux Mecquois ces objets, avant de quitter lui-même la ville. Pour s'acquitter de cette mission, Ali allait rester à La Mecque trois jours et trois nuits après le départ du Messager de Dieu. Puis il allait partir à son tour pour Yathrib.

CHAPITRE QUATORZIÈME

*L'Hégire**

Le Prophète et son compagnon échappent à leurs poursuivants. Après un voyage mouvementé, Muhammad est accueilli à Yathrib avec ferveur. Il descend chez Abû Ayyûb. Il ordonne la construction de la première Mosquée. Il s'adresse aux musulmans réunis.

Le Messager de Dieu alla trouver Abû Bakr et ils partirent sans être vus. Ils se rendirent à une caverne connue d'eux seuls. Abû Bakr s'y engagea le premier et s'assura qu'elle n'abritait ni lion ni serpent avant d'inviter le Messager de Dieu à y entrer à son tour. Ils y passèrent trois jours sans sortir, Quraysh ayant promis cent chamelles à qui les retrouverait.

Abû Bakr avait chargé un de ses fils d'écouter ce que diraient les gens à leur propos durant le jour et de venir le leur rapporter à la nuit tombée. Il avait par ailleurs ordonné à son serviteur d'emmener paître ses moutons comme d'habitude durant le jour, mais de passer par la caverne à la nuit tombée et de ne ramener les moutons à La Mecque qu'après que son fils y fut revenu, afin de suivre ses pas et d'en effacer la trace.

Au bout de trois jours, la fièvre des Mecquois retomba quelque

* L'Hégire, qui marque le début du calendrier musulman, commence avec le départ vers Yathrib du Messager de Dieu.

peu. Le guide put alors rejoindre le Messager de Dieu et Abû Bakr avec leurs chamelles. De son côté, la fille d'Abû Bakr apporta des provisions pour le voyage.

Abû Bakr présenta la meilleure des deux chamelles au Messager de Dieu, disant :

— Par mon père et ma mère, monte-la.

Le Messager de Dieu répondit :

— Je ne vais pas monter une chamelle que je n'ai pas payée. Dis-moi à quel prix tu l'as achetée.

Abû Bakr lui dit le prix et le Messager de Dieu trancha :

— Je te l'achète à ce prix.

— Elle est à toi, Messager de Dieu.

Ils montèrent chacun sa chamelle et Abû Bakr prit en croupe son serviteur, qui devait s'occuper d'eux durant le voyage.

⋆

D'après 'Umar ibn al-Khattâb :

Le Messager de Dieu partit de nuit, accompagné d'Abû Bakr. Durant le trajet qui les menait vers la grotte, Abû Bakr marcha tantôt devant le Messager de Dieu et tantôt derrière lui. Lorsqu'il s'en aperçut, le Messager de Dieu lui demanda :

— Pourquoi marches-tu tantôt devant moi et tantôt derrière ?

Abû Bakr répondit :

— O Messager de Dieu, lorsque je pense à ceux qui nous cherchent, je marche derrière toi et lorsque je pense à ceux qui nous guettent, je marche devant.

Le Messager de Dieu dit :

— O Abû Bakr, tu préfères que le malheur te frappe et m'épargne ?

— Par Celui qui t'envoie avec la Vérité, quel que soit le malheur, je préfère qu'il me frappe et t'épargne.

Lorsqu'ils arrivèrent à l'entrée de la grotte, Abû Bakr dit :

— Reste là, ô Messager de Dieu, je vais d'abord m'assurer que la grotte est sans danger.

Il y pénétra seul, inspecta les lieux et ressortit :

— Tu peux entrer, ô Messager de Dieu.

Alors seulement le Messager de Dieu entra.

★

Durant ce temps, à La Mecque, un groupe de Qurayshites vint frapper à la porte d'Abû Bakr. Asmâ' leur ayant ouvert, ils lui demandèrent :

— Où est ton père, fille d'Abû Bakr ?

Elle répondit :

— Par Dieu je ne sais où il se trouve.

Abû Jahl leva la main et l'abattit sur la joue d'Asmâ' avec une telle force que sa boucle d'oreille tomba à terre.

★

Quittant La Mecque, Abû Bakr avait emporté tout son argent. Après son départ, son père, qui était aveugle, vint voir les deux filles d'Abû Bakr, Asmâ' et 'Â'isha, et leur dit :

— Je jurerais qu'Abû Bakr vous a privés de son argent aussi bien que de sa présence.

Asmâ' répondit aussitôt :

— Mais non, grand-père, il nous a laissé beaucoup de biens.

Elle prit quelques pierres et en fit un tas qu'elle recouvrit d'un morceau d'étoffe, puis elle le mit dans la niche où Abû Bakr avait l'habitude de déposer son argent. Elle dit à son grand-père :

— Tiens, grand-père, pose la main sur cet argent.

Abû Quhâfa passa la main sur le tas de pierres et dit :

— C'est bien. S'il vous a laissé cela, vous ne manquerez de rien.

Il partit en paix.

★

Abû Bakr raconte :

Nous sachant poursuivis, nous marchâmes tout un jour et toute une nuit, jusqu'au milieu du jour suivant. Le soleil se trouvait au-dessus de nos têtes lorsque j'avisai une roche creuse, qui faisait une petite tache d'ombre. J'y étalai une peau de bête et dis au Messager de Dieu :

— Étends-toi là.

Ce qu'il fit. Pendant qu'il se reposait, je vis passer non loin de nous un berger. J'allai lui demander :

— A qui appartiens-tu ?

— A un homme de Quraysh.

Il me dit le nom de cet homme, que je reconnus. Je lui dis :

— Tes brebis portent-elles du lait ?

— Oui.

— Veux-tu en traire pour nous ?

— Je veux bien.

Il prit la brebis que je lui indiquai et, après avoir essuyé la poussière de ses mamelles, se mit à la traire. Il emplit de lait l'outre que je lui tendis. J'allai ensuite vers le Messager de Dieu, le réveillai et dit :

— Bois.

Lorsqu'il eut bu, je lui demandai :

— N'est-il pas temps de repartir ?

Il acquiesça et nous nous remîmes en route.

De tous nos poursuivants, un seul fut près de nous rattraper, Surâqa ibn Mâlik.

Lorsque je le vis qui se rapprochait rapidement de nous, je dis :

— O Messager de Dieu, cet homme va nous rattraper.

Le Messager de Dieu dit :

— Ne t'inquiète pas. Dieu nous protège.

Lorsque Surâqa ne fut plus qu'à deux ou trois coudées de nous, je dis :

— O Messager de Dieu, il nous rattrape.

Je me mis à pleurer. Le Messager de Dieu dit :

— Pourquoi pleures-tu ?

Je répondis :

— Ce n'est pas sur mon sort que je pleure, par Dieu, mais sur le tien.

Le Messager de Dieu dit :

— Seigneur, charge-toi de lui !

★

Surâqa ibn Mâlik raconte :

Le Messager de Dieu ayant quitté La Mecque pour gagner Yathrib, Quraysh offrit cent chamelles à qui le lui ramènerait.

J'étais assis au milieu des miens, lorsque l'un de mes cousins arriva et dit :

— Par Dieu, j'ai vu passer trois hommes non loin d'ici. Je crois bien qu'il s'agissait de Muhammad et de ses compagnons.

Je lui fis signe de se taire et dis :

— Ce devaient être les fils d'un tel, qui cherchaient une de leurs bêtes perdues.

Il dit :

— Ah, peut-être bien.

Je restai à ma place près d'une heure, puis je me retirai et revins chez moi. J'ordonnai à l'une de mes esclaves de conduire mon coursier hors du campement, je confiai ma lance et mes flèches à une autre, qui sortit par une porte située au dos de la maison. J'endossai enfin ma cuirasse et sortis à mon tour. Je repris mon coursier et mes armes et partis sans que personne me vît.

En route, je voulus prendre l'augure des flèches. Je tirai l'une d'elles. C'était celle que je craignais le plus. Elle indiquait : « Cela ne lui nuira pas. » Or, je comptais bien m'emparer de Muhammad, le ramener à La Mecque et recevoir les cent chamelles.

Malgré l'augure, je partis au galop à sa poursuite. Soudain mon cheval trébucha et je tombai à terre. Je me dis :

— Que se passe-t-il ?

J'interrogeai mes flèches. Je tirai encore une fois celle qui indiquait : « Cela ne lui nuira pas. » Je me remis pourtant en selle et repartis à la poursuite de Muhammad. Le cheval trébucha peu après et me jeta à terre. Je tirai à nouveau la flèche fatale, mais je repris aussitôt ma course. Muhammad et ses compagnons étaient déjà à portée de ma voix, lorsque les pattes avant de mon cheval s'enlisèrent. Je me retrouvai à terre. Tentant de dégager ses pattes, le cheval souleva un nuage de fumée tourbillonnant avec la force d'un ouragan. Alors je compris que Muhammad était protégé et que je ne pourrais rien contre lui. Je criai :

— Je suis Surâqa ibn Mâlik ! Attendez-moi ! Je veux vous parler ! Je jure que je ne vous veux aucun mal !

Muhammad dit à Abû Bakr :

— Demande-lui ce qu'il nous veut.

Abû Bakr répéta la question à mon intention. Je répondis :

— Je veux que tu me fasses un écrit, qui soit un signe de reconnaissance entre toi et moi.

Muhammad dit à Abû Bakr de me donner ce que je demandais. Abû Bakr fit cet écrit sur un os plat et le lança dans ma direction. Je le pris, le mis dans mon sac et rentrai chez moi. Je ne parlai à personne de ce qui venait de se passer.

★

Abû Bakr raconte ainsi la même scène :

Le cheval de Surâqa ibn Mâlik galopait sur un sol dur et lisse lorsque, brusquement, ses pattes s'y enlisèrent. Alors Surâqa descendit de son cheval et dit au Messager de Dieu :

— O Muhammad, je comprends que c'est toi qui as causé cela. Demande à Dieu de dégager le cheval. Si tu le fais, j'égarerai les autres poursuivants. Tiens, voici mon carquois. Emporte avec toi une de mes flèches en signe de reconnaissance. En passant devant mes troupeaux, tu pourras prendre autant de bêtes que tu veux.

Le Messager de Dieu dit :

— Je n'en ai pas besoin.

Puis il demanda à Dieu de venir au secours de Surâqa. Le cheval se dégagea. Surâqa l'enfourcha et rebroussa chemin.

★

Qibâ' était située à une journée de marche de Yathrib. Ceux de ses habitants qui avaient embrassé l'islam, ayant appris que le Messager de Dieu avait quitté La Mecque, guettaient tous les jours son arrivée. Ils sortaient le matin, après la prière et se postaient à l'entrée de la ville, attendant sa venue, jusqu'à ce que le soleil fût si haut dans le ciel qu'il ne faisait plus d'ombre. La chaleur étant intense, les gens rentraient chez eux.

Le Messager de Dieu arriva un jour, à l'heure où les croyants étaient rentrés chez eux. Seul un juif le vit, qui s'écria aussitôt de sa voix la plus haute :

— Celui que vous attendez est arrivé !

Les musulmans ressortirent de chez eux et virent deux hommes assis sous un palmier. Ils se pressèrent autour d'eux. Aucun des musulmans n'ayant rencontré le Messager de Dieu auparavant, ils ne savaient lequel des deux hommes était Muhammad ibn 'Abdallâh et lequel Abû Bakr. Mais lorsque ce dernier se leva et tint sa cape au-dessus du Messager de Dieu, pour le protéger du soleil, les gens surent lequel des deux était le Messager de Dieu.

★

A Yathrib, Anas ibn Mâlik raconte :

J'entendis des enfants crier :

— Muhammad est arrivé !

J'allai vers ces enfants, mais ne vis rien. J'entendis plus loin d'autres enfants crier :

— Muhammad est arrivé !

J'allai vers eux, mais toujours rien. Puis, enfin, je vis apparaître le Messager de Dieu et son compagnon Abû Bakr.

Ils s'arrêtèrent dans un lieu inhabité et envoyèrent un bédouin prévenir les Ansârs de leur arrivée. Cinq cents de ces derniers vinrent à leur rencontre et dirent :

— Vous serez protégés et obéis.

Le Messager de Dieu et son compagnon se joignirent à eux et ils entrèrent dans Yathrib. Tous les habitants de la ville, même les jeunes filles, sortirent dans les sentiers ou montèrent sur les terrasses pour les voir. Les gens se demandaient les uns aux autres :

— Lequel est-il ? Lequel est-il ?

Nous n'avions jamais vu chose pareille chez nous.

★

Des hommes de Banû Sâlim, venant du cœur de la vallée, s'approchèrent et dirent :

— O Messager de Dieu, viens séjourner chez nous, où tu seras entouré et protégé.

Le Messager de Dieu, qui était sur sa chamelle, leur dit :

— Laissez-la passer. Dieu guide ses pas.

Ils s'écartèrent et la chamelle continua d'avancer. Lorsqu'elle arriva devant la maison des Banû Bayâda, ces derniers s'approchèrent et dirent :

— O Messager de Dieu, viens séjourner chez nous, où tu seras entouré et protégé.

Le Messager de Dieu répéta :

— Laissez-la passer. Dieu guide ses pas.

Plus loin, la chamelle passa devant les Banû Sâ'ida, puis devant les Banû al-Hârith, puis encore devant les Banû 'Udayy, du clan des oncles maternels du Messager de Dieu. Ils firent tour à tour la même proposition, qui reçut à chaque fois la même réponse. La chamelle continua d'avancer et arriva devant la maison de 'Abd Allâh ibn Ubayy, que les Khazraj tenaient pour leur chef. Le Messager de Dieu attendit une invitation qui ne vint pas. 'Abd Allâh lui dit :

— Va chez l'un de ceux qui t'ont invité.

Sa'd ibn 'Ubâda devait plus tard expliquer au Messager de Dieu l'attitude de 'Abd Allâh :

— O Messager de Dieu, le Très-Haut nous a fait don de ta présence. Mais nous pensions, avant cela, couronner 'Abd Allâh et en faire notre roi.

La chamelle poursuivit son chemin jusqu'à la maison des Banû Mâlik et là, s'agenouilla devant un terrain où l'on faisait sécher les dattes. Le Messager de Dieu ne descendit pas et attendit. La chamelle se releva et fit quelques pas de plus, le Messager de Dieu lui rendant la bride. Puis elle revint sur ses pas, s'agenouilla au même endroit et, épuisée, finit par laisser son corps reposer sur le sol.

Alors le Messager de Dieu en descendit et Abû Ayyûb Khâlid prit ses effets et les rentra dans sa maison. Le Messager de Dieu demanda :

— A qui appartient ce terrain ?

L'un des Ansârs lui répondit :

— Il appartient à deux orphelins dont je suis le tuteur. Si tu le veux, je leur en paierai le prix.

Le Messager de Dieu dit :

— Je veux en payer le prix.

Puis il ordonna que l'on arrachât les palmiers et que l'on déblayât le terrain, afin d'y construire une mosquée.

La maison d'Abû Ayyûb était bâtie sur deux étages. Le Messager de Dieu occupa l'étage inférieur et laissa l'étage supérieur à ses hôtes. Abû Ayyûb lui dit :

— O Messager de Dieu, par mon père et ma mère, je ne puis supporter de te voir au-dessous de moi. Viens donc prendre notre place et nous prendrons la tienne.

Le Messager de Dieu répondit :

— O Abû Ayyûb, il est plus commode pour nous, comme pour ceux qui viendront nous voir, de rester en bas.

★

Abû Ayyûb raconte :

Nous préparions le repas du soir et le faisions porter au Messager de Dieu. Lorsqu'il rendait les restes, nous en mangions, moi et Umm Ayyûb, à l'endroit où il avait posé sa main, espérant la bénédiction. Un soir, nous lui passâmes un plat fait avec des oignons ou de l'ail, qu'il rendit sans y avoir touché. Inquiet, je descendis le voir et lui demandai :

— O Messager de Dieu, par mon père et ma mère, tu as rendu le plat sans y avoir touché. Lorsque tu rends tes plats, nous mangeons moi et Umm Ayyûb à l'endroit où tu as posé la main, espérant la bénédiction...

Le Messager de Dieu répondit :

— J'ai senti l'odeur de cette plante... Je ne la mange pas, car je suis un homme visité... Mais vous, mangez-en...

Nous en mangeâmes, mais ne lui refîmes plus jamais de plat contenant cette plante.

★

Zayd ibn Thâbit raconte :

Lorsque le Messager de Dieu descendit chez Abû Ayyûb, je fus le premier à lui apporter en offrande une écuelle de pain arrosé de lait et de beurre fondu. Je lui dis :

— C'est ma mère qui t'envoie cette écuelle.

Il répondit :

— Dieu te bénisse.

Puis il invita ses compagnons à manger avec lui.

Sa'd ibn 'Ubâda fut le deuxième à apporter en offrande une écuelle de potage au pain et à la viande. Ensuite, il ne se passa pas de soir sans que trois ou quatre hommes vinssent, les uns après les autres, présenter une offrande en nourriture. Le Messager de Dieu resta sept mois dans la maison d'Abû Ayyûb.

On demanda à Umm Ayyûb :

— Quelle était la nourriture préférée du Messager de Dieu ?

Elle répondit :

— Il n'a jamais demandé à manger de plat particulier, pas plus qu'il n'a refusé l'un de mes plats. Un soir, cependant, Abû Ayyûb a partagé avec lui un plat offert par As'ad ibn 'Ubâda et m'a dit qu'il avait vu le Messager de Dieu en manger avec un appétit qu'il ne lui connaissait pas. Nous lui avons souvent préparé ce plat par la suite. Par ailleurs, As'ad ibn Zurâra lui envoyait tous les deux soirs une écuelle. L'un de ces soirs, le Messager de Dieu demanda :

— L'écuelle de As'ad ibn Zurâra est-elle arrivée ?

Nous comprîmes alors que cette nourriture lui plaisait.

★

Umm Salma raconte :

Lorsque le Messager de Dieu ordonna la construction de la Mosquée, il participa lui-même aux travaux afin d'encourager les musulmans à suivre son exemple. Muhâjirûn et Ansârs s'y mirent. Mais tous n'y mirent pas la même ardeur. Ainsi, 'Ammâr ibn Yâsir ★ vint un jour, lourdement chargé de briques, se plaindre au Messager de Dieu :

— Ils vont me tuer ! Ils me chargent de ce qu'ils ne veulent pas porter !

Alors je vis le Messager de Dieu épousseter de ses mains la chevelure crépue de 'Ammâr et lui dire :

— Non, ce ne sont pas eux qui te tueront, mais la bande des injustes ★★ !

★ Fils d'un esclave affranchi, il fut l'un des tout premiers à embrasser l'islam à La Mecque. Cf. 4e partie, chap. 4.

★★ Prémonition du Prophète concernant la mort de 'Ammâr, qui devait avoir lieu à la bataille de Siffîn.

'Ali ibn Abû Tâlib composa à ce propos ces vers :

Ils ne sont pas égaux, édifiant la mosquée,
Celui qui travaille sans cesse
Et celui qui en fait le moins possible.

'Ammâr ibn Yâsir ne se gêna pas pour réciter ces vers à voix haute, jusqu'à ce que l'un des compagnons du Prophète, se sentant visé, lui dît :

— J'entends ce que tu récites. Par Dieu, je crois que je vais te donner un coup de ce bâton sur le nez.

Le Messager de Dieu, apprenant cela, se mit en colère :

— Qu'ont-ils donc contre 'Ammâr ? Il les appelle au Paradis et ils le vouent à l'Enfer ! 'Ammâr m'est aussi cher que la peau entre mes yeux et mon nez. On ne peut être plus proche de moi que cet homme. Laissez-le en paix !

La Mosquée fut construite avec un toit de branches de palmier, une *qibla* * en briques et des troncs d'arbres pour piliers. Le Messager de Dieu construisit aussi, à côté de la Mosquée, une maison pour lui. Lorsqu'elle fut achevée, il quitta la maison d'Abû Ayyûb pour s'installer dans la sienne.

★

As'ad ibn Zurâra, qui avait été l'un des tout premiers Ansârs et avait instauré la prière collective du vendredi, tomba malade pendant la construction de la Mosquée. Le Messager de Dieu tenta de le soigner de ses propres mains, mais As'ad succomba bientôt, emporté par une angine ou un hoquet. Le Messager de Dieu dit alors :

— De ce malheur, les juifs et les Arabes hypocrites vont s'emparer pour dire : « Si Muhammad était un prophète, son ami ne serait pas mort. » Mais je n'ai, ni pour moi ni pour mes amis, aucun des pouvoirs de Dieu.

Les Banû al-Najjâr vinrent alors voir le Messager de Dieu et lui demandèrent :

— Cet homme était notre chef. Nomme parmi nous quelqu'un pour le remplacer.

---

* *Qibla* : direction de la prière, ou niche marquant la direction de la prière.

Le Messager de Dieu ne voulut pas favoriser l'un d'eux au détriment des autres. Il dit :

Vous êtes mes oncles et je suis des vôtres. Je serai votre chef.

Ce fut la fierté des Banû al-Najjâr d'avoir pour chef de leur clan le Messager de Dieu.

*

Le Messager de Dieu s'adressa aux musulmans, Muhâjirûn et Ansârs réunis, en ces termes :

— *Louange à Dieu. Je Le loue et invoque Son soutien. Dieu nous préserve des maux de l'âme et des actes répréhensibles. Celui que Dieu guide sur le droit chemin, nul ne peut l'égarer et celui que Dieu égare, nul ne peut le remettre sur le droit chemin. J'atteste qu'il n'y a d'autre dieu que Dieu, seul sans associé. La meilleure parole est celle du Livre de Dieu, béni et glorifié. Heureux celui dont Dieu a orné le cœur en y inscrivant cette parole, lui offrant ainsi l'islam après l'incroyance, celui qui a préféré ce Livre à tous les autres, parce qu'il est la meilleure et la plus éloquente des paroles. Aimez ce que Dieu aime. Aimez Dieu de tout votre cœur. Ne vous lassez pas de Sa parole et ne cessez pas de la citer. Ne fermez pas vos cœurs à Dieu, sachez que pour tout ce qu'Il a créé, Il a Ses choix et Ses préférences. Il a désigné les actes les meilleurs, les serviteurs élus, les propos les plus justes, ce qui est licite et ce qui est illicite dans l'action des hommes. Adorez Dieu sans associé... Craignez-Le comme il se doit et, dans tout ce que vous dites, soyez sincères envers Lui. Aimez-vous les uns les autres dans l'esprit de Dieu. Il ne tolère pas que l'on trahisse l'engagement que l'on a pris envers Lui.*

Et le Messager de Dieu dit :

— *Bonnes gens, agissez pour le bien de votre âme. Par Dieu, vous savez que la foudre peut frapper n'importe lequel d'entre vous, laissant ses moutons sans berger. Celui-là sera alors sans interprète ni gardien, face à Dieu qui lui dira : « Mon Messager n'est-il pas venu t'informer? Ne t'ai-je pas octroyé biens et privilèges? Qu'as-tu fait pour le bien de ton âme? » Il regardera à droite et à gauche et ne verra rien. Il regardera devant lui et verra la Géhenne. Celui qui peut se protéger des flammes de l'Enfer, ne serait-ce qu'en offrant quelques dattes, qu'il le fasse. Celui qui n'en trouve pas, qu'il dise une parole de bonté, car la récompense d'une telle parole sera multipliée par dix, par sept cent. Que la paix, la miséricorde et les bénédictions de Dieu vous accompagnent. (1)*

★

Quittant La Mecque, le Messager de Dieu avait dit :

— *Seigneur, tu m'as sorti du lieu de Ta terre qui est le plus cher à mon cœur. Etablis-moi dans le lieu de Ta terre qui est le plus cher à Ton cœur. (2)*

Le Très-Haut l'établit à Yathrib.

Puis le Messager de Dieu éprouva un vif désir de revoir La Mecque. Alors le Très-Haut lui révéla :

Celui qui t'a inspiré le Coran te ramènera au lieu du Retour. (3)

FIN DU VOLUME PREMIER

LES SOURCES

Nous avons puisé dans les ouvrages suivants :

Al-Sîra al-Nabawiyya, Ibn Ishâq, édité et expurgé par Ibn Hishâm (Dâr al Jîl. Beyrouth 1975).

Tarîkh al-Rusul wa al-Mulûk, Al-Tabarî (Dâr al-Ma'ârif, Le Caire 1970), 10 vol.

Kitâb al-Maghâzî, Al Wâqidî. ('Âlam al-Kutub, Beyrouth 1984), 3 vol.

Kitâb al-Tabaqât al-Kabîr, Muhammad Ibn Sa'd (établi par le Dr 'Ali Muhammad 'Umar, Maktabat al-Khanji, Le Caire 2001), 11 vol.

Ansâb al-Ashrâf, Al-Balâdhurî (Dâr al-Ma'ârif, Le Caire, 1987), 4 vol.

Al-Bidâya wa al-Nihâya, Ibn Kathîr al-Dimashqî (Dâr Ihyâ' al-turâth al-'arabî, Beyrouth).

Asbâb Nuzul al-Qur'ân, Al Wâhidî, (Dâr al-Kutub al-'ilmiyya, Beyrouth, 1998).

Al-Nâsikh wa al-Mansûkh fî al-Qur'ân al-'azîz, Al-Nahrâwî (Maktabat al-Rashîd, Riyad, 1997).

Nâsikh al-Hadîth wa Mansûkhuh, Ibn Shahîn al-Baghdâdî (Dâr al-Kutub al-'ilmiyya, Beyrouth, 1999).

Al-'Iqd al-Farîd, Ibn 'Abd Rabb al-Andalusî (Lagnat al-ta'lîf wa al-targama wa al-nashr, Le Caire, 1965), 7 vol.

Al-Tibyân bi sharh mâ ittafaqa 'alayhî al-Shaykhân, Al-Bukhârî wa Muslim, 'Abd al-'Azîz al-Sayrawân (Dâr a-Rashîd, Damas, Beyrouth, 1992), 2 vol.

Kitâb al-Nikâh, Al-Asqalâni (Dâr al-Balâgha, Beyrouth, 1987).

Tafsîr, Al-Dahhâk (Dâr al-Salâm, Le Caire, 1999).

Al-Jâmi' al-Saghîr, Al-Suyûtî (Damas, 1996).

Majma' al-Amthâl, Al-Maydânî (Dâr al-Kutub al-'ilmiyya, Beyrouth, 1987), 2 vol.

Qisas al-Anbiyâ' ('Arâ'is al-Majâlis), Al-Tha'labi (Al-Maktaba al-thaqâfiyya, Beyrouth).

Kitâb al-Masâhif, Al-Sijistânî (Dâr al-Kutub al-'ilmiyya, Beyrouth, 1985).

Al-Ahâdith al-Qudusiyya (Al-Maktaba al-thaqâfiyya, Beyrouth).

Kitâb Futûh al-Bildân, Al-Balâdhurî (Maktabat al-Nahda, Le Caire, 1956), 3 vol.

Athâr al-Bilâd wa Akhbâr al-'Ibâd, Al-Qazwînî (Dâr Sadir, Beyrouth).

Al-Milal wa al-Nuhal, Al-Shahrastânî (Dâr al-Kutub al-'ilmiyya, Beyrouth), 3 vol.

Al-Aghânî, Abu al-Farag al-Asfahânî (Dâr al-Kutub al-'ilmiyya, Beyrouth), 33 vol.

Kitâb Nasab Quraysh, Al Zubayrî (Dâr al-Ma'ârif, Le Caire, 1982).

Jamharatu Ansâb al-'Arab, Ibn Hazm al-Andalusî (Dâr al-Ma'ârif, Le Caire, 1999).

Siyar A'lâm al-Nubalâ', Al-Dahabî (Al-Risâla, Beyrouth, 1998), 25 vol.

Hayât al-Sahâba, Al-Kandahlawî (Dâr al-Qalam, Damas, 1993), 3 vol.

Al-Akhbâr al-Tiwâl, Al-Daynawarî (Wizârat al-Thaqâfa, Le Caire, 1960).

Murûj al-Dhahab wa Ma'âdin al-Jawhar, Al-Mas'ûdî (Manshûrât al-Jâmi'a al-Lubnâniyya, Beyrouth, 1965), 5 vol.

Al-Ma'ârif, Ibn Qutayba (Al-Hay'a al-Misriyya al-'âmma li al-Kitâb, Le Caire, 1992).

Al-Imâma al-Siyâsiyya, Ibn Qutayba (Dâr al-Kutub al-'ilmiyya, Beyrouth, 1997).

'Uyûn al-Akhbâr, Ibn Qutayba (Dâr al-Kutub al-'ilmiyya, Beyrouth, 1986), 2 vol.

Al-Mahâsin wa al-Masâwi', Al-Bayhaqî (Dâr Sadir, Beyrouth, 1970).

Mawsû'at Athâr al-Sahâba, Ibn Hasan (Dâr al-Kutub al-'ilmiyya, Beyrouth,. 1991).

Mu'jam al-Bildân, Al-Hamawî al-Baghdâdî (Dâr Ihyâ' al-Turâth al-'arabî, Beyrouh).

LES CITATIONS

Il existe de nombreuses traditions, ou compilations autorisées, des Hadîths. Ainsi un même Propos est-il cité par différents auteurs, dans des termes qui ne sont pas toujours identiques. Ceux que nous avons retenus *(imprimés en italique dans le texte)* sont mentionnés en référence sous les initiales suivantes (suivies du numéro du volume et du numéro de la page où commence la citation) :

Al-Tabarî	T.
Al-Dahhâk	D.
Al-Tha'labi	Th.
Ibn Kathîr	I.K.
Al-Dhahabî	Dh.
Ibn Ishâq	I.I.
Al-Wâhidî	W.
Al-Hamawî al-Baghdâdî	H.B.
Al-Balâdhurî ("Ansâb al-Ashrâf")	Ba.
Al-Suyûtî	S.
Al-Ahâdith al-Qudusiyya	AQ.
Ibn Sa'd	I. S

Pour les citations coraniques ***(imprimées en gras italique dans le texte)***, nous indiquons (sans répéter à chaque fois la mention : Coran) le numéro de la sourate en chiffres romains et celui des versets en chiffres arabes.

PROLOGUE	*Page du livre*
Ch. 1	
(1) T. (Vol. I) p. 33	p. 43
(2) T. (Vol. I) p. 65	p. 50
(3) AQ.p. 455	p. 51
Ch. 2	
(1) Dh. (Vol. I) p. 46	p. 55
(2) XV, 34-43	p. 58
(3) T. (Vol. I) p. 156	p. 66
(4) D. p. 152	p. 66
(5) T. (Vol. I) p. 151	p. 68
Ch. 5	
(1) T. (Vol. I) p. 234	p. 77

PREMIERE PARTIE	*Page du livre*
Ch. 1	
(1) S.p. 1025	p. 126
TROISIEME PARTIE	
Ch. 1	
(1) I.K. (Vol. II) p. 336	p. 209
Ch. 3	
(1) Dh. (Vol. I) p. 73	p. 225
Ch. 12	
(1) I.I. (Vol. I) note p. 206	p. 275
QUATRIEME PARTIE	
Ch. 1	
(1) Dh. (Vol. I) p. 74	p. 286
(2) I.I. (Vol. I) p. 191	p. 308
Ch. 2	
(1) I.I. (Vol. I) p. 219	p. 311
(2) I.I. (Vol. I) p. 221	p. 313
(3) I.I. (Vol. I) p. 222	p. 314
(4) I.I. (Vol. I) p. 225	p. 314
(5) B. (Vol. VI) p. 561	p. 314
(6) XCIII, 1-8	p. 315
(7) W. p. 484	p. 315
Ch. 3	
(1) Ba. (Vol. I) p. 113	p. 327
(2) I.K. (Vol. III) p. 37	p. 328
(3) LI, 22-23	p. 334
Ch. 4	
(1) XIII, 30	p. 339
Ch. 5	
(1) I.K. (Vol. III) p. 53	p. 347
(2) CXI, 1-5	p. 348
Ch. 6	
(1) LXXX, 1-12	p. 356
(2) XXI, 98-100	p. 356
(3) XXI, 101,102)	p. 357
Ch. 7	
(1) XVIII, 13-15	p. 368
(2) XVIII, 83-97	p. 371
(3) XVII, 85	p. 381
(4) XVIII, 108	p. 382
Ch. 8	
(1) CVIII, 3)	p. 390
(2) I.I. (Vol. II) p. 53	p. 390
(3) XLI,1 – 6	p. 392

CINQUIEME PARTIE	*Page du livre*
Ch. 1	
(1) V, 67	p. 411
(2) XXXVI	p. 412
Ch. 2	
(1) IX, 113	p. 418
Ch. 4	
(1) CXI, 1	p. 428
(2) CXI, 3-5	p. 430
(3) T. (Vol. II) p. 337	p. 432
(4) LIII, 1-4	p. 432
(5) LIII, 19-20	p. 433
(6) XXII, 52	p. 433
(7) LIII, 23	p. 434
(8) I.I. (Vol. I) p. 272	p. 437
(9) XVII, 90-98	p. 437
Ch. 5	
(1) I.K. (Vol. III) p. 68	p. 442
Ch. 6	
(1) XXXV, 8	p. 451
Ch. 7	
(1) I.I. (Vol. II) p. 36	p. 454
(2) I.I. (Vol. II) p. 32	p. 459
(3) I.I. (Vol. II) p. 36	p. 460
Ch. 9	
(1) VI, 108	p. 467
(2) XLI, 13-16	p. 469
(3) XCVI, 6-16	p. 471
Ch. 10	
(1) I.I. (Vol. II) p. 48	p. 474
(2) I.I. (Vol. II) p. 49	p. 475
(3) VI, 152-153	p. 480
(4) XVI, 90	p. 481
(5) XXXIII, 45-46	p. 482
Ch. 11	
(1) XLVI, 9	p. 483
(2) W. p. 395	p. 483
Ch. 12	
(1) I.I. (Vol. II) p. 61	p. 502
(2) I, 1-7	p. 505
Ch. 13	
(1)II, 207	p. 508
(2) XXXVI, 1-9	p. 514
Ch. 14	
(1) I.I. (Vol. II) p. 105	p. 529
(2) H.B. (Vol. V) p. 430	p. 529
(3) XXVIII, 85	p. 529

INDEX DES NOMS DE PERSONNES ET DE TRIBUS *

* Nous n'avons retenu ici que les principaux noms, à l'exception de celui de Muhammad.

INDEX DES NOMS DE LIEUX

BIBLIOGRAPHIE SÉLECTIVE

Bencheikh, Jamel-Eddine, *Le voyage nocturne de Mahomet*, Paris, Imprimerie nationale, 1988, réimpr., 2002.

Bentounès, Khaled, *L'homme intérieur à la lumière du Coran*, Paris, Albin Michel, 1998.

De Prémare, Alfred-Louis, *Les fondations de l'islam*, Paris, Le Seuil 2002.

Dermenghem, Emile, *Mahomet et la tradition islamique*, Paris, Le Seuil, réimpr. 1982.

Dinet, Étienne, *La vie de Mohamed, prophète d'Allah*, Paris, Librairie orientale et américaine, G.P. Maisonneuve, 1947.

Guillaume, Alfred, *The Life of Muhammad. A translation of Ibn Ishaq's « Sirat Rasul Allah »*, with Intr. and Notes by A. Guillaume, Lahore, Oxford University Press, 1989.

Hamidullah, Muhammad, *Le prophète de l'Islam*, 2 vol., Paris, Vrin, 1959.

Lings, Martin, *Le prophète Muhammad. Sa vie d'après les sources les plus anciennes*, trad. J.-L. Michon, Paris, Le Seuil, réimpr., 2002.

Montgomery Watt, William, *Muhammad, Prophet and Statesman*, Oxford, Oxford University Press, 1964.

Montgomery Watt, William, *Muhammad at Mekka*, Oxford, Oxford University Press, 1980, réimpr., 1991.

Montgomery Watt, William, *Muhammad at Medina*, Oxford, Oxford University Press, 1980, réimpr., 1991.

Montgomery Watt, William, *Mahomet. Mahomet à La Mecque*, trad. F. Dourveil, *Mahomet à Médine*, trad. S.-M. Guillaumin et F. Vaudou, Paris, Payot, nouv. éd., 1989.

Rodinson, Maxime, *Mahomet*, Paris. Le Seuil, 1968, nouvelle édition revue par l'auteur, 1994.

Seddik, Youssef, *Dits du Prophète Muhammad*, Paris, Actes Sud, 1997.

Stétié, Salah, *Mahomet*, Paris, Albin Michel, 2001.

Tabarî, *La Chronique* (2 vol.), Paris, Actes Sud, 1984, réimpr., 2002.

REMERCIEMENTS

Nous tenons à remercier Hala Kodmani, Muriel Roiland et Abdel-Ghani Rouabah, pour le précieux concours qu'ils nous ont apporté au long de notre travail. Ils ont déployé autant de compétence que d'enthousiasme, dans l'accomplissement de tâches qui ont grandement facilité la nôtre – allant de la recherche lexicographique, dans une première phase de la mise au point de la version française, à la vérification systématique de la transcription des noms propres et des références bibliographiques. Nous leur disons ici toute notre reconnaissance.

TABLE

DEUXIÈME PARTIE

Les ancêtres de Muhammad

TROISIÈME PARTIE

Muhammad

QUATRIÈME PARTIE

La Prophétie

CINQUIÈME PARTIE

Le temps des épreuves

Cet ouvrage a été imprimé par

FIRMIN DIDOT
GROUPE CPI

Mesnil-sur-l'Estrée

pour le compte des Éditions Grasset
en février 2005

Imprimé en France
Dépôt légal : février 2005
N° d'édition : 13673 – N° d'impression : 72542
ISBN : 2-246-67111-6